Programmation
Python

CHEZ LE MÊME ÉDITEUR

R. GOETTER. – **CSS2**. *Pratique du design web.*
N°12461, 3e édition, 2009, 318 pages.

L. JAYR. – **Flex 3 – Cahier du programmeur**.
N°12409, 2009, 280 pages.

A. VANNIEUWENHUYZE. – **Flex 3**. *Applications Internet riches avec Flash ActionScript 3, MXML et Flex Builder.*
N°12387, 2009, 532 pages.

G. LEBLANC. – **Silverlight 2.**
N°12375, 2008, 330 pages.

G. PONÇON ET J. PAULI. – **Zend Framework**.
N°12392, 2008, 460 pages.

E. DASPET ET C. PIERRE DE GEYER. – **PHP 5 avancé.**
N°12369, 5e édition, 2008, 844 pages.

C. PORTENEUVE. – **Bien développer pour le Web 2.0.**
N°12391, 2e édition 2008, 600 pages.

A. BOUCHER. – **Ergonomie web.** *Pour des sites web efficaces.*
N°12479, 2e édition 2009, 426 pages.

A. BOUCHER. – **Mémento Ergonomie web.**
N°12386, 2008, 14 pages.

E. SLOÏM. – **Sites web.** *Les bonnes pratiques.*
N°12456, 2009, 14 pages.

A. TASSO. – **Apprendre à programmer en ActionScript.**
N°12199, 2007, 438 pages.

S. BORDAGE, D. THÉVENON, L. DUPAQUIER, F. BROUSSE. – **Conduite de projets Web.**
N°12325, 4e édition 2008, 394 pages.

N. CHU. – **Réussir un projet de site Web.**
N°12400, 5e édition ,2008, 246 pages.

O. ANDRIEU. – **Réussir son référencement web.**
N°12264, 2008, 302 pages.

G. PONÇON. – **Best practices PHP 5.** *Les meilleures pratiques de développement en PHP.*
N°11676, 2005, 480 pages.

D. SÉGUY, P. GAMACHE. – **Sécurité PHP 5 et MySQL.**
N°12114, 2007, 240 pages.

R. RIMELÉ. – **Mémento MySQL.**
N°12012, 2007, 14 pages.

M. NEBRA. – **Réussir son site web avec XHTML et CSS.**
N°12307, 2e édition, 2008, 316 pages.

J.-M. DEFRANCE. – **Premières applications Web 2.0 avec Ajax et PHP.**
N°12090, 2008, 450 pages (Collection Blanche).

K. DJAAFAR. – **Développement JEE 5 avec Eclipse Europa.**
N°12061, 2008, 380 pages.

S. POWERS. – **Débuter en JavaScript.**
N°12093, 2007, 386 pages.

T. TEMPLIER, A. GOUGEON. – **JavaScript pour le Web 2.0.**
N°12009, 2007, 492 pages.

D. THOMAS *et al.* – **Ruby on Rails**.
N°12079, 2e édition 2007, 800 pages.

W. ALTMANN *et al.* – **Typo3**.
N°11781, 2006, 532 pages.

L. BLOCH, C. WOLFHUGEL. – **Sécurité informatique.** *Principes fondamentaux pour l'administrateur système.*
N°12021, 2007, 350 pages.

G. GETE. – **Mac OS X Leopard efficace**. *Déploiement, administration et réparation.*
N°12263, 2008, 476 pages.

M. MASON. – **Subversion**. *Pratique du développement collaboratif avec SVN.*
N°11919, 2006, 206 pages.

Programmation
Python
Conception et optimisation

Tarek Ziadé

Préface de Stephan Richter

2e édition

EYROLLES

ÉDITIONS EYROLLES
61, bd Saint-Germain
75240 Paris Cedex 05
www.editions-eyrolles.com

Avec la contribution de Patrick Tonnerre.

© Groupe Eyrolles, 2006, 2009, ISBN : 978-2-212-12483-5

À Amina et Milo

Choisir Python

Par Stephan Richter

J'ai commencé la programmation avec un Commodore 64 (C64), un petit système basé sur le langage de programmation Basic, qui est à la fois simple et puissant. J'ai eu par la suite un PC doté de Borland Pascal. Le système d'aide en ligne de Pascal est très impressionnant : chaque commande et bibliothèque est parfaitement documentée et accompagnée bien souvent d'exemples de code. Ce système permet une maîtrise rapide du langage. De plus, le Pascal permet d'intégrer des séquences d'assembleur, pour programmer par exemple directement la souris et le joystick. Le seul défaut du Pascal est la compilation obligatoire, qui est un peu ennuyeuse pour quelqu'un venant du Basic.

Par la suite, Jason Orendorff, pionnier de la communauté Python et lauréat 2001 du Concours international d'obfuscation de code C (IOCCC) est devenu mon mentor et m'a appris toutes les techniques avancées de programmation, comme la programmation orientée objet par le biais de Java, langage particulièrement ordonné et propre. Mais cette propreté a un prix : l'effort supplémentaire pour écrire un programme Java dans les règles de l'art est trop important. Il faut toujours écrire des classes, et une seule par fichier, puis compiler, etc. Jim Fulton parle de programmation « javiotique » pour décrire ce surcroît d'effort.

Jason m'a alors converti à Python. Après une période d'adaptation, on tombe très vite amoureux de ce langage. Aucune compilation n'est nécessaire et Python est utilisable sur tant de plates-formes qu'il est plus portable que Java. De plus, Python permet de programmer objet mais ne l'impose pas : il reste possible de faire des petits scripts déstructurés. Youpi ! Enfin, l'indentation obligatoire du code ne pouvait que satisfaire mes gênes prussiens.

Que peut-on espérer de mieux ? Des fonctionnalités ! Pour un développeur issu du monde Pascal, le passage à des langages comme Java ou C++ est frustrant à cause de la pauvreté des bibliothèques standards. La philosophie *batteries included* de Python offre tout ce dont un développeur peut rêver.

Un autre avantage de Python est la richesse des bibliothèques tierces. Comme Python est utilisé dans la quasi-totalité des domaines et à tous les niveaux applicatifs, il existe des extensions pour toutes les fonctionnalités que l'on peut imaginer. Vous souhaitez faire du calcul scientifique ? Utilisez l'extension *numeric*. Vous avez du code MatLab à intégrer ? Installez l'extension *matlab* pour pouvoir piloter ce moteur depuis Python. Le langage est aussi utilisé pour les frameworks web comme Zope et Plone, les moteurs de jeu comme *Pygame*, les plug-ins pour Gimp et toute une myriade d'applicatifs. Cette variété prouve la puissance de Python, qui s'adapte aussi bien aux situations où seul un langage de script est nécessaire, que pour des besoins plus complets, faisant appel à la programmation orientée objet.

J'ai découvert par la suite la communauté Python et plus généralement la mouvance open source. Ma première contribution était un correctif dans un exemple pour une bibliothèque d'envois d'e-mails. Guido von Rossum m'a personnellement répondu pour me signaler que mon correctif serait intégré dans la prochaine *release*. L'Open Source, quel bonheur !

Une communauté autour d'une technologie fait toute la différence : le niveau d'assistance est incroyable et les questions obtiennent des réponses en général en quelques heures. Quel logiciel propriétaire offre ce genre de service gratuitement ? Ce système permet d'avancer sans jamais être bloqué, et les développeurs qui acquièrent leur expérience par ce biais renvoient souvent l'ascenseur à la communauté en répondant à leur tour aux questions des autres.

J'ai découvert par la suite Zope, le serveur d'applications écrit en Python. La découverte de Zope provoque le même effet que celle de Python : « wow ! ». Zope offre toutes les fonctionnalités rêvées pour une application web, comme la sécurité et la persistance, ainsi que de nombreuses extensions. Quel plaisir, comparé à des frameworks comme IBM WebSphere et BEA Weblogic.

Durant les quatre dernières années, j'ai fait partie des *core developers* de Zope 3, qui est une récriture complète de Zope, basée sur l'expérience passée des versions 1 et 2. Ce projet est passé du rang de prototype éducatif à ce qu'il est aujourd'hui : une application utilisée en production par des entreprises pour des projets web critiques. Zope 3 est considéré comme la plus stable et la plus sure des plates-formes web open source disponibles à l'heure actuelle, grâce aux milliers de tests unitaires et fonctionnels qui ont été codés en parallèle de sa conception. Les performances sont également au rendez-vous : Zope 3 peut être configuré pour ne fournir que les services utilisés dans un applicatif donné, et reste très performant comparé aux frameworks capables de fournir la même quantité de fonctionnalités.

Mais que pouvez-vous faire avec Zope 3 ? Le premier projet à avoir officiellement utilisé Zope 3 est Schooltool, un outil gratuit de gestion d'école dans lequel je suis également investi. Schooltool fournit de nombreuses fonctionnalités, de la génération de
rapports PDF aux calendriers en ligne. Beaucoup d'écoles ont d'ores et déjà adopté
Scholltool ainsi que son petit frère SchoolBell, et démontrent le succès de cet outil.
Pour l'année à venir, SchoolTool a déjà signé avec de nombreux partenaires du monde
de l'éducation, avec pour objectif de remplacer petit à petit les solutions propriétaires,
ce qui constitue un premier signe de l'entrée de la solution sur ce marché. Le projet est
financé par la *Shuttleworth Foundation*, et Mark Shuttleworth ne risquerait pas un cen-
time sur une technologie qui ne marcherait pas ou ne pourrait pas grandir.

Cela fait maintenant six ans que je gagne ma vie en développant du code Python
open source et c'est un véritable bonheur ! Je ne voudrais jamais, quelque fût le prix,
travailler pour une entreprise qui ne me laisserait pas écrire du code open source
Python. Dans mon autre vie, je suis un doctorant en physique, et même si les publi-
cations de recherche sont ouvertes à tous, le secret qui entoure le travail de recherche
m'oppresse souvent, en comparaison à mes travaux dans le monde de l'open source.

Merci pour votre lecture et régalez-vous avec ce livre !

Sincèrement,

Stephan

À propos de Stephan Richter

Stephan Richter est étudiant en doctorat de physique à l'université de Tufts (Sommervile, Massachusetts,
USA). Il fait partie de la communauté depuis 1999 et a participé à beaucoup de projets communautaires,
comme la documentation et l'organisation de la première conférence EuroZope. Stephan a aussi travaillé
en tant que consultant pour de nombreuses entreprises travaillant avec Zope, développé beaucoup
d'extensions et publié deux livres communautaires sur Zope, et un livre sur Zope 3 (*Zope 3 Developer's
Handbook* aux éditions Sams). Depuis son premier sprint Zope 3 en 2002, Stephan participe activement
au développement de ce framework et gère de nombreux sous-projets, comme l'internationalisation et la
documentation.

Table des matières

CHAPITRE 3
Environnement de développement **31**

CHAPITRE 9
Principaux modules, partie 2 265

CHAPITRE 13
Bonnes pratiques et optimisation du code 431

Avant-propos

« wOOt! I know Python! »
« Wow ! Je maîtrise Python maintenant ! »
— Neo, retirant son casque

Ce livre traite de Python, un langage de programmation de haut niveau, orienté objet, totalement libre et terriblement efficace, conçu pour produire du code de qualité, portable et facile à intégrer. Ainsi la conception d'un programme Python est très rapide et offre au développeur une bonne productivité. En tant que langage dynamique, il est très souple d'utilisation et constitue un complément idéal à des langages compilés.

Il reste un langage complet et autosuffisant, pour des petits scripts fonctionnels de quelques lignes, comme pour des applicatifs complexes de plusieurs centaines de modules.

Pourquoi ce livre ?

Il existe déjà de nombreux ouvrages excellents traduits de l'anglais qui traitent de Python voire en présentent l'intégralité des modules disponibles. Citons *Python en concentré*, le manuel de référence de Mark Lutz et David Ascher, aux éditions O'Reilly, ou encore *Apprendre à programmer avec Python* de Gérard Swinnen, aux éditions Eyrolles, inspiré en partie du texte *How to think like a computer scientist* (Downey, Elkner, Meyers), et comme son titre l'indique, très pédadogique.

Alors, pourquoi ce livre ?

Si ce livre présente comme ses prédécesseurs les notions fondamentales du langage, avec bien sûr des exemples originaux, des choix dans la présentation de certains modules, et une approche globale particulière, il tente également d'ajouter à ce socle des éléments qui participent de la philosophie de la programmation en Python, à savoir :

- des conventions de codage ;
- des recommandations pour la programmation dirigée par les tests ;
- des bonnes pratiques de programmation et des techniques d'optimisation ;
- des design patterns orientés objet.

Même si chacun de ces sujets pourrait à lui seul donner matière à des ouvrages entiers, les réunir dans un seul et même livre contribue à fournir une vue complète de ce qu'un développeur Python averti et son chef de projet mettent en œuvre quotidiennement.

À qui s'adresse l'ouvrage ?

Cet ouvrage s'adresse bien sûr aux développeurs de tous horizons mais également aux chefs de projets.

Les développeurs ne trouveront pas dans ce livre de bases de programmation ; une pratique minimale préalable est indispensable, quel que soit le langage utilisé. Il n'est pour autant pas nécessaire de maîtriser la programmation orientée objet et la connaissance d'un langage impératif est suffisante.

Les développeurs Python débutants – ou les développeurs avertis ne connaissant pas encore ce langage – trouveront dans cet ouvrage des techniques avancées, telles que la programmation dirigée par les tests, les patterns efficaces et l'application de certains design patterns objet.

Les chefs de projets trouveront des éléments pratiques pour augmenter l'efficacité de leurs équipes, notamment la présentation des principaux modules de la bibliothèque standard – pour lutter contre le syndrome du NIH (*Not Invented Here*) –, des conventions de codage, et un guide explicite des techniques de programmation dirigée par les tests.

Guide de lecture

Le livre est découpé en quatre parties qui peuvent être lues de manière relativement indépendante, en fonction des besoins.

La première partie présente une introduction au langage, décrit les différents domaines d'utilisation de Python, ainsi que la mise en place d'un environnement de développement ; elle s'adresse principalement aux lecteurs qui découvrent Python.

La deuxième partie est consacrée à la présentation du langage, de la syntaxe aux conventions de codage, en passant par les primitives. C'est un référentiel complet utile en toutes circonstances.

La troisième partie présente les modules de la bibliothèque standard les plus fréquemment utilisés, pour ne pas rechercher ailleurs ce qui est déjà disponible. Cette partie s'achève sur une petite série d'exercices.

Enfin, la quatrième partie regroupe les techniques avancées, à savoir la programmation dirigée par les tests, les bonnes pratiques et techniques d'optimisation, et enfin des techniques de programmation orientée objet.

Ce livre s'achève par une série d'annexes qui présentent l'histoire de Python, une liste de bibliothèques tierces, une liste de sites, blogs, et autres sources d'information de la planète Python.

Remerciements

Ce livre n'aurait jamais été possible sans le soutien et l'aide de :

Patrick Tonnerre, Jean-Marie et Gaël Thomas, Muriel Shan Sei Fan, Anahide Tchertchian, Olivier Grisel, Jean-Philippe Camguilhem, Laurent Godard, Stephan Richter, Guido van Rossum, Matthieu Agopian, Yoann Aubineau, Eric Brehault, William Famy, Olivier Deckmyn, Thomas Desvenain, Jean-Philippe Camguilhem.

Amina et Milo !

Tarek Ziadé

tarek@ziade.org

programmation-python.org

ARTHUR :

Lancelot ! Lancelot ! Lancelot !

[mégaphone de police]

Lancelooooooooot !

LANCELOT :

Bloody hell, mais que se passe-t-il donc, mon Roi ?

ARTHUR :

Bevedere, explique-lui !

BEVEDERE :

Nous devons te parler d'un nouveau langage de programmation : Python

LANCELOT :

Nouveau ? Cela fait bien dix ans qu'il existe, et je ne vois pas en quoi cela va nous aider à récupérer le Saint-Graal !

BEVEDERE :

Saint-Graal, Saint-Graal...

[soupir]

Tu ne peux pas penser à des activités plus saines que cette quête stupide de temps en temps ?

ARTHUR :

[sort une massue et assomme Bevedere avec]

Son explication était mal partie de toute manière.

GARDES FRANÇAIS :

Est-ce que ces messieurs les Anglais peuvent aller s'entretuer plus loin ?

Ne voyez-vous pas que nous sommes concentrés sur notre jeu en ligne ?

ARTHUR :

Ce tunnel sous la Manche, quelle hérésie !

[racle sa gorge]

Lancelot, assieds-toi, et écoute-moi. (et ferme ce laptop, bloody hell !)

LANCELOT :

[rabat l'écran de son laptop]

ARTHUR :

La quête a changé. Tu dois maintenant apprendre le langage Python,
et découvrir pourquoi il est de plus en plus prisé par mes sujets.

LANCELOT :

Mais...

ARTHUR :

Il n'y a pas de mais !

[menace Lancelot avec sa massue]

Je suis ton Roi. dot slash.

Prends ce livre, et au travail !

GARDES FRANÇAIS :

Oui, au travail, et en silence !

Découverte de Python

Cette première partie, qui est très courte, contient trois chapitres dédiés à la découverte de Python.

Le premier chapitre est une introduction au langage, qui détaille les caractéristiques présentées dans l'avant-propos, et renvoie le lecteur vers les chapitres consacrés, puis effectue une comparaison avec d'autres languages.

Pour compléter cette introduction, le deuxième chapitre présente les domaines d'utilisation les plus courants de Python.

Enfin, le dernier chapitre couvre la mise en place d'un environnement de développement, de l'installation du langage au choix d'un éditeur.

Mettre en place un environnement de développement agréable conditionne la lecture de la suite du livre : de nombreuses portions de code sont fournies et avoir un prompt et un éditeur à portée de main permet de les tester directement.

1

Introduction

Python – why settle for snake oil when you can have the whole snake ?

« Python – Pourquoi se contenter d'huile de serpent quand
on peut avoir le serpent tout entier ? »

Mark Jackson

En guise d'introduction, ce premier chapitre présente quelques caractéristiques de Python et renvoie aux chapitres consacrés. S'ensuit une comparaison avec d'autres langages. Le souhait n'est pas d'être exhaustif, mais plutôt de situer Python dans l'esprit des développeurs familiers avec d'autres langages.

Python ?

Pour reprendre l'énoncé de l'avant-propos, Python est un langage :
- conçu pour produire du code **de qualité, portable** et **facile à intégrer** ;
- de haut niveau, **orienté objet** et totalement libre ;
- **hautement productif** ;
- **dynamique.**

Du code de qualité

Grâce à sa syntaxe claire, cohérente et concise, présentée au **chapitre 4**, Python permet aux développeurs de produire du code de qualité, lisible et maintenable. Écrire du code Python est un exercice agréable, même en respectant les conventions de codage, présentées au **chapitre 7.**

Fourni dès le départ avec des modules de tests, Python est un langage agile. Le terme agile est originellement issu de la méthodologie de programmation agile (Beck et Al.), très proche de la programmation itérative. Cette méthodologie, qui réduit les risques liés à la conception de logiciels, introduit entre autres des principes de tests continus du code.

> ▸ http://www.agilemanifesto.org

Le **chapitre 12** présente les techniques de programmation dirigée par les tests appliquées à Python.

Orienté objet

Même si elle n'est pas imposée, Python permet la programmation orientée objet. Tous les mécanismes objet essentiels sont implémentés et toutes les données manipulées sont des instances de classes, comme pour les langages SmallTalk ou Ruby.

Enfin, le code peut être structuré en modules (fichiers) qui sont ensuite importables dans l'interpréteur. Ce découpage, inspiré de Modula-3, permet d'organiser le code et son utilisation par des espaces de noms, et aussi de faciliter l'extension du langage par des bibliothèques tierces compilées dans d'autres langages.

Le **chapitre 5** explique comment écrire des classes et structurer le code en modules et paquets, et le **chapitre 14** présente quelques design patterns (motifs de conception) orientés Python.

Portable

Python fonctionne sous différentes variantes d'Unix, Windows, Mac OS, BeOs, NextStep, et par le biais de différentes implémentations.

Les implémentations actuelles de Python sont :

• Cpython : implémentation en C, qui est l'implémentation par défaut de Python et la plus répandue ;

- Jython : implémentation en Java, qui permet d'exécuter du code source Python dans un environnement Java, et d'utiliser des modules Java dans le code Python de manière transparente ;
- PyPy : implémentation en Python du langage Python ;
- IronPython : implémentation pour .NET et Mono ;
- Stackless Python : une variante de CPython, légèrement plus rapide.

Il existe bien sûr des extensions spécifiques à chaque plate-forme, mais l'ensemble des primitives du langage et la majorité des extensions de la bibliothèque standard sont disponibles sur toutes les plates-formes. En d'autres termes, un programme conçu sur une plate-forme fonctionnera directement, sauf programmation spécifique, sur d'autres plates-formes.

CPython, implémentation de référence pour cet ouvrage, peut être installé et utilisé sous Windows, Mac Os et GNU/Linux (voir **chapitre 3**).

Facile à intégrer

Un programme écrit en Python s'intègre très facilement avec d'autres composants logiciels. Il est possible par exemple d'utiliser directement des bibliothèques externes ou encore d'intégrer du code C ou C++ comme l'explique le **chapitre 13**.

Hautement productif

La conception d'applications en Python est très rapide car certains aspects de programmation sont gérés automatiquement, comme la gestion des ressources mémoire et le typage des données, décrits au **chapitre 4**.

Grâce à des types de base très puissants et des primitives de haut niveau, présentées dans le **chapitre 6**, un programme Python est simple à concevoir et concis. Un programme Python est en général 3 à 5 fois plus court qu'un programme C++ équivalent.

Ces qualités font de Python un langage idéal dans beaucoup de domaines, comme le **chapitre 2** le décrit.

Enfin, la bibliothèque standard de Python est très complète, et permet de répondre aux besoins communs de programmation. Les **chapitres 8, 9 et 10** présentent les modules les plus fréquemment utilisés.

Grâce au modèle Open Source, la communauté des développeurs Python est en outre très productive et de nombreuses extensions (voir **annexe B**) gravitent autour du langage

Dynamique

Python est un langage dynamique : dans la plupart des implémentations, le code source n'est pas compilé contrairement à des langages comme C ou Pascal, mais exécuté à la volée. On parle alors de langage interprété.

CULTURE **Langage interprété et langage compilé**

Un langage est dit interprété lorsque le système traduit et exécute chaque ligne d'un programme à la volée. Le résultat d'une modification peut être constatée en relançant l'exécution du programme.

À l'inverse, un langage compilé transforme le programme en une série d'instructions machine par le biais d'une étape de compilation. Celle-ci produit un fichier exécutable qui est directement compréhensible par le processeur. La modification du fichier source nécessite de repasser par l'étape de compilation avant de pouvoir tester la nouvelle version.

Ce mode de fonctionnement rend la programmation beaucoup plus souple puisqu'il est possible de changer un programme en cours d'exécution, ou de tester du code en mode interactif sans disposition particulière.

Ce dynamisme fait partie également de la philosophie de programmation objet Python, basée sur le *duck typing*, décrit dans le **chapitre 14**.

L'interprétation rend aussi l'exécution plus lente, mais ce défaut est surmontable grâce à de bonnes pratiques de programmation et des techniques d'optimisation décrites dans le **chapitre 13**.

Les applications où les performances sont un facteur critique ne seront pas écrites à 100 % en Python, mais pourront avantageusement être nivelées : un noyau codé en C, C++ ou tout autre langage compilé, et une couche supérieure en Python, pour toutes les parties non critiques.

Le langage *Cython*, décrit dans le **chapitre 13**, permet en outre de conserver les bénéfices de la syntaxe de Python tout en manipulant des structures compilées en langage C.

Python et les autres langages

Si vous êtes habitué à un autre langage, cette section, sans vouloir faire un comparatif exhaustif, présente les différences majeures entre Python et d'autres outils.

Python et Perl

Le **chapitre 2** fournit des éléments de comparaison avec le langage Perl, relatifs à la programmation système. En attendant, voici un message humoristique publié sur la mailing-list Python il y a quelques années, qui décrit bien une des différences majeures entre Python et Perl : la lisibilité.

Comparaison de Perl et Python par Yoda

Sur la planète Dagobah,

avec Yoda accroché dans son dos, Luke grimpe sur une des vignes qui poussent dans le marais pour atteindre le laboratoire de statistiques de Dagobah.

Il y continue ses exercices, greppe, installe des nouveaux paquets, se connecte en root, écrit des nouvelles versions de scripts en Python pour remplacer des scripts Perl vieux de deux ans.

Yoda : Écris du code ! Oui. La force d'un programmeur découle de la maintenabilité de son code. Mais méfies-toi de Perl ! Syntaxe laconique, plus d'une manière de faire quelque chose ! Le coté obscur de la maintenabilité Perl est. Si une seule fois par le chemin obscur tu t'engages, pour toujours ta destinée sera marquée.

Luke : Est-ce que Perl est mieux que Python ?

Yoda : Non... non... non. Plus rapide, plus facile, plus séduisant.

Luke : Mais comment saurais-je pourquoi Python est mieux que Perl ?

Yoda : Tu sauras. Quand le code écrit il y a 6 mois de relire tu tenteras.

Ruby, PHP, Java...

En janvier 2005, lors de la première édition de ce livre, ce chapitre présentait un comparatif entre Python et les autres langages. Ce comparatif avait du sens car la maturité des langages à l'époque n'était pas encore très avancée dans certains domaines. Ruby par exemple ne supportait pas encore l'Unicode, et PHP commençait à supporter un modèle objet depuis quelques mois.

En 2009, les langages de programmation modernes ont tous évolué et apportent tous une réponse efficace dans un ou plusieurs domaines d'application, sans souffrir de limitations. Cependant, ils comportent toujours des faiblesses, même si en général des outils complémentaires les pallient, à l'image de ce qu'Eclipse apporte à Java par exemple : des automatismes répondent au manque d'expressivité de la syntaxe du langage.

Aujourd'hui, Python n'est certainement pas supérieur à d'autres langages. Sa philosophie, qui est distillée tout au long de ce livre, est une façon de programmer. Mais, contrairement à des langages spécifiques comme PHP qui se focalise sur un domaine précis, Python est universel. Il peut être utilisé dans un grand nombre de contextes. Les domaines d'application les plus répandus sont présentés dans le chapitre suivant.

2

Python pour quels usages ?

For tiny projects (100 lines or fewer) that involve a lot of text pattern matching, I am still more likely to tinker up a Perl-regexp-based solution [...] For anything larger or more complex, I have come to prefer the subtle virtues of Python — and I think you will, too.

« Pour les petits projets de moins de cent lignes qui nécessitent beaucoup de recherche de texte, je préfère encore la solution Perl et ses outils d'expressions régulières. Pour tout projet plus grand ou plus complexe, j'opte à présent pour les vertus de Python, et je pense que vous y viendrez aussi. »

Eric Raymond

Le langage C pour l'embarqué, Ada pour les systèmes critiques, Perl pour les expressions régulières, etc. Chaque langage a ses sujets de prédilection, que ce soit pour des raisons historiques ou parce qu'il offre de réels avantages dans le domaine.

Ce chapitre décrit les différents domaines dans lesquels Python est le plus utilisé, au travers d'exemples concrets, à savoir :

- l'administration système ;
- le prototypage rapide d'applications ;
- la recherche et le calcul scientifique ;
- les applications de gestion ;
- les applications web.

Cette liste n'est certainement pas exhaustive mais représente les domaines les plus fréquemment cités.

Administration système

Les administrateurs système ont souvent besoin de concevoir des petits programmes pour automatiser certaines tâches. Ils utilisent généralement l'interpréteur de commandes, qui offre une syntaxe basique pour concevoir des séquences d'opérations.

Toutefois ce système est très limité et n'offre que des fonctionnalités de très haut niveau : certaines opérations sur le système ne sont pas possibles sans appels à des programmes annexes.

Utiliser des langages de plus bas niveau comme le C permet de lever ces limitations, mais la conception des scripts devient vite fastidieuse et délicate.

Python, conçu à l'origine pour ce cas de figure, s'intercale entre l'interpréteur de commandes et le C, en proposant un niveau intermédiaire, c'est-à-dire un shell surpuissant, et dans le même temps un langage de programmation plus simple et plus direct.

Bien que ce genre de besoin soit plus fréquent sur les systèmes Unices (les systèmes de la famille Unix), il n'est plus rare de rencontrer des administrateurs Windows qui aient adopté Python pour la conception de leurs scripts système.

Des API simples et efficaces

Un langage de manipulation d'un système d'exploitation doit permettre de travailler avec ce dernier de manière pertinente et concise. Manipuler un système consiste notamment à :

- manipuler des fichiers et des dossiers ;
- manipuler des programmes ;
- envoyer et recevoir des e-mails ;
- échanger des informations avec d'autres systèmes.

Manipuler des fichiers et des dossiers

La manipulation du système de fichiers est triviale et puissante en Python. Prenons l'exemple d'un script dont l'objectif est de faire la copie d'un dossier en ne conservant que les fichiers dont la taille ne dépasse pas 1 Mo.

Recopie conditionnelle

```
#!/usr/bin/python
# -*- coding: utf8 -*-
import os
from shutil import copytree
import sys
```

```python
MEGA = 1024*1024

def _ignore(dir, filenames):
    def _filter(dir, filename):
        fullname = os.path.join(dir, filename)
        big_file = os.path.getsize(fullname) > MEGA
        if big_file:
            print('%s trop gros' % fullname)
        else:
            print('%s recopié' % fullname)
        return big_file

    return set([filename for filename in filenames
                if _filter(dir, filename)])

if __name__ == '__main__':
    copytree(sys.argv[1], sys.argv[2], ignore=_ignore)
```

Ce petit script multi-plate-forme utilise pour recopier une arborescence l'API copytree du module shutil, qui gère tous les aspects inhérents au système de fichiers comme les problématiques de droits d'accès ou encore les liens symboliques qui risqueraient de faire partir le programme dans une boucle infinie.

Il est bien sûr perfectible, mais témoigne du confort fourni par les API système de Python : seul le code qui définit si un fichier d'une arborescence est recopié ou non est écrit, le reste étant déjà fourni.

Cette recherche de puissance et de simplicité est une constante dans l'évolution du langage Python (l'argument ignore de copytree a été introduit dans la version 2.6 du langage).

Manipuler des programmes

Imaginons qu'un administrateur rencontre un problème avec son serveur web Apache, qui s'arrête plusieurs fois par jour sans raison apparente. Ce problème ne se retrouve malheureusement que sur le serveur de production. Il faut donc réussir à le résoudre tout en maintenant le service. L'administrateur souhaite concevoir un petit script qui procède à une série de tests avant de relancer Apache.

Sans entrer dans les détails des tests opérés, voici à quoi pourrait ressembler le script en question :

Script de surveillance d'Apache

```python
# -*- coding: utf8 -*-
import os
from subprocess import call
```

```python
from urllib2 import urlopen
from urllib2 import HTTPError
from urllib2 import URLError
import socket

from outils import run_audit

URL_CHECK = 'http://localhost:80/server-status'
CMD_START = 'apache2ctl start'

def apache_running():
    """Vérifie le statut d'Apache"""
    try:
        res = urlopen(URL_CHECK)
    except HTTPError:
        # réponse inattendue (URL_CHECK désactivé ?)
        # mais Apache répond
        return True
    except (socket.timeout, URLError):
        # pas de réponse ou erreur
        return False
    return True

def check_apache():
    """ surveille l'état du daemon Apache """
    if not apache_running():
        # Tests sur le système
        run_audit()

        # Apache doit être relancé
        call(CMD_START, shell=True)
        if apache_running():
            print('Apache relancé avec succès')
        else:
            print('Impossible de relancer Apache')
    else:
        print('État OK')

check_apache()
```

Ce script appelle une page web de statut d'Apache grâce au module urllib2, puis relance Apache via l'API call du module subprocess.

Ce script est facilement portable sur tout autre système compatible avec Python si le chemin vers la commande utilisée et l'URL de contrôle de statut sont adaptés à la version d'Apache.

Envoyer et recevoir des courriers électroniques

Après le système de fichiers, la maîtrise des e-mails est primordiale pour un administrateur système. Souvent, l'e-mail est le seul lien entre l'administrateur et l'ensemble des utilisateurs, ou entre l'administrateur et ses serveurs. Envoyer ou recevoir des e-mails étant trivial au niveau du shell ou intégré à l'outillage disponible sur la plateforme (comme Nagios), l'intérêt de programmer l'envoi d'e-mails par des scripts Python est limité.

La réception et le traitement automatique d'e-mails de structures complexes est en revanche une opération beaucoup plus délicate. Prenons un exemple concret : l'administrateur souhaite automatiser la mise en place des clés SSH (voir encadré) des utilisateurs sur le serveur. Il propose à ces derniers de lui envoyer un e-mail contenant l'identifiant de l'utilisateur et la clé en pièce attachée à une adresse e-mail prévue à cet effet.

Le script à réaliser doit automatiquement récupérer ces e-mails, placer la clé sur le serveur et envoyer un accusé de réception à l'utilisateur. Les e-mails traités sont ensuite archivés dans un répertoire Traités de l'adresse e-mail dédiée.

Mise en place automatique des clés SSH

```python
# -*- coding: utf8 -*-
from imaplib import IMAP4
from smtplib import SMTP
from email import message_from_string
from email.MIMEText import MIMEText

def setup_key(contenu_nom, contenu_cle):
    """ met en place la clé sur le système """
    [...]

def get_connectors():
    """Mise en place des connecteurs."""
    imap_server = IMAP4('localhost')
    imap_server.login('cles@localhost', 'motdepasse')
    imap_server.create('INBOX.Traités')
    return imap_server, SMTP('localhost')

def process():
    """Gère les demandes."""
    # initialisation des connecteurs
    imap_server, smtp_server = get_connectors()

    # mise en place de l'accusé de réception
    mail = MIMEText(u'Votre clé SSH est activée')
    mail['From'] = u'administrateur <root@localhost>'
    mail['Subject'] = u'Clé SSH activée'
```

```python
    # accès à la racine de la boîte
    imap_server.select('INBOX')

    def _get_payload_content(mail, index):
        return mail.get_payload(index).get_payload().strip()

    # lecture des messages
    for mail_id in imap_server.search(None, 'ALL')[1]:
        if mail_id.strip() == '':
            continue
        mail_content = imap_server.fetch(mail_id, '(RFC822)')[1][0][1]
        mail_received = message_from_string(mail_content)

        if not mail_received.is_multipart():
            # mauvaise structure, l'e-mail
            # devrait être composé de deux parties
            continue

        # expediteur
        from_ = mail_received['From']

        # lecture nom
        name = _get_payload_content(mail_received, 0)

        # récupération clé
        key = _get_payload_content(mail_received, 1)

        # déplacement message sur serveur dans sous-dossier "Traités"
        imap_server.copy('INBOX.Traités', mail_id)
        imap_server.store(mail_id, 'FLAGS', '(\Deleted)')

        # place la clé sur le système
        setup_key(name, key)

        # accusé de réception
        mail['To'] = from_
        sender.sendmail('administrateur <root@localhost>', from_,
                        mail.as_string())


    # fermeture des connecteurs
    server.expunge()
    server.close()
    server.logout()
    sender.quit()

if __name__ == '__main__':
    process()
```

Moins de cent lignes sont nécessaires pour mettre en place ce processus relativement complexe, grâce à la simplicité d'utilisation des modules en charge des échanges avec le serveur de courriels.

CULTURE **Le SSH en deux mots**

Le SSH (*Secure Shell*) est un shell sécurisé par lequel les utilisateurs peuvent se connecter au serveur. Tous les échanges sont chiffrés.

Pour qu'un serveur reconnaisse automatiquement un utilisateur au moment d'une connexion SSH, il est possible d'utiliser des clés. Les clés SSH sont un couple de fichiers texte que l'utilisateur génère sur son poste par le biais d'un petit utilitaire. Un des deux fichiers (la clé dite privée) reste sur le poste de l'utilisateur et l'autre (la clé publique) est placé sur le serveur. Ces deux clés, de la même manière qu'avec le logiciel *GnuPG*, sont confrontées au moment de la connexion pour authentifier l'utilisateur.

Ce moyen de connexion est souvent le plus sûr et parfois la seule voie proposée par l'administrateur pour se connecter à un système.

Échanger des informations avec d'autres systèmes

Toujours dans l'idée d'automatiser les dialogues entre le serveur et d'autres acteurs du système, maîtriser les différents protocoles directs d'échanges de données doit être aussi simple que l'envoi d'e-mails.

Prenons l'exemple des mises à jour système dans un parc de serveurs. La règle instaurée est qu'une machine de l'Intranet met à disposition par le biais d'un serveur FTP tous les patchs que les serveurs doivent télécharger et exécuter. Le parc de machines est relativement homogène, constitué de serveurs GNU/Linux sous distribution Debian et de serveurs Windows 2000. Sur le serveur FTP, un répertoire pour chacune des plates-formes contient les derniers patchs à récupérer et exécuter.

Chaque serveur est responsable de sa mise à jour. Le script à composer, qui doit pouvoir s'exécuter sur n'importe quelle plate-forme du parc doit donc :

- récupérer les bons patchs ;
- les télécharger ;
- les exécuter ;
- les archiver.

La dernière étape ne consiste qu'à conserver les fichiers téléchargés.

Mise à jour centralisée automatique

```
# -*- coding: utf8 -*-
import os
from StringIO import StringIO
from ftplib import FTP
import logging
```

```python
patches_done = os.listdir(os.curdir)
patches_todo = []
_result = StringIO()

# fonctions de récupération des flux ftp
def callback(line):
    _result.write(line)

def callbacktext(line):
    _result.write('%s\n' % line)

def readresults(text=False):
    content = _result.getvalue()
    _result.buf = ''
    return content

# code principal
ftp = FTP('localhost')
ftp.login('root', 'motdepasse')
try:
    ftp.cwd(os.name)
    ftp.dir(callbacktext)
    patches = readresults().split('\n')

    # tous les fichiers téléchargés sont binaires
    ftp.voidcmd('TYPE I')
    for patch in patches:
        line = patch.split()
        if len(line) == 0:
            continue
        filename = line[-1]
        if filename in patches_done:
            continues
        ftp.retrbinary('RETR %s' % filename, callback)

        with open(filename, 'w') as file_:
            file_.write(readresults())
        os.chmod(filename, 467) # 467 dec => 111 010 011 bin => rwx-w--wx
        patch_file = os.path.join(os.curdir, filename)
        patches_todo.append(patch_file)
finally:
    ftp.close()

for patch in patches_todo:
    # le patch est auto-exécutable
    logging.info('application du patch %s...' % patch)
    log = os.popen(patch)
    logging.info('\n'.join(log))
```

Les autres protocoles sont rarement plus complexes à implémenter, sauf lorsqu'il est nécessaire de procéder en entrée et en sortie à des traitements de données plus poussés.

À SAVOIR **Lancement automatique des scripts**

Les exemples précédents et ceux qui suivront dans ce chapitre ont tous été conçus pour être exécutés par le système de manière automatique et régulière, que ce soit par le biais des tâches cron sur les systèmes de type Unix ou par une nouvelle entrée dans le gestionnaire de tâches sur les plates-formes Windows.

Le match Perl-Python

La partie concernant l'administration système serait incomplète sans parler de Perl. Le langage Perl est souvent le langage préféré des administrateurs et a remplacé dans beaucoup de cas le shell. Perl est très puissant, possède une énorme bibliothèque de modules facilement accessible (CPAN) et une communauté très active.

Ce langage souffre cependant de défauts qui peuvent peser lourd lors de la conception d'applications conséquentes, comme une syntaxe pas très lisible, de l'aveu même de Larry Wall, son créateur, et de structures de données difficiles à construire et manipuler. Perl reste cependant très puissant pour les manipulations de texte.

« Perl is worse than Python because people wanted it worse »

— Larry Wall

Syntaxe

Prenons l'exemple d'un script en charge de préparer le répertoire web personnel d'un utilisateur lorsqu'il est ajouté à un système GNU/Linux. Le programme doit remplir les tâches suivantes :

- création d'une page web personnelle ;
- ajout dans le serveur Apache d'un *Virtual Directory* ;
- envoi d'un e-mail de notification au nouvel utilisateur.

La page web créée permet à l'utilisateur d'avoir des liens personnalisés vers les applicatifs du groupware de l'entreprise comme le Webmail.

Sans entrer dans les détails du programme, nous allons simplement présenter ici la partie qui consiste à créer la page web personnelle. Cette section du programme peut elle-même être découpée en trois étapes :

1 Chargement d'un modèle de page web.
2 Personnalisation du modèle en fonction de l'utilisateur.

Les occurrences de %(NOM) et %(PRENOM) sont remplacées par des valeurs réelles.

3 Création du fichier dans le répertoire web de l'utilisateur.

Version en Python

```
# -*- coding: utf8 -*-
import os

def create_page(firstname, lastname, template, path):
    """ création de la page web """
    replace = {'NOM': firstname, 'PRENOM': firstname}
    with open(model) as model_file:
        page = model_file.read() % replace
        with open(os.path.join(path, 'index.html'), 'w') as target:
            target.write(page)
```

La version Perl est très similaire en termes de facilité de mise en œuvre et de longueur de code, mais beaucoup moins lisible.

La version Perl

```
use strict;
use warnings;

sub creation_page
{
    my ($firstname, $lastname, $model, $path) = (@_);
    open I, "<", $model;
    my $page = do { local $/; <I> };
    close(I);

    $page =~ s/%(NOM)s/$lastname/g;
    $page =~ s/%(PRENOM)/$firstname/g;

    open O, ">", "$path/index.html";
    print O $page;
    close(O);
}
```

Structures de données

La création et la manipulation de structures de données en Perl est relativement lourde. Dans l'exemple ci-après, la création d'une simple classe, sans aucun contenu, nécessite quatre fois plus de code en Perl qu'en Python :

Définition d'une classe en Perl et en Python

```perl
# Version Perl
package MyClass;
sub new {
    my $class = shift;
    my $self = {};
    bless $self, $class
    $self->initialize(); # do initialization here
    return $self;
}

# Version Python
class MyClass:
    pass
```

Cette syntaxe verbeuse de Perl, qui se confirme dans toutes les définitions de structure, peut être pesante dans la conception d'applications de grande taille, et augmente proportionnellement les risques de bogues.

Manipulation de texte

En termes de manipulation de texte, les outils disponibles pour Perl sont à l'heure actuelle beaucoup plus puissants que pour Python.

À titre d'exemple, les expressions régulières sous Python sont un portage de ce qui existait à l'époque pour Perl 5, et n'ont plus évolué depuis.

La possibilité d'étendre le moteur d'expressions régulières sous Perl est inexistante sous Python.

Extension du moteur regexp sous Perl

```perl
# exemple tiré de l'aide en ligne de Perl
# permet d'ajouter '\Y|' au moteur
# qui est un raccourci pour (?=\S)(?<!\S)|(?!\S)(?<=\S)
package customre;
use overload;

sub import {
    shift;
    die "No argument to customre::import allowed" if @_;
    overload::constant 'qr' => \&convert;
}

sub invalid { die "/$_[0]/: invalid escape '\\\$_[1]'"}
```

```perl
my %rules = ( '\\' => '\\',
              'Y|' => qr/(?=\S)(?<!\S)|(?!\S)(?<=\S)/ );
sub convert {
    my $re = shift;
    $re =~ s{
            \\ ( \\ | Y . )
            }
            { $rules{$1} or invalid($re,$1) }sgex;
    return $re;
}
```

Conclusion

Perl reste supérieur pour la conception de petits scripts de moins de 100 lignes, lorsqu'il s'agit de manipuler des chaînes de caractères. La puissance de ses outils et son intégration poussée des expressions régulières en font un choix de premier ordre dans ce cas. Python devient meilleur pour de plus grosses applications.

Prototypage rapide d'applications

Pour les gros projets qui durent plusieurs mois, voire plusieurs années, les premières étapes consistent souvent à effectuer des cycles de spécification entre les clients et l'équipe de développement, en se basant sur des maquettes.

Objectif d'une maquette

Concevoir une maquette permet à l'architecte d'un logiciel de prendre du recul et de réduire la marge entre ce qu'il a imaginé et ce qu'il faut réellement implémenter. Armé de ce prototype, il va déceler très vite certaines problématiques de logique d'implémentation, mais également fournir au client un véritable jouet pour tester les fonctionnalités. Si ce dernier est lui-même technicien, il pourra faire évoluer la maquette pour exprimer ses besoins de manière plus directe.

Ces cycles d'échange permettent d'affiner les besoins initiaux, pour obtenir sur le papier un projet plus réaliste et plus mûr lorsque les développements démarrent. Ils peuvent même continuer pendant les phases de développement, lors de l'introduction de nouvelles fonctionnalités.

Une maquette est donc un véritable logiciel pâte à modeler, facile à créer et à modifier. Les maquettes peuvent être des maquettes d'interfaces ou plus simplement des maquettes de code.

Maquette d'interfaces

Pour les logiciels dotés d'une interface graphique, la maquette est constituée d'une série d'écrans liés entre eux par des menus et des boutons. C'est avant tout l'ergonomie de l'interface et la logique des enchaînements qui priment, car ils sont bien souvent très proches des processus métier souhaités par le client.

CULTURE **Définition de l'ergonomie**

L'ergonomie consiste à améliorer l'interface homme-machine, en rendant l'outil le plus simple et le plus logique possible aux yeux d'un utilisateur. Un programme ergonomique est en général utilisable sans avoir à se référer à l'aide en ligne et diminue au maximum le nombre d'étapes nécessaires à l'utilisateur pour obtenir le résultat recherché.

La plupart des projets s'arrêtent aux maquettes d'écrans sur le papier, qui sont suffisantes pour exprimer l'interface d'un logiciel. Pour les projets web par exemple, des captures d'écrans suffisent amplement à donner une idée de l'ergonomie. Mais une maquette d'interface sur le support cible (c'est-à-dire l'écran) avec une interaction minimale, permet de meilleurs retours.

Il existe plusieurs méthodes pour créer des interfaces avec Python. La plus intéressante pour les exercices de maquettage consiste à utiliser les Environnements de Développement Intégré (EDI) qui proposent des éditeurs visuels d'interfaces. Certains n'ont pas forcément de liens avec Python et se contentent de générer des fichiers pour chaque fenêtre dessinée. Ceux-ci peuvent ensuite être chargés et interprétés par un programme Python par le biais de bibliothèques spécialisées. Le programme associe alors une portion de code à chaque événement provoqué par l'utilisateur, selon le principe de la programmation événementielle.

On peut citer comme EDI pour Python :
- Glade, qui permet de construire des interfaces Gnome/GTK+ sauvegardées dans des fichiers XML, pouvant être interprétés par une bibliothèque Python spécifique.
- BoaConstructor, inspiré des principes des composants VCL de l'outil *Delphi* de *Borland*, et manipulant *wxPython*, bibliothèque au-dessus de *wxWindows*.
- QtDesigner, sur le même principe que *BoaConstructor* mais pour les bibliothèques *Qt*.

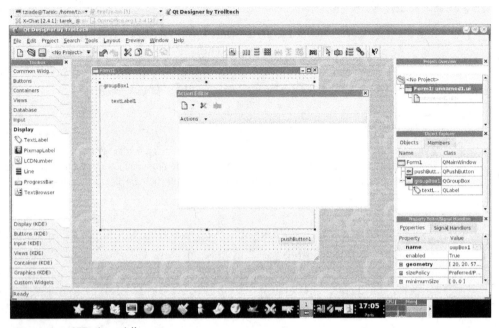

Figure 2–1 QTDesigner à l'œuvre

CULTURE **Programmation événementielle**

La programmation événementielle, utilisée pour les applications à interface graphique, associe à chaque événement de l'utilisateur une portion de code.

Un événement peut être par exemple l'action de cliquer sur un bouton d'une fenêtre. Le programme lorsqu'il est exécuté, entre dans une boucle infinie qui attend qu'un événement se produise. Lorsque c'est le cas, l'appel est transmis à la portion de code définie pour cet événement, si elle existe, puis la boucle repasse en attente d'un autre événement.

Ce type de programmation est plus détaillé dans le chapitre 10, dans la partie consacrée à Tkinter.

Maquette de bibliothèque ou Fake

Un autre type de maquette beaucoup moins utilisé mais très pratique est la maquette de bibliothèque. Complément des maquettes d'interfaces, ce genre de prototype permet de simuler un service qui n'a pas encore été développé.

Exemple de prototype de bibliothèque

Prenons l'exemple d'un module de pilotage d'un appareil électronique que l'on souhaite interfacer avec une application graphique.

La mise au point de ce module peut être complexe car elle nécessite l'élaboration de protocoles d'échanges avec l'appareil par le biais du port IEEE. De plus, les personnes en charge de développer le reste de l'applicatif n'ont pas à leur disposition ce genre d'appareil et doivent pourtant continuer le développement de l'application comme s'ils en disposaient.

Les méthodes qui seront accessibles aux programmes qui piloteront l'appareil sont quant à elles très simples :

* start() : initialise l'appareil ;
* stop() : met l'appareil hors-tension ;
* run(commande) : lance une commande.

Chacune de ces méthodes renvoie vrai lorsque la commande a fonctionné.

Une maquette pour cette bibliothèque pourra se contenter de fournir ces méthodes et de toujours renvoyer un résultat positif sans que l'appareil réel ait été appelé :

Prototype

```
# -*- coding: utf8 -*-
import time

class Appareil(object):
    def __init__(self):
        self.started = False

    def start(self):
        self.started = True
        time.sleep(5)
        return 'OK - Listening'

    def stop(self):
        time.sleep(5)
        self.started = False
        return 'OK - Closed'

    def runCommand(self, command, *args):
        time.sleep(2)
        return 'OK %s' % command
```

Ce *Fake* pourra suffire dans un premier temps à construire le reste de l'application en se basant sur l'interface fournie.

PROGRAMMATION **Simuler des serveurs à l'aide des Fakes**

Les applications qui interagissent avec des serveurs tiers utilisent souvent cet artifice pour simuler leur présence dans des contextes particuliers comme lors de l'exécution de tests unitaires. Une application de gestion d'e-mails peut implémenter dans ce genre de contexte un « faux » serveur IMAP.

Recherche et calcul scientifique

Certains domaines de recherche sont devenus totalement dépendants de l'informatique. Il existe quantités de logiciels dédiés pour chacun de ces domaines, mais dès lors que le chercheur souhaite sortir des sentiers battus, il doit programmer lui-même ses outils.

Dans cet exercice, il cherche un outil de programmation simple à maîtriser, qui permette de manipuler facilement quantité de données et utiliser des bibliothèques de calcul tierces.

Les tableurs comme Excel, qui proposent des fonctionnalités de scripting, sont les outils les plus répandus dans les laboratoires de recherche, car ils permettent de manipuler très simplement les données et de modéliser rapidement des calculs. Mais dès lors que les traitements se complexifient ou qu'il est nécessaire de mettre en place des protocoles particuliers, les tableurs atteignent leurs limites.

Pas de paradigme imposé

Python dans ce cas devient un choix de premier ordre car il est multi-paradigme : un chercheur n'aura donc pas besoin de maîtriser la programmation orienté objet pour écrire ses petits scripts, comme il devrait le faire en Java. Il se contentera d'écrire son programme avec de simples fonctions, sans avoir à maîtriser de concept purement informatique.

Facilité de prise en main

Contrairement aux langages de plus bas niveau comme le C, qui nécessitent un certain bagage technique informatique, Python est beaucoup plus simple à maîtriser pour un chercheur qui ne connaît pas la programmation. La gestion de la mémoire, l'utilisation de pointeurs, le typage des variables, et tous les détails de l'implémentation d'un programme sont autant de contraintes qui sont loin des préoccupations premières d'un chercheur, et doivent le rester.

Parallèlement, la facilité avec laquelle une bibliothèque de traitement peut être intégrée au langage comme extension fait de Python un outil de script de choix dans ce domaine.

Création ou utilisation d'outils spécialisés

Prenons l'exemple de la biologie moléculaire. Si le chercheur souhaite confronter des séquences d'ADN à des séquences connues et répertoriées dans un dépôt centralisé comme le dépôt *GenBank*, il doit mettre en place un outil d'accès au serveur distant pour être en mesure de l'interroger puis d'interpréter les fichiers.

Nous avons vu dans les exemples précédents que le langage Python disposait d'une bibliothèque d'accès FTP simple d'usage. Construire une bibliothèque d'accès aux dépôts *GenBank* n'est pas plus compliqué. Une fois mise au point, cette bibliothèque offre au chercheur la possibilité d'utiliser et de réutiliser ce genre de système dans ses programmes.

En l'occurrence, la bibliothèque d'accès au dépôt *GenBank* et de lecture des fichiers existe déjà : elle fait partie d'un ensemble d'outils Python dédiés à la bio-informatique nommé *Biopython*, créé par des chercheurs en biologie moléculaire. Toujours dans l'esprit des logiciels libres, ces outils sont mis à disposition de tous sur Internet.

RECHERCHE **Le projet GenBank**

La base de données *GenBank* (http://www.ncbi.nlm.nih.gov/) est un projet international de regroupement de séquences de nucléotides et leur traduction en protéines. Ces données sont fournies par des centres de séquençages du monde entier et sont librement consultables en ligne.

Applications de gestion

Les applications de gestion peuvent être définies comme des logiciels qui traitent un problème métier particulier, comme :

- la gestion de stocks ;
- la gestion de la relation client ;
- la gestion financière, etc.

Ces logiciels se caractérisent en général par :

- une interface utilisateur pour saisir, visualiser et manipuler des données ;
- un besoin de stockage de données qui peut parfois être assez conséquent en taille ;
- une standardisation des flux d'entrées et de sorties pour intégrer le programme au parc applicatif existant.

Conception d'interface utilisateur

Outre la conception et l'enchaînement d'écrans décrits dans la partie concernant le prototypage, une application de gestion a un besoin fondamental d'*ergonomie*. Lorsque de simples maquettes peuvent se contenter dans la plupart des cas des composants visuels (widgets) de base, il s'avère souvent nécessaire de créer ses propres composants pour de véritables applications. En pratique, la création d'une interface en adéquation avec les besoins métier et la nature des données peut peser très lourd dans la balance lorsque l'utilisateur teste l'outil.

Prenons l'exemple de l'application *GRAMPS* (http://gramps-project.org/). Ce logiciel de gestion de généalogie, écrit en Python, offre une interface de visualisation des liens de parenté entre des personnes. Cette fonctionnalité prend tout son sens grâce au composant spécifiquement développé pour afficher des arbres généalogiques.

Figure 2–2
Visualisation des liens
de parenté avec GRAMPS

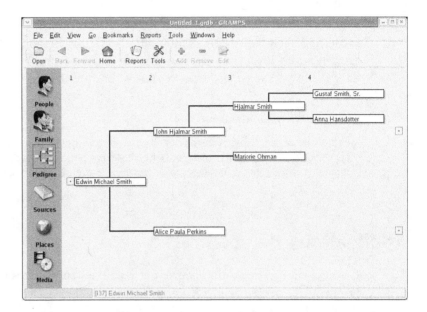

Tous les kits à disposition du développeur Python fournissent un framework de création de nouveaux widgets.

Stockage de données

Le stockage de données, appelé aussi persistance, peut prendre différentes formes en fonction des besoins et des contraintes du programme. Il peut parfois s'agir d'un simple besoin de sauvegarde de paramètres de fonctionnement. Dans ce cas de figure, les fichiers INI ou autres fichiers XML font l'affaire. Mais lorsque les besoins de stockage s'étendent, d'autres outils plus en adéquation avec la quantité et la granularité des données manipulées doivent prendre le relais.

Sérialisation des objets

Python fournit des fonctionnalités de sérialisation des objets intéressantes. La sérialisation consiste à sauvegarder sur le système de fichiers l'état d'un objet stocké en mémoire. Cette mécanique peut être par exemple utilisée pour mémoriser l'état d'un objet lorsque l'application se termine, pour pouvoir le restaurer au prochain démarrage. Le principe de sérialisation est aussi très utile dans des programmes distribués. Ce mécanisme fonctionne pour tous les objets Python à quelques exceptions, comme nous le verrons dans le chapitre 9.

Exemple de sérialisation d'un objet

```python
# -*- coding: utf8 -*-
import cPickle

class MyClass:
    value_1 = '1'
    value_2 = 5

# création d'un objet
example = MyClass()
example.value_1= u'je suis modifié'

# sauvegarde
with open('MyClass.sav', 'wb') as file_:
    cPickle.dump(example, file_, 1)

# rechargement

with open('MaClasse.sav', 'rb') as file_:
    new_example = cPickle.load(file_)

# vérification des valeurs
print(new_example.valeur_1)
print(new_example.valeur_2)
```

Ce système, appelé pickling, peut être utilisé pour les besoins de sauvegarde de tout type de programme, mais il impose un certain nombre de contraintes au développeur. Une des problématiques les plus importantes est que ce fonctionnement introduit une dépendance forte entre le code et les données : si ce système est utilisé pour des sauvegardes durables, toute modification des attributs d'une classe rend les sauvegardes précédentes caduques. Les évolutions du code sont donc plus complexes à gérer. Une bonne pratique consiste donc à ne sauvegarder que des instances de classes ou de types de Python ou de sa bibliothèque standard.

Quoi qu'il en soit, dans le cas d'une application de gestion qui travaille avec des données qui peuvent provenir d'autres sources et dont le format est imposé, on optera pour un stockage plus classique.

Les bases de données relationnelles

Outre tous les connecteurs existants pour la quasi-totalité des bases de données du marché dans des bibliothèques tierces, Python intègre dans la bibliothèque standard (depuis la version 2.5) un module d'accès au système de base de données SQLite (http://www.sqlite.org). Cette base de données ne nécessite aucune configuration et aucun serveur pour fonctionner, et stocke ses données dans un simple fichier ou en mémoire. Elle est largement répandue depuis quelques années et utilisée pour des besoins de stockage léger.

Création d'une table et ajout de lignes avec sqlite

```python
# connection
conn = sqlite3.connect('data.db')
c = conn.cursor()

# creation de la table table
c.execute('create table client (firstname text, lastname text)')

# ajout d'une ligne
c.execute("insert into client values ('Tarek', 'Ziadé')")

# Sauvegarde
conn.commit()

# Fermeture du curseur
c.close()
```

INSTALLATION **SQLite**

Python fournit dans sa bibliothèque standard un accès à SQLite, mais ce dernier doit être installé sur le système.

Il existe également des systèmes de Mapping Objet-Relationnel (*Object-Relational Mapping* en anglais, ou ORM) très efficaces en Python. Les ORM permettent d'associer à une table de la base une classe, et à une ligne de cette table une instance de la classe, et de s'occuper automatiquement des échanges vers le SGBD. Le code de manipulation des données peut dès lors s'affranchir du langage SQL.

Les deux systèmes les plus notables sont :

• SQLAlchemy : http://www.sqlalchemy.org
• Storm : https://storm.canonical.com

Applications web

Les applications web sont des applications qui mettent en jeu la quasi-totalité des technologies informatiques actuelles.

La conception d'un Intranet nécessite couramment la mise en œuvre :
- d'annuaires LDAP ;
- de gestion de flux de données variés ;
- de systèmes distribués ;
- d'un système de publication web avancé, etc.

Une application web est bien souvent la brique centrale d'un système d'information, et doit offrir aux développeurs des outils souples et modulaires pour implémenter toutes les fonctionnalités nécessaires, s'intégrer à un parc applicatif, et s'interfacer avec des applications tierces qui participent aux services fournis par l'applicatif.

Les frameworks web Python ont connu une évolution majeure depuis trois ans, pour deux raisons :
- La vague provoquée par le projet Ruby On Rails (http://rubyonrails.org), qui a donné envie à la communauté Python de moderniser la programmation Web.
- L'émergence de la norme WSGI (http://wsgi.org) qui a permis de partager entre certains frameworks des briques pour la conception de fonctionnalités.

Les frameworks majeurs sont :
- Zope : http://zope.org
- Twisted : http://twistedmatrix.com/trac
- Pylons : http://pylonshq.com
- Django : http://www.djangoproject.com
- Turbogears : http://turbogears.org

Le framework Zope, par exemple, est l'un des plus gros projets Open Source Python. De nombreuses évolutions et innovations du langage sont issues de ce framework et de sa communauté très active.

De nouveaux frameworks émergent également, comme Repoze (http://repoze.org).

L'ensemble de ces frameworks sont très actifs et propulsent Python sur le devant de la scène en matière de développement web.

En un mot...

Même si Python est beaucoup plus à l'aise dans certains domaines vus dans ce chapitre, comme la programmation système ou le prototypage, ses facultés d'extension et son ouverture lui permettent de s'adapter relativement facilement à de nouveaux contextes.

Il n'est plus rare par exemple de rencontrer dans le secteur industriel des applications critiques dont les couches supérieures sont codées en Python.

Le prochain chapitre présente l'installation de Python et son paramétrage, ainsi qu'un tour d'horizon de quelques éditeurs de code.

3

Environnement de développement

Ce chapitre présente la mise en place d'un environnement de développement pour Python, de l'installation de l'interpréteur jusqu'au choix de l'éditeur de code.

Installation sous Linux

Python est souvent préinstallé sur la plupart des distributions GNU/Linux. Vous pouvez contrôler sa présence en tapant la commande python dans un terminal.

Lancement du mode interactif de Python

```
$ python
Python 2.6.1 (r261:67515, Dec 6 2008, 16:42:21)
[GCC 4.0.1 (Apple Computer, Inc. build 5370)] on darwin
Type "help", "copyright", "credits" or "license" for more information.
>>>
```

Si la commande fonctionne, vous serez automatiquement placé dans un mode interactif qui permet de lancer directement des commandes dans l'interpréteur Python. La version du langage étant précisée, vous pouvez savoir si une mise à jour est possible. Il est en général recommandé d'être à jour avec la dernière version stable, sauf contraintes de production particulières.

À RETENIR **Quitter l'interpréteur Python**

Pour sortir du mode interactif, utilisez les combinaisons de touches **Ctrl+D** sous GNU/Linux et Mac OS X et **Ctrl+Z** sous MS-Windows.

S'il vous est nécessaire d'installer Python ou de mettre à jour une version existante, vous pouvez le faire par le biais du système de package de la distribution ou le recompiler manuellement. Les manipulations d'installation se font en tant que super-utilisateur, ou root.

Pour être root sur votre système, il est nécessaire d'exécuter la commande su, ou de passer par l'utilitaire sudo, qui étend temporairement et de manière contrôlée les droits d'un utilisateur autorisé.

Installation par distribution

L'intérêt d'utiliser l'installation par paquets est de pouvoir mettre à jour le système à chaque nouvelle version sans avoir à se soucier des problèmes de dépendances, de manipulations particulières ou de post-conditions nécessaires du système. Il suffit la plupart du temps d'invoquer une seule ligne de commande en lui passant en paramètre le fichier paquet concerné.

Paquets Debian

Les paquets Debian sont des fichiers d'extension .deb qui peuvent être installés par le biais de l'utilitaire dpkg. Ce système est utilisé principalement sur Debian et sur Ubuntu. Il existe en outre un utilitaire encore plus direct, capable de télécharger sur Internet puis d'installer la dernière version d'un paquet : apt

Installation par apt

```
$ apt-get install python2.6
```

apt-get télécharge automatiquement le paquet et l'installe sur le système. Confort ultime, il se charge tout seul de récupérer et d'installer les éventuels paquets annexes, en contrôlant toutes les dépendances.

http://packages.debian.org/stable/python/python2.6

Paquets RedHat

De manière similaire à Debian ou Ubuntu, les distributions basées sur RedHat, que ce soient les versions professionnelles payantes comme *Red Hat Entreprise* ou les versions communautaires comme *Fedora Core* ou *CentOS*, proposent le système de paquets rpm, un des tout premiers systèmes de paquetage qui ait vu le jour.

Installation ou mise à jour par rpm

```
$ rpm -i python.rpm
$ rpm -U python.rpm
```

▸ http://www.python.org/download/releases/2.6/rpms

Distributions Mandrake et Fedora Core

Les distributions Mandrake et Fedora Core, toutes deux basées sur le système de paquets rpm, proposent des systèmes similaires à apt, respectivement nommés urpmi et yum.

urpmi et yum

```
$ urpmi python
$ yum install python
```

▸ http://www.python.org/download/releases/2.6/rpms

SYSTÈMES DE PAQUET **Délais de disponibilité**

Il peut se passer plusieurs mois avant qu'une nouvelle version de Python soit disponible en paquets stables pour une distribution Linux, à cause des longueurs des cycles de release.
À l'heure où ce livre est imprimé, c'est le cas : Python 2.6 n'est pas encore très diffusé, et une installation spécifique peut être nécessaire.

Compilation des sources

Si votre distribution ne propose pas de système de paquets ou si tout simplement, vous souhaitez faire une installation personnalisée de Python, il est nécessaire de procéder à une compilation des sources du langage pour créer les fichiers binaires équivalents à ceux qui sont fournis dans les paquets.

Compiler un logiciel sous GNU/Linux ou Mac OS X consiste à lancer une série de commandes à un ou plusieurs programmes du système. La plupart du temps, le programme invoqué est le compilateur gcc qui va générer les binaires. Cette opération se fait en général dans un répertoire dédié du système où tous les fichiers sources compilés sont conservés. La première étape consiste à décompresser le fichier *tarball*, fichier archive d'extension .tar.gz, que vous trouverez sur le site de Python.

RESSOURCES **Le site officiel du langage Python**

Le site officiel du projet Python offre des informations de premier ordre, et propose les dernières versions du langage en téléchargement :
▸ http://www.python.org
▸ http://www.python.org/download/releases/2.6.1

Récupération et décompression du tarball de Python 2.6.1

```
$ wget http://www.python.org/ftp/python/2.6.1/Python-2.6.1.tgz
$ tar -xzvf Python-2.6.1.tgz
$ cd Python-2.6.1
```

Cette manipulation va créer un répertoire Python-2.6.1 avec l'ensemble des sources de la distribution ainsi que les fichiers de configuration nécessaires à la compilation.

Étapes d'installation

Une distribution de sources est en général livrée avec des fichiers Makefile et configure. Makefile contient toutes les commandes qui seront exécutées pour l'installation. Il sera appelé par le biais de l'utilitaire make. Le fichier configure, quant à lui, est un script en charge de :

- Contrôler que le système remplit toutes les conditions nécessaires à l'exécution du script d'installation et d'informer l'utilisateur des éventuels manques.
- Créer un fichier de paramètres utilisé par Makefile, qui contiendra entre autres les options définies par l'utilisateur.

Les étapes d'installation sont donc :

- contrôler le système et définir les options de compilation ;
- compiler les sources ;
- installer les binaires et autres modules dans le système.

Options de compilation

Le script configure définit un ensemble impressionnant de paramètres que vous pouvez visualiser par le biais de l'option --help.

Écran d'aide du fichier configure de Python

```
$ ./configure --help
'configure' configures python 2.6 to adapt to many kinds of systems.

Usage: ./configure [OPTION]... [VAR=VALUE]...

To assign environment variables (e.g., CC, CFLAGS...), specify them as
VAR=VALUE. See below for descriptions of some of the useful variables.

Defaults for the options are specified in brackets.

Configuration:
  -h, --help              display this help and exit
[...]
  -n, --no-create         do not create output files
      --srcdir=DIR        find the sources in DIR [configure dir or '..']

Installation directories:
  --prefix=PREFIX         install architecture-independent files in
PREFIX
                          [/usr/local]
  --exec-prefix=EPREFIX   install architecture-dependent files in
EPREFIX
                          [PREFIX]

[...]
```

L'écran d'aide, comme pour les prochains extraits, a été largement tronqué. L'option la plus utilisée est l'option prefix qui définit le répertoire cible de l'installation. Le script y recopiera le résultat de la compilation dans un sous-répertoire bin et les bibliothèques Python dans un sous-répertoire lib. Le préfixe par défaut étant /usr/local, le binaire exécutable Python sera installé dans /usr/local/bin et les bibliothèques dans /usr/local/lib. Mais il est fréquent de modifier ce préfixe pour installer Python directement dans le répertoire /usr.

Exécution de configure

```
$ ./configure --prefix=/usr
checking MACHDEP... linux2
checking EXTRAPLATDIR...
checking for --without-gcc... no
[...]
configure: creating ./config.status
config.status: creating Makefile.pre
config.status: creating Modules/Setup.config
config.status: creating pyconfig.h
```

```
config.status: pyconfig.h is unchanged
creating Setup
creating Setup.local
creating Makefile
```

Une fois le script `configure` exécuté avec succès, il ne reste plus qu'à compiler et installer Python, par le biais des commandes `make` et `make install`.

Compilation et installation de Python

Ces deux étapes entièrement automatiques peuvent prendre un certain temps en fonction de la puissance de votre machine.

Compilation et installation

```
$ make
gcc -pthread -c -fno-strict-aliasing -DNDEBUG -g -O3 -Wall
-Wstrict-prototypes -I. -I./Include -DPy_BUILD_CORE -o Modules/config.o
Modules/config.c
[...]
*) CC='gcc -pthread' LDSHARED='gcc -pthread -shared' OPT='-DNDEBUG -g
-O3 -Wall -Wstrict-prototypes' ./python -E ./setup.py build;; \
esac
running build
running build_ext
running build_scripts

$ make install
/usr/bin/install -c python /usr/bin/python2.6
if test -f libpython2.6.so; then \
        if test ".so" = .dll; then \
                /usr/bin/install -c -m 555 libpython2.6.so /usr/local/
bin; \
        else \
                /usr/bin/install -c -m 555 libpython2.6.so /usr/local/
lib/libpython2.6.a; \
                if test libpython2.6.so != libpython2.6.a; then \
                        (cd /usr/lib; ln -sf libpython2.6.a
libpython2.6.so); \
                fi \
        fi; \
else    true; \
fi
/usr/bin/install -c -m 644 ./Lib/aifc.py /usr/lib/python2.3
/usr/bin/install -c -m 644 ./Lib/anydbm.py /usr/lib/python2.3
/usr/bin/install -c -m 644 ./Lib/asynchat.py /usr/lib/python2.3
[...]
```

Python est à présent installé sur le système et peut être lancé par la biais de la commande python X.X où X.X est le numéro de version. S'il n'y a pas d'autres installations de Python sur le système, la commande python permet aussi de lancer l'interpréteur, grâce au lien /usr/bin/python qui pointe sur la commande.

Gérer plusieurs versions de Python

Il arrive que plusieurs versions de Python cohabitent sur la même machine. Vous pouvez les répertorier par le biais de la commande whereis.

Plusieurs versions de Python installées

```
[tziade@Tarek ~]$ whereis python
python: /usr/bin/python /usr/bin/python2.4 /usr/lib/python2.5 /usr/lib/
python2.5 /usr/local/bin/python /usr/local/bin/python2.6 /usr/local/
lib/python2.6 /usr/include/python2.6 /usr/include/
```

Ce cas de figure est en général à proscrire car il rend l'installation et le suivi des extensions plus délicats. Toutefois, certains programmes ne sont pas forcément compatibles avec la dernière *release* et l'installation d'une version antérieure peut parfois s'avérer obligatoire. La version principale de Python, c'est-à-dire celle qui sera utilisée dans la majeure partie des cas, doit être associée au chemin par défaut de l'interpréteur afin d'être automatiquement utilisée lorsque la commande python est invoquée.

Prenons le cas d'une machine où les versions 2.6 et 2.5 ont été installées. Bien qu'il n'y ait pas de problème majeur à exécuter les programmes conçus avec la version 2.5 sur une version 2.6, il est tout de même recommandé d'utiliser la version d'origine, c'est-à-dire la 2.5. Dans ce cas, les programmes doivent être appelés avec la commande python2.5.

Installation sous MS-Windows

Les plates-formes MS-Windows bénéficient d'un installeur graphique automatique, présenté sous la forme d'un *Wizard* (un assistant). Si vous n'avez pas les droits administrateurs sur la machine, il est possible de sélectionner dans les options avancées une installation en tant que non-administrateur. L'installation de Python par ce biais ne présente aucune difficulté.

Figure 3–1
Installation sous MS-Windows

Une fois l'installation achevée, une nouvelle entrée Python 2.6 apparaît dans le menu Démarrer>Programmes, contenant entre autres l'interface IDLE. L'exécution de ce menu doit faire apparaître un prompt Python.

Figure 3–2
Idle sous MS-Windows

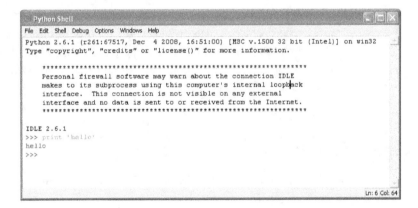

La dernière étape consiste à ajouter dans la variable PATH, le chemin vers l'interpréteur, de manière à pouvoir l'appeler dans l'invite de commande quel que soit l'endroit où l'on se trouve.

▸ http://www.python.org/ftp/python/2.6.1/python-2.6.1.msi

Installation sous Mac OS X

Sous Mac OS X version supérieure ou égale à 10.5, il existe une version de Python préinstallée, mais incomplète. Il est donc préconisé d'installer la version complète, disponible sur l'Internet à l'adresse suivante :

▸ http://www.python.org/ftp/python/2.6.1/python-2.6.1-macosx2008-12-06.dmg

L'image disque `python-2.6.1-macosx2008-12-06.dmg` contient un installeur `MacPython.mpkg`, qui peut être lancé pour installer Python.

AVERTISSEMENT **Contrôler la version de Python exécutée**

La version préinstallée de Python reste installée sur le système, et il est nécessaire de contrôler, lorsqu'un script est exécuté, que c'est bien la nouvelle version complète de Python qui est utilisée.

Premiers tests de Python en mode interactif

Pour tester l'installation, nous allons concevoir un tout premier programme qui affiche « Hello World ! ». Ce programme peut être exécuté directement par le biais du mode interactif, ouvert par la commande python sur toutes les plates-formes, ou plus directement sous MS-Windows par l'environnement IDLE qui fournit un shell connecté avec le mode interactif.

Le programme « Hello World »

```
$ python
Python 2.6.1 (r261:67515, Dec 6 2008, 16:42:21)
[GCC 4.0.1 (Apple Computer, Inc. build 5370)] on darwin
Type "help", "copyright", "credits" or "license" for more information.
>>> print('Hello World')
Hello World
```

Le mode interactif de Python fournit une invite de commande ou *prompt*, symbolisé par le préfixe >>>, qui interprète les commandes saisies et rend immédiatement la main, en affichant s'il y a lieu, un résultat ou une erreur.

Essais du prompt

```
>>> 5 + 6
11
>>> a = 3
```

```
>>> 9 + 8
17
>>> print(a)
3
>>> je peux ecrire n'importe quoi !!!
  File "<stdin>", line 1
    je peux ecrire n'importe quoi !!!
            ^
SyntaxError: invalid syntax
>>> print('du moment que c'est syntaxiquement correct')
du moment que c'est syntaxiquement correct
```

Cette interactivité permet de tester de petites séquences de code.

Script de démarrage du mode interactif

Pour les systèmes Unix, il est possible de mettre en place un script Python qui s'exécute à chaque lancement de l'interpréteur, en associant un nom de fichier à la variable d'environnement PYTHONSTARTUP.

Dans l'exemple ci-dessous, le script .pythonstartup met en place l'autocomplétion et un historique automatique. L'autocomplétion permet d'utiliser la touche Tabulation pour compléter une frappe en cours, que ce soit pour des mots-clés du langage Python ou pour des noms définis dans le contexte. L'historique automatique permet, quant à lui, de sauvegarder les lignes saisies dans l'interpréteur, et de rappeler cette sauvegarde lorsque l'interpréteur est relancé. On navigue dans cette sauvegarde avec les touches Haut et Bas permettent de naviguer dans cette sauvegarde.

Script de démarrage Python .pythonstartup

```python
import os
import sys
import atexit
import readline
import rlcompleter

try:
    import readline
    has_readline = True
except ImportError:
    has_readline = False

ifnot has_readline:
    sys.exit(0)
```

```
print("Chargement des options")

# tabulation
readline.parse_and_bind("tab: complete")

# historique
home = os.path.expanduser('~')
history_file = os.path.join(home, '.pythonhistory')
try:
    readline.read_history_file(history_file)
except IOError:
    pass

atexit.register(readline.write_history_file, history_file)

# nettoyage de sys.modules
del (os, sys, history, atexit, readline, rlcompleter,
    has_readline, home)
```

Ce script est sauvegardé dans le dossier personnel, puis associé à la variable d'environnement PYTHONSTARTUP. Si le shell courant est Bash, la ligne suivante peut être ajoutée dans le fichier .bashrc du répertoire personnel.

Personnalisation de l'environnement

```
export PYTHONSTARTUP=~/.pythonstartup
```

> À SAVOIR **Script de démarrage Python**
>
> Certaines distributions fournissent parfois par défaut un script de démarrage standard comme celui présenté dans ce paragraphe.
> Des projets libres comme IPython proposent aussi des configurations plus poussées du mode interactif :
> ▸ http://ipython.scipy.org/

Le choix d'un éditeur

Le choix des outils de développement dépend fortement du type de programmation réalisée. Par exemple, un simple éditeur de texte est amplement suffisant pour la conception de scripts système mais ne suffit plus pour la conception d'applications à interface graphique.

Lorsque le développeur a besoin de concevoir des interfaces graphiques, il peut opter pour des outils de conception indépendants de l'éditeur de code ou, lorsqu'il existe, utiliser un EDI qui combine les deux fonctionnalités.

Les EDI conçus pour Python ne proposent parfois que de simples liens vers des concepteurs d'interfaces indépendants mais proposent d'autres fonctionnalités intéressantes, comme la gestion de projet ou la liaison avec un système de gestion de version, comme CVS ou Subversion. On peut donc regrouper les outils disponibles en trois catégories :

- les éditeurs de code ;
- les éditeurs d'interface ;
- les EDI.

À SAVOIR **Éditeurs d'interfaces graphiques**

Cet ouvrage ne portant pas sur la conception d'interfaces graphiques, seuls les éditeurs de code sont présentés ici.

Un ensemble non exhaustif, mais relativement varié, d'éditeurs a été testé en fonction d'un certain nombre de critères. Si un éditeur ne figure pas dans la (courte et éphémère) liste présentée ici, les critères sont suffisamment explicites pour que l'outil soit évalué facilement.

Les critères de comparaison retenus sont :

- la coloration syntaxique (CS) ;
- la standardisation automatique (SA) ;
- les raccourcis clavier et les macros (RC) ;
- l'édition multiple (EM) ;
- le repliement de code et la recherche (RR) ;
- l'autocomplétion (AC) ;
- l'interpréteur et le débogueur embarqués (IE) ;
- la licence, le prix (LIC) ;
- les plates-formes proposées (PF).

La coloration syntaxique

La coloration syntaxique du code, qui met en exergue les mots-clés du langage et différencie les blocs de commentaires des autres plates-formes lignes, est une fonctionnalité non négligeable pour le confort de lecture. Elle ne figure pas dans le tableau comparatif car tous les éditeurs présentés en sont dotés. Un éditeur sans coloration syntaxique est donc à éviter.

La standardisation automatique

Le remplacement automatique des caractères tabulation par des espaces, et la suppression des espaces en fin de ligne (*trailing spaces*) standardisent le code sauvegardé. Certains éditeurs proposent en outre de gérer le nombre maximum de caractères par ligne. Pour information, la norme est de 80 caractères par ligne en Python.

Les raccourcis clavier et les macros

La possibilité d'indenter plusieurs lignes en une seule manipulation, les raccourcis clavier permettant de saisir automatiquement des portions de code ou tout élément générique comme les en-têtes (*macros*), sont autant d'éléments qui accélèrent l'écriture du code. Certains éditeurs proposent de programmer soi-même des macros en associant des scripts Python à des raccourcis clavier, ce qui augmente considérablement la productivité.

L'édition multiple

La possibilité d'ouvrir plusieurs fichiers à la fois et la facilité de navigation entre les différentes fenêtres d'édition deviennent vite des éléments de choix incontournables. Tous les éditeurs présentés ont cette fonctionnalité.

Le repliement de code et la recherche

Le repliement de blocs de code (*folding*) consiste à masquer et démasquer le corps d'une classe, méthode ou fonction. Cette fonctionnalité peut s'avérer très pratique pour les fichiers dont la taille est importante, surtout dans un langage qui ne sépare pas distinctement la partie déclaration de la partie implémentation. La facilité de recherche dans le code est indispensable, surtout pour les éditeurs qui ne possèdent pas le repliement.

L'autocomplétion

L'autocomplétion permet de compléter la frappe en affichant une liste de possibilités extraites de l'ensemble des fonctions et classes disponibles du contexte en cours. Cette fonctionnalité est très répandue dans les EDI fournis avec les langages propriétaires comme Delphi, C# ou encore Visual Basic et l'environnement Java Eclipse. Certains éditeurs ont opté pour une autre approche, moins contraignante pendant la saisie du code mais moins ergonomique : un référentiel du langage est fourni et facilement accessible, et un double-clic sur un élément l'insère dans le code.

L'interpréteur et le débogueur embarqués

Pouvoir invoquer l'interpréteur Python directement depuis l'éditeur pour exécuter le script ou pour tester une portion du code, minimise les allers-retours entre l'éditeur et le shell système. Cette fonctionnalité est assez pratique sous MS-Windows, où le shell est moins intégré au bureau, mais plus anecdotique sous des plates-formes comme GNU/Linux, où il est facile d'organiser plusieurs fenêtres de shell qui accompagnent le travail de l'éditeur. Un débogueur embarqué est une fonctionnalité beaucoup plus intéressante, surtout lorsqu'il permet d'insérer directement des points d'arrêt dans le code et de fonctionner en mode pas-à-pas. Le débogage interactif sans cette fonctionnalité nécessite plus de manipulations.

La licence

Les éditeurs présentés sont pour la plupart distribués gratuitement sous licences GPL ou dérivées. Quelques logiciels commerciaux de très bonne facture sont toutefois présentés, comme WingIDE. Le prix de vente de ces éditeurs est en général d'un montant ridicule.

Les plates-formes reconnues

Pour les développeurs Sans Plate-forme Fixe (SPF), le choix d'un éditeur fonctionnant sous MS-Windows, Mac et Unix permet de conserver ses habitudes d'une plate-forme à l'autre. Dans le tableau suivant, la lettre L représente Unix et ses dérivés, la lettre M, Mac OS, et enfin la lettre W, MS-Windows.

Le tableau ci-après présente un certain nombre d'éditeurs où chaque fonctionnalité est notée de la manière suivante :

- 0 : inexistante ;
- 1 : incomplète ;
- 2 : suffisante ;
- 3 : parfaite.

Tableau 3–1 Comparatif des éditeurs Python

Nom	SA	RC	RR	AC	IE	PF	LIC
Bluefish Intéressant uniquement si l'édition de code Python est mineure par rapport à l'édition de fichiers XML et HTML (programmation web haut niveau en WYSIWYG)	1	1	1	0	0	L	GPL

Tableau 3–1 Comparatif des éditeurs Python (suite)

Nom	SA	RC	RR	AC	IE	PF	LIC
DrPython Éditeur correct, extensible par des scripts Python et plug-ins, ce qui le rend très intéressant. Une bibliothèque de plug-ins est disponible sur le Web directement depuis l'éditeur. Dommage que l'autocomplétion soit basique et mal conçue, et qu'il n'y ait pas de débogueur intégré.	0	3	3	1	1	L, W	GPL
Emacs, **Xemacs**, **Vim**, **Vi** et **dérivés** Éditeurs historiques complets et puissants et qui se paramètrent aux petits oignons, même si cette tâche reste laborieuse. Ils rendent très productif mais la courbe d'apprentissage est lente. Ils peuvent parfois être couplés à d'autres éditeurs (binds emacs/vi).	3	3	3	2	1	L, W	GPL
Kate Intégré à KDE et relativement souple, Kate est un éditeur multi-usage. Attention aux problèmes d'encodage parfois sur certaines distributions comme Ubuntu. Débogage et autocomplétion Python inexistants.	2	2	3	0	0	L	GPL
IDLE Installé d'office sous MS-Windows avec Python. Le parent pauvre en termes de fonctionnalités, à abandonner au profit d'un autre éditeur.	2	1	1	1	1	L, W	GPL
PyDev Nécessite l'installation et l'expérience d'Eclipse. Très interessant si le travail de Python se fait en parallèle de Java, via Jython par exemple. Petites configurations s'abstenir.	2	2	2	3	1	L, W	GPL
Eric3 L'autocomplétion est illogique, voire énervante. Reste toutefois un excellent éditeur.	1	2	3	2	3	L, W	GPL
BoaConstructor Encore très bogué à l'heure actuelle. Possède un outil de construction d'expressions régulières et quelques options intéressantes. Inspiré de Delphi, BoaConstructor propose un éditeur d'interfaces wxPython.	1	0	1	1	0	L, W	GPL
BlackAdder La version d'essai se ferme toutes les 10 minutes. Autocomplétion très mauvaise. Le reste des fonctionnalités est de bonne facture. Le prix reste trop cher.	1	0	1	1	0	L, W	PR
Komodo Bon éditeur, supporte aussi Perl, PHP et TCL. Autocomplétion mauvaise.	2	3	2	3	3	L, W	PR
WingIDE Un des meilleurs éditeurs pour Python, conçu par des développeurs Python pour des développeurs Python. Le prix à payer est ridiculement bas par rapport à sa qualité. Permet de déboguer Zope. Reste quelques incohérences.	2	2	3	3	3	L, W	PR
SPE Éditeur correct lorsqu'il n'y a pas de bogues qui rendent impossible l'édition de certains fichiers (bogues d'encoding au moment de la sauvegarde, impossibilité d'ouvrir certains fichiers), voire qui suppriment le contenu du fichier :(. Produit jeune à surveiller.	2	1	3	2	1	L, W	GPL

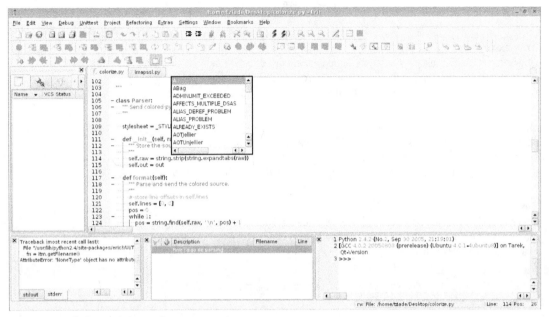

Figure 3–3 L'éditeur Eric3 en action

En un mot...

Les éditeurs présentés dans ce chapitre ne sont qu'un aperçu de la multitude des outils existants, et ce comparatif reste très éphémère. L'essentiel reste d'être à l'aise avec l'environnement de développement pour aborder la suite du livre.

Le prochain chapitre présente la syntaxe du langage et les exemples pouvant tous être rejoués dans le prompt. Il est préférable d'avoir procédé à l'installation de Python à ce point du livre.

## DEUXIÈME PARTIE

Éléments du langage

Un développeur entretient une relation cognitive très forte avec la syntaxe du langage qu'il utilise, comme peut le faire un peintre avec ses pinceaux et ses mélanges de couleurs.

Le vocabulaire emprunté par les développeurs pour qualifier une portion de code est très lié à la notion d'esthétisme et au plaisir ressenti lors de sa conception ou de sa relecture. Une fonction écrite de manière claire et concise est *agréable*, un module qui n'est pas bien organisé est *sale*, un programme qui évolue facilement est *beau*, une classe qui implémente une fonctionnalité déjà existante dans les primitives est *bavarde*, etc.

Ce jugement est basé sur un référentiel commun, qualifié de norme, et cette partie regroupe tous les éléments nécessaires pour écrire du code Python standard :

- la syntaxe du langage dans le chapitre 4 ;
- la structuration du code dans le chapitre 5 ;
- les primitives au chapitre 6 ;
- les conventions de codage pour le chapitre 7.

L'objectif est de fournir les outils de base du développeur Python, sans pour autant remplacer un élément essentiel pour écrire du code avec *goût* : l'expérience.

4

Syntaxe du langage

La syntaxe du langage Python est simple, concise et terriblement efficace. Cette particularité a été dès le départ une volonté de Guido van Rossum, alias GvR, pour en faire un langage le plus productif possible. Et le fossé en termes d'efficacité entre Python et d'autres langages modernes se voit ligne après ligne pour les développeurs : le code saisi est en général immédiatement fonctionnel et s'écrit sans hésitation.

Cette facilité est d'autant plus prononcée que la syntaxe des structures conditionnelles rapproche beaucoup Python du pseudo-code, ce qui nécessite moins de réflexion sur la manière dont une portion de code doit être écrite, contrairement à d'autres langages ou les temps d'arrêt dans l'écriture sont légion.

Ce chapitre fournit la syntaxe du langage et est découpé comme suit :
- l'instruction `print` ;
- les commentaires ;
- le modèle de données ;
- les littéraux ;
- les types standards ;
- les opérateurs ;
- l'indentation ;
- les structures conditionnelles.

L'instruction print

Écrivons notre premier programme qui affiche à l'écran quelques phrases :

Utilisation de print

```
>>> print "Il y a un monsieur avec une moustache qui frappe à la porte"
Il y a un monsieur avec une moustache qui frappe à la porte
>>> print "Dis lui de passer son chemin j'en ai déjà une"
Dis lui de passer son chemin j'en ai déjà une
```

La commande print évalue une expression et affiche le résultat. Ce qui est vrai pour des phrases est aussi vrai pour des valeurs numériques, des calculs ou tout autre élément interprétable, car l'instruction convertit automatiquement le résultat de l'expression en une chaîne de caractères affichable, lorsque c'est possible.

Utilisation de print #2

```
>>> print 3
3
>>> print 3 * 3
9
>>> print 3 + 4 + 5
12
>>> print je ne suis pas interprétable
  File "<stdin>", line 1
    print je ne suis pas interprétable
              ^
SyntaxError: invalid syntax
```

print devient fonction

Une modification majeure sur le fonctionnement de print a été introduite dans la version 3 de Python. Cette commande est passée du statut d'instruction à celui de fonction, ce qui rend les programmes écrits pour Python 2 incompatibles avec Python 3 lorsqu'ils l'utilisent.

Appel de print avec Python 3

```
$ python
Python 3.0+ (release30-maint:67944, Dec 27 2008, 14:34:16)
[GCC 4.0.1 (Apple Inc. build 5465)] on darwin
Type "help", "copyright", "credits" or "license" for more information.
>>> print 'Bonjour'
```

```
   File "<stdin>", line 1
     print 'Bonjour'
                    ^
SyntaxError: invalid syntax
```

Le programme de conversion 2to3, présenté au chapitre 8, permet de transformer le code d'un programme Python 2 en syntaxe compatible avec Python 3. Il ne permet cependant pas de gérer la conversion de l'utilisation de print de manière optimale, et se contente d'ajouter des parenthèses.

Transformations de print par 2to3

```
>>> print "du texte"           # Python 2
>>> print("du texte")          # Apres transformation avec 2to3
>>> print ("du", "texte")      # Python 2
>>> print(("du", "texte" ))    # Apres transformation avec 2to3
```

Dans le deuxième cas, le programme de conversion est incapable de différencier si print est utilisé comme instruction ou comme fonction, et doublera les parenthèses.

Il est possible de fournir à 2to3 une option pour traiter print comme une fonction, et une bonne pratique consiste à écrire des programmes qui utilisent cette nouvelle syntaxe, en incluant un appel à __future__.print_function.

Utilisation de print comme une fonction, avec Python 2

```
$ python2.6
Python 2.6.1 (r261:67515, Dec 6 2008, 16:42:21)
[GCC 4.0.1 (Apple Computer, Inc. build 5370)] on darwin
Type "help", "copyright", "credits" or "license" for more information.
>>> from __future__ import print_function
>>> print 'ok'
  File "<stdin>", line 1
    print 'ok'
             ^
SyntaxError: invalid syntax
>>> print('Je fais comme Python 3!')
Je fais comme Python 3!
```

Le passage à Python 3 est ainsi facilité.

BONNE PRATIQUE **print comme fonction**

Les exemples du livre utilisent print comme fonction, puisque c'est devenu une bonne pratique sous Python 2.

Les commentaires

En Python, les commentaires sont préfixés par le caractère dièse (#), et peuvent être placés en fin de ligne ou prendre une ligne complète.

Exemples de commentaires

```
# commentaire judicieux
print("hello") # commentaire très à propos
# oubliez le commentaire précédent
# celui-ci est bien mieux
```

L'interpréteur syntaxique ignore ces commentaires et considère que le caractère dièse marque la fin d'une ligne logique, sauf lorsqu'elle est liée à la ligne suivante par le caractère antislash (\).

Modèle de données

Le modèle de données de Python est basé sur les objets. Toute donnée manipulée est un objet avec un identifiant, un type et une valeur.

L'identifiant est une valeur entière et définie une bonne fois pour toutes à la création de l'objet. Elle est calculée à partir de l'adresse mémoire de l'objet et garantit son unicité.

Le type de l'objet est immuable et définit toutes les fonctionnalités qui pourront être utilisées avec l'objet, et ce quel que soit ce type.

La valeur attribuée à l'objet peut être modifiable en fonction du type de l'objet. Par exemple, les objets de type entier ou chaîne de caractère ne peuvent pas être modifiés après leur création. On les appelle objets immuables.

Il existe une série de primitives qui permettent de lire chacun des attributs décrits :

- id() : renvoie l'identifiant d'un objet.
- type() : renvoie le type d'un objet.
- dir() : liste l'ensemble des fonctionnalités d'un objet.

Manipulation d'objets de type entier

```
>>> id(1)
134536624
>>> type(1)
<type 'int'>
>>> dir(1)
```

```
['__abs__', '__add__', '__and__', '__class__', '__cmp__', '__coerce__',
'__delattr__', '__div__', '__divmod__', '__doc__', '__float__',
'__floordiv__', '__getattribute__', '__getnewargs__', '__hash__',
'__hex__', '__init__', '__int__', '__invert__', '__long__',
'__lshift__', '__mod__', '__mul__', '__neg__', '__new__',
'__nonzero__', '__oct__', '__or__', '__pos__', '__pow__', '__radd__',
'__rand__', '__rdiv__', '__rdivmod__', '__reduce__', '__reduce_ex__',
'__repr__', '__rfloordiv__', '__rlshift__', '__rmod__', '__rmul__',
'__ror__', '__rpow__', '__rrshift__', '__rshift__', '__rsub__',
'__rtruediv__', '__rxor__','__setattr__', '__str__', '__sub__',
'__truediv__', '__xor__']
```

Les objets ne sont jamais explicitement détruits, ce travail étant réalisé automatiquement par le gestionnaire de mémoire de Python. Cette fonctionnalité, nommée ramasse-miettes ou *garbage collector*, est basée sur un compteur de référence associé à chaque type d'objet. Ce mécanisme peut être observé et en partie modifié grâce au module gc qui fournit une interface d'accès.

Pour l'utiliser, liez l'objet à une variable par le biais d'une affectation.

Affectation d'une variable

```
>>> a = 1
>>> a
1
>>> id(a)
134536624
>>> type(a)
<type 'int'>
```

Aucune syntaxe particulière n'est nécessaire pour cette affectation et la variable a devient une référence à l'objet.

SYSTÈME **Optimisation mémoire**

Pour tous les objets immuables dont le type et la valeur sont identiques, le gestionnaire de mémoire peut décider de ne conserver qu'une seule instance et de toujours s'y référer, optimisant ainsi l'utilisation de la mémoire :

```
>>> a = 1
>>> b = 1
>>>id(a)
134536624
>>>id(1)
134536624
>>>id(b)
134536624
>>> a is b
True
```

Cette optimisation peut considérablement réduire la taille mémoire occupée. Les objets modifiables, quant à eux, sont bien sûr toujours uniques :

```
>>> a = []
>>> b = []
>>>id(a)
1211995860
>>>id(b)
1212018900
>>>id([])
1211995892
```

Les littéraux

Les littéraux sont des constantes qui définissent une valeur. Il en existe trois types en Python :

- valeurs alphanumériques ;
- valeurs numériques ;
- nombres complexes.

Littéraux alphanumériques

Les chaînes de caractères sont des valeurs alphanumériques entourées par des guillemets simples ou doubles, ou dans une série de trois guillemets simples ou doubles. Ces dernières sont appelées chaînes triple-quoted et permettent de composer des chaînes sur plusieurs lignes et contenant elles-mêmes des guillemets simples ou doubles.

Chaînes de caractères simples et triple-quoted

```
>>> print("Nous avons trouvé une sorcière ! Allons-nous la brûler ?")
Nous avons trouvé une sorcière ! Allons-nous la brûler ?
>>> print('Au secours ! je suis opprimé')
Au secours ! je suis opprimé
>>> print("""on est censé être ici pour s'amuser
...          ne nous chamaillons pas pour savoir qui a tué qui""")
on est censé être ici pour s'amuser
ne nous chamaillons pas pour savoir qui a tué qui
```

Il est par ailleurs possible de préfixer les chaînes par le caractère :

- r ou R pour spécifier que le contenu est du texte brut, où les caractères *antislash* (\) n'ont plus le même usage. Ce préfixe est surtout utilisé pour travailler avec du contenu brut de texte, comme :
  - lors de recherches de séquences par le biais d'expressions régulières ;
  - avec des chaînes riches en antislash, comme les chemins sous Windows (r'c:\ici\et\la').
- u ou U pour spécifier que le texte est une chaîne de caractères Unicode sous Python 2.
- b ou B pour spécifier que le texte est de type bytes depuis Python 2.6.

Normes ASCII et Unicode

Sous Python 2, les chaînes sont par défaut des chaînes de caractères codées sur 8 bits dont le type est str. Pour exprimer des chaînes de caractères en anglais, ce type suffit, en se basant sur la norme ASCII (*American Standard Code for Information Interchange*) de 1961.

Pour les langues comme le français, les 128 caractères de la table ASCII ne suffisent plus, et une table étendue sur 256 caractères a permis d'introduire de nouveaux caractères comme « é » ou « à ». Le problème est que cette extension varie d'une langue à l'autre. Cette variation entraîne un véritable casse-tête pour les programmes multilingues car il est nécessaire de gérer des encodages différents en fonction de la langue utilisée.

Pour simplifier ce problème, la norme Unicode a été initiée en 1991. Elle répond à un souhait d'unification de tous les systèmes d'encodage de caractères pour proposer un référentiel unique, indépendant de toute plate-forme ou logiciel, et global à toutes les langues.

EN PRATIQUE **Unicode version 3.2**

À l'heure où ces lignes sont écrites, la version 3.2 propose 95 221 caractères, symboles et directives.

Le support d'Unicode a été introduit dans Python 2.4, et peut être utilisé avec des chaînes préfixées du caractère u comme vu précédemment, qui deviennent des objets de type unicode.

Chaînes unicode

```
>>> unicode = u"Je suis en unicode."
>>> unicode.encode('utf8')
'Je suis en unicode.'
>>> 'je vais être en unicode'.decode()
Traceback (most recent call last):
  File "<stdin>", line 1, in <module>
UnicodeDecodeError: 'ascii' codec can't decode byte 0xc3 in position 8:
ordinal not in range(128)
>>> 'je vais être en unicode'.decode('utf8')
u'je vais \xeatre en unicode'
```

Des méthodes d'encodage et de décodage permettent de passer du type str au type unicode, en utilisant une table de correspondance, appelée codec et portant un nom unique (utf8 est utilisé dans l'exemple).

Mais cette situation n'est qu'une transition vers un environnement où l'Unicode devient le type par défaut pour la gestion des chaînes de caractères.

Évolution de l'Unicode de Python 2 à Python 3

Python 3 adopte le standard Unicode de base, et le préfixe u disparaît. Python 2.6, quant à lui, ajoute un nouveau type bytes, qui est un synonyme du type str. Le préfixe b peut être utilisé pour ce type.

Le préfixe b

```
>>> b'je suis un bytes'
'je suis un bytes'
```

L'intérêt de ce synonyme est de permettre aux développeurs d'utiliser dans leurs programmes Python 2.6 un marqueur simple pour différencier les chaînes qui ne sont pas utilisées dans le programme pour stocker du contenu textuel d'une langue donnée. Ce contenu textuel est de préférence stocké dans des chaînes unicode.

Donnée vs contenu textuel

```
>>> b'data1234'
'data1234'
>>> u'je suis une phrase moi, pas de la donnée !'
u'je suis une phrase moi, pas de la donn\xe9e !'
```

Un programme qui respecte cette convention pourra passer sans problème à la version 3 de Python, où le type `unicode` disparaît : les chaînes `unicode` deviennent des chaînes `str` sans préfixe grâce à une conversion automatique (avec le programme 2to3). Les chaînes `bytes`, quant à elles, deviennent directement des chaînes `bytes` Python 3.

Pour résumer :

- **Python 2.3 et inférieur** – Les chaînes sont toutes stockées dans des objets de type `str`.
- **Python 2.4 et Python 2.5** – Les chaînes sont stockées dans des objets de type `str` ou `unicode`, avec des méthodes de conversion. Les conventions suivantes sont adoptées :
  - Les chaînes de caractères dédiées à du texte utilisent le type `unicode` avec le préfixe u.
  - Les chaînes de données utilisent le type `str` sans préfixe.
- **Python 2.6** – Le préfixe b fait son apparition et permet d'indiquer que la chaîne est de type `bytes`. C'est un synonyme de `str`. La chaîne sans préfixe reste aussi une chaîne `str`, et les chaînes `unicode` sont toujours présentes. Les conventions suivantes sont adoptées :
  - Les chaînes dédiées à du texte utilisent le type `unicode` avec le préfixe u.
  - Les chaînes de données utilisent de préférence le type `bytes` avec le préfixe b, afin de les différencier des chaînes de texte avec le test `isinstance(texte, bytes)`.
- **Python 3.0 et supérieur** – Le type `unicode` disparaît et devient le type `str`, et le préfixe u est également retiré. Enfin, l'ancien type `str` devient le type `bytes`. Les conventions suivantes sont adoptées :
  - Les chaînes de caractères utilisent le type `str` sans préfixe.
  - Les chaînes ASCII classiques utilisent le type `bytes` avec le préfixe b.

Caractères spéciaux

Il est possible, comme avec le langage C, d'insérer des caractères spéciaux dans les littéraux. Le caractère antislash ou *backslash* (\), permet d'intégrer ces caractères afin qu'ils soient interprétés comme des commandes. Voici un tableau contenant la liste complète des caractères spéciaux disponibles en Python :

Tableau 4–1 Caractères spéciaux pour le backslash

Caractère	Description	Exemple
' et "	Guillemet simple ou double, permet d'éviter de casser l'enrobage d'une chaîne	`>>> print('l\'apostrophe')` `l'apostrophe`

Tableau 4–1 Caractères spéciaux pour le backslash (suite)

Caractère	Description	Exemple

n	Saut de ligne	```>>>print('ok\ncorral')```
		```ok```
		```corral```

r	Retour chariot, souvent placé avant un saut de ligne sur les plates-formes Windows.
	Le code de fin de de ligne (EOL) varie d'une plate-forme à l'autre (Mac : '\r', Windows : '\r\n', Unix: '\n') mais tend à s'uniformiser vers '\n'.
		```>>>print('bataille\r\nà\r\nok\r\ncorral')```
		```bataille```
		```à```
		```ok```
		```corral```

\	Antislash ou *backslash*	```>>>print('le fichier est dans c:\\fichiers\\')``` ```le fichier est dans c:\fichiers\```

v	Tabulation verticale	```>>>print('1\v2')```
		```1```
		``` 2```

t	Tabulation horizontale	```>>>print('ici\tou\tailleurs')``` ```ici ou ailleurs```
a	Bip	```>>>print('un bip : \a')``` ```un bip :```
b	Backspace	```>>>print('parfois je mange mes \b\b\b\b\b mots')``` ```parfois je mange mots```
nnn	Valeur octale sur trois chiffres	```>>>print('\124out à fait')``` ```Tout à fait```
xHH	Valeur hexadécimale sur deux chiffres	```>>>print('7 est \x3E à 6')``` ```7 est > à 6```
unnnn	Caractère Unicode codé sur 16 bits	```>>>print u'\u00bfHabla espa\u00f1ol?')``` ```¿Habla español?```
N{nom}	Caractère Unicode défini par le nom	```>>>print u'\N{POUND SIGN}'``` ```£```

Littéraux numériques

Il existe trois types de littéraux numériques pour représenter des valeurs :

- les entiers simples ou longs ;
- les valeurs à virgule flottante ;
- les nombres complexes.

Littéraux pour les entiers

En Python, un entier peut être représenté sous forme décimale, binaire, octale ou hexadécimale.

Représentation décimale

Classiquement, la forme décimale est représentée par une séquence de chiffres numériques. La plage des valeurs possibles s'étend de 0 à 2 147 483 647, ce qui correspond à une valeur non signée sur 32 bits et permet de représenter un entier naturel.

Pour obtenir des valeurs négatives et étendre la représentation aux entiers relatifs, le littéral est préfixé de l'opérateur - pour former une expression correspondant à la valeur.

Pour toutes les valeurs qui dépassent cette plage, des entiers longs doivent être utilisés. Un *entier long* est représenté de la même manière qu'un entier, mais suffixé par la lettre L ou l. Il est conseillé d'utiliser la version majuscule afin d'éviter une éventuelle confusion avec le chiffre 1. Il n'y a pas de limite de représentation pour les entiers longs mise à part la mémoire virtuelle disponible de l'ordinateur. En d'autres termes, et contrairement à beaucoup d'autres langages, il n'y a pas besoin de mettre en place des algorithmes de changement de base pour manipuler des nombres de grande taille.

Représentation d'entiers

```
>>> u = -1
>>> u = 23456
>>> u = 2L
>>> u = 826252524370896L
>>> u = 826252524352928685376357642970896L # long, isn't it ?
```

Depuis la version 2.4 de Python, lorsque qu'un entier simple dépasse la plage autorisée, il est automatiquement transtypé, c'est-à-dire converti, en entier long.

Transtypage automatique en *entier long*

```
>>> u = 56
>>> type(u)
<type 'int'>
>>> u = 3456876534567
>>> type(u)
<type 'long'>
```

La version 3 de Python, quant à elle, ne fait plus de distinction entre ces deux types et les unifie en un seul type d'entiers sans suffixes.

Manipulation d'entiers sous Python 3

```
>>> 2L
  File "<stdin>", line 1
    2L
     ^
SyntaxError: invalid syntax
>>> 8262525243529286853763357642970896
8262525243529286853763357642970896
```

Représentation binaire

La forme binaire (base 2) est obtenue avec le préfixe 0b (zéro suivi de b) ou 0B. bin permet d'afficher la représentation binaire d'un entier.

Représentation binaire

```
>>> 0b0101101001
361
>>> bin(14)
'0b1110'
```

La représentation binaire n'existe que depuis Python 2.6.

Représentation octale

La forme octale est obtenue par une séquence de chiffres de 0 à 7, préfixée d'un 0o (zéro suivi d'un petit o) ou 00. oct permet d'afficher la représentation octale d'un entier.

Exemples de représentation octale

```
>>> u = 0o546
>>> u = 0o76453L
>>> oct(543)
'01037'
```

Cette forme existe depuis Python 2.6, qui supporte encore l'ancienne forme où le chiffre octal était précédé d'un zéro simple.

Représentation hexadécimale

La forme hexadécimale est obtenue par une séquence de chiffres et de lettres de A à F, préfixée par la séquence 0x ou 0X. La forme la plus courante est d'utiliser le préfixe 0x.

Les lettres qui servent à la composition de la valeur peuvent être en majuscules ou minuscules. La notation la plus lisible est l'utilisation de lettres majuscules, combinées à l'utilisation du préfixe 0x, mais ce choix reste souvent dicté par le domaine.

Enfin, hex permet d'afficher la représentation hexadécimale d'un entier.

Exemples de notation hexadécimale

```
>>> u = 0X3EF5
>>> u = 0X3EF598L
>>> u = 0x3EF76L
>>> u = 0x3ef7b66L
>>> hex(43676)
'0xaa9c'
```

Littéraux pour les valeurs à virgule flottante

La représentation de valeurs à virgule flottante, que l'on notera littéraux réels, permet de décrire des valeurs réelles. Les parties entière et fractionnelle de la valeur réelle sont séparées par le signe « . », chaque partie étant composée de chiffres. Si le premier chiffre de la partie entière est 0, le nombre représenté ne sera néanmoins pas considéré comme un octal et restera traité en base 10.

Représentation de réels

```
>>> u = .001
>>> u = 103.
>>> U = 103.001
>>> u = -103.2
>>> u = -.1
>>> u = -2.
>>> u = 09.02        # équivalent à 9.02
```

De même que pour un littéral entier, le signe - peut être utilisé en préfixe pour composer une valeur négative.

Une puissance est aussi une valeur à virgule flottante. Elle est représentée par une partie entière (ou littéral réel) complète suivie d'un exposant. L'exposant est un suffixe composé de la lettre e ou E, suivi d'un signe + ou - optionnel et d'un certain nombre de chiffres.

Le module decimal, présenté au chapitre 9, permet quant à lui de représenter des valeurs décimales.

Représentation de *valeurs exponentielles*

```
>>> u = 3.1e10
>>> u = .2E9
>>> u = .2E09
>>> u = 4.2E09
>>> u = 4e10
```

Littéraux pour les nombres complexes

En Python, la représentation d'un nombre complexe se fait par l'association de deux littéraux réels séparés par le signe +. La partie imaginaire est suffixée par la lettre J ou j. Il est aussi possible d'omettre la partie réelle lorsqu'elle est nulle.

Enfin, les parties réelle et imaginaire peuvent être consultées par le biais des méthodes real et imag fournies par les objets de type complex.

Exemples de nombres complexes

```
>>> u = 5j
>>> u = 3 + .3J
>>> u = 6.1 + 96j
>>> u = 7 + 34J
>>> u.real
7.0
>>> u.imag
34.0
>>> u
(7+34j)
```

Les types standards

Python fournit de manière standard certains types de données :
- les types à valeur unique ;
- les nombres ;
- les séquences ;
- les mappings ;
- le type file.

À ces quatre types s'ajoutent les types de données accessibles qui seront présentés dans le chapitre 6.

Les types à valeur unique

Les types à valeur unique permettent de définir des objets qui jouent un rôle spécifique dans le langage. Python en fournit trois par défaut :

- None ;
- NotImplemented ;
- Ellipsis.

None

None permet de déclarer une absence de valeur et est en quelque sorte comparable au nil de Pascal ou au NULL de C. Son usage est très fréquent. Il est commun par exemple pour certaines variables associées à certaines structures de données (les classes pour ne pas les nommer) de les initialiser à None. La valeur booléenne de None est à False et ce type peut donc être employé dans des expressions de test.

NotImplemented

Dans un algorithme complexe, lorsque certaines combinaisons de paramètres ne permettent pas de calculer un résultat, NotImplemented peut être renvoyé. Ce type est aussi utilisé lorsque le code n'est pas terminé.

PROGRAMMATION **Utilisation de NotImplementedError**

Il est plus fréquent d'utiliser NotImplementedError qui permet de lever une exception dans ce genre de cas, afin de ne pas laisser le code appelant continuer (voir le prochain chapitre sur la gestion d'exceptions).

Dans l'exemple ci-dessous, la méthode get_data déclenche une erreur NotImplementedError pour signifier qu'elle doit être surchargée.

Utilisation de NotImplementedError

```
>>> class AbstractData(object):
...     def print_data(self):
...         print(self.get_data())
...     def get_data(self):
...         raise NotImplementedError('A surcharger')
...
>>> d = AbstractData()
>>> d.print_data()
Traceback (most recent call last):
  File "<stdin>", line 1, in <module>
  File "<stdin>", line 3, in print_data
```

```
  File "<stdin>", line 5, in get_data
NotImplementedError: A surcharger
>>> class ConcreteData(AbstractData):
...     def __init__(self, data):
...         self.data = data
...     def get_data(self):
...         return self.data
...
>>> d = ConcreteData('xxx')
>>> d.print_data()
xxx
```

ABSTRACTION **Module abc**

Le module abc, introduit dans Python 2.6 et présenté au chapitre 10, offre une nouvelle technique de description de classes abstraites, comparable aux interfaces.

Ellipsis

Ellipsis est utilisé par la notation étendue des tranches, vues à la fin de ce chapitre, et par les doctests (voir le chapitre 12, sur la programmation dirigée par les tests).

Les nombres

Les nombres sont des objets immuables représentés par les littéraux numériques.

On retrouve donc les trois types, soit :

- les nombres entiers ;
- les nombres à virgule flottante ;
- les nombres complexes.

Enfin, un type supplémentaire complète les nombres à virgule flottante : les décimaux.

Les nombres entiers

Le type int

Les nombres entiers sont codés par le biais du complément à deux sur 32 bits ou plus. Le principe de ce codage est de représenter les entiers relatifs sur n-1 bits en différenciant les entiers relatifs positifs ou nuls des entiers relatifs négatifs par le dernier bit : 0 pour les positifs et 1 pour les négatifs. Une valeur négative est obtenue en prenant son opposée positive et en inversant chaque bit de sa représentation, puis en ajoutant 1.

Cette technique permet de rendre directes certaines opérations de bas niveau sur les nombres, comme les masquages ou décalages de bits.

Le type long

Les nombres entiers dépassant la plage de –2 147 483 648 à 2 147 483 647, définis précédemment comme des entiers longs, sont quant à eux codés par le biais d'une variante du complément à deux. Cette variante définit une valeur suivant une série de bits de taille indéfinie, la mémoire disponible étant la seule limite. L'objectif de cette représentation est de minimiser les problématiques de passages de type `long` à type `int` lors d'opérations arithmétiques.

PYTHON 3 Unification des types long et int

Les types `long` et `int` ne sont plus qu'un seul et même type sous Python 3, et ce nouveau type `int` fonctionne sans limites de valeur.

Le type bool

Il existe enfin un sous-ensemble composé des valeurs 0 et 1, qui permet de définir le type booléen. Ce type est représenté par deux objets uniques :

- True ;
- False.

Ces objets sont équivalents aux objets 0 et 1 de type `int`.

Les nombres à virgule flottante

Les nombres à virgule flottante utilisés pour représenter des réels sont tous à double précision (norme IEEE 754) en Python, soit des nombres codés sur 64 bits. La simple précision n'est pas implémentée, car le gain en termes de taille mémoire et de temps CPU est ridicule par rapport aux autres consommations d'un programme Python.

CULTURE La norme IEEE 754

La norme IEEE 754, reprise par la norme internationale IEC 60559, définit le format des nombres à virgule flottante et est adoptée par la quasi-totalité des architectures d'ordinateur actuelles. Les processeurs intègrent directement des implémentations matérielles pour le calcul sur les flottants IEEE, ce qui rend leur usage rapide. Les flottants IEEE sont codés en « simple précision » sur 32 bits ou en « double précision » sur 64 bits. Le seul intérêt de la simple précision est un gain relatif de mémoire et de temps CPU, ce qui est devenu accessoire avec la puissance des machines actuelles.

Le principe de la virgule flottante est de définir le nombre réel par un signe, une *mantisse* entière ou *significande* qui représente le nombre complet, et l'exposant qui détermine la place de la virgule dans le nombre. Les flottants demeurent une approximation rationnelle des nombres réels, et posent quelques problèmes. Le principal est que des arrondis peuvent se cumuler dans les calculs et introduire des erreurs dramatiques dans certains domaines comme le calcul scientifique ou la comptabilité. L'utilisation des flottants y est donc proscrite, et remplacée par des entiers.

Les nombres complexes

Les nombres complexes sont formés d'un couple de nombres à virgule flottante et subissent donc les mêmes contraintes.

Les décimaux

Introduits dans Python 2.4, les décimaux permettent de combler les limitations des nombres à virgule flottante dans la représentation de certaines fractions. Contrairement aux types précédents, définir un décimal ne peut pas se faire directement et il est nécessaire d'utiliser explicitement le module `decimal`. Ce module et son utilisation sont décrits dans le chapitre 8.

Les séquences

Une séquence est une collection finie d'éléments ordonnés, indexés par des nombres positifs. Ces nombres varient de 0 à n-1 pour une séquence contenant n éléments. La notation pour se référer au i^{ème} élément de la séquence est :

```
sequence[i-1]
```

Il est aussi possible d'utiliser des index négatifs pour se référer aux éléments, en les faisant varier de -n à -1. Le dernier élément de la séquence devient :

```
sequence[-1]
```

et le premier :

```
sequence[-n]
```

Les éléments d'une séquence peuvent être découpés en tranches en formant des sous-séquences. Par exemple, `sequence[u:v]` est une séquence qui est une sous-partie de `sequence`, de l'élément d'index u inclus, à l'élément d'index v exclus. La nouvelle séquence obtenue devient une séquence à part entière et de même type. La notation de certaines tranches est simplifiée par la double indexation positive et négative vue précédemment. Par exemple, obtenir la tranche qui contient tous les éléments d'une séquence, excepté le premier et le dernier se note :

```
sequence[1:-1].
```

Il existe un système de tranches étendu pour certains types de listes qui permet d'insérer un troisième paramètre qui définit le pas. `sequence[u:v:w]` est équivalent à `sequence[u:v]` mais seuls les éléments multiples de w seront conservés, c'est-à-dire que pour tout index i supérieur ou égal à u et inférieur à v, `sequence[i]` sera conservé si i = u + n*w.

Python fournit quelques primitives de manipulation communes à tous les types de séquences :

- `len()` : permet de récupérer le nombre d'éléments de la séquence ;
- `min()` et `max()` : renvoient les éléments de valeurs minimum et maximum ;
- `sum()` : renvoie la somme des éléments, lorsque tous les éléments de la liste ont des types qui peuvent être additionnés.

Il existe deux sortes de séquences :

- les séquences immuables, qui ne peuvent plus être modifiées après création ;
- les séquences modifiables.

Les séquences immuables

Les séquences immuables sont des objets dont la valeur ne peut plus être modifiée après création.

Ce sont :

- les chaînes de caractères de type `str` nommées string ;
- les chaînes de caractères Unicode, nommées unicode ;
- les listes immuables d'éléments hétérogènes, de type `tuple` et nommées tuples ;
- le nouveau type `bytes` ;
- le type `frozenset`.

strings et unicode

Les `strings` sont des séquences de caractères. Un caractère est une valeur codée sur 8 bits, pour représenter une valeur comprise entre 0 et 255. Ce qui correspond à un signe de la table ASCII (0 et 127) ou de la table étendue (128 à 255) pour les valeurs supérieures.

Contrairement à d'autre langages, il n'existe pas en Python de type spécifique pour un caractère, et un caractère n'est rien d'autre qu'une séquence string de longueur 1. Il existe cependant deux primitives spécifiques aux caractères, qui permettent de faire la conversion entre le caractère et sa valeur entière : `ord()` et `chr()`.

Utilisation de chr() et ord()

```
>>> chr(97)
'a'
```

```
>>> ord('z')
122
>>> ord('Z')
90
>>> chr(90)
'Z'
```

Les chaînes unicode fonctionnent de la même manière, mais ont une plage de valeurs plus étendue, puisqu'un signe Unicode peut représenter une valeur sur 16 ou 32 bits. Il n'existe pas de fonction chr() pour les chaînes unicode, mais une fonction spécifique unichr(). La conversion inverse reste possible avec ord().

La conversion entre chaînes string et unicode est possible grâce aux méthodes encode() et decode() et aux primitives unicode() et str(). Le principe de conversion est relativement simple :

Figure 4–1
Schéma de correspondance
unicode-string

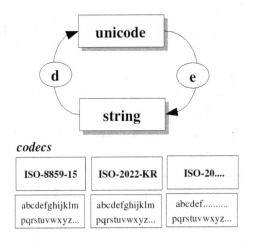

Une chaîne unicode peut être convertie en sa correspondance en string avec la méthode encode() ou la fonction str(). Cette correspondance n'est pas bijective, puisque l'Unicode est en quelque sorte un regroupement de toutes les tables de caractères existantes. Il est donc nécessaire d'utiliser pour la conversion une table de correspondance, nommée codec, qui permet de convertir une chaîne unicode en son équivalent en fonction d'un jeu de caractères donné. Ce jeu de caractères est spécifique à chaque groupe alphabétique de langues et celui utilisé pour le français est l'ISO-8859-15. Si l'une des valeurs Unicode n'existe pas dans le codec utilisé, une erreur UnicodeEncodeError est retournée.

Essais d'encodage

```
>>> encode = u'je m\'apprête à être encodé'.encode('ISO-8859-15')
>>> print(encode)
je m'apprête à être encodé
>>> u'je m\'apprête à être encodé'.encode('ISO-2022-KR')
Traceback (most recent call last):
  File "<stdin>", line 1, in ?
UnicodeEncodeError: 'iso2022_kr' codec can't encode character u'\xea' in
position 9: illegal multibyte sequence
```

> **À RETENIR Utilisation de str pour les conversions de chaînes**
>
> La primitive `str` n'a pas été utilisée ici car elle ne permet pas de convertir une chaîne `unicode` vers une chaîne `string` uniquement avec le codec par défaut, c'est-à-dire `ascii`. Si la chaîne `unicode` n'avait été composée que de caractères de la table `ascii`, cette conversion aurait fonctionné.

La conversion de chaîne `string` vers `unicode`, appelée décodage, est basée sur le même principe.

Essais de décodage

```
>>> string = 'je m\'apprête à être décodé, j\'ai peur'
>>> string.decode('ISO-8859-15')
u"je m'appr\xeate \xe0 \xeatre d\xe9cod\xe9, j'ai peur"
>>> unicode(string, 'ISO-8859-15')
u"je m'appr\xeate \xe0 \xeatre d\xe9cod\xe9, j'ai peur"
```

La primitive `unicode` peut être utilisée au même titre que la méthode decode, car elle prend en deuxième paramètre le nom du codec, contrairement à `str`.

Opérateur d'interpolation

Les objets de type `string` et `unicode` possèdent un opérateur d'interpolation, ou opérateur de formatage, qui permet de convertir des marqueurs disposés dans la chaîne de caractères par des valeurs fournies à la suite.

L'écriture est de la forme `objet unicode ou string % valeurs`, où `valeurs` est un tuple contenant l'ensemble des valeurs à utiliser dans le formatage.

S'il n'y a qu'une seule valeur, l'élément peut être directement placé après l'opérateur `modulo`.

Formatage de chaîne

```
>>> print("Bonjour Madame %s" % 'Plaindozeille')
Bonjour Madame Plaindozeille
>>> print("Cet objet coûte %d euros, Madame %s" % (234,
'Plaindozeille'))
Cet objet coûte 234 euros, Madame Plaindozeille
```

À chaque expression précédée d'un %, appelé marqueur de formatage, doit correspondre une valeur de formatage dans le tuple fourni.

L'expression est de la forme %[P]c, où c est un caractère qui détermine le type de valeur et P un éventuel paramètre supplémentaire, indiquant la précision à utiliser pour la valeur à formater.

La précision est représentée par un entier préfixé par un point, qui spécifie le nombre de chiffres significatifs après la virgule.

Les caractères de formatage sont :

- %d : entier décimal signé ;
- %o : octal non signé ;
- %u : décimal non signé ;
- %x ou %X : valeur hexadécimale, préfixée respectivement par 0x ou 0X ;
- %e ou %E : valeur à virgule flottante, de la forme xev ou xEv ;
- %f ou F% : réel ;
- %g ou %G : pour les valeurs à virgule flottante, équivalent à %e ou %E si l'exposant est supérieur à –4 ou inférieur à la précision, sinon équivalent à %f ;
- %c : un seul caractère (sous la forme d'un string ou d'un entier) ;
- %r : renvoie le résultat de la primitive repr() ;
- %s : renvoie le résultat de la primitive str() ;
- %% : permet d'utiliser le caractère % dans une chaîne formatée.

Exemples de formatages

```
>>> print('%.2f euros' % 2.394765)
2.39 euros
>>> print('%E euros' % 2.394765)
2.394765E+00 euros
>>> print('%s euros' % '2.394')
2.394 euros
>>> print('%d euros' % 2.394)
2 euros
```

Cette notation s'avère parfois complexe lorsqu'il y a beaucoup d'éléments à remplacer, et il est possible d'utiliser des formatages nommés avec un dictionnaire.

Formatage par méthode classique puis par dictionnaire

```
>>> "Remplacement de %s par %s. Oui %s par %s, vraiment %s." % \
...          ('ce mot', 'ce mot-ci', 'ce mot', 'ce mot-ci', 'ce mot-ci')
'Remplacement de ce mot par ce mot-ci. Oui ce mot par ce mot-ci,
vraiment ce mot-ci.'
>>> ("Remplacement de %(old)s par %(new)s. Oui %(old)s par %(new)s, "
... "vraiment %(old)s." % {'old': 'ce mot', 'new': 'ce mot ci'})
'Remplacement de ce mot par ce mot-ci. Oui ce mot par ce mot-ci,
vraiment ce mot.'
```

Le formatage « %s » devient « %(label)s » où label est une clé dans le dictionnaire passé à l'opérateur « % ».

Tuples

Les tuples sont des séquences qui contiennent des éléments de types hétérogènes. Chacun des éléments est séparé par une virgule et l'ensemble est défini par des parenthèses. Une fois l'objet créé, il est impossible de modifier sa valeur. Cette contrainte permet d'utiliser ce type d'objet dans des cas de programmation précis que nous verrons par la suite. Pour pouvoir modifier les éléments d'un tuple, il faut donc en créer un nouveau qui le remplacera.

Les tuples composés d'un seul élément ont une écriture un peu particulière puisqu'il est nécessaire d'ajouter une virgule après l'élément, sans quoi l'analyseur syntaxique de Python ne le considérera pas comme un tuple mais comme l'élément lui-même, et supprimera les parenthèses qu'il analyserait comme superflues.

Manipulation de tuples

```
>>> tuple()
()
>>> tuple('a')
('a',)
>>> color_and_note = ('rouge', 12, 'vert', 14, 'bleu', 9)
>>> colors = color_and_note[::2]
>>> print(colors)
('rouge', 'vert', 'bleu')
>>> notes = color_and_note[1::2]
>>> print(notes)
(12, 14, 9)
>>> color_and_note = color_and_note + ('violet',)
>>> print(color_and_note)
('rouge', 12, 'vert', 14, 'bleu', 9, 'violet')
>>> print('violet')
violet
>>> print('violet',)
('violet',)
```

L'oubli de la virgule dans un tuple à un élément, pour différencier (`'violet'`,) de `'violet'`, est une erreur courante de programmation.

bytes

Le type `bytes` est sous Python 2.6 un simple alias vers le type `str`. Il permet une transition en douceur vers Python 3.

Il devient réellement différent dans Python 3 et permet de manipuler des entiers de 0 à 127 correspondant à la table ASCII. Il peut être initialisé par des valeurs dans une séquence préfixée de `b`, ou par une chaîne de caractères de type `str`.

Manipulation de bytes sous Python 3

```
>>> data = b'\xc1\xc2'
>>> data
b'\xc1\xc2'
>>> data = b'some bytes'
>>> data
b'some bytes'
```

Pour être initialisé avec un objet de type `str`, il est nécessaire d'utiliser le constructeur de `bytes` et de préciser l'encodage de la chaîne pour que Python puisse traduire la chaîne.

Initialisation avec une simple chaîne

```
>>> data = bytes('some bytes', 'utf-8')
>>> data
b'some bytes'
```

frozenset

Le type `frozenset` est une version immuable du type `set`. Il est présenté avec le type `set` dans la prochaine section.

Les séquences modifiables

Les séquences modifiables implémentent un certain nombre de méthodes qui permettent d'ajouter, de supprimer ou de modifier chacun des éléments qui les composent.

Le langage propose plusieurs types de séquences modifiables :

- `list`, le type le plus classique ;
- `bytearray`, qui permet de manipuler des `bytes` ;
- `set`, qui définit une séquence non ordonnée ;
- `array`, qui implémente une liste d'éléments homogènes simples, comme les entiers ou chaînes de caractères, du moment qu'ils sont dans la bibliothèque standard.

Le type list

Dans une liste, chaque élément est séparé par une virgule et l'ensemble est entouré par des crochets. Une liste vide se note donc [].

Manipulation de list

```
>>> list()
[]
>>> list('1234')
['1', '2', '3', '4']
>>> [1, 2, 3]
[1, 2, 3]
```

Le tableau ci-dessous regroupe l'ensemble des méthodes applicables aux listes, et complète les primitives communes à toutes les séquences. Pour les méthodes, les paramètres optionnels sont notés en italique :

Tableau 4–2 Méthodes pour les listes

Nom	Description	Exemple

append(e)	Permet d'ajouter un élément e en fin de liste.	```>>> a = [1, 3, 'b']```
		```>>> a.append('t')```
		```>>> print(a)```
		```[1, 3, 'b', 't']```

extend(L)	Permet d'ajouter les éléments d'une seconde liste L en fin de liste.	```>>> a = [1, 2, 3]```
		```>>> b = [4, 5]```
		```>>> a.extend(b)```
		```>>> print(a)```
		```[1, 2, 3, 4, 5]```

insert(p, e)	Permet d'insérer un élément e à une position p. La position 0 correspond à une insertion en début de liste.	```>>> a = ['o', 'j', 'o', 'u', 'r']```
		```>>> a.insert(0, 'b')```
		```>>> a.insert(2, 'n')```
		```>>> print(a)```
		```['b', 'o', 'n', 'j', 'o', 'u', 'r']```

remove(e)	Retire le premier élément de la liste qui a la même valeur que celle fournie. Si aucun élément n'est trouvé, une erreur est retournée.	```>>> a = [1, 2, 3]```
		```>>> a.remove(2)```
		```>>> print(a)```
		```[1, 3]```
		```>>> a.remove(2)```
		```Traceback (most recent call last):```
		``` File "<stdin>", line 1, in```
		```<module>?```
		```ValueError: list.remove(x): x not in```
		```list```

Tableau 4–2 Méthodes pour les listes (suite)

Nom	Description	Exemple

pop(*i*)	Retire l'élément d'index i de la liste et le renvoie. Si i n'est pas fourni, c'est le dernier élément qui est retiré.	`>>> a = [1, 2, 3]`
		`>>> a.pop(1)`
		`2`
		`>>> a.pop()`
		`3`
		`>>> a`
		`[1]`

index(e)	Renvoie l'index du premier élément dont la valeur est e. Une erreur est renvoyée si e n'est pas trouvé.	`>>> a = [1, 2, 3, 2]`
		`>>> a.index(2)`
		`1`
		`>>> a.index(17)`
		`Traceback (most recent call last):`
		`  File "<stdin>", line 1, in`
		`<module>?`
		`ValueError: list.index(x): x not in`
		`list`

count(e)	Indique le nombre d'occurrences de l'élément e.	`>>> a = [1, 2, 3, 2]`
		`>>> a.count(2)`
		`2`
		`>>> a.count(1)`
		`1`
		`>>> a.count(17)`
		`0`

sort(*fonc*)	Trie les éléments de la liste. Le paramètre optionnel **fonc** est un nom de fonction qui sera utilisé pour comparer deux à deux les éléments de la liste. S'il est omis, un tri par défaut basé sur les valeurs brutes des éléments est appliqué.
	Le principe de comparaison par valeurs brutes sera explicité dans le chapitre traitant des opérateurs.
		`>>> a = [4, 1, 2, 3]`
		`>>> a.sort()`
		`>>> a`
		`[1, 2, 3, 4]`
		`>>> a = ['c', 'ihfqe', 'ef']`
		`>>> def size_sort(e1, e2):`
		`...    if len(e1) > len(e2):`
		`...        return 1`
		`...    if len(e1) < len(e2):`
		`...        return -1`
		`...    return 0`
		`...`
		`>>> a.sort(size_sort)`
		`>>> a`
		`['c', 'ef', 'ihfqe']`

reverse()	Retourne la liste. Le premier élément devient le dernier, le deuxième l'avant-dernier, etc.	`>>> a = [2, 0, 0, 5]`
		`>>> a.reverse()`
		`>>> a`
		`[5, 0, 0, 2]`

> **À SAVOIR   Supprimer directement un élément d'une séquence**
>
> Pour supprimer directement l'élément d'index `i` d'une séquence `s` modifiable, il est possible d'utiliser la primitive `del` en utilisant la notation : `del s[i]`

bytearray

Le type `bytearray` est équivalent au type `bytes` mais permet de modifier les données. Il s'instancie avec une liste d'entiers, une chaîne binaire ou une chaîne classique du moment que l'encodage est fourni.

Initialisation d'un bytearray

```
>>> array = bytearray([1, 78, 76])
>>> array
bytearray(b'\x01NL')
>>> bytearray(b'some data')
bytearray(b'some data')
>>> bytearray('some data', 'utf8')
bytearray(b'some data')
```

`bytearray` implémente certaines méthodes du type `str`, comme `startswith`, `endswith` ou encore `find`.

Il permet aussi de manipuler les données comme une séquence, et implémente certaines méthodes de `list`, comme `append`, `pop` ou encore `sort`.

Manipulation de bytearray

```
>>> array = bytearray([1, 78, 76])
>>> array.startswith(b'\x01')
True
>>> array[2]
76
>>> array.append(12)
>>> array
bytearray(b'\x01NL\x0c')
>>> array.reverse()
>>> array
bytearray(b'\x0cLN\x01')
```

set

Le type `set` est une séquence non ordonnée d'objets *hashable* uniques. Un objet *hashable* est un objet qui implémente la méthode spéciale __hash__, qui renvoie une valeur unique pendant toute la durée de vie de l'objet. En d'autres termes, les objets *hashable* sont tous des objets de valeur constante.

La primitive hash permet de renvoyer la valeur retournée par méthode __hash__ de l'objet et de provoquer une erreur si l'objet n'en a pas, c'est-à-dire s'il n'est pas constant.

Manipulation de hash

```
>>> hash('some string')
-604248944
>>> hash('some string')
-604248944
>>> hash(12)
12
>>> hash([1, 2])
Traceback (most recent call last):
  File "<stdin>", line 1, in <module>
TypeError: unhashable type: 'list'
```

Cette restriction permet à set d'être beaucoup plus performant qu'une séquence classique pour certains opérateurs, comme in, car il construit en mémoire un index des éléments.

Opérateur in sur set et list

```
>>> 1 in [1, 2, 3]          # complexité O(n*n)
True
>>> 1 in set([1, 2, 3])     # complexité O(n)
True
```

Les méthodes disponibles avec set sont celles des séquences.

frozenset est un sous-type de set qui est immuable et permet de figer le contenu de la séquence et d'offrir de nouvelles méthodes de comparaisons puissantes et rapides.

Les mappings

Le mapping est une collection d'éléments qui sont identifiés par des clés uniques. Il n'y a donc dans ce cas aucune notion d'ordre comme dans les listes. La notation est la même que pour les séquences, et l'élément e du mapping map associé à la clé cle se récupère par la commande :

```
e = map[cle]
```

On peut utiliser les mêmes primitives que pour les séquences sur un mapping, soit max, min et len. En réalité, ces opérations s'appliqueront sur la séquence équivalente à l'ensemble des clés qui composent le mapping.

Python propose un type de mapping `dict` (appelé dictionnaire), sachant qu'il est tout à fait possible d'implémenter son propre type de mapping comme le module `array` de la bibliothèque standard le fait pour les séquences.

Dans les dictionnaires, la clé associée à un élément doit être un objet de type immuable, comme un entier ou une chaîne de caractères. Il est possible d'utiliser un tuple comme clé à condition que les éléments qui le composent soient tous immuables. Cette contrainte permet aux mécanismes internes du dictionnaire de traduire la clé en une valeur constante, en utilisant `hash`, qui sera ensuite utilisée pour accélérer tous les accès aux éléments.

Chaque élément d'un dictionnaire est séparé par une virgule et l'ensemble est entouré par des accolades. Un dictionnaire vide se note donc {}. Pour représenter un élément de dictionnaire, on le préfixe de sa clé suivie de deux points. L'élément e de clé `cle` se note donc `cle: e`, et un dictionnaire composé de deux éléments `cle1: e1` et `cle2: e2` se note: `{cle1: e1, cle2: e2}`

Exemples de dictionnaire

```
>>> dico1 = {'a': 1, 2: 'b'}
>>> dico1['a']
1
>>> dico1[2]
'b'
>>> len(dico1)
2
>>> dict()
{}
>>> dict((('a', 1), ('b', 2), ('c', 3)))
{'a': 1, 'c': 3, 'b': 2}
```

Tout comme les listes, les objets de type dictionnaire proposent un certain nombre de méthodes regroupées dans le tableau ci-dessous :

Tableau 4–3 Méthodes pour les dictionnaires

Nom	Description	Exemple

`clear()`	Supprime tous les éléments du diction- naire.	`>>> dico1 = {'a': 1, 'b': 2}`
		`>>> dico1.clear()`
		`>>> dico1`
		`{}`

Tableau 4–3 Méthodes pour les dictionnaires (suite)

Nom	Description	Exemple

copy()	Renvoie une copie par références du dictionnaire.
	Lire la remarque sur les copies un peu plus bas.
		```>>> dico = {'1': 'r', '2': [1,2]}```
		```>>> dico2 = dico.copy()```
		```>>> dico2```
		```{'1': 'r', '2': [1, 2]}```
		```>>> dico['2'].append('E')```
		```>>> dico2['2']``` # dico2 est aussi impacté
		```[1, 2, 'E']```

has_key(cle)	Renvoie vrai si la clé fournie existe. Équivalent à la notation :
	cle in dictionnaire.
	cle not in dictionnaire est l'équivalent de l'inverse, soit not has_key(cle).
		```>>> dico = {'a': 1, 'b': 2}```
		```>>> dico.has_key('a')```
		```True```
		```>>> dico.has_key('c')```
		```False```
		```>>> 'a' in dico```
		```True```
		```>>> 'c' not in dico```
		```True```

items()	Renvoie sous la forme d'une liste de tuples, des couples (clé, valeur) du dictionnaire. Les objets représentant les valeurs sont des copies complètes et non des références.	```>>> a = {'a': 1, 'b': 1}```
		```>>> a.items()```
		```[('a', 1), ('b', 1)]```

keys()	Renvoie sous la forme d'une liste l'ensemble des clés du dictionnaire. L'ordre de renvoi des éléments n'a aucune signification ni constance et peut varier à chaque modification du dictionnaire.	```>>> a = {(1, 3): 3, 'Q': 4}```
		```>>> a.keys()```
		```['Q', (1, 3)]```

values()	Renvoie sous forme de liste les valeurs du dictionnaire. L'ordre de renvoi n'a ici non plus aucune signification mais sera le même que pour keys() si la liste n'est pas modifiée entre-temps, ce qui permet de faire des manipulations avec les deux listes.	```>>> a = {(1, 3): 3, 'Q': 4}```
		```>>> a.values()```
		```[4, 3]```

iteritems()	Fonctionne comme items() mais renvoie un itérateur sur les couples (clé, valeur).	```>>> l = {1: 'a', 2: 'b', 3: 'c'}```
		```>>> i = l.iteritems()```
		```>>> i.next()```
		```(1, 'a')```
		```>>> i.next()```
		```(2, 'b')```
		```>>> i.next()```
		```(3, 'c')```

Tableau 4–3 Méthodes pour les dictionnaires (suite)

Nom	Description	Exemple

`iterkeys()`	Fonctionne comme `keys()` mais renvoie un itérateur sur les clés.	```>>> l = {1: 'a', 2: 'b', 3: 'c'}```
		```>>> cles = l.iterkeys()```
		```>>> cles.next()```
		`1`
		```>>> cles.next()```
		`2`
		```>>> cles.next()```
		`3`

`itervalues()`	Fonctionne comme `values()` mais renvoie un itérateur sur les valeurs.	```>>> values = l.itervalues()```
		```>>> values.next()```
		`'a'`
		```>>> values.next()```
		`'b'`
		```>>> values.next()```
		`'c'`

`get(cle, default)`	Renvoie la valeur identifiée par la clé `cle`. Si la clé n'existe pas, renvoie la valeur `default` fournie. Si aucune valeur n'est fournie, renvoie None.	```>>> l = {1: 'a', 2: 'b', 3: 'c'}```
		```>>> l.get(1)```
		`'a'`
		```>>> l.get(13)```
		```>>> l.get(13, 7)```
		`7`

`pop(cle, default)`	Renvoie la valeur identifiée par la clé `cle` et retire l'élément du dictionnaire. Si la clé n'existe pas, `pop` se contente de renvoyer la valeur `default`. Si le paramètre `default` n'est pas fourni, une erreur est levée.	```>>> l = {1: 'a', 2: 'b', 3: 'c'}```
		```>>> l.pop(1)```
		`'a'`
		```>>> l```
		`{2: 'b', 3: 'c'}`
		```>>> l.pop(13, 6)```
		`6`
		```>>> l```
		`{2: 'b', 3: 'c'}`
		```>>> l.pop(18)```
		`Traceback (most recent call last):`
		`  File "<stdin>", line 1, in ?`
		`KeyError: 18`

`popitem()`	Renvoie le premier couple (clé, valeur) du dictionnaire et le retire. Si le dictionnaire est vide, une erreur est renvoyée. L'ordre de retrait des éléments correspond à l'ordre des clés retournées par `keys()` si la liste n'est pas modifiée entre-temps.	```>>> l = {1: 'a', 2: 'b', 3: 'c'}```
		```>>> l.popitem()```
		`(1, 'a')`
		```>>> l.popitem()```
		`(2, 'b')`
		```>>> l.popitem()```
		`(3, 'c')`

Tableau 4–3 Méthodes pour les dictionnaires (suite)

Nom	Description	Exemple

update(dic, **dic)	Update permet de mettre à jour le dictionnaire avec les éléments du dictionnaire dic. Pour les clés existantes dans la liste, les valeurs sont mises à jour, sinon créées. Le deuxième argument est aussi utilisé pour mettre à jour les valeurs.	```>>> l = {1: 'a', 2: 'b', 3: 'c'}```
		```>>> l2 = {3: 'ccc', 4: 'd'}```
		```>>> l.update(l2)```
		```>>> l```
		```{1: 'a', 2: 'b', 3: 'ccc', 4: 'd'}```

setdefault(cle, *default*)	Fonctionne comme get() mais si cle n'existe pas et default est fourni, le couple (cle, default) est ajouté à la liste.	```>>> l = {1: 'a', 2: 'b', 3: 'c'}```
		```>>> l.setdefault(4, 'd')```
		```'d'```
		```>>> l```
		```{1: 'a', 2: 'b', 3: 'c', 4: 'd'}```

fromkeys(seq, *default*)	Génère un nouveau dictionnaire et y ajoute les clés fournies dans la séquence seq. La valeur associée à ces clés est default si le paramètre est fourni, None le cas échéant.	```>>> l = {}```
		```>>> l.fromkeys([1, 2, 3], 0)```
		```{1: 0, 2: 0, 3: 0}```

À RETENIR Copie légère et copie complète

Les copies de type shallow sont littéralement des copies légères. Chaque référence aux objets du dictionnaire est recopiée et les changements des objets modifiables sont donc visibles dans chaque copie originelle du dictionnaire.

À l'inverse, les copies complètes, notées deepcopy, fabriquent une copie conforme en scrutant et recopiant récursivement tous les éléments contenus dans les objets modifiables du dictionnaire. Pour la méthode items, une copie complète est effectuée dans la liste résultante, ce qui n'est pas le cas de copy.

Nous verrons dans les exercices du chapitre 9 qu'il existe un système générique de copie complète, dans le module copy, qui offre la possibilité d'implémenter ce mécanisme pour tout type d'objet.

À SAVOIR Les itérateurs

Les itérateurs, qui seront plus largement abordés dans la partie de description de la fonction yield, et les générateurs, sont des objets qui permettent de parcourir une séquence sans que les éléments qui la constituent ne soient connus au préalable. Le principe est équivalent à un curseur de données placé sur la première donnée et qui découvre les éléments au fur et à mesure de l'avancée dans la séquence. Ce mécanisme permet d'optimiser grandement la vitesse d'exécution pour des cas d'utilisation spécifiques.

Les opérateurs

Cette section présente l'ensemble des opérateurs disponibles en Python, ainsi que les règles qui les gèrent, comme l'ordre de traitement par l'interpréteur des éléments d'une opération.

Opérateurs de base

Les opérateurs de base que sont l'addition, la soustraction et la multiplication, fonctionnent de manière tout à fait classique en Python. La division est particulière : historiquement, cet opérateur fonctionne exactement comme celui du langage C. Ainsi, lorsque les deux opérandes de la division sont des entiers, le résultat est toujours un nombre entier, ce qui peut être relativement perturbant. Pour éviter ce problème, il est nécessaire de transformer l'un des opérandes en nombre à virgule flottante.

Essais de division

```
>>> 5/6
0
>>> (-1)/2
-1
>>> -1/2
-1
>>> -1/2.5
-0.40000000000000002
>>> -1/6
-1
>>> -float(1)/float(6)
-0.16666666666666666
>>> -float(1)/6
-0.16666666666666666
```

Cette particularité, qui existe depuis le début du langage a été souvent décriée par la communauté et par Guido van Rossum lui-même. Un des objectifs de la version 3 de Python est de voir disparaître ce fonctionnement au profit d'un principe plus classique. Ce changement étant relativement lourd pour le langage, il est introduit par petites étapes successives depuis la version 2.2.

La première étape a consisté à introduire un nouvel opérateur noté // et voué à remplacer à terme l'actuel opérateur /. L'opérateur // est donc la division entière mais fonctionne de la même manière pour tous les types d'opérandes. Ainsi, 1.0 // 4.0 est bien équivalent à 0.0, contrairement à 1.0 / 4.0 qui vaut 0.25.

La deuxième étape offre la possibilité d'implémenter dès à présent le futur fonctionnement de la prochaine version 3.0, par le biais d'une directive d'importation spéciale.

Passage en mode division réelle

```
>>> from __future__ import division
>>> 1 / 4
0.25
>>> 1 / 5
0.20000000000000001
>>> 1.0 / 4
0.25
```

AVENIR   **Le module __future__**

__future__ est un module particulier de Python qui regroupe un certain nombre d'éléments appelés *features*. Ce sont des fonctionnalités du langage qui n'existent pas encore dans la version en cours, mais qui peuvent d'ores et déjà être testées et utilisées dans les programmes actuels. __future__ indique pour chaque fonctionnalité à partir de quelle version elle peut être utilisée, et à quelle version elle sera ajoutée.

```
>>> __future__.division
_Feature((2, 2, 0, 'alpha', 2), (3, 0, 0, 'alpha', 0), 8192)
```

Autres opérateurs

On compte comme autres opérateurs :

- modulo ;
- négation ;
- inversion ;
- puissance ;
- appartenance ;
- opérateurs binaires.

Modulo

L'opération modulo est effectuée par l'opérateur % ou par la primitive divmod qui renvoie le quotient de la division et son reste.

Calculs de modulos

```
>>> 10 % 8
2
>>> divmod(10, 8)
(1, 2)
```

Négation

Il est possible en Python d'appliquer la négation directement sur des variables.

Négation directe

```
>>> val = 56
>>> -val
-56
```

Inversion

L'inversion bit à bit, soit l'équivalent de -(n+1) pour tout n entier ou entier long, se fait par le biais du signe tilde (~).

Inversion

```
>>> ~9
-10
```

Puissance

L'exponentiation s'applique avec l'opérateur **. Lorsque les deux opérandes sont des entiers et que le résultat dépasse la plage des entiers, il est automatiquement transformé en entier long. Pour le cas des nombres à virgule flottante, une erreur de dépassement est renvoyée.

Essais sur les puissances

```
>>> 10 ** 10
10000000000L
>>> 1.8 ** 10
357.0467226624001
>>> 1.8 ** 1034
8.9489128117168538e+263
>>> 1.8 ** 134534
Traceback (most recent call last):
  File "<stdin>", line 1, in <module>?
OverflowError: (34, 'Numerical result out of range')
```

Appartenance

L'opérateur d'appartenance in sert à vérifier qu'une séquence possède un élément dont la valeur est égale à celle de l'objet fourni. Cette opération s'applique à tous les types de séquences et est équivalente à cette fonction :

Fonction similaire à l'opérateur in

```python
def is_in(element, elements):
    """Teste l'appartenance d'un élément à une liste."""
    for elt in elements:
        if elt == element:
            return True

    return False
```

Pour les séquences de type `string` ou `unicode`, l'objet doit être lui-même de type `unicode` ou `string`. Bien que les deux opérandes puissent être dans ce cas de types différents (`string in unicode` ou `unicode in string`), il est conseillé de rester homogène afin d'éviter des erreurs de transtypage, puisque les deux opérandes sont toujours comparés dans le même type. En cas de problème, Python gère ce cas particulier en provoquant une erreur spécifique.

Mélange des genres, erreur au tournant

```python
>>> sequence = u'Brian'
>>> i = 'é'
>>> i in sequence
Traceback (most recent call last):
  File "<stdin>", line 1, in <module>?
TypeError: 'in <string>' requires string as left operand
>>> i = 'i'
>>> i in sequence
True
```

Nous verrons dans les chapitres suivants qu'il est possible d'intégrer ce mécanisme à tout type d'objet en implémentant des méthodes aux noms spécifiques.

À RETENIR **Appartenance et dictionnaires**

Python 2.3 a introduit un nouveau mécanisme qui permet de faire fonctionner directement les dictionnaires avec l'opérateur d'appartenance, en lui passant les clés implicitement.
Les deux écritures deviennent possibles, avec une préférence pour l'écriture abrégée :

```python
>>> dic = {'a': 1, 'b': 2}
>>> 'a' in dic.keys()
True
>>> 'a' in dic
True
```

Opérateurs binaires

Les opérations binaires qui s'effectuent sur des entiers ou des entiers longs sont :

- & : opérateur logique ET, noté AND ;
- | : opérateur logique OU, noté OR ;
- ∧ : opérateur logique OU EXCLUSIF, noté XOR.

Table de vérité de l'opérateur logique ET

```
>>> [1 & 1, 1 & 0, 0 & 1, 0 & 0]
[1, 0, 0, 0]
```

À ceux-ci s'ajoutent les opérateurs de décalage de bits vers la gauche et vers la droite :

Décalages de bits

```
>>> a = 16
>>> a = a << 2; print a
64
>>> a = a << 2; print a
256
>>> a = a << 2; print a
1024
```

Un décalage de n bits vers la droite est équivalent à une division par pow(2, n) et un décalage de n bits vers la gauche à une multiplication par pow(2, n). Cette écriture est en outre beaucoup plus rapide à l'exécution.

Opérateurs de comparaison

En Python, les comparaisons sont accomplies par les opérateurs suivants :

- < : inférieur strictement ;
- > : supérieur strictement ;
- <= : inférieur ou égal ;
- >= : supérieur ou égal ;
- == : égal ;
- != ou <> : différent de ;
- is : est ;
- is not : n'est pas .

!= et <> sont équivalents pour tester la différence, mais la première écriture est celle à retenir, car <> est devenu obsolète même s'il est encore utilisable.

Principes de la comparaison

Une comparaison travaille sur deux objets et renvoie un résultat booléen. À l'exception des types numériques qui peuvent être convertis vers un type commun, si les deux objets sont de types différents, l'égalité est toujours fausse et leur ordonnancement n'est pas interprétable mais reste constant.

Dans le cas de types d'objets équivalents, la comparaison est :

* arithmétique pour les types numériques ;
* lexicographique pour les chaînes de caractères, sans distinction entre unicode et string ;
* lexicographique pour les séquences, en comparant chaque élément en fonction de son type ;
* lexicographique pour les mappings, en comparant chaque couple (clé, valeur) après l'application d'un tri ;
* identitaire pour l'opérateur is, le résultat n'étant vrai que si les deux opérandes sont le seul et même objet.

AVENIR **Évolution de la comparaison**

Le raccourci appliqué à la comparaison de types différents évoluera certainement dans les prochaines versions de Python au profit d'un principe moins radical.

Ordre de traitement des opérations

Lorsque plusieurs opérateurs entrent en jeu dans une expression, l'interpréteur utilise l'ordre d'interprétation dit « PEDMAS » (abréviation de « Parenthèses, Exposants, Division, Multiplication, Addition, Soustraction ») qui reprend les lois associatives et commutatives de l'algèbre élémentaire.

Exemples d'opérations enchaînées

```
>>> 5 + 3 * 4
17
>>> (5 + 3) * 4
32
>>> (5 + 3) * 4 / 2
16
```

Construction de comparaisons complexes

Python permet d'enchaîner plusieurs comparaisons dans une même expression pour construire des conditions complexes. L'ordre d'évaluation est l'exécution des comparaisons deux à deux. a < b < c < d est donc équivalent à a < b and b < c and c < d.

Comparaisons chaînées

```
>>> a = 1
>>> b = 2
>>> c = 3
>>> a < b < c
True
```

L'indentation

En Python, l'indentation des lignes fait partie intégrante de la structure des programmes. Là où les langages C et Java utilisent des accolades pour définir des blocs, Python se base sur le retrait d'une ligne pour définir son niveau.

L'interpréteur remplace toutes les tabulations rencontrées entre le début de la ligne et le premier caractère interprétable par un certain nombre d'espaces puis comptabilise le nombre d'espaces obtenus. Ce nombre définit un niveau d'indentation. Si le retrait augmente à la ligne suivante, le niveau est incrémenté et la taille de retrait y est associée. Lorsque le retrait diminue, le niveau est décrémenté en conséquence.

Exemple d'indentation

```
def ma_fonction():# niveau 0
    i = 0# niveau 1
    print '['# niveau 1
    while i < 10: # niveau 1
        print '.' # niveau 2
        i += 1# niveau 2
    print ']'# niveau 1
```

Lorsque l'indentation n'est pas respectée, l'interpréteur provoque une erreur et le programme s'arrête.

Décalage de print ']'

```
def ma_fonction():
    i = 0
```

```
    print '['
    while i < 10:
        print '.'
        i += 1
  print ']'

ma_fonction()
[tziade@Tarek ~]$ python etest.py
  File "etest.py", line 7
    print ']'
            ^
IndentationError: unindent does not match any outer indentation level
```

Comme le nombre d'espaces utilisés pour remplacer une tabulation peut varier, il est nécessaire de ne pas mélanger les deux caractères pour indenter les lignes. Il est d'ailleurs conseillé de ne pas utiliser les tabulations comme nous le verrons dans le chapitre dédié aux conventions de codage. De plus, cette rigueur d'écriture assure la lisibilité du code.

Les structures conditionnelles

Les structures conditionnelles sont des regroupements de lignes délimités par un niveau d'indentation et dont le contenu est exécuté en fonction d'une ou plusieurs conditions. On dénombre trois structures conditionnelles en Python qui permettent d'organiser le code, définies par les instructions :

* if ;
* for ;
* while.

Chacune de ces structures est de la forme :

```
instruction condition:
    bloc de lignes
else:
    bloc de lignes
```

À ces quatre instructions s'ajoutent trois instructions supplémentaires qui font l'objet d'un chapitre complet :

* def ;
* class ;
* try.

L'instruction if

L'instruction `if` (« si ») est associée à une expression terminée par le caractère `:`. Chaque élément de l'expression est évalué tour à tour. Si l'expression évaluée renvoie `False`, l'interpréteur n'exécute pas le contenu de la structure. Dans le cas où l'évaluation de l'expression renvoi `True`, le bloc est exécuté.

Il est possible de définir un deuxième bloc délimité par l'instruction `else` (« sinon »), exécuté lorsque l'expression renvoie `False`.

Exemple d'instruction if

```
>>> if 1 > 2:
...     print "il est temps d'arrêter l'ordinateur"
... else:
...     print "tout va bien"
...
tout va bien
```

Enfin, l'instruction `elif`, forme contractée de `else if` pour « sinon, si » permet d'imbriquer une série de structures de type `if` : chaque condition est testée, et en cas de résultat négatif, l'instruction suivante est à son tour évaluée. Ce principe permet de mettre en place des structures équivalentes au `switch` en C et au `case` en Pascal.

Enchaînement avec elif

```
>>> if 1 > 2:
...     print "il est temps d'arrêter l'ordinateur"
... elif 1 > 3:
...     print "il est vraiment temps d'arrêter l'ordinateur"
... else:
...     print "tout va bien"
...
tout va bien
```

L'instruction for..in

L'instruction `for` permet d'exécuter un bloc de lignes en fonction d'une séquence. Elle est de la forme :

```
for variable in sequence:
    bloc de lignes
else:
    bloc de lignes
```

Si sequence possède n éléments, le bloc sera exécuté n fois, et variable référencera l'élément sequence[n-1] qui sera accessible dans le bloc.

Lorsque l'exécution est achevée, un bloc de lignes optionnel présenté par else est à son tour exécuté.

Exemple d'instruction for

```
>>> for caractere in "bonjour":
...     print(caractere)
...
b
o
n
j
o
u
r
```

Pour les séquences modifiables comme les listes, il est nécessaire de prendre des précautions en contrôlant que le code du bloc ne modifie pas sa taille. En effet, Python conserve en mémoire un compteur pour savoir sur quel élément la boucle for se trouve. Si la taille de la séquence est modifiée en cours de route, il est possible que le bloc ne soit pas exécuté pour tous les éléments, ce qui peut être relativement gênant.

Le mécanisme de l'instruction for peut paraître assez déconcertant et la première question qui vient à l'esprit est : « comment exécuter simplement un bloc de lignes un certain nombre de fois sans avoir à préparer une séquence ». La primitive range() répond à ce besoin en générant une séquence de n nombres variant de 0 à n-1.

Utilisation de range()

```
>>> range(10)
[0, 1, 2, 3, 4, 5, 6, 7, 8, 9]
>>> for i in range(5):
...     print(str(i))
...
0
1
2
3
4
```

Deux instructions supplémentaires permettent d'agir sur le déroulement de l'instruction for :

- continue : interrompt l'exécution de la boucle pour l'élément en cours et passe à l'élément suivant. Si l'élément était le dernier de la séquence, le contenu de l'instruction else est exécuté s'il existe. Cette instruction est utile dans le cas où l'élément en cours n'est pas concerné par le traitement à effectuer.
- break : interrompt définitivement l'exécution de la boucle et n'exécute pas l'instruction else. Cette instruction est utile lorsque l'on cherche à appliquer un traitement à un et un seul élément d'une liste, ou que cet élément est une condition de sortie.

Utilisation de continue et break

```
>>> # n'affiche que les nombres pairs
...
>>> for i in range(5):
...     if i % 2:
...         continue
...     print(str(i))
...
0
2
4
>>> for i in range(5):
...     if i == 4:
...         print('4 a été trouvé')
...         break
...     print('on continue')
...
on continue
on continue
on continue
on continue
4 a été trouvé
```

> À SAVOIR **Fin de boucle**
>
> Lorsque l'exécution est terminée, le dernier élément de la séquence reste toujours accessible par la variable de boucle.

L'instruction while

L'instruction while permet d'exécuter un bloc de lignes tant qu'une expression est vérifiée en renvoyant True. Lorsque l'expression n'est plus vraie, l'instruction else est exécutée si elle existe et la boucle s'arrête.

continue et break peuvent être utilisés de la même manière que pour l'instruction for.

Exemple d'utilisation de while

```
>>> i = 0
>>> while i < 4:
...     print(str(i))
...     i += 1
... else:
...     print('end')
...
0
1
2
3
end
>>> i = 0
>>> while i < 5:
...     i += 1
...     if i == 2:
...         continue
...     print(str(i))
...
1
3
4
5
```

L'instruction with

La solution la plus propre pour écrire dans un fichier consiste à utiliser un bloc try..finally pour s'assurer que la méthode close est appelée quoi qu'il advienne.

Écriture dans un fichier

```
>>> f = open('fichier', 'w')
>>> try:
...     f.write('contenu')
... finally:
...     f.close()
...
```

Appeler close, c'est s'assurer que le handler de fichier est bien libéré.

Ce motif est récurrent en programmation : utiliser une ressource dans un bloc de code et terminer par un appel à du code spécifique pour fermer proprement l'accès à cette ressource quoi qu'il advienne dans le bloc. Le même besoin existe pour la manipulation de sémaphores, ou de sockets réseau.

L'instruction with permet de s'affranchir de la gestion du bloc try..finally et de l'appel au code de fermeture, en s'en chargeant automatiquement du moment que l'objet manipulé est compatible avec ce protocole, appelé le *context management protocol*.

C'est le cas pour les objets de type file. L'écriture ci-dessous est équivalente à un bloc try..finally avec un appel à close.

Écriture dans un fichier avec with

```
>>> f = open('fichier', 'w')
>>> with f:
...     f.write('contenu')
```

with se base sur deux nouvelles méthodes spéciales __enter__ et __exit__. La première est appelée au début du bloc, la deuxième à la fin.

Exemple de classe supportant with

```
>>> class SupportWith(object):
...     def __enter__(self):
...         print('début')
...     def __exit__(self, exc_type, exc_value, traceback):
...         print('fin')
...
>>> s = SupportWith()
>>> with s:
...     print('bloc')
...
début
bloc
fin
```

La méthode __enter__ ne prend aucun paramètre, alors que la méthode __exit__ en demande trois. Ces derniers permettent de récupérer une éventuelle exception :

• exc_type : le type de l'erreur déclenchée ;
• exc_value : la valeur de l'erreur déclenchée ;
• traceback : l'objet *traceback*.

Si aucune erreur n'a lieu, toutes ces valeurs sont à None.

__exit__ ne doit jamais déclencher d'erreur ou redéclencher l'erreur qui lui est passée. La méthode retourne cependant False lorsqu'elle souhaite que l'erreur continue à être propagée. Si elle retourne True, l'erreur est absorbée et l'interpréteur continue le programme en se positionnant sur la directive suivante après le bloc.

Déclenchement d'une erreur

```
>>> class CatchTypeError(object):
...     def __enter__(self):
...         print('debut')
...     def __exit__(self, exc_type, exc_value, traceback):
...         print('fin')
...         if exc_type == TypeError:
...             return True
...         return False
...
>>> c = CatchTypeError()
>>> with c:
...     raise TypeError()
...
debut
fin
>>> with c:
...     raise AttributeError()
...
debut
fin
Traceback (most recent call last):
  File "<stdin>", line 2, in <module>
AttributeError
```

Enfin, si une erreur survient dans la méthode __exit__, elle prévaudra sur toute erreur précédente.

Lorsque l'objet utilisé est initialisé directement, une directive as peut être associée à with

Écriture dans un fichier

```
>>> with open('fichier', 'w') as f:
...     f.write('contenu')
```

Dans ce cas, f se voit attribuer la valeur renvoyée par __enter__. L'usage le plus courant est donc de renvoyer self dans cette méthode.

Utilisation de as

```
>>> class SomeContext(object):
...     def __enter__(self):
...         print('debut')
...         return self
...     def __exit__(self, *args):
...         print('fin')
...
>>> with SomeContext() as s:
...     print(str(s))
...     print('bloc')
...
debut
<__main__.SomeContext object at 0xc00730>
bloc
fin
```

La bibliothèque standard fournit en outre un module `contextlib`, décrit dans le chapitre 10, qui détaille les utilitaires pour l'implémentation de ce protocole.

En un mot...

Python possède une syntaxe claire, concise et simple, et est doté de types standards très puissants.

Le chapitre suivant couvre des éléments de syntaxe complémentaires, pour la structuration des programmes.

5

Structuration du code

Pour organiser un programme, il est possible de regrouper les séquences d'instructions en fonctions et classes. Ces regroupements peuvent ensuite être organisés en plusieurs fichiers, appelés modules, et dans plusieurs répertoires pour former un paquet.

Ce chapitre présente chacune de ces structures, pour conclure sur des éléments supplémentaires de syntaxe basés sur les classes : la gestion des exceptions, les generators et les iterators.

Fonctions

Les fonctions sont les éléments structurants de base de tout langage procédural. Cette section explique comment définir des fonctions en Python et présente plus précisément :

- le contexte d'exécution et la directive `global` ;
- la directive `return` ;
- le fonctionnement des paramètres ;
- la directive `lambda` ;
- les decorators pour les fonctions.

Écrivons une première fonction qui affiche à l'écran un texte d'accueil en fonction d'un nom.

Une première fonction

```
>>> def home(name):
...     print('Bonjour %s' % name)
...
>>> home('Bill')
Bonjour Bill
```

La définition d'une fonction se fait par le biais du mot-clé def suivi du nom de la fonction. Suivent des parenthèses qui contiennent les éventuels paramètres de la fonction puis le caractère : qui délimite le début d'une séquence de code.

Une fonction peut donc être vue comme un bloc de lignes associé à un nom. Cette fonction devient alors accessible dans le contexte d'exécution par le biais de son nom comme toute variable. Le code de la fonction définit son propre contexte local d'exécution.

Contexte d'exécution et directive global

Lorsque des variables sont définies dans le code, elles sont placées par l'interpréteur dans un des deux dictionnaires représentant le contexte d'exécution :

• Le premier dictionnaire contient l'ensemble des variables globales et est accessible par le biais de la primitive globals().

• Le second, accessible par la directive locals(), contient l'ensemble des variables accessibles à un instant donné et est dépendant du contexte.

Lorsqu'elle est invoquée, une variable est recherchée dans le contexte local puis global, et en dernier recours dans les éléments définis dans le module __builtins__ (ce module fait l'objet d'un chapitre complet dédié à la présentation des primitives).

Lors de sa définition, une variable est insérée :

• Dans le contexte local si elle est définie dans un bloc (boucle, fonction...).

• Dans le contexte global si elle est définie en dehors de tout bloc.

Ainsi, il est impossible d'affecter directement les variables du contexte global depuis un bloc.

Contexte d'exécution

```
>>> name = 'Joe'
>>> def home(name):
...     print(locals())
...     print('Bonjour %s' % name)
...
```

```
>>> home('Tarek')
{'name': 'Tarek'}
Bonjour Tarek
>>> print(globals())
{'__builtins__': <module '__builtin__' (built-in)>, '__name__':
'__main__', 'home': <function home at 0xb7deff0c>, '__doc__': None,
'name': 'Joe'}
```

Pour pouvoir contourner cette limitation il est nécessaire d'utiliser la directive global qui permet de spécifier que la variable est dans le contexte global.

Utilisation de la directive global

```
>>> identity = 'Joe Bie'
>>> def home(firstname, lastname):
...     global identity
...     identite = '%s %s' %(firstname, lastname)
...     print(locals())
...     print(identity)
...
>>> home('Joe', 'Bae')
{'firstname': 'Joe', 'lastname': 'Bae'}
Joe Bae
>>> print(identity)
Joe Bae
```

Directive return

Il n'y a pas de distinction entre les fonctions et les procédures en Python, contrairement à certains langages fortement typés comme Ada. Les procédures sont tout simplement des fonctions qui ne renvoient pas de résultat comme en C. Plus précisément, une fonction qui ne renvoie pas explicitement de valeur renvoie un objet None.

Lorsqu'une fonction doit renvoyer un résultat explicite, la directive return est utilisée.

Utilisation de return

```
>>> def double(number):
...     return number*2
...
>>> double(5)
10
>>> def sequence(start, stop, step):
...     return range(start, stop, step)
>>> sequence(2, 7, 1)
[2, 3, 4, 5, 6]
```

Il est possible de retourner plusieurs résultats en les séparant par des virgules. Dans ce cas, l'interpréteur renvoie ces éléments dans un tuple.

Plusieurs résultats

```
>>> def three_nums():
...     return 1, 2, 3
...
>>> three_nums()
(1, 2, 3)
```

CULTURE **L'écriture pythonique**

Renvoyer les éléments séparés par des virgules est très spécifique au langage et est souvent préféré à l'utilisation d'une structure regroupante. Cette écriture est souvent employée lorsqu'une fonction doit renvoyer deux ou trois résultats. On parle ici d'écriture *pythonique*.

Paramètres d'une fonction

Il existe trois types de paramètres :

- les paramètres explicites et valeurs par défaut ;
- les paramètres non explicites ;
- les paramètres arbitraires.

Paramètres explicites et valeurs par défaut

Les paramètres explicites sont les paramètres utilisés dans les exemples précédents, à savoir des noms séparés par des virgules. Chacun de ces paramètres peut en outre être enrichi d'une valeur par défaut et devenir optionnel.

Valeur par défaut

```
>>> def home(firstname, lastname='Doe'):
...     print('%s %s' % (firstname, lastname))
...
>>> home('John')
John Doe
>>> home('John', 'Dull')
John Dull
```

Il est cependant nécessaire de regrouper tous les paramètres optionnels à la fin de la liste des paramètres.

Lorsqu'il y a plusieurs paramètres optionnels, le code appelant peut définir ou non la valeur de chacun sans avoir à respecter un ordre précis, en utilisant la notation nom=valeur pour ce paramètre. On parle alors de nommage des paramètres.

Nommage des paramètres

```
>>> def sum(a, b=2, c=3):
...     return a + b + c
...
>>> sum(2)
7
>>> sum(2, 3, 4)
9
>>> sum(2, c=4)
8
>>> sum(a=2, b=3, c=4)
9
```

À RETENIR **Les paramètre nommés**

Tous les paramètres peuvent êtres nommés. Cette notation permet aussi de fournir les valeurs dans un ordre quelconque.

```
>>> def sub(a, b):
...     return a - b
...
>>> sub(10, 5)
5
>>> sub(b=10, a=5)
-5
>>> sub(a=10, b=5)
5
```

Lorsqu'une fonction possède beaucoup de paramètres, il est judicieux de nommer systématiquement tous les paramètres, afin de rendre le code plus lisible.

Enfin, les valeurs par défaut ne sont interprétées qu'une seule fois, au moment de la lecture de la définition, ce qui peut être relativement important si ces valeurs sont retournées par des objets modifiables. Chaque nouvel appel à la fonction appellera les mêmes objets qui ont été évalués à l'initialisation de la fonction.

Lecture par l'interpréteur des valeurs par défaut

```
>>> def param():
...     print('param() appelé')
...     return [1, 2, 3]
...
```

```
>>> def add_element(element, list_=param()):
...     list_.append(element)
...     return list_
...
param() appelé
>>> add_element(4)
[1, 2, 3, 4]
>>> add_element(5)
[1, 2, 3, 4, 5]
>>> def param():
...     print('param() appelé')
...     return [5]
...
>>> add_element(8)
[1, 2, 3, 4, 5, 8]
```

Les paramètres non explicites

Python propose un système de paramètres non explicites qui permet de laisser l'appelant fournir autant de valeurs nommées qu'il le souhaite sans qu'il soit nécessaire de les définir dans la liste des arguments. Ces paramètres sont fournis sous la forme nom=valeur à la fonction. L'interpréteur place ces valeurs dans un dictionnaire qu'il faut au préalable définir en fin de liste par son nom précédé de deux étoiles :

Utilisation de paramètres non explicites

```
>>> def sentence(**words):
...     print ('Reçu %d mot(s)' % len(words))
...     print ('Liste des mots: %s' % ' '.join(words.values()))
...     print ('Nom des paramètres: %s' % ' '.join(words.keys()))
...
>>> sentence(mot1='mot 1', mot2='mot2')
Reçu 2 mot(s)
Liste des mots: mot 1 mot2
Nom des paramètres: mot1 mot2
>>> sentence(encore="des mots", toujours="des mots")
Reçu 2 mot(s)
Liste des mots: des mots des mots
Nom des paramètres: encore toujours
>>> sentence()
Reçu 0 mot(s)
Liste des mots:
Nom des paramètres:
```

Cette écriture offre un maximum de souplesse puisqu'elle peut être combinée avec les paramètres explicites.

Combinaison de paramètres explicites et non explicites

```
>> def team(name, leader='non défini', **players):
...     print('Equipe %s' % name
...     print('Capitaine: %s' % leader)
...     for name, value in players.items():
...         print('%s: %s' % (name, value))
...
>>> team('Les bleus')
Equipe Les bleus
Capitaine: non défini
>>> team('Les vaillants', 'Robert', gardien='André',
...     attaquant='Micheline')
Equipe Les vaillants
Capitaine: Robert
attaquant: Micheline
gardien: André
```

ASTUCE **Utiliser un dictionnaire**

Le dictionnaire players peut aussi être directement fourni.
L'écriture :
```
  team('Nom', 'Capitaine', gardien='André', attaquant='Micheline')
```
étant équivalente à :
```
  players = {gardien: 'André', attaquant: 'Micheline'}
  team('Nom', 'Capitaine', **players)
```

Les paramètres arbitraires

Les paramètres arbitraires sont équivalents aux paramètres non explicites sauf qu'ils ne sont pas nommés. L'interpréteur les regroupe dans un tuple nommé qu'il passe à la fonction. Le nom du tuple est fourni préfixé cette fois-ci d'une seule étoile.

Paramètres arbitraires

```
>>> def format(sentence, *args):
...     print(sentence % args)
...
>>> format('%d fois plus de %s possibles', 2, 'combinaisons')
2 fois plus de combinaisons possibles
```

Lorsque des paramètres arbitraires sont combinés avec des paramètres explicites ou non explicites, la déclaration du nom du tuple qui contiendra les valeurs se place toujours après les paramètres explicites et avant les paramètres non explicites.

> ASTUCE **Utiliser la notation arbitraire**
>
> Il est possible d'utiliser la notation arbitraire dans des fonctions à paramétrage classique en fournissant une séquence comme valeur. La séquence sera décompressée en une liste de paramètres.
>
> ```
> >>> def sum(a, b, c):
> ...     return a + b + c
> ...
> >>> elements = [1, 3, 5]
> >>> sum(*elements)
> 9
> ```

Ainsi, une fonction sera toujours sous la forme indiquée ci-dessous.

Forme d'une fonction

```
def nom_fonction(a, b, c, ..., *arbitraires, **explicites)
```

Collisions de paramètres

Une fonction peut donc utiliser trois types de paramétrages et les combiner. Il faut cependant prendre garde aux collisions possibles : un paramètre doit rester unique dans l'ensemble des paramètres fournis. En cas de doublons, une exception TypeError est retournée.

Collisions de noms

```
>>> def display(a, **kw):
...     print('a: %s' % a)
...     for name, value in kw.items():
...         print('%s: %s' % (name, value))
...
>>> display(12, a=2, b=3, c=4)
Traceback (most recent call last):
  File "<stdin>", line 1, in ?
TypeError: display() got multiple values for keyword argument 'a'
```

Signatures multiples de fonctions

La signature d'une fonction est représentée par la liste de ses paramètres. Certains langages proposent des systèmes de surcharge pour permettre au développeur de définir plusieurs fois la même fonction avec des signatures différentes. C'est le rôle de la directive overload en Delphi par exemple.

Les combinaisons infinies de paramétrage de fonction offertes par Python répondent beaucoup plus simplement à ce problème de signature multiple.

Directive lambda

Issue de langages fonctionnels comme le Lisp, la directive lambda permet de définir une fonction anonyme, c'est-à-dire sans nom. lambda est utilisée lorsqu'une fonction est à fournir dans une expression et permet d'éviter de la définir explicitement. Cette fonction doit cependant se limiter à une seule expression.

Raccourci lambda

```
>>> # fonction explicite
...
>>> elements = [1, 2, 3]
>>> def add_one(e):
...     return e + 1
...
>>> map(add_one, elements)
[2, 3, 4]
>>> # équivalent avec lambda
...
>>> map(lambda e: e + 1, elements)
[2, 3, 4]
```

Mis à part quelques cas précis comme l'exemple présenté, lambda est à proscrire car cette directive rend le code difficilement lisible.

Documentation strings (docstrings)

Les objets docstrings sont des chaînes de caractères placées au début du corps des fonctions. Ils sont automatiquement associés à la variable __doc__ de l'objet fonction par l'interpréteur.

Une fonction dotée d'un docstring

```
>>> def pi():
...     """Renvoie une approximation du nombre Pi."""
...     return 3.14
...
>>> print(pi.__doc__)
Renvoie une approximation du nombre Pi.
ou bien :
>>> help(pi)
Help on function pi in module __main__:

pi()
    Renvoie une approximation du nombre Pi.
(END)
```

Toutes les fonctions fournies dans Python sont dotées d'un docstring, ce qui est pratique pour une documentation en ligne directe. On y renseigne sur l'objectif de la fonction et sur le détail de ses paramètres.

Détails sur divmod par son docstring

```
>>> print(divmod.__doc__)
divmod(x, y) -> (div, mod)

Return the tuple ((x-x%y)/y, x%y). Invariant: div*y + mod == x.
```

> **À RETENIR   Importance des docstrings**
>
> Les docstrings jouent un rôle relativement important en Python. Le chapitre 7 décrit précisément les conventions de nommage des docstrings et le chapitre 12 leur utilisation dans le cadre des tests unitaires.

Decorators

Les decorators sont issus d'un besoin de généralisation des mécanismes introduits par les fonctions `classmethod()` et `staticmethod()` apparus à la version 2.2 de Python.

En l'occurrence, pour spécifier qu'une fonction est une méthode statique ou une méthode de classe (voir les `decorators` pour les classes à la prochaine section), il est nécessaire de procéder à un appel à l'une des primitives en passant en paramètre la fonction.

D'un point de vue plus général aux fonctions, le principe, calqué sur le modèle existant en Java (annotations), est d'effectuer un prétraitement au moment de l'appel d'une fonction.

Définition d'un prétraitement

```
>>> def decorate(function):
...     function.__doc__ = 'Fonction décorée %s' % function.__doc__
...     return fonction
...
>>> def a_function():
...     """Ma fonction."""
...     print('traitement')
...
>>> a_function = decorate(a_function)
>>> print(a_function.__doc__)
Fonction décorée Ma fonction.
```

La fonction `decorate` décore la fonction `a_function` de détails supplémentaires et la liaison se fait par `function=decorate(function)`.

Pour simplifier l'écriture, les decorators introduisent un nouveau mécanisme qui permet de spécifier qu'une fonction est encapsulée dans une deuxième fonction.

Il suffit de préfixer la définition de la fonction à encapsuler par le nom de la deuxième fonction préfixé d'une arobase (@).

Définition d'un decorator

```
>>> def decorate(function):
...     function.__doc__ = 'Fonction décorée %s' % function.__doc__
...     return function
...
>>> @decorate
... def a_function():
...     """Ma fonction."""
...     print('traitement')
...
>>> print a_function.__doc__
Fonction décorée ma fonction
```

Plusieurs decorators peuvent êtres utilisés sur la même fonction : ils sont imbriqués dans l'ordre de déclaration.

Enchaînement de decorators

```
@f1 @f2 @f3
def a_function():
  pass
```

Cette notation étant équivalente à l'écriture ci-dessous :

Équivalent explicite

```
function = f1(f2(f3(function)))
```

Les decorators servent également à la mise en place de code patterns récurrents, comme le contrôle de types de paramètres entrants, d'enrichissement du contexte d'exécution ou de tout mécanisme pré ou post-exécution. La fonction décoratrice est déclarée une bonne fois pour toute et réutilisée en decorator.

Contrôle d'argument

```
>>> def only_ints(func):
...     def _only_ints(arg):
...         ifnot isinstance(arg, int):
...             raise TypeError("'%s' doit être un entier" % str(arg))
```

```
...         return func(arg)
...     return _only_ints
...
>>> @only_ints
... def function(arg):
...     return arg + 1
...
>>> print(function('t'))
Traceback (most recent call last):
  File "<stdin>", line 1, in ?
  File "<stdin>", line 4, in only_ints
TypeError: 't' doit être un entier
>>> print(function(3))
4
```

Une fonction de décoration ne doit pas à proprement parler exécuter de code au moment de son appel, car cet appel est provoqué par l'interpréteur lorsqu'il lit la définition de la fonction décorée. Il demande alors à la fonction de décoration de lui renvoyer une fonction qui sera appelée à chaque exécution de la fonction décorée.

Quelques print permettent de mieux comprendre cette mécanique :

La mécanique des decorators

```
>>> def only_ints(func):
...     print('appel du decorator')
...     def _only_ints(arg):
...         print('appel du code de décoration')
...         ifnot isinstance(arg, int):
...             raise TypeError("'%s' doit être un entier" % str(arg))
...         print('capsule exécute la fonction')
...         return func(arg)
...     print('only_ints renvoi la capsule')
...     return _only_ints
...
>>> @only_ints
... def function(arg):
...     return arg + 1
...
appel du decorator
argument_entier renvoie la capsule
>>> function(5)
appel du code de décoration
capsule exécute la fonction
6
```

La sous-fonction _only_ints() permet donc de retourner le code à exécuter lorsque la fonction sera réellement appelée. only_ints() ici prend en paramètre la fonction à décorer et retourne la fonction à appeler.

Il est possible de passer des arguments aux decorators : l'appel devient de la forme @fonction(parametres). Dans ce cas, la fonction utilisée doit renvoyer une fonction au format decorator classique, afin de permettre à l'interpréteur d'effectuer un appel à decorateur(fonction).

L'enchaînement est le suivant : l'interpréteur appelle dans un premier temps la fonction de décoration, d'une manière tout à fait classique (resultat = decorator(parametres)), puis utilise son résultat pour un appel à la fonction décorée, soit resultat(fonction).

Decorator paramétré

```
>>> def only_int(function):
...     def _only_int(arg):
...         ifnot isinstance(arg, int):
...             raise TypeError("'%s' doit être un int" % str(arg))
...         return function(arg)
...     return _only_int
...
>>> def only_long(function):
...     def _only_long(arg):
...         ifnot isinstance(arg, long):
...             raise TypeError("'%s' doit être un long" % str(arg))
...         return function(arg)
...     return _only_long
...
>>> def int_or_long(force_long):
...     if force_long:
...         return only_long
...     else:
...         return only_int
...
>>> @int_or_long(True)
... def function(arg):
...     return arg + 1
...
>>> function(45)
Traceback (most recent call last):
  File "<stdin>", line 1, in ?
  File "<stdin>", line 4, in only_long
TypeError: '45' doit être un long
>>> function(459876455L)
459876456L
```

Si on ajoute des `print` pour mettre en valeur l'enchaînement :

Enchaînement d'un decorator paramétré

```
>>> def only_int(function):
...print('appel de only_int')
...     def _only_int(arg):
...         ifnot isinstance(arg, int):
...             raise TypeError("'%s' doit être un int" % str(arg))
...         return function(arg)
...     print('renvoi de _only_int')
...     return _only_int
...
>>> def only_long(function):
...     print('renvoi de only_long')
...     def _only_long(arg):
...         ifnot isinstance(arg, long):
...             raise TypeError("'%s' doit être un long" % str(arg))
...         return function(arg)
...     print('renvoi de _only_long')
...     return _only_long
...
>>> def int_or_long(force_long):
...     print('appel de int_or_long')
...     if force_long:
...         print('renvoi de only_long')
...         return only_long
...     else:
...         print('renvoi de only_int')
...         return only_int
...
>>> @int_or_long(True)
... def function(entier):
...     return entier + 1
...
appel de int_or_long
renvoi de only_long
appel de only_long
renvoi de _only_long
>>> function(56L)
57L
```

AVENIR **Émergence des decorators**

Les patterns d'utilisation des decorators émergent actuellement des travaux des développeurs de la communauté. Il est possible qu'à terme Python propose une liste étendue de decorators.

Classes

Sans être familier avec la programmation orientée objet (POO), on peut considérer que les classes sont similaires à des modules : des regroupements logiques de fonctions et de variables pour définir un comportement et un état du programme. Cette logique se retrouve dans les éléments manipulés en Python, puisque tout est objet. Ainsi, un objet de type `string` regroupe des fonctions de manipulation sur la chaîne comme `replace()` et des variables comme `__doc__`.

La différence fondamentale entre un module et une classe se situe dans l'utilisation de cette dernière : elle définit un modèle d'objet que l'on peut ensuite instancier autant de fois que nécessaire. Une instance devient un objet indépendant qui contient les fonctions et les variables définies dans le modèle.

> ALLER PLUS LOIN **La programmation orientée objet**
>
> Si vous n'êtes pas familier avec les concepts de la POO, le chapitre 14 est une bonne introduction à son utilisation en Python.

Définition

Le mot réservé `class` sert à définir un modèle en associant un certain nombre de variables et de fonctions à un nom.

La classe Voiture

```
>>> class Car:
...     color = 'Rouge'
...
```

Toutes les variables et les fonctions placées dans le niveau d'indentation de la classe en deviennent des membres. Ces éléments sont nommés attributs et on parle plus précisément de méthodes pour les fonctions et d'attributs de données pour les variables.

La classe `Car` définie dans l'exemple peut ensuite être utilisée pour instancier des objets en l'appelant comme une fonction.

Instanciation

```
>>> car_1 = Car()
>>> car_2 = Car()
```

Ces deux objets de type `Car` sont des instances distinctes.

Espace de noms

Pour atteindre la variable `color` de l'instance `car_1`, il faut spécifier qu'elle se trouve dans `car_1` pour la distinguer par exemple, d'une éventuelle variable portant le même nom définie en dehors de la classe. Cette différenciation se fait par le biais de l'espace de noms, ou *namespace*, que l'interpréteur crée lorsque l'instance de classe est utilisée.

Cet espace de noms peut être vu comme un dictionnaire propre à cette instance de classe. Il porte les correspondances entre noms d'attributs et valeurs de ces attributs. Ainsi, la notation `car_1.color` est utilisée par l'interpréteur pour atteindre l'attribut `color` de l'instance `car_1`.

Pour rechercher `color` dans `car_1`, le mapping procède dans cet ordre :

- Recherche si `car_1.__dict__['color']` existe.
- Recherche si `type(car_1).__dict__['color']` existe (équivalent à `Car.__dict__['color']`).

Si l'attribut en question n'existe pas et s'il est utilisé dans le cadre d'une attribution de valeur, le mécanisme de mapping ajoute aussitôt l'objet fourni dans la liste des attributs de l'instance liste conservée dans le mapping `__dict__`. Les autres instances ne profitent pas de ce nouvel attribut, sauf s'il est attribué à la classe même.

Mapping d'attributs

```
>>> class Car:
...     color = 'Rouge'
...
>>> red_car = Car()
>>> blue_car = Car()
>>> red_car.color
'Rouge'
>>> blue_car.color
'Rouge'
>>> blue_car.color = 'Bleu'
>>> red_car.color
'Rouge'
>>> blue_car.color
'Bleu'
>>> red_car.air_conditioner = 'oui'
>>> red_car.air_conditioner
'oui'
>>> blue_car.air_conditioner
Traceback (most recent call last):
  File "<stdin>", line 1, in ?
AttributeError: Car instance has no attribute 'air_conditioner'
```

Paramètre self

De la même manière que pour une fonction, l'interpréteur met à jour les variables locales et globales lors de l'exécution des méthodes. Le code exécuté a donc une visibilité locale aux éléments définis dans la méthode et globale aux éléments en dehors de l'instance.

Pour atteindre les éléments définis dans l'espace de noms de l'instance de la classe, il est donc nécessaire d'avoir un lien qui permette de s'y référer. L'interpréteur répond à ce besoin en fournissant l'objet instancié en premier paramètre de toutes les méthodes de la classe.

Par convention, et même si ce nom n'est pas un mot-clé du langage, ce premier paramètre prend toujours le nom *self*.

Utilisation de self

```
>>> class Car:
...     color = 'Red'
...     state = 'arret'
...     def start(self):
...         self.state = 'marche'
...     def stop(self):
...         self.state = 'arret'
...
>>> car = Car()
>>> car.state
'arret'
>>> car.start()
>>> car.state
'marche'
```

Les méthodes définies dans les classes ont donc toujours un premier paramètre fourni de manière transparente par l'interpréteur, `car.start()` étant remplacé au moment de l'exécution par `Car.start(car)`.

On comprend par cette notation que le code défini dans la classe `Car` est partagé par toute les instances et que seuls les attributs de données instanciés dans les méthodes restent spécifiques aux instances.

Héritage

Le plus grand intérêt des classes est bien sûr l'héritage. L'héritage est la faculté d'une classe B de s'approprier les fonctionnalités d'une classe A. On dit que B hérite de A ou encore que B dérive de A.

Python permet de définir des classes dérivées très simplement :

Classe dérivée

```
>>> class Mehari(Car):
...     pass
...
```

Au moment de l'instanciation de la classe Mehari, l'interpréteur mémorise le nom de la classe parente afin de l'utiliser lorsque des attributs de données ou des méthodes sont utilisés : si l'attribut en question n'est pas trouvé dans la classe, l'interpréteur le recherche dans la classe parente. Si l'attribut n'est pas trouvé dans la classe parente, l'interpréteur remonte l'arbre de dérivation à la recherche d'une méthode portant la même signature avant de provoquer une exception AttributeError.

Héritage des attributs

```
>>> class Car:
...     type = 'Voiture'
...     def print_type(self):
...         print(self.type)
...
>>> class Mehari(Car):
...     pass
...
>>> class MehariTurbo(Mehari):
...     pass
...
>>> car = MehariTurbo()
>>> car.print_type()
Voiture
```

Héritage multiple

Python supporte l'héritage multiple en laissant la possibilité de lister plusieurs classes parentes dans la définition.

Héritage multiple

```
>>> class Television:
...     brand = ''
...     def print_brand(self):
...         print(self.brand)
...
>>> class DVDPlayer:
...     def play_dvd(self):
...         pass
...
```

```
>>> class TVDVDCombo(Television, DVDPlayer):
...     pass
...
>>> dir(TVDVDCombo)
['__doc__', '__module__', 'brand', 'play_dvd', 'print_brand']
```

La mécanique de recherche des attributs est appliquée à chacune des classes de base, de gauche à droite. Dans notre cas, lorsqu'un attribut est demandé à l'instance de classe TVDVDCombo, l'interpréteur parcourt l'arbre de dérivation de la classe Television comme dans le cas d'un héritage simple, puis passe à la classe DVDPlayer si l'attribut n'a pas été trouvé.

Lorsque des classes parentes ont une classe de base commune, il devient difficile de maîtriser les enchaînements d'appels et d'avoir une bonne visibilité. L'utilisation de l'héritage multiple est donc délicate et fortement déconseillée dans la plupart des cas. Son utilisation peut parfois être imposée lorsqu'un framework un peu rigide est utilisé.

Surcharge des attributs

Toutes les méthodes et attributs de données peuvent être surchargés, en utilisant la même signature.

Surcharge

```
>>> class Car:
...     type = 'Voiture'
...     def print_type(self):
...         print(self.type)
...     def use_type(self):
...         self.print_type()
...
>>> class Mehari(Car):
...     def use_type(self):
...         print('Mehari et %s' % self.type)
...
>>> my_car = Mehari()
>>> my_car.print_type()
Voiture
>>> my_car.use_type()
Mehari et Voiture
```

L'interpréteur utilise alors la première méthode qu'il trouve en suivant la règle de recherche précédemment énoncée. Le mécanisme introduit par le mapping de nom, qui fournit aux méthodes l'instance par le biais du paramètre self, permet au code des méthodes de manipuler d'autres attributs.

Si une méthode doit spécifiquement utiliser un attribut que la règle de surcharge ne lui renvoie pas, il est possible de préciser à l'interpréteur de quelle classe il s'agit, en utilisant un préfixe de la forme : ClasseDeBase.methode(self, parametres).

Polymorphisme

```
>>> class Mehari(Car):
...     def print_type(self):
...         print('Mehari et %s' % self.type)
...     def use_type(self):
...         Car.print_type(self)
...
>>> my_car = Mehari()
>>> my_car.print_type()
Car
```

Constructeur et destructeur

Lorsqu'une classe est instanciée, la méthode spéciale __init__() est invoquée avec en premier paramètre l'objet nouvellement instancié par l'interpréteur.

Ce fonctionnement permet de procéder à un certain nombre d'initialisations lorsque l'on crée une instance de classe.

Initialisation de l'instance

```
>>> class Car:
...     def __init__(self):
...         print("Nouvelle voiture n°%s" % id(self))
...         self.immatriculation = '%s XZ 21' % id(self)
...
>>> my_car = Car()
Nouvelle voiture n°211949876
>>> my_car.immatriculation
'211949876 XZ 21'
```

Grâce aux propriétés d'attributions fournies par le mapping, il est d'usage de déclarer les attributs de données directement dans le constructeur lorsque ceux-ci ne sont pas partagés par toutes les instances : ils sont attachés à l'objet au moment de leur initialisation comme c'est le cas dans notre exemple pour immatriculation

Comme pour une méthode classique, le constructeur peut recevoir des paramètres supplémentaires, qui sont directement passés au moment de l'instanciation.

Constructeur paramétré

```
>>> class Car:
...     def __init__(self, type):
...         self.type = type
...
>>> my_car = Car("Mehari Supa'Turbo")
>>> my_car.type
"Mehari Supa'Turbo"
```

Un destructeur peut également être défini grâce à la méthode spéciale __del__()
lorsque du code doit être appelé au moment de la destruction de l'instance. Cette
méthode est appelée par le garbage collector. Le code contenu dans cette méthode doit
explicitement appeler la méthode __del__() des classes parentes, si elles existent.

Destructeur

```
>>> class A:
...     def __del__(self):
...         print('destructeur')
...
>>> a = A()
>>> del a
destructeur
```

AVERTISSEMENT **Utilisation de __del__**

L'utilisation de __del__ est à proscrire car elle peut provoquer des erreurs au moment ou le code est
appelé.
Par exemple, l'ordre de destruction des objets au moment de l'arrêt d'un programme n'est pas garanti, et
le destructeur peut appeler des références à des objets qui n'existent plus.

Attributs privés

En ce qui concerne la protection des attributs, il est possible de définir des attributs
privés à la classe en préfixant le nom de deux espaces soulignés. Si l'attribut se termine aussi par des espaces soulignés, ils ne doivent pas être plus de deux pour qu'il
reste considéré comme privé.

L'interpréteur repère ces attributs et modifie leurs noms dans le contexte d'exécution.
Pour un attribut __a de la classe Class, le nom devient _Class__a.

Le mapping étend alors la recherche à cette notation lorsque les appels se font depuis
le code de la classe, de manière à ce que les appelants extérieurs n'aient plus d'accès à
l'attribut par son nom direct.

Protection d'attributs

```
>>> class Car:
...     __defaults = ['bruyante']
...     qualities = ['rapide', 'economique']
...     def caracterics(self):
...         print(self.__defauts)
...         print(self.qualites)
...     def visibility(self):
...         print(dir(self))
...
>>> o = Car()
>>> o.caracteristics()
['bruyante']
['rapide', 'economique']
>>> o.qualities
['rapide', 'economique']
>>> o.__defaults
Traceback (most recent call last):
  File "<stdin>", line 1, in ?
AttributeError: Voiture instance has no attribute '__defaut'
>>> o.visibility()
['_Car__defaults', '__doc__', '__module__', 'caracteristiques',
'qualites', 'visibilite']
>>> o._Car__defaults
['bruyante']
```

Contrairement à d'autres langages objets, cette protection reste déclarative et n'est pas absolue : il est tout à fait possible d'accéder à un attribut privé en faisant appel à son nom préfixé, même si cela n'a aucun intérêt.

À RETENIR **Nom des attributs privés**

Le nom des attributs privés est tronqué à 255 caractères par l'interpréteur

---

Appelée *name mangling*, cette mécanique permet d'éviter les collisions de noms dans des cas précis au niveau du code de l'interpréteur lui-même. Cependant son utilisation est à proscrire dans les programmes simples, car il n'y a pas réellement d'intérêt de marquer ainsi ses attributs dans un langage qui prône les conventions sur les noms des éléments au lieu de forcer certains mécanismes. Quoi qu'il en soit, lorsque des attributs doivent être marqués comme privés, la meilleure pratique est de les préfixer par un seul espace souligné.

FUTUR **Retrait du name mangling ?**

Le retrait pur et simple du *name mangling* a été proposé dans le passé, les prochaines versions de Python ne l'auront peut-être plus.

Marquage simple d'attributs

```
>>> class Car:
...     _defaults = ['bruyante']
...     qualities = ['rapide', 'economique']
...
```

Méthodes spéciales

Il est possible en Python de définir d'autres méthodes spéciales que __init__() et __del__(), qui déterminent un fonctionnement spécifique pour une classe lorsqu'elle est utilisée dans certaines opérations.

Ces méthodes permettent de faire varier le comportement des objets et sont regroupées en fonction des cas d'utilisation :

- représentation et comparaison de l'objet ;
- utilisation de l'objet comme fonction ;
- accès aux attributs de l'objet ;
- utilisation de l'objet comme conteneur ;
- utilisation de l'objet comme type numérique.

Représentation et comparaison de l'objet

__str__()

Appelée par la primitive str(). Doit renvoyer une représentation sous forme de chaîne de caractères d'un objet. Cette représentation peut être un transtypage de l'objet en objet string lorsque c'est possible ou une représentation plus informelle.

Str()

```
>> class A:
...     def __str__(self):
...         return 'je suis un objet de type A'
...
>>> a = A()
>>> str(a)
'je suis un objet de type A'
```

__repr__()

Appelée par la primitive repr(). Similaire à __str__() sauf que la représentation doit être une expression Python telle que eval(repr(a)) == a lorsque c'est possible.

__repr__() doit donc permettre de recréer l'objet. Si le reverse n'est pas possible, __repr__() doit renvoyer une string de la forme '<description>'. Les instances de classe renvoient en général leur adresse mémoire.

__cmp__(other)

Utilisée par tous les opérateurs de comparaison lorsque l'objet est impliqué. __cmp__() doit renvoyer :

- un entier négatif si self est inférieur à other ;
- un entier positif si self est supérieur à other ;
- zéro en cas d'égalité.

[__lt__, __le__, __eq__, __ne__, __gt__, __ge__](other)

Ensemble de méthodes de comparaison, qui sont utilisées de préférence à __cmp__() si elles sont présentes, pour chacun des opérateurs. Ces méthodes doivent renvoyer True ou False ;

- a < b correspond à a.__lt__(b) ;
- a <= b correspond à a.__le__(b) ;
- a == b correspond à a.__eq__(b) ;
- a != b correspond à a.__ne__(b) ;
- a > b correspond à a.__gt__(b) ;
- a >= b correspond à a.__ge__(b).

Il n'y a aucun contrôle d'intégrité sur ces opérateurs : __ne__ et __eq__ peuvent tous les deux renvoyer True. Lorsqu'une méthode est implémentée, il est donc conseillé de toujours implémenter la méthode symétrique pour assurer l'intégrité.

Enfin, si ni __cmp__(), ni __eq__ et __ne__ ne sont définies, la primitive id() sera utilisée pour la comparaison.

__hash__()

Appelée par la primitive hash() ou par un objet dictionnaire lorsque l'objet est utilisé comme clé. Doit renvoyer un entier de 32 bits. Si deux objets sont définis comme égaux, par __cmp__(), __eq__() ou __ne__(), __hash__() doit renvoyer la même valeur pour ces deux objets.

__nonzero__()

Appelée par la primitive bool() et par la comparaison avec True ou False. Doit renvoyer True ou False. Lorsque cette méthode n'est pas définie, c'est __len__() qui est utilisée. __len__() représente la taille de l'objet. Si aucune des deux méthodes n'est présente, l'objet est toujours considéré comme vrai.

__unicode__()

Appelée par la primitive `unicode()`. Doit renvoyer un objet de type `unicode`. Si la méthode n'est pas implémentée, une conversion en `string` est tentée, puis un passage de `string` à `unicode`.

Utilisation de l'objet comme fonction

Lorsqu'une instance d'objet est appelée comme une fonction, c'est `__call__()` qui est appelée si elle est définie. Les objets de cette classe deviennent, au même titre qu'une fonction ou une méthode, des objets *callable*.

Class callable

```
>>> class A:
...     def __call__(self, one, two):
...         return one + two
...
>>> a = A()
>>> callable(a)
True
>>> a(1, 6)
7
```

Accès aux attributs de l'objet

Lorsque l'interpréteur rencontre une écriture de type `objet.attribut`, il utilise le dictionnaire interne `__dict__` pour rechercher cet attribut, et remonte dans les dictionnaires des classes dérivées si nécessaire.

L'utilisation des trois méthodes suivantes permet d'influer sur ce fonctionnement.

__setattr__()

`__setattr__()` est utilisée lorsqu'une valeur est assignée, en lieu et place d'une modification classique de l'attribut `__dict__` de l'objet.

`objet.attribut = 'valeur'` devient équivalent à `objet.__setattr__('attribut', 'valeur')`

Le code contenu dans `__setattr__()` ne doit pas appeler directement l'attribut à mettre à jour, au risque de s'appeler lui-même récursivement. Il faut utiliser un accès à `__dict__`.

__getattr__() et __getattribute__()

`__getattr__()` est appelée en dernier recours lorsqu'un attribut est recherché dans un objet. Cette méthode ne surcharge pas le fonctionnement normal afin de permettre à `__setattr__()`, lorsqu'elle est surchargée, d'accéder aux attributs normalement.

Les new-style class, présentées dans la prochaine section, introduisent cependant une nouvelle méthode __getattribute__(), qui comme __setattr__() permet de surcharger complètement l'accès aux attributs.

__delattr__()

Complément des deux méthodes précédentes, objet.__delattr__('attribut') est équivalent à del objet.attribut.

Essais sur les attributs de mapping

```
>>> class Person:
...     def __getattr__(self, name):
...         print('getattr %s' % name)
...         if name in self.__dict__:
...             return self.__dict__[name]
...         else:
...             print("attribut '%s' inexistant" % name)
...     def __setattr__(self, name, valeur):
...         print('set %s: %s' % (name, str(valeur)))
...         self.__dict__[name] = valeur
...     def __delattr__(self, name):
...         print('del %s' % name)
...         if name in self.__dict__:
...             del self.__dict__[name]
...         else:
...             print("attribut '%s' inexistant" % name)
...
>>> john = Person()
>>> john.age = 20
set age: 20
>>> john.first_name
getattr first_name
attribut 'first_name' inexistant
>>> john.first_name = 'John'
set first_name: John
>>> del john.first_name
del first_name
>>> john.first_name
getattr first_name
attribut 'first_name' inexistant
```

Utilisation de l'objet comme conteneur

Les mappings et les séquences sont tous des objets de type conteneurs, qui implémentent un tronc commun de méthodes. Ces méthodes sont présentées ci-dessous et peuvent être définies dans toute classe.

__getitem__(key)

Utilisée lorsqu'une évaluation de type objet[key] est effectuée. Pour les objets de type séquences, key doit être un entier positif ou un objet de type slice. Les mappings, quant à eux, utilisent des clés de tout type non modifiable.

Si la clé fournie n'est pas d'un type compatible, une erreur TypeError est retournée. Enfin, si la clé est en dehors des valeurs autorisées, une erreur de type IndexError est retournée.

__setitem__(key, value)

Utilisée lorsqu'une assignation de type objet[key] = valeur est effectuée. Les mêmes erreurs peuvent être utilisées que celles de __getitem__. Les mappings ajoutent automatiquement la clé lorsqu'elle n'existe pas, contrairement aux séquences qui retournent une erreur si la clé n'existe pas.

__delitem__(key)

Permet de supprimer une entrée du conteneur.

__len__()

Appelée par la primitive len(), et permet de renvoyer le nombre d'éléments du conteneur.

__iter__()

Appelée par la primitive iter(), et doit renvoyer un iterator capable de parcourir les éléments.

__contains__(item)

Renvoie vrai si item se trouve parmi les éléments.

Un peu de contenu

```
>>> class MyContainer:
...     def __init__(self):
...         self._data = {}
...     def __getitem__(self, key):
...         if key in self._data:
...             return self._data[key]
...         else:
...             print("Je n'ai pas %s" % key)
...     def __setitem__(self, key, value):
...         self._data[key] = value
...     def __delitem__(self, key):
...         print('on ne fait pas ca chez moi')
```

```
...       def __len__(self):
...           return len(self._data)
...       def __contains__(self, item):
...           return item in self._data.values()
...
>>> inside = MyContainer()
>>> inside['12']
Je n'ai pas 12
>>> inside['la_cle'] = 45
>>> inside['la_cle']
45
>>> len(inside)
1
>>> del inside['la_cle']
on ne fait pas ca chez moi
>>> inside['la_cle2'] = 34
>>> len(inside)
2
```

Utilisation de l'objet comme type numérique

Ces méthodes peuvent être utilisées pour définir le fonctionnement de l'objet lorsqu'il est employé dans toute opération numérique, que ce soit une addition, un décalage de bits vers la gauche, ou encore une inversion. Chacune de ces méthodes renvoie en général l'objet lui-même, qui est l'opérande de gauche, pour assurer une logique au niveau des opérateurs, mais peut dans certains cas renvoyer l'opérande de droite ou un tout autre objet.

Tableau 5–1 Méthodes pour les opérateurs numériques

Méthode	Opération	Variations
__add__(other)	objet + other	R et I
__sub__(other)	Objet - other	R et I
__mul__(other)	objet * other	R et I
__floordiv__(other)	objet // other	R et I
__mod__(other)	objet % other	R et I
__divmod__(other)	divmod(objet, other)	R et I
__pow__(other[, modulo])	objet ** other	R et I
__lshift__(other)	objet << other	R et I
__rshift__(other)	objet >> other	R et I
__and__(other)	objet & other	R et I
__xor__(other)	objet ∧ other	R et I
__or__(other)	objet | other	R et I
__div__(other)	objet / other	R et I

Tableau 5–1 Méthodes pour les opérateurs numériques (suite)

Méthode	Opération	Variations
__truediv__(other)	objet / other	R et I
__neg__()	- objet	
__pos__()	+ objet	
__abs__()	abs(objet)	
__invert__()	~ objet	
__complex__()	complex(objet)	
__int__()	int(objet)	
__long__()	long(objet)	
__float__()	float(objet)	
__oct__()	oct(objet)	
__hex__()	hex(objet)	
__coerce__(other)	coerce(objet, other)	

Pour toutes ces méthodes, un appel à objet opérateur other déclenche un appel à objet.methode(other).

La variation I ajoute un préfixe i à la méthode (__iadd__(), __imul__(), etc.) et permet de définir les opérateurs augmentés +=, *=, etc. Cette variation renvoie en général objet augmenté de other.

La variation R ajoute un préfixe r à la méthode (__radd__(), __rmul__(), etc.) et permet de définir des opérateurs inversés : other.operateur(object) est appelé en lieu et place de objet.operateur(other). Lorsque l'opération classique n'est pas supportée, l'interpréteur tente l'opération inverse.

Surcharge de l'addition

```
>>> class Additionable:
...     def __init__(self, value):
...         self.value = value
...     def __add__(self, other):
...         return Additionable(self.value + other.value )
...     def __iadd__(self, other):
...         return self.__add__(other)
...     def __str__(self):
...         return str(self.value)
...
>>> val1 = Additionable(5)
>>> val2 = Additionable(12)
>>> val3 = val1 + val2
>>> str(val3)
'17'
```

```
>>> val3 += val1
>>> str(val3)
'22'
>>> str(val1)
'5'
>>> str(val2)
'12'
```

New-style classes

Python 2.2 a introduit un nouveau type d'objet appelé *object*. Ce type définit une classe qui peut être utilisée comme classe de base pour toute nouvelle définition de classe. Les classes basées sur le type object sont appelées new-style class.

New-style class

```
>>> object.__doc__
'The most base type'
>>> class Car:
...     pass
...
>>> class NewCar(object):
...     pass
...
>>> mehari = Car()
>>> citroen_c5 = NewCar()
>>> dir(mehari)
['__doc__', '__module__']
>>> dir(citroen_c5)
['__class__', '__delattr__', '__dict__', '__doc__', '__format__',
'__getattribute__', '__hash__', '__init__', '__module__', '__new__',
'__reduce__', '__reduce_ex__', '__repr__', '__setattr__', '__str__',
'__subclasshook__', '__weakref__']
```

object introduit un certain nombre de méthodes privées qui permettent de bénéficier de nouveaux mécanismes comme :

- un nouveau Method Resolution Order ;
- le constructeur statique, sorte de méta-constructeur pour toutes les instances d'un type de classe ;
- la surcharge de type() par les metaclass, qui permet de contrôler le cycle complet de création d'un objet ;
- les descriptors, qui permettent de personnaliser l'accès aux attributs ;
- les properties, descriptors automatiques ;
- les slots, économiseurs de mémoire.

Le nouveau Method Resolution Order

La mécanique de recherche des attributs s'appelle le *Method Resolution Order* (MRO) et utilise un algorithme qui parcourt l'arborescence des classes en profondeur puis de gauche à droite.

Cette mécanique change avec l'introduction d'object comme type de base commun aux types fournis dans Python. En effet, l'ancien algorithme ne pouvait plus répondre à tous les cas d'héritages multiples introduits par l'insertion de object dans l'héritage de certains types. Ainsi, l'héritage en « diamant » provoquait avec l'algorithme précédent un fonctionnement illogique.

Utilisation de __mro__

```
>>> class Television(object):
...     brand = ''
...     def print_brand(self):
...        print(self.brand)
...
>>> class TelevisionSatellite(Television):
...     channels = []
...     def list_channels(self):
...        return self. channels
...
>>> class DVDPlayer(object):
...     def play_dvd(self):
...        pass
...
>>> class DVDWriter(DVDPlayer):
...     def write_dvd(self):
...        pass
...
>>> class SuperTVDVDCombo(TelevisionSatellite, DVDWriter):
...        pass
...
>>> dir(SuperTVDVDCombo)
['__class__', '__delattr__', '__dict__', '__doc__', '__format__',
'__getattribute__', '__hash__', '__init__', '__module__', '__new__',
'__reduce__', '__reduce_ex__', '__repr__', '__setattr__', '__sizeof__',
'__str__', '__subclasshook__', '__weakref__', 'brand', 'channels',
'list_channels', 'play_dvd', 'print_brand', 'write_dvd']
>>> SuperTVDVDCombo.__mro__
(<class '__main__.SuperTVDVDCombo'>, <class
'__main__.TelevisionSatellite'>, <class '__main__.Television'>, <class
'__main__.DVDWriter'>, <class '__main__.DVDPlayer'>, <type 'object'>)
```

Constructeur statique

Lorsqu'une classe dérivée d'object est instanciée, la méthode spéciale __new__() est appelée par l'interpréteur si elle est implémentée.

__new__() est une méthode statique de la classe, qui prend en premier paramètre le type de la classe ainsi que l'ensemble des paramètres de construction. Cette méthode doit renvoyer une nouvelle instance de la classe, qui devient self.

__init__() est appelée juste après __new__() avec en premier paramètre self puis la liste des paramètres de construction fournis.

Ce fonctionnement permet de procéder à un certain nombre d'initialisations supplémentaires au niveau de la classe, que ce soit des manipulations d'attributs statiques ou des modifications de l'objet nouvellement créé.

Implémenter __new__() consiste en général à appeler la méthode __new__() de la classe de base, par le biais de la primitive super(), et à procéder à des initialisations en amont ou en aval de cet appel.

Initialisation de l'instance par __new__() et __init__()

```
>>> class Car(object):
...     production = 0
...     def __new__(cls):
...         print("une nouvelle Voiture va sortir de l'usine")
...         self = super(Car, cls).__new__(cls)
...         cls.production += 1
...         return self
...     def __init__(self):
...         print("nouvelle voiture n°%s" % id(self))
...         self.immatriculation = '%s XZ 21' % id(self)
...
>>> car = Car()
une nouvelle Voiture va sortir de l'usine
nouvelle voiture n°211950068
>>> car.production
1
>>> car.immatriculation
'211950068 XZ 21'
```

> AVANCÉ **Utilisation de __new__()**
>
> Le chapitre 13 sur la programmation orientée objet couvre des cas pratiques d'utilisation de __new__().

Surcharge de type() par metaclass

Les classes en Python sont créées par le biais de la primitive `type()`, par un appel à `type(nom de la classe, nom des classes de base, mapping des attributs)`. Il est possible avec les new-style class de surcharger ce mécanisme et de proposer sa propre fonction de création : la *metaclass*.

Cette fonction finit toujours par appeler `type()` mais ce point d'accès supplémentaire sur la chaîne de construction rend les contrôles beaucoup plus puissants qu'avec les constructeurs statiques puisqu'il devient possible d'intervenir au moment de la création de la classe, mère de toutes les instances.

Une metaclass se met en place en définissant une variable `__metaclass__` pointant sur un objet callable. Cette variable peut se trouver dans la classe, et est utilisée à chaque fois qu'une instance de cette classe, ou de l'une des classes dérivées, est créée. Si elle n'est pas définie dans la classe, et si la classe ne possède pas d'attribut `__class__`, l'interpréteur regarde si une variable globale `__metaclass__` existe.

Metaclass à l'œuvre

```
>>> def cls(cls, bases, dict):
...     print('classe "%s" en place' % cls)
...     return type(cls, bases, dict)
...
>>> __metaclass__ = cls
>>> class Class1:
...     pass
...
classe "Class1" en place
>>> class Class2:
...     pass
...
classe "Class2" en place
>>> class Class3(object):
...     __metaclass__ = cls
...
classe "Class3" en place
```

Cette puissance autorise la mise en place d'une quantité infinie de mécanismes, comme l'ajout d'attributs à la classe, l'implémentation de statistiques, etc.

L'intérêt de ce mécanisme par rapport à la dérivation est de donner la possibilité d'introspecter dynamiquement l'interface d'une classe au moment de sa création.

> **DANGER Les metaclass ne doivent pas être des pansements à une mauvaise architecture**
>
> Le danger des metaclass est d'implémenter des fonctionnalités en cachant l'architecture et le fonctionnement des classes. Elles rendent aussi la compréhension du programme difficile.

Descriptors

Lorsqu'un attribut a est recherché dans un objet A par l'interpréteur que ce soit pour une lecture, une affectation, ou une suppression, il invoque tour à tour A.__dict__['a'], puis type(A).__dict__['a'], et ainsi de suite jusqu'à la classe de base.

Les descriptors permettent de surcharger ce mécanisme en fournissant à l'interpréteur des méthodes __get__(), __set__() et __delete__().

Une seconde new-style class doit être spécifiquement créée pour l'attribut et doit définir ces méthodes. Cette classe devient une sorte d'encapsulation et permet de gérer toutes les demandes d'accès à l'attribut.

Descriptor

```
>>> class Immatriculation(object):
...     def __get__(self, instance, classe):
...         if instance isnot None and hasattr(instance, '_immat'):
...             return instance._immat
...         else:
...             return ''
...     def __set__(self, instance, valeur):
...         instance._immat = valeur
...     def __delete__(self, instance):
...         print('Suppression interdite !')
...
>>> class Car(object):
...     immatriculation = Immatriculation()
...
>>> electric_car = Car()
>>> electric_car.immatriculation
''
>>> electric_car.immatriculation = 'V'
>>> electric_car.immatriculation
'V'
>>> dir(electric_car)
['__class__', '__delattr__', '__dict__', '__doc__', '__getattribute__',
'__hash__', '__init__', '__module__', '__new__', '__reduce__',
'__reduce_ex__', '__repr__', '__setattr__', '__str__', '__weakref__',
'_immat', 'immatriculation']
>>> del electric_car.immatriculation
Suppression interdite !
>>> electric_car.immatriculation
'V'
>>> Car.immatriculation
''
```

La classe `descriptor` doit gérer les demandes faites par toutes les instances de la classe utilisatrice :

- `__get__(instance, classe)` : est appelée avec en paramètre l'instance courante et la classe. Si l'appel est effectué sur la classe directement, instance est à `None`.
- `__set__(instance, value)` : permet d'affecter une valeur sur l'instance.
- `__delete__(instance)` : supprime l'attribut de l'instance.

Properties

L'écriture des descriptors peut être relativement lourde lorsque l'objectif est d'encapsuler de la manière la plus basique une variable d'instance.

La primitive `property()` fournit cette généralisation et évite d'avoir à créer une deuxième classe en charge de la gestion de l'attribut : elle associe directement à une variable donnée trois méthodes d'accès.

property(fget=None, fset=None, fdel=None, doc=None) -> property attribute

`fget`, `fset` et `fdel` correspondent à trois objets callable (fonctions, méthodes ou classes avec méthode `__call__()`).

`doc` permet d'associer à la volée à la propriété un `docstring`, puisqu'il n'est pas possible de le faire par code.

Implémentation de property

```
>>> class Car(object):
...     def __init__(self):
...         self._immat = ''
...     def _setimmat(self, value):
...         self._immat = value
...     def _getimmat(self):
...         return self._immat
...     def _delimmat(self):
...         print('achète un meilleur tournevis')
...     immatriculation = property(_getimmat, _setimmat, _delimmat)
...
>>> car = Car()
>>> car.immatriculation
''
>>> car.immatriculation = '3245 XX 21'
>>> car.immatriculation
'3245 XX 21'
>>> del car.immatriculation
achète un meilleur tournevis
>>> voiture.immatriculation
'3245 XX 21'
```

On retrouve ainsi un modèle beaucoup plus léger que les descriptors et très proche syntaxiquement d'autres langages qui implémentent les propriétés, comme Delphi.

Slots

À chaque création d'objet, l'interpréteur associe à l'instance un dictionnaire __dict__ chargé de contenir ses attributs. Les slots introduisent un mécanisme global à la classe, qui permet d'éviter la création d'un __dict__ par instance pour économiser de l'espace mémoire : le mapping modifie sa façon d'accéder aux attributs, en se référant aux slots.

Ce gain devient intéressant lorsqu'une même classe est instanciée une multitude de fois dans un programme.

Les slots sont définis dans une variable statique __slots__, sous la forme d'une séquence ou d'un itérable. Si une seule variable est à réserver, __slots__ peut être un objet de type string.

Utilisation des slots

```
>>> class Car(object):
...     __slots__ = ['color', 'immatriculation', 'horsepower']
...
>>> car = Car()
>>> car.color = 'Rouge'
>>> car.immatriculation = '1111 XR 21'
>>> car.horsepower = 7
>>> dir(car)
['__class__', '__delattr__', '__doc__', '__getattribute__', '__hash__',
'__init__', '__module__', '__new__', '__reduce__', '__reduce_ex__',
'__repr__', '__setattr__', '__slots__', '__str__', 'color',
'immatriculation', 'horsepower']
>>> hasattr(car, '__dict__')
False
>>> car.color
'Rouge'
```

L'utilisation des slots entraîne cependant quelques restrictions :

- L'implémentation des slots, basée sur les descriptors, empêche l'utilisation d'attributs de classe pour initialiser les valeurs des attributs définis dans les slots : ils écraseraient les définitions de descriptors.
- Si une classe de base définit le même nom de slot que la classe dérivée, la variable de la classe de base ne peut plus être atteinte. Il est donc nécessaire de contrôler qu'un slot ne surcharge pas un autre slot, en attendant qu'une prochaine version de Python ajoute un contrôle pour empêcher ce problème.

- Une classe ne bénéficie pas des slots de la classe dont elle dérive.
- Les instances ne peuvent plus se voir attribuer de nouveaux attributs dynamiquement : une erreur `AttributeError` est retournée. Depuis la version 2.3, il est possible d'ajouter le nom `__dict__` aux slots pour autoriser l'ajout dynamique d'attributs.
- Les instances ne peuvent plus bénéficier du mécanisme des weak references. Cette situation peut être débloquée en ajoutant comme précédemment le nom `__weakref__` aux slots.

Decorators pour les classes

Les decorators directement utilisables en Python sont des fonctions déclarées dans les *built-ins*. C'est le cas de `staticmethod` et `classmethod`, présentées dans le chapitre suivant.

Modules

Passés les essais dans le prompt Python, il est nécessaire de sauvegarder le code dans des fichiers, appelés modules. Un module est un objet chargé par l'interpréteur à partir d'un fichier texte qui contient un regroupement de variables, classes et fonctions. Le fichier est en en général d'extension `.py`

Module absmod3.py

```python
#!/usr/bin/python
# -*- coding: utf8 -*-
"""

    module absmod3
"""
def only_int(func):
    """Decorator pour vérifier les paramètres."""
    def _only_int(arg):
        ifnot isinstance(arg, int):
            raise TypeError("'%s' doit être un entier" % str(arg))
        return func(arg)
    return _only_int

@only_int
def absmod3(a):
    """Renvoie 'abs(a) mod 3' pour a entier."""
    return abs(a) % 3
```

Directive import

La directive import permet ensuite d'utiliser le code contenu dans le fichier python.
Sa syntaxe est :

```
import module1[, module2, ...].
```

Importation du module absmod3

```
>>> import absmod3
>>> dir(absmod3)
['__builtins__', '__doc__', '__file__', '__name__', 'absmod3',
'only_int']
>>> absmod3.__file__
'absmod3.py'
>>> absmod3.absmod3(-44)
2
```

import absmod3 cherche dans le répertoire courant le fichier absmod3.py, puis dans
la liste des répertoires définis dans la variable d'environnement PYTHONPATH et enfin
dans le répertoire d'installation de Python qui contient tous les modules fournis avec
l'interpréteur. Cette liste de répertoires peut être retrouvée dans la liste path du
module sys, et même modifiée à la volée.

Extension de sys.path

```
>>> import sys
>>> sys.path
['', '/usr/lib/python24.zip', '/usr/lib/python2.4', '/usr/lib/
python2.4/plat-linux2', '/usr/lib/python2.4/lib-tk', '/usr/lib/
python2.4/lib-dynload', '/usr/lib/python2.4/site-packages', '/usr/lib/
python2.4/site-packages/Numeric', '/usr/lib/python2.4/site-packages/
PIL', '/usr/lib/python2.4/site-packages/gtk-2.0', '/usr/lib/python2.4/
site-packages/wx-2.5.3-gtk2-ansi']
>>> import absmod3
Traceback (most recent call last):
  File "<stdin>", line 1, in ?
ImportError: No module named absmod3
>>> sys.path.append('/home/tziade/Desktop')
>>> import absmod3
>>> absmod3.absmod3(6)
0
>>> sys.path
['', '/usr/lib/python24.zip', '/usr/lib/python2.4', '/usr/lib/
python2.4/plat-linux2', '/usr/lib/python2.4/lib-tk', '/usr/lib/
python2.4/lib-dynload', '/usr/lib/python2.4/site-packages', '/usr/lib/
python2.4/site-packages/Numeric', '/usr/lib/python2.4/site-packages/
PIL', '/usr/lib/python2.4/site-packages/gtk-2.0', '/usr/lib/python2.4/
site-packages/wx-2.5.3-gtk2-ansi', '/home/tziade/Desktop']
```

L'importation génère un objet de type module qui contient, outre l'ensemble des éléments du fichier, deux variables globales __name__ et __file__ qui contiennent respectivement le nom du module et le nom du fichier système correspondant.

Variables globales __name__ et __file__

```
>>> absmod3.__name__
'absmod3'
>>> absmod3.__file__
'/home/tziade/Desktop/absmod3.pyc'
```

On constate que le nom du fichier n'est pas absmod3.py mais absmod3.pyc. Les fichiers .pyc sont issus d'une optimisation automatiquement mise en œuvre par l'interpréteur : lorsque qu'un module est invoqué, il recherche dans le répertoire du fichier source un fichier portant le même nom avec l'extension .pyc. Le contenu de ce fichier correspond au résultat du travail de lecture du fichier source par l'interpréteur (analyse lexicale) et permet de gagner du temps au moment du chargement.

Ce gain de temps peut être relativement important lorsque des sources importent plusieurs modules qui eux-mêmes en importent d'autres et ainsi de suite : l'arbre des dépendances peut être rapidement conséquent et la quantité de code à lire pour préparer les contextes d'exécution monstrueuse.

Ce fichier est bien sûr recalculé par l'interpréteur si sa date de création est antérieure à la date de modification du fichier source.

Primitive reload

Lorsqu'un fichier source est modifié et déjà chargé par une directive import, les modifications ne seront pas visibles par le code. Un deuxième appel à import ne rechargera pas non plus le fichier car avant d'importer un module, l'interpréteur vérifie qu'il ne l'est pas déjà, en scrutant sys.path. La primitive reload permet de forcer le rechargement du fichier.

Rechargement d'un module

```
>>> reload(absmod3)
<module 'absmod3' from '/home/tziade/Desktop/absmod3.pyc'>
```

Attention cependant : les éventuelles instances de classe déjà créées ne sont pas touchées par l'appel à reload.

Directives from et as

En général, seules quelques fonctionnalités d'un module ont besoin d'être importées dans un autre module. La directive `from` permet d'importer dans le contexte d'exécution un élément spécifique du module et s'écrit :

```
from module import element1[, element2, ...]
```

Importation de la fonction absmod3

```
>>> from absmod3 import absmod3
>>> absmod3(4)
1
```

Cette écriture est d'autant plus intéressante qu'elle permet d'affiner les dépendances entre modules et de ne plus avoir à préfixer les éléments du nom du module importé. Pour éviter d'éventuelles collisions de noms, il est en outre possible de modifier le nom importé par le biais de la directive as.

Alias

```
>>> from absmod3 import absmod3 as transformation
>>> transformation(4)
1
```

Lorsque plusieurs éléments d'un même module doivent être importés, il est possible de le faire dans la même directive `import`, en séparant chaque élément par une virgule.

Plusieurs éléments d'un même module

```
>>> from absmod3 import absmod3, absmod3, absmod6
```

Lorsque la ligne d'importation dépasse 80 caractères et qu'un retour à la ligne est souhaitable, il est possible depuis la version 2.4 d'utiliser des parenthèses pour regrouper les éléments à importer.

Passage à la ligne

```
>>> # < Python 2.4
...
>>> from absmod3 import absmod3,\
                        absmod3, \
                        absmod6
```

```
>>> # >= Python 2.4
...
>>> from absmod3 import (absmod3,
                          absmod3,
                          absmod6)
```

Il existe aussi un raccourci pour importer tous les éléments d'un module, le joker.

Tous les éléments d'un même module

```
>>> from absmod3 import *
```

Lorsqu'un module définit par exemple une série de constantes, l'utilisation du joker pour avoir accès à ces constantes dans le code est très pratique. Certains toolkits graphiques, comme Tkinter ou wx, sont organisés de telle manière que l'utilisation d'un joker est conseillée. En dehors de ces cas particuliers, cette notation est à proscrire car elle réduit considérablement la visibilité des dépendances entres modules.

Paquets

Un deuxième niveau d'organisation permet de structurer le code : les fichiers Python peuvent être organisés dans une arborescence de répertoires que l'on appelle paquet. Chaque répertoire peut être utilisé dans une directive d'importation au même titre qu'un fichier.

Le caractère . joue alors le rôle de séparateur, pour localiser un module dans une arborescence de répertoire.

Organisation d'un paquet

Prenons l'exemple d'une application de gestion de fichiers clients. Le programme possède un noyau autour duquel sont organisés une interface graphique, un moteur de base de données, et un module métier qui permet d'appliquer des calculs statistiques sur les clients. On peut représenter cette organisation sous la forme de répertoires :

```
FichierClient
|   __init__.py
|   description.py
|- noyau
|   |   __init__.py
|   |   application.py
```

```
|- interface
|  |  __init__.py
|  |  fiche_client.py
|  |  liste_clients.py
|- bdd
|  |  __init__.py
|  |  acces_bd.py
|  |  acces_pgsql.py
|- stats
|  |  __init__.py
|  |  frequence.py
```

Chaque répertoire faisant partie du paquet doit posséder un fichier __init__.py pour que l'interpréteur le prenne en compte. Ce fichier peut être vide ou contenir du code d'initialisation qui est exécuté dès que le répertoire est trouvé dans une directive d'importation. Il représente le répertoire dans le contexte d'exécution.

Exemples d'utilisation du paquet :

- `from FichierClient import description` : charge les modules __init__ et description du répertoire FichierClient.
- `from FichierClient.noyau import application` : charge les modules __init__ des répertoires FichierClient et noyau, et le module application.
- Dans le module frequence.py : l'importation relative `from ..bdd import acces_db` permet d'atteindre le module acces_db.

Import * et __all__

Lorsqu'un paquet est mis en place, l'interpréteur parcourt automatiquement les répertoires contenant un fichier __init__.py à la recherche de fichiers Python. Le résultat de cette recherche peut varier d'un système à l'autre. Sur un système MS-Windows ou Macintosh, les noms de fichiers récupérés peuvent avoir une casse qui varie et un fichier python dont le nom contient des majuscules ne sera pas forcément importé de la même manière.

Pour éviter ce problème, lorsqu'un appel à `from Paquet import *` est fait, l'interpréteur n'importe que les éléments trouvés dans le fichier __init__.py du répertoire. La seule possibilité pour importer tous les modules du répertoire est de les définir explicitement dans une variable globale __all__ dans le fichier __init__.py du répertoire.

Ainsi le fichier __init__.py du répertoire interface contiendra :

```
__all__ = ['fiche_client', 'liste_clients']
```

Références relatives

Dans un paquet, chaque module peut se référer à d'autres modules. Lorsque ces modules sont dans le même répertoire, il est bien sûr possible d'utiliser une notation relative sans avoir à préfixer le module des noms des paquets. Si ces modules sont dans un répertoire voisin, il est nécessaire d'écrire le chemin absolu pour chacun d'entre eux.

Importations dans le module fiche_client

```
import FichierClients.noyau.application
import FichierClients.description
import liste_clients
...
```

Depuis Python 2.5, il est possible de réaliser des imports relatifs à la localisation du module en cours, en utilisant la notation . pour désigner le répertoire courant. Par exemple, si un deuxième module utils.py, placé dans le même répertoire que le module absmod3.py, les deux écritures suivantes sont équivalentes.

Importation relative

```
from absmod3 import absmod3
from . import absmod3.absmod3 as absmod3
```

Cette écriture n'a d'intérêt que pour récupérer des références dans des modules situés dans une arborescence de répertoires.

Dans l'exemple du paquet FichierClients, le module fiche_client.py peut atteindre le module acces_bd.py ainsi : from ..bdd import acces_bd.

De manière similaire au fonctionnement des chemins dans les interpréteurs de commande MS-Windows ou *nix, chaque point de la directive from permet de remonter dans le répertoire parent du répertoire en cours.

Exceptions

Lorsqu'un événement ou des conditions d'exécution ne sont pas souhaitables, il est possible de lever une exception. L'interpréteur passe alors dans un mode particulier où il stoppe l'exécution du programme en cours et affiche une erreur. C'est le cas par exemple lorsque l'on tente une division par zéro.

Division par zéro

```
>>> 7 / 0
Traceback (most recent call last):
  File "<stdin>", line 1, in ?
ZeroDivisionError: integer division or modulo by zero
```

Le message affiché contient en général le traceback, c'est-à-dire la pile d'appel, le type d'exception levée et enfin un message explicite sur le problème rencontré. La pile d'appel est le chemin parcouru par l'interpréteur pour atteindre l'erreur, soit la liste des méthodes et fonctions traversées pour atteindre l'erreur.

Pour lever une exception, il suffit d'utiliser la directive raise suivie d'une classe ou d'une instance de classe.

Utilisation d'une classe d'exception

```
>>> class BrokenCode:
...     pass
...
>>> def func():
...     raise BrokenCode()
...
>>> func()
Traceback (most recent call last):
  File "<stdin>", line 1, in <module>
  File "<stdin>", line 2, in func
__main__.BrokenCode: <__main__.BrokenCode instance at 0x84300>
```

> BON À SAVOIR **Exceptions de type string**
>
> Le support des exceptions de type string (comme raise 'erreur !') a été supprimé depuis Python 2.6.

Même si tout type de classe peut servir dans une exception, il est recommandé d'utiliser ou de spécialiser les classes d'exceptions fournies dans Python et présentées dans la prochaine section.

Exceptions du langage

Python propose une liste de classes d'exception directement accessibles sans directive d'importation, et utilisées par le langage. Les classes sont organisées en deux niveaux :

- La première couche contient un ensemble de classes de base qui ne sont jamais directement appelées.

• La deuxième couche représente soit des classes qui dérivent d'une des classes de base et qui sont utilisables, soit des classes concrètes.

À RETENIR **Différence entre classes d'exception abstraites et concrètes**

Cette distinction entre classes d'exception abstraites et concrètes est purement symbolique et il reste techniquement tout à fait possible de lever des exceptions avec les classes de base.

Classes d'exceptions de base

Exception

Exception est la classe de base de toutes les exceptions. Son constructeur peut être appelé avec un ou plusieurs paramètres libres qui sont conservés dans l'attribut args. Lorsque l'exception est levée, l'interpréteur affiche le type d'exception, suivi de la chaîne de caractères obtenue par str(exception), soit un appel à exception.__str__(). La méthode __str__() de la classe Exception renvoie une chaîne de caractères représentant args.

StandardError

Dérivée d'Exception, StandardError est la classe de base pour la quasi-totalité des classes d'exceptions.

ArithmeticError

Dérivée de StandardError, ArithmeticError est la classe de base pour les exceptions relatives aux erreurs arithmétiques, soit la division par zéro (ZeroDivisionError), un dépassement de capacité (OverflowError), une erreur de calcul en virgule flottante (FloatingPointError).

LookupError

Dérivée de StandardError, LookupError est la classe de base pour les exceptions relatives aux erreurs d'index ou de clé, lorsqu'un appel à une clé inexistante est faite sur un mapping ou sur un index hors limite sur une séquence.

EnvironmentError

Dérivée de StandardError, EnvironmentError est la classe de base pour les erreurs système, comme des erreurs de lecture ou d'écriture (IOError) ou des erreurs provoquées lors d'appels à des API système (OSError).

Le système d'exploitation possède une liste d'erreurs standardisée, représentée par des entiers que l'on peut retrouver dans le module errno. Lorsqu'un programme provoque une erreur système, il peut lever une exception EnvironmentError construite avec le couple (errno, message). L'instance présentera alors deux attributs errno et strerror, utilisés par __str__().

Levée d'une OSError

```
>>> import errno
>>> error = OSError(errno.ECONNREFUSED, 'Connection refused')
>>> raise error
Traceback (most recent call last):
  File "<stdin>", line 1, in ?
OSError: [Errno 111] Connection refused
```

Il est possible enfin d'instancier l'exception avec un troisième paramètre représentant un nom de fichier. Ce troisième paramètre est souvent utile pour IOError.

UnicodeError

Classe de base pour les erreurs relatives aux conversions entre type unicode et type string et aux problèmes de traduction de caractères (par appel de translate()). Une erreur de conversion d'unicode vers string est une erreur d'encodage (UnicodeEncodeError) et de string vers unicode une erreur de décodage (UnicodeDecodeError). Cette distinction a été introduite dans la version 2.3.

Warning

Classe de base pour toutes les exceptions de type avertissement.

Classes concrètes

Les classes d'exceptions concrètes sont présentées dans le chapitre suivant.

try..except..else

Lorsqu'une exception est levée, le programme est interrompu et l'interpréteur remonte en sens inverse toutes les couches de code précédemment traversées, à la manière d'une bulle d'air qui remonte dans l'eau. Arrivée à la surface, l'exception est affichée et le programme s'arrête.

Il est cependant possible de stopper cette remontée en interceptant l'erreur, avec la directive try..except. Tout le code contenu ou appelé dans le bloc délimité par try est surveillé par l'interpréteur. En cas de levée d'exception, l'exécution du bloc s'arrête et l'interpréteur exécute le code contenu dans le bloc except avant de continuer le programme normalement.

Si le code ne lève pas d'exception le programme continue et ignore le bloc contenu dans except.

Il reste en outre possible d'appeler à nouveau une directive raise dans le bloc except (principe du reraise).

Utilisation de try..except

```
>>> try:
...     print(2 / 0)
... except:
...     print('une erreur est survenue')
...
une erreur est survenue
```

Cette écriture a cependant un inconvénient majeur : il est impossible de savoir quel type d'erreur est survenue dans le bloc. Cette protection aveugle peut entraîner des effets de bords dans la suite du programme en masquant silencieusement toutes les erreurs.

Pour éviter ce problème, il est possible de préciser quelle classe d'exception est gérée par la directive except. Dans ce cas, le bloc sera ignoré si l'exception levée n'est pas du type indiqué.

Typage de l'exception

```
>>> try:
...     print(2 / 0)
... except ZeroDivisionError:
...     print('+infini')
...
+infini
```

En outre, il est possible d'associer plusieurs exceptions à un bloc except et d'enchaîner plusieurs blocs except.

Série d'except

```
>>> try:
...     print(a)
... except ZeroDivisionError:
...     print('division par zéro')
... except (AttributeError, NameError):
...     print('element non défini')
...
element non défini
```

except peut aussi prendre un nom de variable en deuxième paramètre qui reçoit l'instance de l'exception levée.

```
>>> try:
...     print(2 / 0)
... except ZeroDivisionError, error:
...     print('Erreur: %s' % str(error))
...
Erreur: integer division or modulo by zero
```

Enfin, un bloc else peut être ajouté à la fin du bloc try..except, et ne sera exécuté que s'il n'y a eu aucune erreur.

try..finally

La directive try..finally permet de s'assurer qu'un bloc de code est toujours exécuté : le bloc contenu dans la directive try peut lever une exception, ou même exécuter une directive return ou break, le bloc finally sera toujours exécuté.

Lecture d'un fichier

```
>>> with open('zipfile.py', 'w') as file_
...     try:
...         some_code()
...     finally:
...         file_.write('fini')
...
```

Dans cet exemple, la directive finally permet de s'assurer que le mot « fini » sera écrit dans le fichier, quoi qu'il advienne dans some_code().

À RETENIR **Débogage d'un programme Python**

Pour déboguer un programme Python, il convient d'utiliser le module pdb, présenté au chapitre 9.

---

try..except..finally

Pour simplifier le code, il est aussi possible d'unifier les directives except et finally imbriquées depuis Python 2.5.1.

Unification

```
>>> try:    # avant 2.5.1
...     try:
...         print('le code')
...     except:
...         print("l'erreur")
```

```
... finally:
...      print("l'ultime opération")
...
le code
l'ultime opération

>>> try: # depuis 2.5.1
...      print('le code')
... except:
...      print("l'erreur")
... finally:
...      print("l'ultime opération")
...
le code
l'ultime opération
>>>
```

Les list comprehensions

Les list comprehensions sont des expressions qui permettent de générer des listes d'une manière très compacte, sans avoir à utiliser de boucles si les éléments doivent êtres testés ou traités avant d'être intégrés dans la liste, ni les fonctions map(), reduce() ou filter().

L'expression est de la forme :

```
[expression for expression in sequence [if test]]
```

Exemples de list comprehensions

```
>>> sentence = "voici une liste de mots".split()
>>> sentence
['voici', 'une', 'liste', 'de', 'mots']
>>> sentence2 = [word.upper() for word in sentence]
>>> sentence2
['VOICI', 'UNE', 'LISTE', 'DE', 'MOTS']
>>> sentence2 = [word for word in sentence2 if word != "UNE"]
>>> sentence2
['VOICI', 'LISTE', 'DE', 'MOTS']
>>> [3*i for i in range(4)]
[0, 3, 6, 9]
>>> [i for i in range(4) if i > 2]
[3]
>>> [i for i in range(6) id i != 4 and i > 2]
[3, 5]
```

Cette écriture combinée réduit considérablement le code nécessaire à la composition de certaines listes. Si elle devient difficile à lire, il faut envisager une boucle classique. Le même code sans list comprehensions est trois fois plus long.

Même code sans list comprehensions (sans utilisation de map())

```
>>> sentence = "voici une liste de mots".split()
>>> sentence
['voici', 'une', 'liste', 'de', 'mots']
>>> sentence2 = []
>>> for word in sentence:
...     sentence2.append(word.upper())
...
>>> sentence2
['VOICI', 'UNE', 'LISTE', 'DE', 'MOTS']
>>> sentence3 = []
>>> for word in sentence2:
...         if word != 'UNE':
...             sentence3.append(word)
...
>>> sentence2 = sentence3
>>> sentence2
['VOICI', 'LISTE', 'DE', 'MOTS']
>>> l = []
>>> for i in range(4):
...     l.append(i*3)
...
>>> l
[0, 3, 6, 9]
>>> l = []
>>> for i in range(4):
...         if i > 2:
...             l.append(i)
...
>>> l
[3]
>>> l = []
>>> for u in range(6):
...     if u != 4:
...         l.append(u)
...
>>> l2 = []
>>> for i in l:
...     if i > 2:
...         l2.append(i)
...
>>> l2
[3, 5]
```

Generators et iterators

Iterators

À chaque fois qu'un objet est utilisé dans une boucle for, l'interpréteur génère en interne un iterator avec lequel il travaille. Un iterator est un objet qui contient une méthode next() qui est appelée à chaque cycle et qui renvoie la séquence, élément par élément. Lorsqu'il n'y a plus d'éléments, l'iterator déclenche une exception de type StopIteration.

Les objets iterators peuvent être créés par le biais de la primitive iter() qui prend en paramètre tout objet compatible avec les itérations.

Iterator sur objet liste

```
>>> list_ = [1, 2, 3]
>>> iterator = iter(list_)
>>> iterator.next()
1
>>> iterator.next()
2
>>> iterator.next()
3
>>> iterator.next()
Traceback (most recent call last):
  File "<stdin>", line 1, in ?
StopIteration
```

Un objet compatible avec les itérations est un objet qui implémente une méthode __iter__(). La primitive iter() appelle et renvoie le résultat de cette méthode lorsqu'un objet lui est fourni en paramètre.

Iterator de liste

```
>>> list_ = [1, 2, 3]
>>> iterator = list_.__iter__()
>>> iterator.next()
1
>>> iterator.next()
2
>>> iterator.next()
3
>>> iterator.next()
Traceback (most recent call last):
  File "<stdin>", line 1, in ?
StopIteration
```

La méthode la plus simple pour rendre un objet compatible avec les itérations est d'y implémenter directement la méthode next() et de renvoyer self dans __iter__().

Iterator simple

```
>>> class Iterable:
...     index = 0
...     def __iter__(self):
...         return self
...     def next(self):
...         if self.index > 5:
...             raise StopIteration
...         self.index += 1
...         return self.index
...
>>> for element in Iterable():
...     print(element)
...
1
2
3
4
5
6
```

> À SAVOIR **Gestion des iterators avec itertool**
>
> Le module itertool, présenté dans le chapitre 8, fournit des utilitaires rapides de création et de manipulation d'iterators.

Generators

Les generators permettent de générer de manière très simple et très puissante des iterators. La création d'un iterator par le biais d'un generator se résume à l'écriture d'une fonction qui parcourt les éléments de la séquence. Au lieu de retourner ces éléments par la directive return, la fonction doit faire appel à la directive yield, qui sert à définir un point de sauvegarde.

Cette fonction peut ensuite être utilisée dans une boucle for sans avoir à implémenter toute la garniture nécessaire à un iterator, ou à gérer la levée d'une exception StopIteration.

Generator simple

```
>>> def iterable():
...     print('début de boucle')
```

```
...     for i in range(6):
...         yield i + 1
...
>>> for element in iterable():
...     print(element)
...
début de boucle
1
2
3
4
5
6
```

L'interpréteur utilise la fonction à chaque itération en mémorisant son état, la directive `yield` constituant en quelque sorte un `return` avec point de sauvegarde de l'état des variables locales et de l'endroit où le code de la fonction a été quitté. Le prochain appel à la fonction reprendra à cet endroit.

Generator expression (genexp)

Il est possible d'utiliser une notation abrégée pour créer un generator, à l'aide d'une generator expression.

Ces expressions sont d'une forme équivalente aux *list comprehensions :(expression for expression in sequence [if test])*, et renvoient un objet `generator`.

Exemples de generator expression

```
>>> genexp = (i for i in range(5) if i % 2 == 0)
>>> genexp.next()
0
>>> genexp.next()
2
>>> genexp.next()
4
>>> genexp.next()
Traceback (most recent call last):
  File "<stdin>", line 1, in ?
StopIteration
>>> genexp = (i for i in range(5) if i % 2 == 0)
>>> for element in genexp:
...     print(element)
...
0
2
4
```

En un mot...

Dès qu'un programme grossit, une structuration en classes, modules et paquets facilite grandement son évolution, sa lisibilité et sa maintenance.

Le prochain chapitre présente les primitives du langage, qui sont toutes les fonctionnalités directement accessibles venant étoffer la syntaxe.

6

Les primitives

Les primitives sont des fonctions directement accessibles dans l'interpréteur, aussi appelées *built-ins*. Ces fonctions sont toutes du type builtin_function_or_method et sont regroupées dans le module __builtins__.

ATTENTION Fonctions de transtypage

Lorsqu'ils sont utilisables comme des fonctions de transtypage, certains types sont présentés dans ce chapitre alors qu'ils ne sont pas des builtin_function_or_method.

Allant de la simple transformation de valeurs aux fonctionnalités plus élaborées, les primitives sont le couteau suisse du développeur Python.

Ce chapitre présente un référentiel complet des primitives et comporte deux parties. La première partie porte sur tous les éléments qui ne sont pas des classes d'exception, lesquelles sont regroupées dans la deuxième partie.

L'interpréteur est aussi un bon allié lors de la manipulation des primitives : help(x) permet d'afficher un écran d'aide sur l'utilisation de x.

Affichage de l'écran d'aide d'abs

```
>>> help(abs)
Help on built-in function abs in module __builtin__:

abs(...)
    abs(number) -> number

    Return the absolute value of the argument.
```

Primitives du langage

__import__ : __import__(nom, globals={}, locals={}, fromlist=[], level=-1) -> module

__import__ sert à importer un module comme le ferait une directive import classique. L'environnement local et global peuvent être passés en paramètre, et fromlist permet quant à lui d'émuler la directive from.

Enfin, level est un drapeau qui permet de déterminer si les imports sont relatifs ou absolus.

- Un nombre de 1 à n définit le nombre de répertoires parents à remonter avant de rechercher l'élément à importer ;
- Réglé sur 0, c'est un import absolu classique ;
- Réglé sur -1, __import__ essaye d'effectuer un import absolu ou relatif en se basant sur le nom fourni.

Importations avec __import__

```
>>> __import__('os.path', fromlist=['os'])
<module 'posixpath' from 'posixpath.pyc'>
>>> __import__('os')
<module 'os' from 'os.pyc'>
```

__import__ est utilisé pour des importations à effectuer après le lancement du programme. Un système de plug-ins peut par exemple utiliser cette primitive pour charger à la volée un module dans un programme.

abs : abs(nombre) -> nombre

Renvoie la valeur absolue du nombre passé en paramètre. abs peut aussi servir à récupérer le module d'un nombre complexe.

abs

```
>>> abs(-145)
145
>>> cplx = -3 + 2j
>>> abs(cplx)
3.6055512754639891
```

> **DÉFINITION Module d'un nombre complexe**
>
> Le module d'un nombre complexe z, noté |z| est un réel positif tel que $|z| = \sqrt{(a2 + b2)} = \sqrt{(zz^*)}$

all : all(iterable) -> booléen

Renvoie True si bool(x) renvoie True pour tous les éléments x de la séquence iterable.

Test de l'homogénéité d'une séquence

```
>>> elements = [1, 23, 233, 322]
>>> all([isinstance(el, int) for el in elements])
True
>>> elements = [1, 23, 233, 'k']
>>> all([isinstance(el, int) for el in elements])
False
```

Dans cet exemple, all vérifie que tous les objets de la liste sont des entiers.

any : any(iterable) -> booléen

Renvoie True si bool(x) renvoie True pour au moins l'un des éléments x de la séquence iterable.

Test de l'homogénéité d'une séquence

```
>>> elements = ['a', 23, 'b', 'c']
>>> any([isinstance(el, int) for el in elements])
True
>>> elements = ['a', 'b', 'c', 'd']
>>> any([isinstance(el, int) for el in elements])
False
```

apply : apply(objet[, args[, kwargs]]) -> valeur

Permet d'appeler une méthode ou une fonction avec une liste de paramètres. Cette primitive ne doit plus être utilisée depuis la version 2.3, au profit d'un appel direct, comme nous le verrons dans le chapitre suivant.

callable : callable(objet) -> booléen

Renvoie True si l'objet fourni est une fonction ou une méthode. Si l'objet est une instance de classe, renvoie True à condition que la classe implémente une méthode __call__().

callable s'avère pratique pour tester des objets lorsqu'une fonction exécute des fonctions tierces fournies en paramètre.

Test de callable

```
>>> def ma_fonction():
...     print(Avez vous déjà essayé le camembert frit ?')
...
>>> callable(ma_fonction)
True
>>> chaine = "C'est extra"
>>> callable(chaîne)
False
```

chr : chr(code) -> caractère

Renvoie un objet string qui représente le caractère dont le code ASCII est l'entier code fourni en paramètre.

chr en action

```
>>> chr(97)
'a'
>>> chr(97+25)
'z'
```

La fonction inverse est ord() : voir aussi ord et unichr.

classmethod : classmethod(fonction) -> méthode

Convertit une simple fonction en une méthode de classe. Une méthode de classe est une méthode qui est associée à une classe et non à ses instances. Elle peut donc être appelée depuis la classe ou depuis n'importe quelle instance, sachant que dans tous les cas, le premier paramètre implicite est la classe et non l'instance.

classmethod est utilisée le plus souvent pour des fonctions qui génèrent une instance de la classe donnée. Comme il n'est pas nécessaire pour cette fonction de connaître autre chose que la classe, on peut alors opter pour une méthode de classe. C'est le cas par exemple de la méthode fromkeys() pour les dictionnaires.

La méthode de classe fromkeys()

```
class UserDict:
    ...
    def fromkeys(cls, iterable, value=None):
        d = cls()
        for key in iterable:
            d[key] = value
        return d
    fromkeys = classmethod(fromkeys)
```

L'usage veut que le premier paramètre soit noté cls en lieu et place de self.

fromkeys() peut donc être appelée directement depuis la classe ou depuis une instance.

Appel de fromkeys()

```
>>> from UserDict import UserDict
>>> UserDict.fromkeys(['a', 'b', 'c'], 0)
{'a': 0, 'c': 0, 'b': 0}
>>> dico = {}
>>> dico.fromkeys(['a', 'b', 'c'], 0)
{'a': 0, 'c': 0, 'b': 0}
```

Enfin, il est possible d'utiliser le decorator classmethod pour simplifier l'écriture.

Utilisation du decorator

```
class UserDict:
    ...
    @classmethod
    def fromkeys(cls, iterable, value=None):
        d = cls()
        for key in iterable:
            d[key] = value
        return d
```

Voir aussi: staticmethod.

cmp : cmp(x, y) -> entier

Compare x et y et renvoie :

- un entier négatif si x < y ;
- un entier positif si x > y ;
- zéro si x == y.

En général, renvoie -1, 1 et 0.

cmp() à l'œuvre

```
>>> cmp('a', 'b')
-1
>>> cmp(2, 1)
1
>>> cmp(None, None)
0
```

Pour les instances de classe, cmp() se base sur l'entier retourné par la méthode __cmp__() si elle est implémentée.

Les opérateurs de comparaison (>=, <=, !=, <> et ==) utilisent cmp() pour renvoyer leurs résultats.

Implémentation de __cmp__

```
>>> class Susceptible:
...     def __cmp__(self, l_autre):
...         print('Comment osez-vous me comparer à lui !')
...         return 1
...
>>> a = Susceptible()
>>> cmp(a, 2)
Comment osez-vous me comparer à lui !
1
>>> a < 1
comment osez-vous me comparer à lui !
False
```

coerce : coerce(x, y) -> (x1, y1)

Rarement utilisée, coerce permet de convertir deux objets numériques x et y en un type commun lorsque c'est possible. Renvoie un tuple avec les deux valeurs homogènes.

Dans le cas où l'opération est impossible, ou si les paramètres ne sont pas des objets numériques, lève une exception TypeError.

Homogénéisation par coerce()

```
>>> coerce(1, 2.5)
(1.0, 2.5)
>>> coerce('b', 'a')
Traceback (most recent call last):
  File "<stdin>", line 1, in ?
TypeError: number coercion failed
```

compile : compile(source, fichier, mode[, flags[, dont_inherit]]) -> objet code

Python permet de compiler à la volée du code source. Le résultat de cette compilation est ensuite interprétable par le biais des primitives exec() ou eval().

Les paramètres sont :

- source : une chaîne de caractères contenant le code, que ce soit le texte complet d'un module, une expression ou une suite de lignes.
- fichier : fichier recueillant les messages des erreurs éventuellement survenues lors de compilation.
- mode : chaîne de caractères pouvant prendre les valeurs exec, single ou eval :
  - exec : pour compiler les modules.
  - single : pour compiler une série d'instructions.
  - eval : pour compiler une expression.
- flags : permet de faire varier le fonctionnement du compilateur en intégrant des clauses du module __future__.
- dont_inherit : si cet entier est différent de zéro et si le code qui appelle compile() possède des appels à des directives du module __future__, leur effet est bloqué. Si dont_inherit vaut zéro ou n'est pas spécifié, le code appelé par compile() hérite de l'effet.

Compilation sous Linux

```
>>> byte_code = compile("print('Je suis vivant !!!')", '/dev/null',
'single')
>>> byte_code
<code object <module>? at 0xb7c1bde0, file "/dev/null", line 1>
>>> exec(byte_code)
Je suis vivant !!!
```

Voir aussi : eval, execfile.

> À SAVOIR **Les fichiers .pyc et .pyo**
>
> Les fichiers .pyc ou .pyo qui apparaissent pour chaque fichier `.py` exécuté sont le fruit d'un appel à `compile()`.

delattr : delattr(objet, nom)

Supprime un attribut nommé d'un objet. Équivalente à `del objet.nom`, cette fonctionnalité doit être utilisée avec précaution car la suppression d'un attribut peut entraîner des problèmes si cet attribut est utilisé par du code tiers.

Utilisation de delattr, attention aux impacts

```
>>> import UserList
>>> my_list = UserList.UserList()
>>> my_list.append('t')
>>> my_list
['t']
>>> delattr(my_list, 'data')
>>> my_list.append('t')
Traceback (most recent call last):
  File "<stdin>", line 1, in ?
  File "/usr/lib/python2.4/UserList.py", line 73, in append
    def append(self, item): self.data.append(item)
AttributeError: UserList instance has no attribute 'data'
```

Cette méthode est rarement utilisée dans le cadre d'un programme classique. Seules les bibliothèques qui modifient en bas niveau le fonctionnement de certaines classes de Python en ont l'usage. Les tests unitaires peuvent aussi s'en servir pour modifier temporairement certains mécanismes. Si votre programme utilise cette fonction dans un cadre classique, c'est en général un problème d'architecture et un refactoring peut s'avérer nécessaire.

Voir aussi : `setattr`, `hasattr` et `getattr`.

dir : dir([objet]) -> liste d'attributs

Renvoie une liste des attributs de l'objet. Si l'objet n'est pas fourni, renvoie les attributs disponibles dans le contexte d'exécution. Les attributs du contexte sont par exemple tous les modules préalablement importés.

Les attributs renvoyés lorsqu'un objet est fourni sont :

- pour les objets de type classe ou type : les attributs et tous les attributs des types de base ;

- pour les objets de type module : les attributs du module ;
- pour les instances de classe : les attributs, les attributs de la classe et tous les attributs des classes dont la classe hérite.

Test de dir() sur différents objets

```
>>> import UserDict
>>> dir()   # attributs du contexte
['UserDict', '__builtins__', '__doc__', '__file__', '__name__',
'readline', 'rlcompleter']
>>> dir(UserDict)# attributs du module UserDict
['DictMixin', 'IterableUserDict', 'UserDict', '__builtins__',
'__doc__', '__file__', '__name__']
>>> dir(UserDict.UserDict) # attributs de la classe UserDict
['__cmp__', '__contains__', '__delitem__', '__doc__', '__getitem__',
'__init__', '__len__', '__module__', '__repr__', '__setitem__',
'clear','copy', 'fromkeys', 'get', 'has_key', 'items', 'iteritems',
'iterkeys', 'itervalues', 'keys', 'pop', 'popitem', 'setdefault',
'update', 'values']
>>> dict = UserDict.UserDict()
>>> dir(dict)# attributs de l'objet dict
['__cmp__', '__contains__', '__delitem__', '__doc__', '__getitem__',
'__init__', '__len__', '__module__', '__repr__', '__setitem__',
'clear','copy', 'data', 'fromkeys', 'get', 'has_key', 'items',
'iteritems', 'iterkeys', 'itervalues', 'keys', 'pop', 'popitem',
'setdefault', 'update', 'values']
```

La fonction dir() est très pratique dans l'interpréteur pour rechercher des informations sur les objets ou modules que l'on utilise sans avoir la mise en page imposée par help(). C'est cette fonction qui est utilisée pour l'autocomplétion.

> **RAPPEL Utilisation de l'autocomplétion**
>
> L'autocomplétion est paramétrable dans le prompt, comme décrit dans le chapitre 3 (script de démarrage du mode interactif).

Utilisation de la touche Tabulation

```
>>> from UserDict import UserDict
>>> dico = UserDict()
>>> dico.          # utilisation de <tab>
dico.__class__      dico.__repr__       dico.iteritems
dico.__cmp__        dico.__setitem__    dico.iterkeys
dico.__contains__   dico.clear          dico.itervalues
dico.__delitem__    dico.copy           dico.keys
```

```
dico.__doc__        dico.data        dico.pop
dico.__getitem__    dico.fromkeys    dico.popitem
dico.__init__       dico.get         dico.setdefault
dico.__len__        dico.has_key     dico.update
dico.__module__     dico.items       dico.values
>>> dico.
```

divmod : divmod(x, y) -> (division entière, modulo)

Renvoie le tuple : ((x-x%y)/y, x%y) qui est une division entière suivie du modulo.

Utilisation de divmod

```
>>> divmod(10, 5)
(2, 0)
>>> divmod(10, 4)
(2, 2)
```

enumerate : enumerate(iterable) -> indice, élément

Renvoie un objet de type enumerate à partir d'un objet qui supporte les itérations (appelé iterable), comme les listes ou les tuples.

Souvent utilisé pour indexer les listes, un objet enumerate renvoie à chaque itération un tuple (indice, element) où indice est un entier variant de 0 à n-1 et element l'élément indice de la séquence de n éléments fournie.

Itération sur une séquence

```
>>> for indice, element in enumerate(['a', 'b', 'c']):
...     print('%s: %s' % (indice, element))
...
0: a
1: b
2: c
```

eval : eval(source[, globals[, locals]]) -> valeur

Exécute source en utilisant le contexte d'exécution de globals et locals. source peut être une chaîne de caractères contenant une expression Python ou un objet de type code préalablement obtenu par compile().

globals doit être un dictionnaire contenant le contexte global et locals un dictionnaire contenant le contexte local. Si ces éléments ne sont pas fournis, eval utilise les contextes en cours. Si seul globals est fourni, locals prend alors la même valeur.

Exécution de code par eval

```
>>> eval('a-2', {'a': 12})
10
>>> eval('"a vaut %d" % a', {'a': 12})
'a vaut 12'
```

Voir aussi: execfile, globals, locals.

execfile : execfile(filename[, globals[, locals]])

Exécute un script Python contenu dans un fichier. Comme pour eval, globals et locals sont des mappings permettant de définir un contexte d'exécution. S'ils sont omis, le contexte courant est utilisé. Si seul globals est fourni, locals prend la même valeur.

Voir aussi : eval, globals, locals.

exit : exit -> string

exit est une chaîne de caractères spéciale qui peut être appelée dans le prompt.

Appel d'exit

```
>>> exit
'Use Ctrl-D (i.e. EOF) to exit.'
```

Son rôle est d'indiquer à l'utilisateur comment sortir du prompt s'il ne connaît pas encore le signal de fin obtenu avec ce raccourci et tente instinctivement la commande exit. Équivalente à quit.

Voir aussi : quit.

file : file(nom[, mode[, buffering]]) -> objet file

Permet d'ouvrir le fichier nommé nom. Le paramètre mode peut prendre différentes valeurs :

- r : ouverture pour lecture (mode par défaut) ;
- w : ouverture pour écriture, le fichier est créé s'il n'existe pas, sinon son contenu est écrasé ;
- a : ouverture pour ajout, le fichier est créé s'il n'existe pas, sinon son contenu est conservé et l'écriture est effectuée à la suite.

Chacun de ces modes peut s'enrichir d'options supplémentaires :

- b : pour les opérations sur les fichiers binaires ;
- + : pour permettre la lecture et l'écriture simultanées ;
- U : permet de standardiser le traitement des retours à la ligne du fichier en cours de lecture. Ils seront tous vus comme un caractère \n même si le fichier est basé sur un autre standard, comme \r\n ou \r (possible uniquement avec le mode r). L'objet file retourné avec cette option possède un attribut supplémentaire nommé newlines, qui contient tous les types de sauts de ligne rencontrés dans le fichier.

buffering spécifie si le fichier est ouvert avec un buffer mémoire. Valeurs possibles :

- 0 : pas de buffer ;
- 1 : la ligne en cours est le buffer ;
- n : buffer contenant n caractères (avec n>1).

L'objet renvoyé est un objet de type file, qui contient les méthodes suivantes :

- close() : ferme le flux.
- flush() : vide le tampon interne.
- fileno() : renvoie le descripteur de fichier.
- isatty() : renvoie vrai si le fichier est branché sur un terminal tty.
- next() : renvoie la prochaine ligne lue, ou provoque une exception StopIteration.
- read([size]) : lit au plus size octets. Si size est omis, lit tout le contenu.
- readline([size]) : lit la prochaine ligne. Si size est fourni, limite le nombre d'octets lus.
- readlines([sizehint]) : appelle readline() en boucle, jusqu'à la fin du flux. Si sizehint est fourni, s'arrête lorsque ce nombre est atteint ou dépassé par la ligne en cours.
- seek(offset[, whence]) : positionne le curseur de lecteur en fonction de la valeur d'offset. whence permet de faire varier le fonctionnement (0 : position absolue – valeur par défaut, 1 : relative à la position courante, 2 : relative à la fin du fichier).
- tell() : renvoie la position courante.
- truncate([size]) : tronque la taille du fichier. Si size est fourni, détermine la taille maximum.
- write(str) : écrit la chaîne str dans le fichier.
- writelines(sequence) : écrit la séquence de chaînes.

Les objets de type file sont des itérateurs, qui peuvent donc être utilisés directement comme des séquences.

Création et lecture d'un fichier

```
>>> mon_fichier = open('infos.txt', 'w')
>>> mon_fichier.write('1. première info\n')
>>> mon_fichier.write('2. deuxième info\n')
>>> mon_fichier.close()
>>> mon_fichier = open('infos.txt', 'r')
>>> for line in mon_fichier:
...     print(line)
...
1. première info
2. deuxième info
```

Le type `file` possède en outre un certain nombre d'attributs :

- `closed` : renvoie vrai si le fichier a été fermé.
- `encoding` : renvoie l'encoding utilisé par le fichier pour l'écriture. Si des chaînes unicode sont écrites dans le flux, elles sont encodées avec ce codec.
- `mode` : renvoie le mode avec lequel le fichier a été ouvert.
- `name` : renvoie le nom du fichier.
- `newlines` : renvoie le type de passage à la ligne utilisé (\r, \n, ou \r\n), si l'option U a été utilisée lors de l'ouverture du fichier.
- `softspace` : renvoie vrai si un espace est à afficher avant lors de l'appel à la directive `print`.

La primitive `file` est équivalente à open.

filter : filter(fonction ou None, séquence) -> list, tuple, ou string

Renvoie une nouvelle séquence qui contient tous les éléments de la séquence fournie qui répondent au critère suivant :

```
fonction(element) == True.
```

Si None est fourni à la place d'une fonction, la nouvelle séquence ne conserve que les éléments qui sont True.

`filter` renvoie une séquence du même type pour les types liste, tuple et string et une liste dans tous les autres cas.

Filtrage

```
>>> def no_spc(element):
...     return element != ' '
...
```

```
>>> res = filter(no_spc, "Nous nous sentions de plus en plus à
l'étroit")
>>> print(res)
Nousnoussentionsdeplusenplusàl'étroit
```

Voir aussi : reduce, map.

getattr : getattr(objet, nom[, défaut]) -> valeur

Récupère l'attribut nom de l'objet. Équivalente à objet.nom. Si l'attribut n'existe pas, une erreur est provoquée, sauf si defaut est fourni : il est alors renvoyé.

getattr en action

```
>>> import UserDict
>>> dict = UserDict.UserDict()
>>> dict['a'] = 1
>>> getattr(dict, 'data')
{'a': 1}
>>> getattr(dict, 'data2')
Traceback (most recent call last):
  File "<stdin>", line 1, in ?
AttributeError: UserDict instance has no attribute 'data2'
>>> getattr(dict, 'data2', 'attribut inconnu')
'attribut inconnu'
```

Voir aussi : hasattr, setattr.

globals : globals() -> dictionnaire

Renvoie un dictionnaire contenant toutes les variables globales du contexte.

Utilisation de globals

```
>>> globals()
{'__builtins__': <module '__builtin__' (built-in)>, '__file__': '/etc/
pythonrc.py', '__name__': '__main__', '__doc__': None}
>>> a = 9
>>> globals()
{'a': 9, '__builtins__': <module '__builtin__' (built-in)>, '__file__':
'/etc/pythonrc.py', '__name__': '__main__', '__doc__': None}
```

Voir aussi : locals.

hasattr : hasattr(objet, nom) -> booléen

Renvoie True si l'objet possède bien l'attribut nom.

Vérification des attributs

```
>>> import UserDict
>>> dico = UserDict.UserDict()
>>> hasattr(dico, 'data')
True
>>> hasattr(dico, 'data2')
False
```

Voir aussi : setattr, getattr, isinstance.

hash : hash(objet) -> integer

Renvoie un hash pour l'objet lorsque c'est possible (les objets qui peuvent être modifiés ne peuvent pas avoir de hash). Le hash est calculé en fonction de la valeur de l'objet.

Calculs de hash

```
>>> liste_1 = ('a', 'b', 'c')
>>> liste_2 = ('a', 'b', 'c')
>>> hash(liste_1)
381002522
>>> hash(liste_2)
381002522
```

Les hash peuvent être utilisés pour indexer des objets. C'est le cas par exemple pour les dictionnaires, qui se servent en interne du hash des objets utilisés comme clés.

Voir aussi : id.

help : Fonction d'aide en ligne

help est un raccourci vers la fonction help du module pydoc. C'est une aide en ligne qui fournit une interface pour naviguer facilement dans la documentation contenue dans les docstrings.

Cette documentation est aussi directement accessible par l'attribut __doc__ des modules, classes, fonctions et méthodes.

Utilisation de help sur filter

```
>>> help(filter)
Help on built-in function filter in module __builtin__:

filter(...)
    filter(function or None, sequence) -> list, tuple, or string

    Return those items of sequence for which function(item) is true. If
    function is None, return the items that are true. If sequence is a
tuple
    or string, return the same type, else return a list.
```

hex : hex(nombre) -> représentation hexadécimale

Renvoie une chaîne de caractères représentant la forme hexadécimale d'un entier ou un entier long.

hex

```
>>> hex(253)
'0xfd'
>>> hex(2)
'0x2'
```

Voir aussi : oct.

id : id(objet) -> entier

Renvoie un identifiant unique pour un objet donné. Correspond à l'adresse mémoire de l'objet. Lorsque deux objets de type immuable ont la même valeur, l'interpréteur peut décider de ne conserver qu'un seul objet en mémoire, et les identifiants deviennent alors identiques.

Identifiants d'objets

```
>>> chaine = 'abcdef'
>>> chaine2 = 'abcdef'
>>> id(chaine)
549920
>>> id(chaine2)
549920
>>> id(3)
16793968
>>> t = 3
>>> id(t)
16793968
```

input : input([prompt]) -> valeur

Permet d'exécuter une expression fournie par l'utilisateur. Équivalente à `eval(raw_input(prompt))`. Si prompt n'est pas fourni, la fonction équivaut à `eval(raw_input())`.

Saisie d'expression

```
>>> input('saisissez une expression: ')
saisissez une expression: 2*4
8
>>> input()
9+1
10
```

Voir aussi : `raw_input`.

int : int(x[, base]) -> entier

Conversion d'une chaîne de caractères ou d'un nombre vers un entier. Si le nombre est de type `float`, la partie fractionnaire est tronquée. Lorsque le paramètre est de type `string`, l'argument optionnel base peut être fourni pour définir une base différente de la base 10.

Conversions en entier

```
>>> int('11', 16)
17
>>> int('11')
11
>>> int(5.6787)
5
```

Voir aussi : `long`.

intern: intern(string) -> string

Ajoute l'objet `string` fourni en paramètre à une liste globale bas niveau d'objets `string` utilisée pour accélérer les recherches dans les clés des objets de type dictionnaire. Renvoie l'objet string lui-même. Rarement utilisé.

isinstance : isinstance(objet, classe ou type ou tuple) -> booléen

Permet de tester si un objet est d'un type donné ou une instance d'une classe. Un tuple peut aussi être fourni pour représenter une liste de types et/ou classes pour définir si l'objet appartient à l'un des types ou l'une des classes.

Souvent utilisé pour contrôler des paramètres entrants dans une méthode ou une fonction, isinstance permet de pallier le non-typage des variables.

Test des types et classes

```
>>> isinstance('test', (unicode, str))
True
>>> isinstance('test', int)
False
>>> isinstance(['test', 'deux'], list)
True
>>> from UserDict import UserDict
>>> dict = UserDict()
>>> isinstance(dict, UserDict)
True
```

Voir aussi : issubclass.

issubclass : issubclass(C, B) -> bool

Vérifie si la classe C dérive de la classe B. Comme pour isinstance, B peut être remplacé par un tuple représentant une liste de classes. issubclass renvoie alors vrai si C hérite au moins de l'une des classes de la séquence.

Test de l'héritage

```
>>> class B:
...     pass
...
>>> class A(B):
...     pass
...
>>> issubclass(A, B)
True
>>> issubclass(B, A)
False
```

Voir aussi : isinstance.

iter : iter(collection) -> iterateur ou iter(callable, sentinelle) -> iterateur

Renvoie un itérateur construit à partir :

- d'une collection ;
- d'un couple `callable-sentinelle`.

Dans le cas d'une collection, le paramètre doit être une séquence. Dans le cas du couple `callable-sentinel`, le premier argument est une fonction ou une méthode qui renvoie les valeurs une à une. L'itération s'arrête lorsque la fonction renvoie la valeur définie par `sentinelle`.

Création d'itérateurs

```
>>> a = 0
>>> def iterator():
...     global a
...     a += 1
...     return a
...
>>> i = iter(iterator, 4)# itérateur par sentinelle
>>> i.next()
1
>>> i.next()
2
>>> i.next()
3
>>> i = iter([1, 2, 3, 4])# itérateur construit avec une séquence
>>> i.next()
1
>>> i.next()
2
>>> i.next()
3
>>> i.next()
4
```

len : len(objet) -> entier

Renvoie le nombre d'éléments d'une séquence. Lorsque l'objet fourni est un mapping, renvoie le nombre d'éléments de la séquence représentant la liste des clés, `len(dico)` étant équivalent à `len(dico.keys())`.

Calculs de longueurs

```
>>> dico = {'a': 1, 'b': 2, 'c': 3}
>>> len(dico)
3
>>> my_list = ['a', 'b', 'c']
>>> len(my_list)
3
>>> title = 'The life of Brian'
>>> len(title)
17
```

license : license() -> prompt interactif

Prompt interactif permettant d'afficher les informations de licence et l'historique des versions de Python.

Affichage des informations de licence

```
>>> license()
A. HISTORY OF THE SOFTWARE
==========================

Python was created in the early 1990s by Guido van Rossum at Stichting
Mathematisch Centrum (CWI, see http://www.cwi.nl) in the Netherlands
as a successor of a language called ABC. Guido remains Python's
principal author, although it includes many contributions from others.

In 1995, Guido continued his work on Python at the Corporation for
National Research Initiatives (CNRI, see http://www.cnri.reston.va.us)
in Reston, Virginia where he released several versions of the
software.

In May 2000, Guido and the Python core development team moved to
BeOpen.com to form the BeOpen PythonLabs team. In October of the same
year, the PythonLabs team moved to Digital Creations (now Zope
Corporation, see http://www.zope.com). In 2001, the Python Software
Foundation (PSF, see http://www.python.org/psf/) was formed, a
non-profit organization created specifically to own Python-related
Intellectual Property. Zope Corporation is a sponsoring member of
the PSF.

All Python releases are Open Source (see http://www.opensource.org for
Hit Return for more, or q (and Return) to quit: q
>>>
```

list : list() -> nouvelle liste ou list(sequence) -> nouvelle liste

Permet de générer un nouvel objet liste, vide dans le premier cas et initialisé avec la séquence fournie dans le deuxième cas. liste = list() est équivalent à liste = [].

sequence peut être un objet de type séquence comme une liste, un tuple ou un objet de type string, mais aussi un mapping. Dans ce cas, c'est la séquence représentant la liste des clés qui est utilisée pour construire la liste.

Construction de listes

```
>>> liste = list({'a':1})
>>> liste
['a']
>>> list()
[]
>>> list('fun matters')
['f', 'u', 'n', ' ', 'm', 'a', 't', 't', 'e', 'r', 's']
>>>
```

La forme liste = list(tuple) est souvent utilisée pour rendre un tuple modifiable.

locals : locals() -> dictionnaire

Renvoie un objet dictionnaire contenant les variables locales du contexte en cours.

Contexte local d'une fonction

```
>>> def fonction():
...     a = 12
...     print locals()
...
>>> fonction()
{'a': 12}
```

Voir aussi : globals.

map : map(fonction, séquence[, séquence...]) -> liste

map() renvoie une liste correspondant à l'ensemble des éléments de la séquence. Avant d'être inséré dans la liste, chaque élément est passé à la fonction fournie. Cette dernière doit donc être de la forme :

```
fonction(element)→element
```

Lorsque plusieurs séquences sont fournies, la fonction reçoit une liste d'arguments correspondants à un élément de chaque séquence. Si les séquences ne sont pas de la même longueur, elles sont complétées avec des éléments à la valeur None.

La fonction peut être définie à None, et dans ce cas tous les éléments des séquences fournies sont conservés. map(None, sequence) est équivalent à sequence et map(None, sequence1, sequence2) à zip(sequence1, sequence2) (mais s'arrête lorsque le dernier élément de la séquence la plus courte est atteint).

Utilisation de map

```
>>> def get_title(element):
...     return element.title()
...
>>> map(get_title, ['fiat lux', 'the named is the mother of all
things'])
['Fiat Lux', 'The Named Is The Mother Of All Things']
>>> map(None, 'hlowrd', 'el ol')
[('h', 'e'), ('l', 'l'), ('o', ' '), ('w', 'o'), ('r', 'l'), ('d',
None)]
>>> map(str, [1, '2', 3, 4])
['1', '2', '3', '4']
```

Voir aussi : filter, reduce, zip.

max : max(séquence) -> valeur

max() renvoie l'élément le plus grand de la séquence. Si plusieurs séquences sont fournies, renvoie la séquence la plus grande.

Recherche du plus grand élément

```
>>> max('max')
'x'
>>> max(1, 2, 3, 4)
4
>>> max('Python')
'y'
```

Voir aussi : min.

min : min(séquence) -> valeur

min() renvoie l'élément le plus petit de la séquence. Si plusieurs séquences sont fournies, renvoie la séquence la plus petite.

Recherche du plus petit élément

```
>>> min('max')
'a'
>>> min(1, 2, 3, 4)
1
>>> min('Python')
'P'
>>> map(ord, 'Python')
[80, 121, 116, 104, 111, 110]
>>> min('1', 2, 3, '4')
2
```

Voir aussi : max.

oct : oct(nombre) -> représentation octale.

Renvoie une représentation octale d'un entier ou d'un entier long.

Utilisation de oct

```
>>> oct(45383)
'0130507'
>>> oct(4538)
'010672'
```

Voir aussi : hex.

open : open(nom[, mode[, buffering]]) -> objet file

Alias de file.

Voir aussi : file.

ord : ord(caractère) -> entier

Renvoie le rang d'un caractère. Un caractère est un objet string de longueur 1.

Rang de caractères

```
>>> map(ord, 'abcdefgh')
[97, 98, 99, 100, 101, 102, 103, 104]
```

Voir aussi : chr.

pow : pow(x, y[, z]) -> nombre

Calcul de la puissance, équivalent à x**y et à (x**y) % z. Dans ce deuxième cas, la primitive peut être plus rapide que la notation directe.

Utilisation de pow

```
>>> pow(2, 4)
16
>>> pow(2, 7)
128
```

property : property(fget=None, fset=None, fdel=None, doc=None) -> attribut propriété

property permet de créer une propriété à partir d'un attribut d'objet. Ajoutée récemment, cette fonctionnalité sert à retrouver une mécanique qui existe dans d'autres langages orientés objet : les attributs des objets ne sont pas directement accessibles par les utilisateurs de l'objet mais à travers la propriété qui utilise des fonctions get() et set() intermédiaires pour atteindre l'attribut. La méthode del() reste accessoire et est beaucoup plus spécifique à Python.

Les paramètres sont :

- fget : méthode de l'objet utilisée lorsque la propriété est lue.
- fset : méthode de l'objet utilisée lorsque la propriété est affectée.
- fdel : méthode de l'objet utilisée lorsque la propriété est supprimée par del ou delattr.
- doc : docstring de la propriété.

Création d'une propriété

```
>>> class MyClass(object):
...     _a = 0
...     def get_a(self):
...         print('voici a')
...         return self._a
...     def set_a(self, value):
...         print('je place %s dans a' % str(value))
...         self._a = value
...     def del_a(self):
...         print ('je supprime a')
...         del self._a
...     a = property(get_a, set_a, del_a, 'Propriété a')
...
```

```
>>> obj = MyClass()
>>> obj.a
voici a
0
>>> obj.a = 1
je place 1 dans a
>>> obj.a
voici a
1
>>>
```

L'intérêt de cette écriture est de permettre aux classes de faire évoluer le code interne et donc les attributs sans impacter le code appelant : l'ensemble des propriétés forment la partie publiée de l'objet.

quit : quit -> string

quit est un objet string qui peut être appelé dans le prompt.

Appel de quit

```
>>> quit
'Use Ctrl-D (i.e. EOF) to exit.'
```

Invite à l'utilisation d'exit.

Voir aussi : exit.

range : range([start,] stop[, step]) -> liste d'entiers

Renvoie la liste des entiers variant de start à stop-1 avec un pas de step. step vaut 1 par défaut et start 0.

step pouvant être un entier négatif, il est possible de faire une liste variant de start-1 à stop avec stop < start.

Listes issues de range

```
>>> range(5)
[0, 1, 2, 3, 4]
>>> range(4, -1, -1)
[4, 3, 2, 1, 0]
>>> range(4, -1, -2)
[4, 2, 0]
>>> range(0)
[]
```

range est très fréquemment utilisé pour concevoir des séquences de boucle.

Utilisation de range dans une boucle for :

```
>>> for i in range(3):
...     print i
...
0
1
2
```

Voir aussi : xrange.

raw_input : raw_input([prompt]) -> string

raw_input permet de lire l'entrée standard et de renvoyer le contenu dans un objet string. Si prompt est fourni, il est affiché sans passage à la ligne.

Saisie utilisateur :

```
>>> a = raw_input()
12
>>> a
'12'
>>> phrase = raw_input('saisissez une phrase: ')
saisissez une phrase: une phrase
>>> phrase
'une phrase'
```

Si l'utilisateur envoie un signal EOF (Ctrl+Z et Entrée sous MS-Windows ou Ctrl+D sous systèmes unices), une erreur EOFError est provoquée. Elle peut être interceptée pour gérer cet arrêt.

Interception de EOF

```
>>> try:
...     phrase = raw_input('saisissez une phrase: ')
... except EOFError:
...     print 'abandon'
...
saisissez une phrase: [Ctrl+D] abandon
>>>
```

PYTHON 3 **disparition de raw_input**

raw_input disparaît sous Python 3, pour être remplacé par input.

Voir aussi : input.

reduce : reduce(fonction, séquence[, initial]) -> valeur

Appelle la fonction fournie avec les deux premiers éléments de la séquence. Le résultat de la fonction est ensuite utilisé avec le troisième élément de la séquence pour appeler à nouveau la fonction, et ainsi de suite. Le résultat final est donc un élément unique.

Utilisation de reduce

```
>>> def somme(x, y):
...     print('%d + %d' %(x, y))
...     return x + y
...
>>> reduce(somme, [1, 2, 3, 4])
1 + 2
3 + 3
6 + 4
10
```

initial est un paramètre optionnel qui permet :
- d'amorcer le calcul, la première itération de reduce se basant sur le couple (initial, premier élément de la séquence) ;
- de définir une valeur par défaut si la séquence fournie est vide.

Voir aussi : map, filter.

reload : reload(module) -> module

Recharge un module qui a été préalablement chargé par le biais d'une directive import. Lorsque le code source du fichier d'un module est modifié, les modifications ne seront pas effectives sans un appel à reload(module). Notons que les instances déjà existantes ne sont pas impactées par reload.

Voir aussi : import.

repr : repr(objet) -> représentation

Renvoie une représentation fonctionnelle sous forme de chaîne de caractères d'un objet. Cette représentation est pour la plupart des types simples la chaîne de caractères que l'utilisateur aurait pu saisir pour créer l'instance.

eval(repr(object)) est donc souvent équivalent à object.

La plupart du temps, str(object) est équivalent à repr(object), mais la première notation est destinée à renvoyer une représentation purement visuelle.

Représentation d'un objet

```
>>> liste = [1, 2, 3, 4]
>>> repr(liste)
'[1, 2, 3, 4]'
>>> eval(repr(liste))
[1, 2, 3, 4]
>>> eval(repr(liste)) == liste
True
```

Une classe peut implémenter le fonctionnement de repr en définissant une méthode __repr__.

Voir aussi : str.

round : round(nombre[, ndigits]) -> réel

Permet d'arrondir un nombre en fonction de la précision ndigits, qui représente le nombre de chiffres après la virgule. ndigits est à 0 par défaut et peut être négatif. round renvoie toujours un réel (flottant). Un entier passé en paramètre est donc transformé en réel.

Arrondis

```
>>> round(4.5687645, 3)
4.569
>>> round(4.5687645, 0)
5.0
>>> round(4.5687645)
5.0
>>> round(5)
5.0
>>> round(567.897, -1)
570.0
```

set : set(iterable) -> objet de type set

Renvoie une collection non ordonnée d'éléments. Le paramètre doit être un objet supportant les itérations.

Création d'une collection

```
>>> collection = set([1, 2, 3])
>>> collection.pop()
1
```

```
>>> collection.pop()
2
>>> collection.pop()
3
```

setattr : setattr(objet, nom, valeur)

Permet de définir la valeur d'un attribut pour un objet donné. Équivalente à `objet.nom = valeur`.

Si l'attribut n'existe pas, une erreur `AttributeError` est levée lorsque l'objet ne peut se voir attribuer de nouveaux attributs, comme les types built-ins.

Affectation d'attribut

```
>>> o = object()
>>> setattr(o, 'a', 1)
Traceback (most recent call last):
  File "<stdin>", line 1, in <module>
AttributeError: 'object' object has no attribute 'a'
>>> class F:
...     pass
...
>>> g = F()
>>> setattr(g, 'a', 1)
>>> g.a
1
```

Voir aussi : `getattr`, `hasattr`.

slice : slice([start,] stop[, step])

Génère un objet `slice`. Les objets `slice` sont des utilitaires pour la gestion de tranches. Une fois créé, l'objet `slice` fournit une méthode `indices()` qui prend en paramètre une longueur et renvoie un tuple contenant la liste des indices en fonction des valeurs de `start`, `stop` et `step`.

Python se sert des objets `slice` lorsque des séquences sont tranchées, en générant par exemple l'objet `slice(a, b, c)` pour la tranche `sequence[a:b:c]`.

Tranches de liste

```
>>> my_liste = [1, 2, 3, 4, 5, 6, 7, 8, 9, 10]
>>> my_liste[2:5:2]
[3, 5]
```

```
>>> my_liste[2:5:1]
[3, 4, 5]
>>> my_liste[1:2:1]
[2]
>>> my_liste[1:4:1]
[2, 3, 4]
>>> my_liste[1:4:2]
[2, 4]
```

sorted : sorted(iterable, cmp=None, key=None, reverse=False) -> liste triée

Renvoie une liste d'éléments triés en fonction des éléments de l'objet itérable fourni. sorted() utilise une fonction de comparaison à laquelle il passe les éléments deux à deux de l'itérable :

• Si cmp est fourni, la fonction est utilisée pour comparer les éléments deux à deux dans l'algorithme de tri. cmp(element1, element2) doit renvoyer -1, 0 ou 1.

• Si key est fourni, elle pointe sur une fonction qui sera utilisée au moment des appels aux éléments dans la fonction de comparaison : chaque élément sera transformé par key(element) avant la comparaison.

Lorsque key n'est pas fourni, ce sont les éléments qui sont directement passés à la fonction de comparaison. Enfin, lorsque cmp n'est pas fourni, sorted() utilise une fonction de comparaison générique.

reverse permet d'inverser le résultat obtenu.

Combinaisons possibles pour sorted

```
>>> def cmp(elt1, elt2):
...     if elt1 > elt2:
...         res = -1
...     elif elt1 < elt2:
...         res = 1
...     else:
...         res = 0
...     print('cmp(%s, %s) = %s'%(elt1, elt2, res))
...     return res
...
>>> def key(elt):
...     res = -ord(elt)
...     print("key('%s') = %s"%(elt, res))
...     return res
...
```

```
>>> sorted(['c', 'a', 'b'], cmp=cmp, key=key)
key('c') = -99
key('a') = -97
key('b') = -98
cmp(-97, -99) = -1
cmp(-98, -97) = 1
cmp(-98, -99) = -1
cmp(-98, -97) = 1
['a', 'b', 'c']
```

staticmethod : staticmethod(fonction) -> méthode statique

Transforme une fonction en une méthode statique. Une méthode statique est une méthode qui n'est pas dépendante de l'instance de classe. Le premier paramètre implicite qui contient cet objet n'est donc pas fourni et toutes les instances de la classe ou la classe elle-même pourront utiliser cette méthode de la même manière et obtenir les mêmes résultats.

Méthode statique

```
>>> class MyClass(object):
...     def static_method():
...       print("je suis universelle")
...     static_method = staticmethod(static_method)
...
>>> MyClass.static_method()
je suis universelle
>>> instance = MyClass()
>>> instance.static_method()
je suis universelle
```

Cette écriture peut être remplacée par un appel par decorator.

Écriture abrégée par decorator

```
>>> class MyClass(object):
...     @staticmethod
...     def static_method():
...       print("je suis universelle")
...
>>> MyClass.static_method()
je suis universelle
>>> instance = MyClass()
>>> instance.static_method()
je suis universelle
```

Les méthodes statiques de Python sont similaires à celles de Java et C++, mais il existe une technique un peu plus avancée : les méthodes de classe, générées par la primitive classmethod().

voir aussi : classmethod.

str : str(objet) -> représentation de l'objet

Renvoie une représentation visuelle de l'objet sous forme d'un objet string. Si l'objet est un objet string, alors str(objet) est égal à objet.

Cette primitive est souvent équivalente à repr(). Il est possible de définir sa propre représentation visuelle pour une classe en définissant la méthode __str__() qui est appelée par str().

str() sert aussi à transformer des nombres en chaînes de caractères, sachant que le chemin inverse est possible par le biais des primitives int() ou float().

Utilisation de str()

```
>>> str(6)
'6'
>>> str([])
'[]'
>>> str([1, 2])
'[1, 2]'
>>> int(str(6))
6
```

Voir aussi : repr.

sum : sum(sequence, start=0) -> valeur

Renvoie la somme des éléments d'une séquence de nombres. Tous les éléments de la séquence doivent être des nombres pour que sum() puisse fonctionner. Lorsque la séquence contient des nombres réels, le résultat renvoyé est un réel, même si la somme renvoie une valeur entière.

Si start est fourni, il définit une valeur d'amorce pour la somme, qui sera renvoyée au cas où la séquence fournie est vide.

Sommes

```
>>> sum([1, 2.6, 2.4])
6.0
>>> sum([1, 2, 3])
6
>>> sum([1, 2, 3], 4)
10
>>> sum([], 4)
4
```

super : super(type, objet) -> objet super lié à l'objet

Un type peut dériver d'un autre type. Ce dernier peut lui-même dériver d'un troisième type. Cet arbre de dérivation peut être parcouru pour un objet d'un type donné grâce à la primitive super(). On l'utilise le plus fréquemment lorsqu'une méthode est surchargée dans les descendants du type. On peut appeler la méthode du niveau qui nous intéresse par le biais de super() en spécifiant en premier paramètre le type de ce niveau.

Polymorphisme de type

```
>>> class MyClass(object):
...     def title(self):
...         return "Moi c'est la classe\n"
...
>>> class MyClass2(MyClass):
...     def title(self):
...         return "Moi aussi\n"
...
>>> class MyClass3(MyClass2):
...     def title(self):
...         title1 = super(MyClass2, self).title()
...         title2 = super(MyClass3, self).title()
...         my_title = "Jamais deux sans trois !"
...         return title1 + title2 + my_title
...
>>> test = MyClass3()
>>> print(test.title())
Moi c'est la classe
Moi aussi
Jamais deux sans trois !
```

> **À savoir super() et les définitions de classe**
>
> Pour pouvoir faire fonctionner `super()` avec vos définitions de classes, il faut toujours dériver les clas-
> ses de base du type de base `object`, ou en faire des types :
>
> ```
> >>>> def title(self):
> ...        return "Moi c'est la classe\n"
> ...
> >> MyClass = type('MyClass', (), {'title': title})
> >>> class MyClass2(MyClass):
> ...        def title(self):
> ...            return "Moi aussi\n"
> ...
> >>> class MyClass3(MyClass2):
> ...        def title(self):
> ...            title1 = super(MyClass2, self).title()
> ...            title2 = super(MyClass3, self).title()
> ...            mon_title = "Jamais deux sans trois !"
> ...            return title1 + title2 + mon_title
> ...
> >>> test = MyClass3()
> >>> print(test.title())
> Moi c'est la classe
> Moi aussi
> Jamais deux sans trois ! :
> ```

type : type(objet) -> type de l'objet

Renvoie le type d'un objet. Le test `type(objet)  is  type` est équivalent à
`isinstance(type, objet)`.

Essais avec type

```
>>> type('texte')
<type 'str'>
>>> type(1)
<type 'int'>
>>> type([])
<type 'list'>
```

type : type(nom, bases, dict) -> nouveau type

Permet de définir un nouveau type ou une nouvelle classe de nom `name`. `bases` est un
tuple représentant l'ensemble des types dont le nouveau type doit hériter et `dict` est
un dictionnaire qui contient l'ensemble des méthodes et attributs définis pour le
type. Cette notation est à éviter au profit d'une définition explicite du nouveau type.

Notations équivalentes

```
>>> class MyType(str):# notation explicite
...     a = 1
...
>>> MyType = type('MyType', (str,), {'a': 1})
```

unichr : unichr(i) -> caractère unicode

Renvoie un objet unicode de longueur 1 représentant le caractère de rang i. i est un entier compris entre 0 et 65 536 ou entre 0 et 0x10ffff en fonction de la manière dont votre interpréteur Python a été compilé.

PYTHON 3 Disparition de unichr()

Puisque unicode devient le type chaîne de base en Python 3, cette fonction disparaît.

Voir aussi : chr.

unicode : unicode(string [, encoding[, errors]]) -> objet

Génère un nouvel objet unicode en fonction d'un objet string et d'un codec spécifié par encoding. Si encoding n'est pas fourni, le codec par défaut est utilisé, soit ascii.

errors peut prendre trois valeurs :

- strict : tout caractère qui ne peut être décodé génère une erreur ;
- replace : tout caractère qui ne peut être décodé est remplacé par \ufff ;
- ignore : tout caractère qui ne peut être décodé est retiré.

La valeur par défaut pour errors est strict et tout caractère indécodable lève une exception UnicodeDecodeError.

Essais unicode

```
>>> unicode('Le café de la place', errors='ignore')
u'Le caf de la place'
>>> unicode('Le café de la place', errors='replace')
u'Le caf\ufffd de la place'
>>> unicode('Le café de la place')
Traceback (most recent call last):
  File "<stdin>", line 1, in ?
UnicodeDecodeError: 'ascii' codec can't decode byte 0xe9 in position 6:
ordinalnot in range(128)
>>> unicode('The cafe de la place')
u'The cafe de la place'
```

Voir aussi : str.

> AVERTISSEMENT **Erreurs d'encodage et de décodage**
>
> Les erreurs d'encodage et de décodage sont monnaie courante pour les développeurs francophones étant donné que les chaînes que nous utilisons sont des caractères de la norme ISO-8859-15. Certains appels à unicode() se faisant dans du code de très bas niveau sans qu'il soit possible de spécifier de manière simple l'encoding à utiliser, il est vivement conseillé de ne jamais utiliser d'objet string pour représenter le texte d'une application, et d'externaliser les traductions.

> PYTHON 3 **Disparition de unicode()**
>
> Puisque unicode devient le type chaîne de base en Python 3, cette fonction disparaît.

vars : vars([objet]) -> dictionnaire

Si objet n'est pas fourni, vars() est équivalente à locals(). Dans le cas contraire, vars(objet) est équivalente à object.__dict__.

Voir aussi : globals, locals.

xrange : xrange([start,] stop[, step]) -> itérateur

xrange() est équivalente à range() mais au lieu de renvoyer une liste d'entiers, elle renvoie un objet xrange qui génère les entiers au fur et à mesure des besoins. Plus rapide et plus léger en mémoire, xrange() est à préférer à range().

Voir aussi : range.

zip : zip(seq1 [, seq2 [...]]) -> [(seq1[0], seq2[0]...), (...)]

zip() permet de concaténer des séquences. Chaque énième élément de chaque séquence est pris pour former un tuple. Lorsque le dernier élément de la séquence la plus courte est utilisé, la concaténation s'arrête. zip() renvoie alors une liste des tuples formés.

Concaténation de séquence

```
>>> zip([1, 2, 3, 4], [5, 6])
[(1, 5), (2, 6)]
>>> zip('pi', 'ys', 't ', 'hg', 'oo', 'no', ' d')
[('p', 'y', 't', 'h', 'o', 'n', ' '), ('i', 's', ' ', 'g', 'o', 'o',
'd')]
>>> zip(['a', 'b', 'c'], [1, 2, 3], ['A', 'B', 'C'])
[('a', 1, 'A'), ('b', 2, 'B'), ('c', 3, 'C')]
```

Exceptions du langage

Voici l'ensemble des exceptions définies dans le langage, dérivant toutes de classes d'exceptions de base, présentées dans le chapitre précédent. On retrouve ces exceptions dans le module `exceptions`.

On distingue deux types d'exceptions :

- Les erreurs qui provoquent l'arrêt de l'exécution du code et doivent être interceptées par une directive `try..except`.
- Les avertissements, dérivés de l'exception de base `Warning`, utilisés avec la fonction `warn` du module `warnings`, et qui se contentent dans ce cas d'afficher un message d'avertissement sans interrompre l'exécution du programme.

À SAVOIR **Les exceptions de type Warning**

Les exceptions de type `Warning` sont des exceptions comme les autres et provoquent l'arrêt de l'exécution du programme si elles sont utilisées directement avec une directive `raise`. Seule la fonction `warn` leur donne ce fonctionnement particulier.

Erreurs

AssertionError

La primitive `assert()` permet de contrôler qu'une expression renvoie `True`. Dans le cas contraire, une exception `AssertionError` est levée. Peut être utilisée pour valider des préconditions à l'exécution du code d'une fonction.

Validation d'un précondition

```
>>> def delta(a, b):
...     assert(a > b)
...     return a - b
...
>>> delta(10, 5)
5
>>> delta(2, 5)
Traceback (most recent call last):
  File "<stdin>", line 1, in ?
  File "<stdin>", line 2, in delta
AssertionError
```

AttributeError

Levée lorsque, pour un objet donné, l'interpréteur ne trouve pas l'attribut demandé, ou ne peut pas lui assigner de valeur.

Erreurs d'attributs

```
>>> o = []
>>> o.items
Traceback (most recent call last):
  File "<stdin>", line 1, in ?
AttributeError: 'list' object has no attribute 'items'
>>> o.items = 0
Traceback (most recent call last):
  File "<stdin>", line 1, in ?
AttributeError: 'list' object has no attribute 'items'
```

EOFError

Levée lorsque qu'un flux de lecture de données rencontre le caractère de fin de fichier EOF. C'est le cas par exemple lorsque l'on renvoie le signal EOF (**Ctrl+D** sous Linux et **Ctrl+Z** sous MS-Windows) à une commande comme input().

Signal EOF

```
>>> input() # Ligne suivi d'un signal EOF
Traceback (most recent call last):
  File "<stdin>", line 1, in ?
EOFError
```

FloatingPointError

Exception concernant les erreurs de calcul en virgule flottante. Pour pouvoir l'utiliser, Python doit être configuré avec l'option -with-fpectl ou pyconfig.h doit définir la constante WANT_SIGFPE_HANDLER. Cette option est activée dans une installation Python par défaut.

IOError

Exception levée lorsqu'une opération de lecture ou d'écriture échoue. Voir l'exception parent EnvironmentError dans le chapitre précédent pour les paramètres du constructeur.

Exemples d'erreurs système

```
>>> mon_fichier = open('jexistepas', 'r')
Traceback (most recent call last):
  File "<stdin>", line 1, in ?
IOError: [Errno 2] No such file or directory: 'jexistepas'
>>> mon_fichier = open('/root/.ssh/known_hosts', 'r')
Traceback (most recent call last):
  File "<stdin>", line 1, in ?
IOError: [Errno 13] Permission denied: '/root/.ssh/known_hosts'
```

ImportError

Concerne les erreurs relatives au chargement d'un module ou d'un élément de module lors de l'utilisation de la directive import ou from. Si le nom de l'élément n'est pas trouvé, l'interpréteur lève une exception ImportError.

IndentationError

Provoquée lorsque l'interpréteur rencontre une erreur d'indentation de code.

IndexError

Exception utilisée lorsqu'un indice de séquence est hors limites.

IndexError

```
>>> liste = [1, 2, 3]
>>> liste[12]
Traceback (most recent call last):
  File "<stdin>", line 1, in ?
IndexError: list index out of range
```

KeyError

Exception utilisée lorsqu'une clé de mapping n'existe pas dans la liste des clés.

KeyError

```
>>> dico = {'a': 12}
>>> dico['b']
Traceback (most recent call last):
  File "<stdin>", line 1, in ?
KeyError: 'b'
```

KeyboardInterrupt

Provoquée lorsque l'utilisateur utilise une interruption (Ctrl+C). Permet l'arrêt de l'exécution d'un programme.

Sortie de programme par Ctrl+C

```
>>> import time
>>> while True:
...     time.sleep(0.25)
...     print('.')
...
.
.
.
.
.
^CTraceback (most recent call last):
  File "<stdin>", line 2, in ?
KeyboardInterrupt
```

MemoryError

Exception provoquée lorsqu'un programme n'a plus de mémoire disponible au moment d'une allocation ou d'un calcul. Il est possible dans ce cas de tenter de libérer de la mémoire par le biais de la directive del.

NameError

Provoquée lorsqu'un nom utilisé n'existe pas dans le contexte d'exécution en cours, que ce soit dans la liste des variables locales ou dans celle des globales.

NotImplementedError

Utilisée dans le corps des méthodes qui n'ont pas encore été codées, ou dans les méthodes abstraites qui n'ont aucune implémentation et doivent être surchargées dans les classes dérivées.

Une classe abstraite qui définit des méthodes utilise NotImplementedError en lieu et place de pass. Équivalente aux méthodes virtuelles pures du langage C++.

Méthode abstraite

```
>>> class MaClass:
...     def methode():
...         raise NotImplementedError
...
```

OSError

Levée pour toute erreur système. Utilisée pour toutes les fonctions implémentées dans le module os. Voir l'exception parent `EnvironmentError` dans le chapitre précédent pour les paramètres du constructeur.

OverflowError

Utilisée lors d'un dépassement de capacité.

Contrôle de dépassement de capacité par xrange

```
>>> xrange(1e100, 1e101, 1e101)
Traceback (most recent call last):
  File "<stdin>", line 1, in ?
OverflowError: long int too large to convert to int
```

Pour les entiers, le passage d'un entier à un entier long étant automatique, aucune exception de type `OverflowError` ne sera levée. Il est donc nécessaire de faire le contrôle explicitement.

ReferenceError

Provoquée lorsqu'un proxy créé par la fonction `proxy()` du module `weakref` tente d'accéder à un objet qui n'existe plus, c'est-à-dire supprimé par le ramasse-miettes.

> VERSION **Module weakref**
>
> Cette exception était, jusqu'à la version 2.2, dans le module `weakref`.

RuntimeError

Exception issue des anciennes versions de Python et très rarement utilisée dans les versions actuelles, permet de signaler des erreurs inclassables.

StopIteration

Utilisée pour signaler la fin d'une séquence dans les itérateurs. Cette exception est interceptée par l'interpréteur pour terminer une boucle `for`.

SyntaxError

Levée par l'interpréteur lorsqu'il rencontre une erreur de syntaxe au moment de la lecture du code. Outre le message d'erreur, possède des informations utiles sur l'erreur, comme le nom du fichier (`filename`), le numéro de ligne (`lineno`), la colonne (`offset`) et enfin le texte (`text`).

SystemError

Provoquée lorsque l'interpréteur rencontre une erreur interne non fatale.

SystemExit

Cette exception est levée par la fonction exit du module sys et déclenche la sortie de l'interpréteur Python. Elle peut prendre en paramètre de constructeur un entier qui sera renvoyé par l'interpréteur au système comme code de sortie du programme (0 par défaut). Si une chaîne de caractères est passée, elle sera affichée avant que l'interpréteur ne quitte l'exécution et renvoie le code 0 au système.

Il est possible d'associer une fonction à cet événement, par le biais de la fonction register du module atexit. Cette fonction s'exécutera après la gestion de l'exception et peut contenir du code de nettoyage spécifique.

Sortie de programme

```
>>> def fin():
...     print('The End')
...
>>> import atexit
>>> atexit.register(fin)
>>> raise SystemExit('Arret execution')
Arret execution
The End
```

TabError

Provoquée lorsque l'interpréteur rencontre un mélange d'espaces et de tabulations pour l'indentation du code.

TypeError

Provoquée lorsqu'un objet fourni à une opération, une fonction ou une méthode, n'est pas du type attendu.

TypeError

```
>>> 'a' + 2
Traceback (most recent call last):
  File "<stdin>", line 1, in ?
TypeError: cannot concatenate 'str' and 'int' objects
>>> 1 + 'a'
Traceback (most recent call last):
  File "<stdin>", line 1, in ?
TypeError: unsupported operand type(s) for +: 'int' and 'str'
```

UnboundLocalError

Provoquée lorsqu'une référence à une variable est faite sans qu'aucune valeur ne lui ait été précédemment attribuée. Cette erreur est provoquée lorsque l'interpréteur trouve dans le contexte d'exécution de la variable une initialisation de sa valeur après son utilisation. Si l'interpréteur ne trouve aucune initialisation, une erreur NameError est levée.

Initialisation tardive

```
>>> def fonction():
...     print y
...     y = 1
...
>>> fonction()
Traceback (most recent call last):
  File "<stdin>", line 1, in ?
  File "<stdin>", line 2, in fonction
UnboundLocalError: local variable 'y' referenced before assignment
```

UnicodeEncodeError

Introduite dans la version 2.3 comme classe dérivée de UnicodeError, permet de préciser lorsqu'une erreur de conversion d'unicode est provoquée, c'est-à-dire qu'il s'agit d'un problème de conversion d'unicode vers string.

Erreur d'encodage

```
>>> u'\u0200'.encode()
Traceback (most recent call last):
  File "<stdin>", line 1, in ?
UnicodeEncodeError: 'ascii' codec can't encode character u'\u0200' in
position 0: ordinal not in range(128)
```

UnicodeDecodeError

Équivalente à UnicodeEncodeError, mais pour les problèmes de conversions de string vers unicode.

Erreur de décodage

```
>>> '\xff'.decode()
Traceback (most recent call last):
  File "<stdin>", line 1, in ?
UnicodeDecodeError: 'ascii' codec can't decode byte 0xff in position 0:
ordinal not in range(128)
```

UnicodeTranslateError

Provoquée lors d'une erreur de traduction de chaîne de type unicode.

ValueError

Provoquée lorsqu'une opération, méthode ou fonction reçoit un paramètre du bon type mais dont la valeur n'est pas utilisable par le code.

Incompatibilité de valeurs

```
>>> from pickle import Pickler
>>> pickler = Pickler('/home/tziade/file', protocol=1)
Traceback (most recent call last):
  File "<stdin>", line 1, in ?
  File "/usr/lib/python2.4/pickle.py", line 199, in __init__
    raise ValueError, "can't specify both 'protocol' and 'bin'"
ValueError: can't specify both 'protocol' and 'bin'
```

Dans l'exemple, le code de la classe Pickle s'assure que deux options incompatibles n'ont pas été appelées en même temps.

WindowsError

Provoquée pour toutes les erreurs OSError spécifiques à MS-Windows qui n'ont pas d'équivalent dans la table des erreurs errno. Les valeurs errno et strerror sont récupérées dans ce cas par le biais des API système GetLastError() et FormatMessage() spécifiques à cette plate-forme. N'est définie et accessible dans les primitives que sur la plate-forme MS-Windows.

ZeroDivisionError

Provoquée lorsque le diviseur d'une division ou d'un modulo est zéro.

Avertissements

Voici l'ensemble des classes d'exceptions utilisées comme avertissements. Ces classes ne sont jamais directement appelées avec une directive raise mais utilisées avec la fonction warn du module warnings.

Exemple d'utilisation d'un avertissement

```
>>> def function():
...     import warnings
...     warnings.warn('cette fonction disparaîtra dans la prochaine
version', DeprecationWarning)
...     print('resultat')
...
>>> function()
/etc/pythonrc.py:2: DeprecationWarning: cette fonction disparaîtra dans
la prochaine version
resultat
```

UserWarning

Classe de base pour tous les avertissements. La fonction warn vérifie que le type de l'exception qui lui est fournie dérive bien de cette classe.

DeprecationWarning

Avertit le développeur que la fonction ou méthode exécutée est une relique et ne doit plus être utilisée.

FutureWarning

Avertissement sur du code qui sera remis en cause dans le futur (voir module __future__).

OverflowWarning

Avertissement pour les dépassements numériques.

PendingDeprecationWarning

Avertit le développeur que la fonction ou méthode exécutée est vouée à disparaître et n'est conservée que pour assurer une compatibilité avec le code existant et une migration douce. Le message fournit en général le nom de la fonction ou méthode qui doit être utilisée à la place.

La distinction entre cet avertissement et le précédent est relativement floue. Il est fréquent que les développeurs utilisent des avertissements de type DeprecationWarning en lieu et place d'avertissements de type PendingDeprecationWarning.

RuntimeWarning

Avertissement sur un comportement d'exécution douteux.

SyntaxWarning

Avertissement sur une syntaxe douteuse.

En un mot...

Les primitives du langage sont les fonctionnalités les plus importantes à maîtriser et à retenir car elles fournissent toutes les manipulations de base des objets.

7

Conventions de codage

« *Readability counts* ». *Tim Peters, The Zen of Python*
« La lisibilité est essentielle »
— Tim Peters, « Le Zen de Python »

Avant de présenter les principaux modules et de se plonger dans les exercices, il est nécessaire d'aborder un dernier thème : les conventions de codage, ou *style guide*.

Adopter des conventions pour l'écriture du code est indispensable pour assurer la bonne homogénéité d'un projet, surtout lorsque plusieurs développeurs travaillent sur les mêmes portions de code. Ce chapitre est un guide qui fournit les recommandations les plus communément adoptées. Il présente dans un premier temps la mise en page du code, puis les conventions de nommage et la structure d'un module. La dernière partie propose des bonnes pratiques pour le choix des noms.

Mise en page du code

Indentation

Nous avons vu au chapitre 4 que l'une des originalités du langage Python est de rendre obligatoire l'indentation du code dans les structures algorithmiques. En cas de non-respect de cette règle, la sanction est immédiate :

Non-respect de l'indentation

```
>>> for i in range (2):
... print(str(i))
  File "<stdin>", line 2
    print str(i)
        ^
IndentationError: expected an indented block
>>> for i in range (2):
...     print(str(i))
...
0
1
```

Cette règle, souvent vécue comme une contrainte par les développeurs qui découvrent le langage, s'avère être agréable à l'usage : l'indentation étant l'élément structurant du code, celui-ci se trouve allégé des accolades et autres begin...end qui parsèment les autres langages.

Le nombre d'espaces ou de tabulations qui constituent l'indentation est libre, la seule obligation étant de ne pas mélanger les deux. Le premier réflexe est d'utiliser la touche Tab pour minimiser le nombre de frappes, mais les espaces sont en général préférés pour la bonne et simple raison que le code obtenu conservera la même allure d'un éditeur de code à l'autre.

La recommandation est d'utiliser quatre espaces par niveau d'indentation. Il est donc conseillé d'utiliser un éditeur de texte qui remplace automatiquement les tabulations par des espaces pour faciliter la frappe.

Taille maximum d'une ligne

La taille maximum d'une ligne de code doit être de 79 caractères. Cette raison est historique puisque les écrans en mode texte, avant l'avènement des modes graphiques, étaient en général de 80 caractères de large.

Sur le matériel actuel, les développeurs qui travaillent avec des éditeurs comme Emacs ou Vim alignent généralement deux terminaux.

Cette taille limite de 80 caractères reste de toute manière un standard immuable et défini par défaut dans la plupart des éditeurs Python.

Pour les lignes dépassant la limite, il est nécessaire d'utiliser :

- un saut de ligne dans une séquence d'éléments entre parenthèses, accolades ou crochets ;
- des antislash (\) ou des parenthèses supplémentaires;

puis d'indenter correctement le code passé à la ligne.

Exemples de passage à la ligne

```python
def _layout_modified(self, REQUEST, RESPONSE, type_id,
                     layout_index=1, is_flexible=False):
    """Modifie le layout à la volée."""

    if layout_index == 1 and is_flexible and self.step == 12 and \
       type_id != 4:
        self._modify(type_id)
    elif layout_index == 1 and is_flexible and (self.step == 13
                                          and type_id = 3):
        self._modifyAll(type_id)
    else:
        self._modifyAll(13)
```

À SAVOIR **Éditeurs Python**

Les éditeurs qui gèrent Python proposent parfois une gestion automatique du passage à la ligne.

Commentaires

La bonne quantité de commentaires est en général assez difficile à trouver et dépend de plusieurs facteurs :

- la personnalité du développeur ;
- la nature du code ;
- le rythme du projet.

Le développeur qui entame un projet est toujours plus bavard dans ses commentaires que celui qui essaye de terminer dans les temps.

Enfin, l'utilisation de plus en plus fréquente des doctests, décrits au chapitre 12, qui donnent directement des exemples d'utilisation du code, réduit considérablement le besoin de certains types de commentaires.

Commentaires simples

Les commentaires simples sont des lignes insérées dans la continuité du code et constituant des phrases complètes. Le point de fin de phrase est retiré.

Commentaires simples

```
# Préparation des données du XF4 et normalisation
datas = get_datas(2)
normalized_datas = normalize_xf4(datas)
```

Commentaires en fin de ligne

Les commentaires en fin de ligne sont distants d'au moins deux espaces de la fin du code et commencent par un caractère dièse (#) suivi d'un espace. Ils sont en général très courts et doivent avoir une valeur ajoutée, c'est-à-dire ne pas se contenter de répéter en français ce que le code de la ligne fait.

Ils sont préférés aux commentaires simples pour des remarques concernant l'implémentation.

Utilisation d'un commentaire en ligne

```
resultat = resultat.strip() # des espaces en trop altèrent la lisibilité

# à éviter:
resultat = resultat * 2 # le résultat est multiplié par deux
```

Blocs de commentaires

Un bloc de commentaires est en général utilisé pour expliquer le fonctionnement et l'objectif de la portion de code. Si le texte est constitué de plusieurs paragraphes, une ligne de commentaire vide les sépare. Un saut de ligne est inséré avant et parfois après le bloc lorsqu'il est nécessaire d'accentuer l'importance de ce commentaire.

Exemple d'utilisation d'un bloc

```
if kw.has_key('autolayout'):

    # Mise en place d'un affichage auto
    # pour l'instant sur trois colonnes
    #
    # Pourra être plus perfectionné
    # par la suite.
```

```
        layoutdef = {'ncols': 1, 'rows': []}
        rows = []
        for item in layout.objectIds():
          element = {}
          element['widget_id'] = item[3:] # retrait du préfixe "w__"
          element['ncols'] = 1
          rows.append([element])
          layoutdef['rows'] = rows

          # appel au moteur de rendu
          layout.set_layout_definition(layoutdef)
```

Les blocs servent aussi comme en-têtes des modules pour insérer les informations de licence, de copyright et autres éléments spécifiques et communs à tous les fichiers du projet, comme nous le verrons dans la structure d'un module en fin de chapitre.

Enfin, les notes de développement sont souvent des commentaires avec un préfixe particulier (FIXME:, TODO: ou XXX:).

Commentaire de développement

```
[...]
def afficher(self, taille):
    """ affichage """
    # FIXME: A quoi sert cette variable ?
    i = 12
    for u in range(taille):
        print str(u)
[...]
```

BONS USAGES **Soigner les commentaires**

Un soin tout particulier doit être apporté aux commentaires pour la valorisation à long terme du code. Lors d'étapes de *refactoring* ou *d'outsourcing*, qui peuvent survenir des mois, voire des années après la création initiale, les modules peu ou mal commentés sont en général très rapidement jetés aux oubliettes.

Documentation strings ou docstrings

Il est recommandé de fournir un docstring pour tous les éléments de code, exceptés les méthodes privées. La raison est que l'interpréteur Python lit ces docstrings et les associe pour chaque élément commenté à un attribut spécial __doc__. Cet attribut est utilisé dans certains cas lors d'interactions entre l'utilisateur et le programme et devient parfois obligatoire. Par exemple, dans une application Zope 2, une méthode d'une classe sans docstring ne pourra pas être appelée par le biais de l'interface web.

De la même manière, tous les logiciels de création automatique de documentation de code se basent sur cette fonctionnalité.

Les docstrings peuvent être écrits sur une seule ligne ou sur plusieurs lignes et sont entourés de triples guillemets, et suivis d'un saut de ligne :

Exemple de docstring

```python
def mimetype_to_icon(mimetype):
    """Transforme un type mime en nom de fichier icône."""
    if mimetype.strip() == '':
        return 'unknown.png'
    return mimetype.replace('/', '_') + '.png'
```

Lorsqu'il est nécessaire d'écrire un texte un peu plus élaboré, il est en général conseillé de commencer le docstring par un résumé du texte, puis de laisser un saut de ligne entre ce titre et le corps du texte :

Exemple de docstring sur plusieurs lignes

```python
def mimetype_to_icon(mimetype):
    """Transforme un type mime en nom de fichier icône.

    Utilisé pour les fichiers attachés. Si le type
    est inconnu, renvoie 'unknown.png'.
    """
    mimetype = mimetype.strip()
    if mimetype == '' or mimetype notin kown_types:
        return 'unknown.png'
    return mimetype.replace('/', '_') + '.png'
```

Le corps du texte est aligné sur les triples guillemets et une ligne entière est réservée au triple guillemet final.

> À SAVOIR **Docstring sur plusieurs lignes**
>
> Cette structure permet aux outils de documentation de différencier le titre, comparable à un docstring sur une seule ligne, des informations complémentaires. Si elle n'est pas respectée, les documentations générées ne seront pas très claires.

Espacement du code

Les sauts de lignes sont un facteur de lisibilité du code non négligeable. Ils doivent donc être utilisés à bon escient et combinés aux commentaires pour mettre en valeur la structure du code. Dans les algorithmes complexes, un saut de ligne judicieusement placé avant et après une boucle permet de mieux suivre le rythme, comme le fait la ponctuation dans une phrase.

Exemple et contre-exemple

```python
# code nécessitant un effort de lecture supplémentaire
def reverse_text(text):
    size = len(text)
    result = []
    for i in range(size).reverse():
        result.append(text[i])
    return ''.join(result)

# code mettant en relief le rythme de l'algorithme
def reverse_text(text):
    """Fonction qui renvoie un texte à l'envers."""
    size = len(text)
    result = []

    for i in range(size).reverse():
        result.append(text[i])

    return ''.join(result)
```

> À RETENIR **Ligne vide en fin de fichier**
>
> Les fichiers Python doivent toujours se terminer par une ligne vide, pour éviter d'éventuels problèmes avec certains outils de lecture de source.
> La commande `cat` de certains shells Unix n'affiche jamais la dernière ligne d'un fichier par exemple. Les systèmes de version CVS ou Subversion affichent en général un avertissement dans ce cas de figure.

Espaces dans les expressions et définitions

Les espaces dans les expressions et définitions doivent respecter un certain nombre de règles :

1 toujours placer un espace après une virgule, un point-virgule ou deux-points ;

2 ne jamais placer d'espace avant une virgule, un point-virgule ou deux-points ;

3 toujours placer un espace de chaque coté d'un opérateur, sauf lorsque cet opérateur est le signe égal (=) utilisé dans l'affectation par défaut dans une liste d'arguments ;

4 ne pas placer d'espace après une accolade, un crochet ou une parenthèse ouvrante ;

5 ne pas placer d'espace entre le nom d'une fonction et sa liste d'arguments, ou le nom d'un dictionnaire et un index.

Exemples et contre-exemples d'espacement

```
# Règle 1
# à éviter :
def foo(param1 , param2 ,param3):
    ...
# préférer :
def foo(param1, param2, param3):
    ...

# Règle 2
# à éviter :
def foo(param1, param2, param3 = 2):
    if a=b or c=d:
        ...
# préférer :
def foo(param1, param2, param3=2):
    if a = b or c = d:
        ...

# Règle 3
# à éviter :
dictionnary = { 'key' : 1 }
# préferer :
dictionnary = {'key' : 1}

# Règle 4
# à éviter :
self.method (3, 'a')
dictionnary ['key'] = 12
# préférer :
self.method(3, 'a')
dictionnary['key'] = 12
```

Conventions de nommage

Les conventions de nommage des différents éléments de code sont aussi importantes que la mise en page vue dans la partie précédente, car elles donnent des informations supplémentaires aux développeurs quant à la nature de certains attributs ou certaines variables.

Les conventions de nommage sont les conventions qui diffèrent le plus. Elles sont souvent inhérentes à certains frameworks. Ces outils tiers imposent leur propre style, et il est en général conseillé, lorsque l'on travaille avec un environnement basé sur ces outils, de respecter leurs conventions.

Avant de présenter les différentes conventions, voici quelques définitions :

- *CapitalizedWords* : nom composé d'un ou plusieurs mots attachés dont chaque première lettre est en majuscules ;
- *mixedCase* : CapitalizedWords dont la première lettre est en minuscules ;
- *lowercase :* nom composé d'un ou plusieurs mots attachés dont toutes les lettres sont en minuscules ;
- *lowercase_words* : nom composé d'un ou plusieurs mots séparés par des espaces soulignés, dont toutes les lettres sont en minuscules ;
- *UPPERCASE_WORDS* : nom composé d'un ou plusieurs mots séparés par des espaces soulignés, dont toutes les lettres sont en majuscules.

Ces différentes écritures peuvent êtres appliquées à trois familles de noms :

- les modules ;
- les classes ;
- les fonctions et variables globales d'un module, les méthodes et attributs d'une classe.

Modules

Les modules doivent êtres écrits en *lowercase*. Il faut cependant veiller à ne pas utiliser des noms de plus de huit caractères pour éviter par exemple, que votre code qui fonctionne parfaitement sous GNU/Linux, ne marche plus sous certaines versions de MS-DOS à cause de problèmes d'importation.

La recommandation précédente était de nommer les modules de deux manières différentes suivant leur appartenance à une des deux sous-familles de modules :

- les bibliothèques ;
- les modules de classe.

Les bibliothèques sont des modules contenant un certain nombre de fonctions et de classes. C'est le cas par exemple d'imaplib, de smtplib, ou encore de gzip.

Les modules de classe sont des modules qui ne contiennent qu'une seule classe et quelques éléments supplémentaires comme des définitions de constantes. Le module porte en général le même nom que la classe qu'il contient et utilise une notation *CapitalizedWords*.

Il est préconisé aujourd'hui, outre le fait d'abandonner la notation *CapitalizedWords*, de ne plus créer un module par classe mais de préférer un regroupement logique des classes, à différencier du regroupement fonctionnel proposé par les modules de type bibliothèques. Ce regroupement est en général défini par les relations entres classes : une classe de base et ses classes dérivées, les classes en charge du même lot de fonctionnalités, etc.

Cette organisation simplifie grandement l'écriture et la compréhension des clauses d'importation, qui ont tendance à représenter un nombre conséquent de lignes quand le code grossit. Par exemple, toute les classes d'un objet concernant les connexions vers des bases de données peuvent être regroupées dans un module nommé `bdaccess`.

À RETENIR **Les parties privées, protégées et publiques d'une classe en Python**

Avant de présenter les conventions de nommage pour les classes, il est nécessaire de faire un rapide résumé des différents niveaux de visibilité des méthodes et attributs d'une classe.

Contrairement à la plupart des langages objet, le langage Python ne définit pas de sections privées, protégées ou publiques.

Ces distinctions sont laissées à la charge du développeur qui doit utiliser une convention particulière qui consiste à préfixer d'un espace souligné le nom des méthodes et des attributs protégés, et de deux espaces soulignés ceux destinés à être privés.

Le chapitre 14 couvre plus en détail la programmation orientée objet.

Classes

Les noms des classes sont toujours en *CapitalizedWords*, et préfixés si nécessaire d'un ou deux espaces soulignés. Le choix d'un nom de classe doit être le plus descriptif possible et si possible avoir une racine commune au nom de la classe parente s'il y a héritage.

B.A.-BA **Nommage de classes**

Prenons l'exemple d'un ensemble de classes destinées à gérer des flux de données. Une classe de base définit une certaine abstraction du fonctionnement des flux et une classe dérivée implémente cette abstraction pour des flux RSS. Les noms pourraient être :

* `BaseDataStream`
* `RSSDataStream`

Fonctions et variables globales d'un module, méthodes et attributs d'une classe

Les fonctions et variables globales d'un module sont en *lowercase_words*, et préfixées si nécessaire d'un espace souligné. De même, les méthodes et attributs d'une classe doivent être en *lowercase_words*, et préfixés si nécessaire d'un ou deux espaces soulignés. Cette convention prévaut dans la plupart des cas, mais certains *frameworks* comme Zope préconisent une autre convention pour le nommage des méthodes, qui a tendance à être de plus en plus pratiquée : le *mixedCase*.

Constantes

Les constantes sont, comme dans la plupart des langages, en *UPPERCASE_WORDS*, préfixées si nécessaire par un ou deux espaces soulignés.

Structure d'un module

Un module respecte toujours la même organisation, soit :
- un en-tête ;
- des clauses d'importations ;
- des variables globales ;
- des fonctions et classes.

En-tête

L'en-tête est composé d'un bloc de commentaires commun à tous les modules d'un projet, avec quelques éléments spécifiques :
- l'interpréteur ;
- l'encodage ;
- la balise Id CVS ou SVN, appelée tag.

Interpréteur

Pour les plates-formes Unices, il est de coutume de commencer ce bloc par une ligne indiquant au système l'endroit où se trouve l'interpréteur python.

Directive

```
#!/usr/bin/python
```

Cette ligne permet d'exécuter directement le module en ligne de commande. Elle s'avère inutile pour les modules qui ne sont pas exécutés directement, mais n'est pas gênante.

Encodage

Les modules Python étant chargés par défaut en ASCII par l'interpréteur, les caractères spécifiques dépassant les 128 premiers signes posent des problèmes lorsqu'il est nécessaire d'écrire des chaînes unicode. Jusqu'à la version 2.2 de Python, l'écriture de ces caractères n'était possible qu'en utilisant leurs équivalents en *unicode-escape*, ou par exemple é s'écrit \xe9.

Python 2.3 a introduit une nouvelle directive à placer en première ou deuxième ligne du fichier, qui permet de spécifier l'encoding. L'encodage en général utilisé par les programmeurs francophones est l'utf-8.

Directive d'encodage

```
# -*- encoding: utf8 -*-
```

> **À SAVOIR Encodage d'un fichier Python**
>
> Les éditeurs de code Python recherchent généralement cette ligne pour déterminer l'encodage du fichier, s'il diffère de celui du système.

Copyright et licence

Les lignes suivantes peuvent concerner le copyright, ainsi que la licence du fichier. La structure de ces informations est libre.

Tags

Si vous utilisez CVS ou SVN (Subversion), la dernière ligne du commentaire peut être utilisée pour mettre en place un tag de version, utilisé par le système de versionning pour placer un certain nombre d'informations.

Tag vierge

```
# $Id: $
```

Ce tag sera renseigné lors du premier commit.

Tag après commit

```
# $Id: test_mailmessageeditview.py,v 1.2 2005/02/09 10:44:06 tziade Exp $
```

Docstring de module

Le docstring général au module vient se placer juste après le bloc de commentaire et contient un descriptif complet de tous les éléments et de leur utilisation. Il peut aussi contenir des informations relatives aux dépendances, c'est-à-dire à l'ensemble des programmes et modules tiers nécessaires. En outre, si le module est directement exécutable, on retrouvera dans ce docstring la liste des paramètres d'exécution.

Variables globales spécifiques

Un ensemble de variables globales spécifiques peut suivre le bloc de commentaire. Toutes ces variables sont optionnelles et en général préconisées par des outils tiers de génération automatique de documentation, la référence étant celles utilisées par le module pydoc.

Les variables utilisées par pydoc

```
__author__ = "Tarek Ziadé <tarek@ziade.org>"
__date__ = "26 February 2005"
__version__ = "$Revision: 1.5 $"
__credits__ = """Thanks to my mother."""
```

Clauses d'importations

Chaque clause d'importation doit être sur une ligne distincte, en évitant de réunir plusieurs clauses sur la même ligne, sauf lorsque les éléments importés appartiennent au même module. Pour ce dernier cas, une écriture explicite est tout de même préférable.

Cette notation facilite la lecture, surtout lorsque les clauses d'importation sont nombreuses.

Exemples et contre-exemples

```python
# écriture incorrecte :
import smtplib, imaplib

# écriture correcte :
import smtplib
import imaplib

# plusieurs éléments du même module, souvent utilisé :
from smtplib import SMTP, SMTP_PORT

# plusieurs éléments du même module, préférable :
from smtplib import SMTP
from smtplib import SMTP_PORT
```

Les jokers

Comme vu au chapitre 4, Python permet de faire des importations avec des jokers pour avoir accès à l'ensemble des fonctions, classes et méthodes d'un module, dans votre espace de noms.

Importation de l'ensemble des éléments d'un module

```
from smtplib import *
```

Cette écriture est à proscrire sauf cas particuliers car les éléments utilisés ne sont pas clairement identifiés et entraînent une perte de visibilité des dépendances entre modules. Préférez une écriture complète vers l'élément utilisé.

Importations explicites

```
# accès à une classe du module :
from smtplib import SMTP

# accès au module complet
# SMTP sera atteint par smtplib.SMTP
import smtplib
```

Organisation des clauses

Les clauses d'importation doivent être regroupées par niveaux séparés par un saut de ligne, le plus bas niveau étant placé en premier :

1 importations d'éléments des bibliothèques standards ;

2 importations d'éléments de bibliothèques utilitaires ;

3 importations spécifiques au projet.

Exemple

```
import os
import sys

from smtplib import SMTP
from smtplib import SMTP_PORT
from imaplib import IMAP4

from MonProjet.MonModule1 import MaClasseA
from MonProjet.MonModule2 import MaClasseB
from MonProjet.MonModule2 import MaClasseC
```

Si les niveaux ne contiennent qu'une seule clause, ils peuvent être regroupés.

Exemple 2

```
import os
from smtplib import SMTP
from MonProjet.MonModule2 import MaClasseB
```

Variables globales

Les variables globales suivent les clauses d'importation et peuvent être réunies par thèmes séparés par un saut de ligne.

Exemple

```
TIMEOUT = 12
SLEEP = 2

DEFAULT_SERVER = 'localhost'
DEFAULT_PORT = 25
```

Fonctions et classes, le corps du module

Le reste du module est bien sûr réservé aux différentes fonctions et classes qui le composent. L'ordre de ces éléments est en général guidé par la logique des interactions : une classe de base est toujours placée au dessus de ses classes héritées. De la même manière, une fonction qui doit être appelée pour toutes les classes d'une application se placera toujours juste après cette classe.

Organisation logique des classes et fonctions

```
class BaseDataStream:
    """Classe de base pour les flux."""

    def read_stream(self):
        """Lecture d'un flux."""
        raise NotImplementedError

class RSSDataStream(BaseDataStream):
    """Classe pour les flux RSS."""

    def read_stream(self):
        """Lecture d'un flux RSS."""
        ...

registerClass(RSSDataStream)
```

Structuration d'une classe

Une dernière partie importante en terme de structuration concerne l'organisation d'une classe. Lorsqu'une classe implémente beaucoup de méthodes, c'est en général une bonne idée de faire des regroupements logiques séparés par des blocs de commentaires.

Structuration d'une classe

```
class RPCDataStream(BaseDataStream):
    """Classe pour les flux RPC."""

    def _fonction_interne1(self):
        ...

    def _fonction_interne2(self):
        ...

    #
    # API public
    #
    def read_stream(self):
        """Lecture d'un flux RPC."""
        ...
```

Cette notation permet de renforcer la visibilité lorsque les modules commencent à faire une certaine taille.

Quoi qu'il en soit, des méthodes ou des modules anormalement longs sont bien souvent le témoin d'une mauvaise architecture, et un éclatement est en général à envisager.

Conseils pour le choix des noms

Le choix des noms, que ce soit pour les classes, variables, méthodes, ou tout autre élément du code, doit être fait en gardant à l'esprit que le programme n'est pas destiné à être lu par des ordinateurs, mais par des développeurs ou des clients.

L'ordinateur n'attache aucune importance aux noms choisis pour les variables, le développeur en charge de la correction du module quant à lui peut vivre un véritable cauchemar si les variables trouvées dans le programme s'appellent toujours a, b et c.

Règles générales

Du sens

Un nom doit être porteur de sens. Hormis quelques exceptions comme le nom de certaines variables utilisées dans des boucles, un nom doit informer sur la nature de l'élément qu'il désigne.

Choix de la langue

Python est un langage écrit en anglais et tous ses éléments sont des mots anglais. L'anglais étant de plus la langue universelle de l'informatique, il est vivement conseillé de l'adopter pour tous les noms si le contexte le permet.

Il est aussi nécessaire de maîtriser l'anglais utilisé pour éviter des franglismes ou des fautes d'orthographe qui peuvent prêter à confusion sur le sens des noms.

Unicité des noms

Une fois un nom choisi, il doit être utilisé et écrit de la même manière dans tout le programme, dans la documentation et dans les spécifications techniques. Il faut absolument éviter d'utiliser plusieurs noms différents pour parler de la même chose.

La bonne longueur

Utiliser des abréviations pour les noms n'est pas une bonne idée. Les noms trop courts perdent du sens et deviennent vite anonymes. Lorsque l'on recherche une variable nommée cpt dans le code, on risque d'être noyé sous les résultats.

Des noms trop longs ne sont pas non plus conseillés, à l'instar des noms à rallonge que l'on trouve en Java.

La bonne longueur est donc un nom court mais précis, et non abrégé.

Éviter le mélange domaine/technique

Les termes techniques de Python peuvent être : dictionnaire, dico, liste, collection, tuple, etc.

Les termes du domaine peuvent être : article, rayon, catalogue, etc.

Pour éviter de rendre le code illisible, il ne faut jamais mélanger les deux ensembles pour composer des noms comme : dico_article, tuple_rayon, etc.

Règles pour chaque type

Modules

Le nom d'un module doit informer sur son contenu et rester homogène, lorsque le cas se présente, aux autres modules du même paquet ou du même thème.

Un module de client sftp s'appellera logiquement `sftplib`, en continuité avec `ftplib`, `httplib`, `imaplib`, etc.

Classes

Le nom d'une classe doit toujours indiquer ses objectifs et parfois ses origines.

Sans documentation supplémentaire, il doit être possible de savoir ce que fait la classe, uniquement par son nom.

Le nom d'une classe doit s'inscrire dans une certaine continuité avec les classes du même ensemble.

Dans un framework complet, cette règle peut s'étendre à l'utilisation de racines communes dans le nom de la classe, indiquant par exemple le niveau de dérivation et l'appartenance à une famille de classes, c'est-à-dire l'origine.

Les racines communes sont toujours à droite du nom et le préfixe est modifié ou enrichi dans les classes dérivées.

Par exemple :

- `StreamRequestHandler`
- `BaseHTTPRequestHandler`
- `SimpleHTTPRequestHandler`

Ces trois classes utilisent un tronc commun `RequestHandler`, puis se spécialisent en `Stream`, `BaseHTTP` et enfin `SimpleHTTP`.

D'une manière plus générale, si un bon nom ne peut pas être trouvé pour une classe, il y a certainement un problème d'analyse et les abstractions sont probablement à revoir.

Méthodes et fonctions

Tous les conseils présentés ci-dessous s'appliquent également aux fonctions.

Les méthodes doivent indiquer ce qu'elles font ou ce qu'elles retournent.

On peut séparer quelques types de méthodes :

- Les booléens : il est bon de préfixer les méthodes qui renvoient un booléen par `has` ou `is`.
- Les get et set : ces méthodes ont comme objectif de retourner ou de modifier une valeur donnée. Elles sont toujours préfixées, comme leur nom l'indique, de `set` et `get`, suivi du nom de la valeur.
- Les actions : même principe que get et set mais plus général. Toutes les méthodes qui font quelque chose commencent par un verbe court, suivi d'un nom. Exemples : `add_alias()`, `remove_codec()`, etc.

Variables

Les variables doivent informer sur la valeur. Lorsque ces variables sont des collections de valeurs, une forme plurielle doit être utilisée.

Les variables booléennes doivent être préfixées par has ou is.

En un mot...

Un guide de recommandations a comme unique objectif de rendre homogène l'ensemble du code source d'un projet. Il est issu de pratiques éprouvées. Il est nécessaire d'adopter les conventions décrites dans ce guide pour les projets publics, à savoir les projets ouverts dont les licences permettent à des développeurs externes à l'organisation de modifier le code.

Le prochain chapitre est le premier d'une série de trois chapitres consacrés aux modules les plus importants de la bibliothèque standard.

## TROISIÈME PARTIE

La bibliothèque standard

Un des souhaits principaux de Guido van Rossum était de faire de Python un outil complet, apte à répondre aux besoins communs de programmation. Cette philosophie, appelée batteries included, est à l'origine de la richesse de la bibliothèque standard.

La majorité des programmes écrits en Python peuvent la plupart du temps être conçus sans avoir à rechercher des fonctionnalités supplémentaires dans des librairies tierces, même si certains domaines sont volontairement écartés et simplement couverts par des abstractions, comme les connecteurs aux bases de données.

La clarté et l'efficacité des API de la bibliothèque standard jouent aussi un rôle important dans la simplicité de programmation et participent au succès du langage. Un module d'extension prend toujours en modèle les modules existants, pour être le plus *pythonique* possible.

Cette troisième partie regroupe trois chapitres qui présentent une sélection de modules de la bibliothèque standard, agrémentés de nombreux exemples et regroupés par thèmes, à savoir :

- interaction avec l'interpréteur ;
- accès au système ;
- utilitaires fichiers ;
- outils de compression ;
- programmation réseau ;
- persistance ;
- conversion, transformation de données ;

- calculs numériques ;
- structures de données ;
- utilitaires divers.

L'objectif de cette partie est simple : avant de se plonger dans la conception d'un nouveau module d'extension, une petite vérification de l'existant dans les modules de la bibliothèque standard peut éviter de tomber dans le syndrome du Not Invented Here, ou Réinvention de la roue, très fréquent dans le monde de l'OpenSource.

Le dernier chapitre regroupe une série d'exercices de mise en pratique de Python dans des conditions plus réalistes que les exemples égrainés dans les premières parties du livre.

8

Principaux modules

La philosophie de Python est de proposer un langage batteries included, c'est-à-dire de fournir, de base, toutes les fonctionnalités utiles au développeur. Ce chapitre présente une sélection de modules de la bibliothèque standard, susceptibles de répondre aux besoins de programmation les plus courants.

Les modules présentés sont regroupés en cinq thèmes. Chaque module est résumé et présenté avec une liste de ses fonctionnalités les plus importantes, accompagnée d'exemples d'utilisation ou de liens vers les exercices du chapitre 11, et quelques fois de liens vers des modules annexes.

Les thèmes sont :

- interaction avec l'interpréteur ;
- accès au système ;
- utilitaires fichiers ;
- outils de compression ;
- programmation réseau.

Interaction avec l'interpréteur

sys

Le module sys contient la plupart des informations relatives à l'exécution en cours, mises à jour par l'interpréteur, ainsi qu'une série de fonctions et d'objets de bas niveau.

argv

argv contient la liste des paramètres d'exécution d'un script. Le premier élément de la liste est le nom du script et est suivi de la liste des paramètres.

executable

Renvoie le chemin de l'interpréteur Python.

exc_info()->infos

Donne des informations sur l'exception en cours, soit le type d'exception, l'instance de l'exception, et l'objet traceback.

Informations sur l'exception en cours

```
>>> import sys
>>> try:
...     3 / 0
... except:
...     print(sys.exc_info())
...
(<class exceptions.ZeroDivisionError at 0xb7c5ba1c>,
<exceptions.ZeroDivisionError instance at 0xb7c2b2ec>, <traceback
object at 0xb7c227ac>)
```

exit()

Quitte l'interpréteur en levant une exception SystemError. Prend en paramètre un entier qui sera utilisé comme code de retour fourni au système en suivant la norme :

- 0 si le programme a fonctionné correctement.
- > 0 en cas d'erreur.

Si un autre type d'objet est fourni, il est affiché et l'interpréteur utilise 0 comme code de retour. Voir l'exception SystemError du chapitre 7 pour plus d'informations.

modules

Dictionnaire contenant l'ensemble des modules chargés par l'interpréteur par le biais de directives d'importation. Lorsqu'un module est importé, l'interpréteur se réfère à ce dictionnaire pour ne pas recharger le module s'il est déjà présent dans la liste des clés. Ce dictionnaire peut être manipulé à la volée dans un programme.

Modifier `modules` peut être relativement pratique dans le cadre de tests unitaires pour remplacer un module déjà chargé par une autre version de ce module, spécialement codé pour les tests.

last_type, last_value, last_traceback

Disponibles uniquement dans le prompt interactif, ces trois objets donnent des informations sur la dernière exception non interceptée, levée par l'interpréteur.

Informations sur la dernière exception

```
>>> import sys
>>> 3 / 0
Traceback (most recent call last):
  File "<stdin>", line 1, in ?
ZeroDivisionError: integer division or modulo by zero
>>> sys.last_type
<class exceptions.ZeroDivisionError at 0xb7c5ba1c>
>>> sys.last_value
<exceptions.ZeroDivisionError instance at 0xb7c2bb8c>
>>> sys.last_traceback
<traceback object at 0xb7c2a1bc>
```

path

Liste contenant tous les répertoires dans lesquels l'interpréteur recherche des modules lorsque la directive `import` est utilisée, ou lorsque des noms de fichiers sont utilisés sans leur chemin complet. `path` peut être modifiée à la volée dans un programme.

platform

Informe sur le système d'exploitation.

Quelle plate-forme ?

```
>>> import sys
>>> sys.platform
'linux2'
```

`sys.platform` est souvent préféré à `os.name` car plus précis. Par exemple, sous Mac OS X, il permettra de différencier Mac de Linux.

Appels sous Mac OS X

```
>>> import os
>>> os.name
'posix'
>>> sys.platform
'darwin'
```

Appels sous Linux

```
>>> import os
>>> os.name
'posix'
>>> sys.platform
'linux2'
```

stdin, stdout et stderr

Objets fichiers pointant respectivement sur l'entrée standard, la sortie standard et la sortie standard pour les erreurs.

Manipulation du flux de sortie standard

```
>>> import sys
>>> sys.stdout
<open file '<stdout>', mode 'w' at 0xb7c64068>
>>> sys.stdout.write("Dans quel flux j'erre")
Dans quel flux j'erre>>>
```

Accès au système

Ce thème réunit les modules `os`, `subprocess` et `platform`.

Le module os fournit un certain nombre de fonctions de manipulations du système. Il se place au-dessus de modules spécifiques à une plate-forme, comme les modules `posix` ou `nt`, et permet de garantir une portabilité du code.

Le module subprocess, introduit récemment, propose des fonctions alternatives de manipulations des processus.

Le module os définit également `os.path` qui est un alias vers le module `posixpath`, `ntpath` ou `macpath`, en fonction de la plate-forme en cours et qui fournit des utilitaires de manipulation des noms de fichiers et répertoires.

Enfin, `platform` est un module qui réunit toutes les informations que le système d'exploitation a pu fournir, du type d'architecture matérielle, au nom de version du système d'exploitation, en passant par le type de processeur.

OS

Le module os regroupe quelques 200 fonctions ou objets qui sont dans certains cas des alias vers des éléments d'autres modules.

On peut regrouper ces éléments en quatre sous-ensembles :
- opérations sur les descripteurs de fichiers ;
- manipulation des fichiers et répertoires ;
- manipulation des processus ;
- informations sur le système.

Opérations sur les descripteurs de fichiers

Lorsqu'un fichier est ouvert, un numéro unique est attribué au flux jusqu'à ce qu'il soit fermé. Ce numéro est un entier et est appelé *descripteur du fichier*.

Le module os fournit une fonction open() qui retourne un descripteur de fichier qui peut ensuite être utilisé avec certaines fonctions, qui sont présentées dans cette partie.

> À SAVOIR **Gestion des fichiers**
>
> Pour des manipulations classiques sur les fichiers, il n'est pas préconisé d'utiliser ces fonctions, qui sont plus complexes à mettre en œuvre, mais de préférer les objets de haut niveau de type `file`, générés par la primitive open() ou file().
> Ces objets conservent le descripteur de fichier dans l'attribut `fileno` et implémentent une partie des fonctions présentées ci-dessous en méthodes.

open(nom, flags, [, mode=0777]) -> fd

Ouvre le fichier nom et renvoie un descripteur de fichier. flags définit le mode d'ouverture et est construit avec les constantes suivantes (associées avec des opérateurs OR) :
- O_RDONLY ;
- O_WRONLY ;
- O_RDWR ;
- O_APPEND ;
- O_CREAT ;
- O_EXCL ;
- O_TRUNC.

Il existe des constantes supplémentaires spécifiques à chaque plate-forme.

Pour Windows :

- O_BINARY ;
- O_NOINHERIT ;
- O_SHORT_LIVED ;
- O_TEMPORARY ;
- O_RANDOM ;
- O_SEQUENTIAL ;
- O_TEXT.

Pour GNU/Linux et Macintosh :

- O_DSYNC ;
- O_RSYNC ;
- O_SYNC ;
- O_NDELAY ;
- O_NONBLOCK ;
- O_NOCTTY.

close(fd)

Ferme le descripteur de fichier fd. Similaire à la méthode close() de la classe file.

fstat(fd)

Renvoie le statut d'un fichier pointé par le descripteur fd. Équivalente à os.stat() définie dans la section suivante, qui prend pour sa part le nom du fichier.

fsync(fd)

Force l'écriture du fichier sur le disque pointé par le descripteur fd. Les objets de type file implémentent en outre la méthode flush() qui vide les tampons internes. Pour une écriture complète et sécurisée, flush() peut être appelée juste avant fsync().

ftruncate(fd, longueur)

Tronque le fichier pointé par le descripteur fd à la taille longueur, exprimée en octets (non disponible sous MS-Windows). Similaire à la méthode truncate() de la classe file.

lseek(fd, position, comment) -> nouvelle position

Déplace le curseur du descripteur de fichier à position. comment définit si le curseur est déplacé par rapport au début du fichier (0), à la fin (2), ou à la position courante (1). On retrouve cette fonction en méthode seek() des objets de type file.

read(fd, taille_buffer) -> chaîne

Lit dans le flux pointé par le descripteur de fichiers un maximum de `taille_buffer` bytes, renvoyés dans un objet de type string. Similaire à la méthode `read()` de la classe `file`.

write(fd, str) -> nombre d'octets écrits

Écrit la chaîne de l'objet string `str` dans le flux pointé par le descripteur `fd`. Similaire à la méthode `write()` de la classe `file`.

Les opérations sur les descripteurs de fichiers peuvent s'avérer intéressantes pour des implémentations spécifiques de lecture-écriture de fichiers.

Lecture-écriture bas niveau dans le module tarfile

```python
class _LowLevelFile:
    """Low-level file object. Supports reading and writing.
       It is used instead of a regular file object for streaming
       access.
    """

    def __init__(self, name, mode):
        mode = {
            "r": os.O_RDONLY,
            "w": os.O_WRONLY | os.O_CREAT | os.O_TRUNC,
        }[mode]
        if hasattr(os, "O_BINARY"):
            mode |= os.O_BINARY
        self.fd = os.open(name, mode)

    def close(self):
        os.close(self.fd)

    def read(self, size):
        return os.read(self.fd, size)

    def write(self, s):
        os.write(self.fd, s)
```

Manipulation des fichiers et répertoires

Cette section regroupe toutes les fonctions de manipulation du système de fichiers. Certaines sont spécifiques aux plates-formes Unix et Macintosh qui possèdent un système de fichiers aux fonctionnalités plus poussées que celui de MS-Windows, comme les fonctions de création de liens symboliques.

access(chemin, mode) -> booléen

Utilise les droits courants pour contrôler que l'accès au chemin est possible et autorisé. mode définit le type de test et peut prendre une ou plusieurs des valeurs ci-dessous, combinées avec des OR :

- F_OK : teste l'existence du chemin.
- R_OK : teste le droit de lecture.
- W_OK : teste le droit d'écriture.
- X_OK : teste le droit d'exécution.

chdir(chemin)

Modifie le répertoire de travail en cours par celui pointé par chemin.

getcwd() -> répertoire de travail

Renvoie le répertoire de travail en cours, sous la forme d'un objet string.

chroot(chemin)

Permet de changer le répertoire root du processus courant par celui pointé par chemin (non disponible sous MS-Windows).

chmod(chemin, mode)

Modifie les droits d'accès du chemin chemin. mode peut prendre une valeur octale ou une des constantes définies dans le module stat :

- S_ISUID ;
- S_ENFMT ou S_ISGID ;
- S_ISVTX ;
- S_IRWXU ;
- S_IREAD ou S_IRUSR ;
- S_IWRITE ou S_IWUSR ;
- S_IEXEC ou S_IXUSR ;
- S_IRWXG ;
- S_IRGRP ;
- S_IWGRP ;
- S_IXGRP ;
- S_IRWXO ;
- S_IROTH ;
- S_IWOTH ;
- S_IXOTH.

chown(chemin, uid, gid)

Modifie le propriétaire et le groupe du chemin chemin, avec les valeurs numériques fournies dans uid et gid (non disponible sous MS-Windows).

link(src, dst)

Crée un lien direct nommé dst vers src (non disponible sous MS-Windows).

listdir(chemin) -> liste de noms

Renvoie une liste contenant le nom des fichiers et répertoires trouvés dans le répertoire pointé par le chemin chemin, à l'exception des entrées « . » et « .. ».

Une modification a été apportée dans la version 2.3, pour les plates-formes MS-Windows et Unix : si le chemin fourni est un objet unicode, la liste renvoyée sera composée d'objets unicode.

lstat(chemin) -> stat

Identique à os.stat(), mais ne suit pas les liens symboliques (non disponible sous MS-Windows).

mkdir(chemin, [mode=0777])

Crée un répertoire de nom chemin. Si le répertoire ne peut pas être créé, une OSError est levée. mode est ignoré sous MS-Windows.

Création de répertoire

```
>>> import os
>>> os.mkdir('test')
>>> os.mkdir('test')
Traceback (most recent call last):
  File "<stdin>", line 1, in <module>
OSError: [Errno 17] File exists: 'test'
```

makedirs(chemin, [mode=0777])

Fonctionne comme mkdir() mais permet de créer récursivement tous les sous-répertoires éventuellement fournis dans le chemin. Si le dernier répertoire existe, une erreur est levée.

Création récursive de répertoires

```
>>> import os
>>> os.makedirs('la/route/est/longue')
>>> os.makedirs('la/route/est/courte')
>>>
```

```
[tziade@Tarek ~]$ ls la/
route/
[tziade@Tarek ~]$ ls la/route
est/
[tziade@Tarek ~]$ ls la/route/est
courte/longue/
```

pathconf(chemin, nom) -> entier

Renvoie les informations de configuration système pour le chemin `chemin`.

`nom` définit le type d'informations à récupérer. C'est une chaîne de caractères ou un entier récupéré respectivement dans la liste des clés et des valeurs du dictionnaire `os.pathconf_names`. La liste fournie n'est pas exhaustive et il est possible sur certains systèmes d'utiliser d'autres valeurs avec `pathconf`.

De plus, si le système ne connaît pas une des constantes fournies dans le dictionnaire, une erreur sera levée au moment de son utilisation (`pathconf` n'est pas disponible sous MS-Windows).

Récupération d'informations de configuration

```
>>> import os
>>> os.pathconf_names
{'PC_MAX_INPUT': 2, 'PC_VDISABLE': 8, 'PC_SYNC_IO': 9, 'PC_SOCK_MAXBUF':
12, 'PC_NAME_MAX': 3, 'PC_MAX_CANON': 1, 'PC_PRIO_IO': 11,
'PC_CHOWN_RESTRICTED':6, 'PC_ASYNC_IO': 10, 'PC_NO_TRUNC': 7,
'PC_FILESIZEBITS': 13, 'PC_LINK_MAX': 0, 'PC_PIPE_BUF': 5,
'PC_PATH_MAX': 4}
>>> os.pathconf('/usr/lib/python2.4/tarfile.py', 'PC_FILESIZEBITS')
64
```

readlink(lien) -> chemin

Récupère le chemin pointé par un lien. Provoque une `OSError` si le chemin fourni n'est pas un lien (non disponible sous MS-Windows).

Recherche du fichier originel d'un lien

```
$ touch fichier.py
$ ln -s fichier.py lien.py
$ python
Python 2.6.1 (r261:67515, Dec 6 2008, 16:42:21)
[GCC 4.0.1 (Apple Computer, Inc. build 5370)] on darwin
Type "help", "copyright", "credits" or "license" for more information.
>>> import os
>>> os.readlink('lien.py')
'fichier.py'
```

remove(chemin)

Supprime le fichier pointé par son chemin. Équivalente à unlink(path). Si le fichier ne peut pas être retiré (par exemple, lorsque le fichier est en cours d'utilisation pour les systèmes MS-Windows) ou si le chemin pointe sur un répertoire, une erreur système est levée.

removedirs(chemin)

Supprime chemin récursivement. Commence par supprimer le répertoire le plus profond et remonte le chemin. Si un répertoire rencontré n'est pas vide, removedirs s'arrête silencieusement, sauf dans le cas du répertoire le plus profond où une erreur est générée.

rename(ancien, nouveau)

Renomme le fichier ancien en nouveau.

Attention : sous Unix, si un fichier nommé nouveau existe déjà et si l'utilisateur a les droits en écriture sur ce fichier, il sera écrasé silencieusement. En cas de problème, une erreur système est levée.

renames(ancien, nouveau)

Renomme le fichier ancien en nouveau de la même manière que rename(). Si les répertoires intermédiaires du chemin nouveau n'existent pas, ils sont créés. Si l'opération réussit, un appel à removedirs() est ensuite effectué sur l'ancien chemin.

Dans l'exemple ci-dessous, le fichier fichier.txt qui est contenu dans le répertoire sous_dossier, est renommé en fichier2.txt et déplacé dans sous_dossier2. Comme ce fichier est le seul du répertoire sous_dossier, ce dernier est supprimé.

Renommage d'arborescence

```
>>> import os
>>> os.listdir('/home/tziade/testrenames')
['sous_dossier']
>>> os.listdir('/home/tziade/testrenames/sous_dossier')
['fichier.txt']
>>> os.renames('/home/tziade/testrenames/sous_dossier/fichier.txt',
               '/home/tziade/testrenames/sous_dossier2/fichier2.txt')
>>> os.listdir('/home/tziade/testrenames')
['sous_dossier2']
>>> os.listdir('/home/tziade/testrenames/sous_dossier2')
['fichier2.txt']
```

rmdir(chemin)

Supprime le répertoire pointé par `chemin`. Si le répertoire en question n'est pas vide, ou si ce n'est pas un répertoire, une erreur système est levée.

stat(chemin) -> objet stat_result

Renvoie un objet `stat_result` dont les attributs contiennent des informations sur le chemin, à savoir :

- `st_mode` : permissions ;
- `st_ino` : numéro d'inode ;
- `st_dev` : périphérique ;
- `st_nlink` : numéro de lien si lien direct ;
- `st_uid` : ID du propriétaire ;
- `st_gid` : ID du groupe ;
- `st_size` : taille du fichier en octets ;
- `st_atime` : date de dernier accès ;
- `st_mtime` : date de dernière modification ;
- `st_ctime` : date de création sous MS-Windows et date de dernière modification des méta-données sous Unix.

Certains attributs supplémentaires sont accessibles pour certaines plates-formes:

- `st_blocks` : nombre de blocs alloués au fichier (GNU/Linux) ;
- `st_blksize` : taille d'un bloc d'allocation (GNU/Linux) ;
- `st_rdev` : type de périphérique pour les périphériques inode (GNU/Linux) ;
- `st_rsize` : taille réelle du fichier (Mac) ;
- `st_creator` : créateur du fichier (Mac) ;
- `st_type` : type de fichier (Mac).

Lorsqu'un appel à `stat()` est effectué, il est possible d'accéder aux résultats sous la forme d'un tuple qui renvoie une partie des attributs de l'objet, pour assurer une compatibilité avec les anciennes versions.

Pour toutes les valeurs de temps, `stat()` fait appel à `os.stat_float_times()`. Si cette fonction renvoie vrai, les temps sont renvoyés en secondes dans des objets float. Dans le cas inverse, des secondes entières sont renvoyées. Par défaut, `stat_float_times()` renvoie `False`, pour assurer une compatibilité avec les anciennes versions de Python, mais il est possible de modifier cette valeur en appelant `stat_float_times()` avec la valeur booléenne de renvoi souhaitée en paramètre. Cette modification sera conservée pour tous les appels suivants du programme.

stat() sur socket.py

```
>>> import os
>>> os.stat('socket.py')
posix.stat_result(st_mode=33188, st_ino=2598207L, st_dev=234881026L,
st_nlink=1, st_uid=501, st_gid=80, st_size=17974L, st_atime=1234532028,
st_mtime=1232790848, st_ctime=1232790848)
>>> stats = os.stat('socket.py')
>>> for attribut in dir(stats):
...     if attribut.startswith('st_'):
...         print('%s: %s' % (attribut, getattr(stats, attribut)))
...
st_atime: 1234532028.0
st_blksize: 4096
st_blocks: 40
st_ctime: 1232790848.0
st_dev: 234881026
st_flags: 0
st_gen: 0
st_gid: 80
st_ino: 2598207
st_mode: 33188
st_mtime: 1232790848.0
st_nlink: 1
st_rdev: 0
st_size: 17974
st_uid: 501
```

symlink(src, dst)

Spécifique à Unix, crée un lien symbolique dst, pointant vers src.

unlink(chemin)

Similaire à remove(chemin).

walk(top[, topdown=True[, onerror=None]])

Permet de parcourir récursivement l'arborescence des répertoires, en utilisant le chemin top comme racine. walk() renvoie un itérateur dont chaque entrée est un tuple composé de trois éléments :

- Le premier élément est le chemin du répertoire.
- Le second fournit la liste des sous-répertoires de ce répertoire par un appel à os.listdir().
- Le troisième élément est la liste des fichiers.

Sur les systèmes supportant les liens symboliques, ces derniers seront affichés dans la liste des sous-répertoires mais les liens ne seront pas suivis pour éviter les boucles infinies.

L'ordre de parcours de l'arborescence est défini par le paramètre `topdown`. Lorsqu'il est à `True`, l'arbre est parcouru de bas en haut, et chaque branche est suivie jusqu'à sa feuille. Si `topdown` est à `False`, l'arbre est parcouru dans l'ordre inverse et les nœuds enfants se présentent toujours avant leurs parents.

Dans le cas où `topdown` est à `True`, l'itérateur renvoyé par `walk()` se base sur la liste des sous-répertoires renvoyée dans le tuple pour un répertoire donné, pour continuer son parcours dans la branche. Cette liste peut être modifiée à la volée pour influencer le fonctionnement de l'algorithme de parcours.

L'exemple ci-dessous parcourt l'arborescence d'une installation Python, pour afficher tous les fichiers Python exceptés les fichiers `__init__.py`, en excluant à la volée les répertoires aux noms spéciaux.

Parcours des sources de Python

```
>>> for root, dirs, files in os.walk('/usr/lib/python2.5'):
...     for dir_ in dirs:
...         if (dir_.startswith('_') or
...             dir_ in ('demos', 'docs', 'doc', 'test')):
...             dirs.remove(dir_)
...     for f in files:
...         if f.endswith('.py') and f != '__init__.py':
...             print(os.path.join(root, f))
...
/usr/lib/python2.5/BaseHTTPServer.py
/usr/lib/python2.5/Bastion.py
/usr/lib/python2.5/CGIHTTPServer.py
/usr/lib/python2.5/ConfigParser.py
/usr/lib/python2.5/Cookie.py
/usr/lib/python2.5/DocXMLRPCServer.py
…
/usr/lib/python2.5/xml/sax/handler.py
/usr/lib/python2.5/xml/sax/saxutils.py
/usr/lib/python2.5/xml/sax/xmlreader.py
```

L'option `onerror`, lorsqu'elle est spécifiée, permet d'associer une fonction à toute erreur système survenue lors du parcours des répertoires, ces erreurs étant rendues silencieuses par `walk()` par défaut. L'erreur est alors passée à la fonction, qui devient en quelque sorte le bloc `except` et peut décider de provoquer un `raise` ou de laisser passer l'erreur.

Lecture du répertoire /var/log

```
>>> import os
>>> def print_error(e):
...     print("Lecture impossible %s" % e)
...
```

```
>>> for root, dirs, files in os.walk(top='/var/log',
...                                  onerror=print_error):
...     for f in files:
...         print(os.path.join(root, f))
...
/var/log/CDIS.custom
/var/log/OSInstall.custom
…
/var/log/cups/page_log
Lecture impossible [Errno 13] Permission denied: '/var/log/krb5kdc'
/var/log/samba/log.nmbd
Lecture impossible [Errno 13] Permission denied: '/var/log/samba/cores'
```

Manipulation des processus

Les fonctions ci-dessous permettent de créer et de gérer des processus annexes au processus principal. Ce besoin peut aller du simple appel à un exécutable du système à des interactions plus complexes mettant en œuvre des protocoles d'échanges de données entre processus.

abort() -> ne retourne pas !

Envoie un signal SIGABRT au processus en cours. Le processus stoppe immédiatement son exécution et renvoie un code de sortie à 3.

Sous Unix, un fichier *core dump* est généré avant la sortie du processus.

exec*([chemin|fichier], [args|arg0, arg1, ..., argn], [env])

Il existe huit fonctions qui permettent d'exécuter un programme sous Python, avec un même préfixe *exec*. Ces fonctions lancent l'exécution d'un programme dans un processus qui vient remplacer le processus en cours. Lorsque le programme a achevé son exécution, il n'y a pas de retour au processus précédent (voir dans ce cas spawn*()) :

```
execl(chemin, arg0, arg1, ..., argn)
```

path est le chemin vers l'exécutable. La série des argx représente les paramètres passés à l'exécutable, sachant que arg0 correspond au nom de l'exécutable, de la même manière que sys.argv. Le nouveau processus récupère les variables d'environnement du processus précédent.

```
execle(chemin, arg0, arg1, ..., argn, env)
```

Même fonctionnement qu'execl, avec un paramètre supplémentaire env. env est un mapping qui contient les variables d'environnement pour le processus.

```
execlp(fichier, arg0, arg1, ..., argn)
```

Même fonctionnement qu'execl, excepté que le nom de l'exécutable n'est pas fourni par un chemin mais par un nom relatif. L'interpréteur recherche alors l'exécutable dans les répertoires définis dans la variable d'environnement PATH.

```
execlpe(fichier, arg0, arg1, ..., argn, env)
```

Même fonctionnement qu'execlpe, excepté que l'environnement est fourni dans env, comme pour execle.

```
execv(chemin, args)
```

Même fonctionnement qu'execl, sauf que les arguments sont passés dans la séquence arg.

```
execve(chemin, args, env)
```

Même fonctionnement qu'execv, avec les variables d'environnement fournies dans env comme pour execle.

```
execvp(fichier, args)
```

Même fonctionnement qu'execv, excepté que le nom de l'exécutable n'est pas fourni par un chemin mais par un nom relatif, comme pour execlp.

```
execvpe(fichier, args, env)
```

Même fonctionnement qu'execvp, les variables d'environnement en plus.

FONCTIONS OS.EXEC* **disparition programmée**

Le module subprocess a été ajouté pour supprimer un jour les fonctions os.exec*. Sachant que chacune de ces fonctions a une équivalence dans subprocess, une bonne pratique est de ne plus les utiliser.

Voir aussi : le module subprocess.

fork() -> PID

Permet de créer un processus enfant. fork() renvoie le PID (Process ID) du nouveau processus dans le processus père, et 0 dans le processus enfant (non disponible sous MS-Windows).

Le principe du *forking* est de créer un deuxième processus qui continue à exécuter la suite du programme, en parallèle du processus original. Le code doit donc être en mesure de différencier les deux processus dans la suite du programme. Il peut le faire grâce au retour de la fonction fork(), qui est différente suivant le processus où l'on se trouve.

L'exemple ci-dessous est un squelette possible de mise en œuvre de fork().

Implémentation de fork() dans un module fork.py

```
# -*- coding: utf8 -*-
import os
import time
import sys
import warnings

child_pid = os.fork()

if child_pid == 0:
    # code enfant
    print('enfant: je suis le processus enfant')
    try:
        print('enfant: je travail')
        time.sleep(2)
        print("enfant: j'ai fini")
    except:
        # le code du processus enfant
        # ne doit pas générer une erreur ici
        # qui risquerait de le faire remonter
        # et de lui faire exécuter
        # du code prévu pour le processus parent
        lerr = '%s: %s' % (sys.exc_info()[0], sys.exc_info()[1])
        warnings.warn('Erreur dans le processus enfant:\n %s' % lerr)
else:
    # code parent
    print('pere: je suis le processus pere')
    print("pere: j'attends le processus enfant")
    os.wait()
    print('pere: le processus enfant a terminé')
```

L'exécution de ce programme entraînera la création de deux processus.

Exécution de fork.py

```
$ python fork.py
enfant: je suis le processus enfant
enfant: je travail
pere: je suis le processus pere
pere: j'attends le processus enfant
enfant: j'ai fini
pere: le processus enfant a terminé
```

Pour sortir d'un processus enfant, il existe une fonction `exit()` spécifique : `os._exit()`.

Cette fonction fonctionne comme la fonction standard `sys.exit()` et peut être appelée depuis la version 2.3 avec un code de sortie optionnel en paramètre, pour les plates-formes non MS-Windows. Parmi les codes existants, nous trouvons :

- `EX_OK` : sortie normale ;
- `EX_OSERR` : erreur système.

SUBPROCESS **un fork portable**

Le module `subprocess`, introduit dans Python 2.6, et présenté dans le chapitre 10, offre un système de création et de gestion de processus portable, beaucoup plus simple qu'un appel bas niveau à `os.fork`.

---

kill(PID, sig)

Tue un processus avec un signal `sig`. Le module `signal` fournit les constantes disponibles pour le signal et contient, entres autres : `SIGKILL`, `SIGQUIT`, `SIGABRT` (non disponible sous MS-Windows).

nice(inc) -> nouvelle priorité

Réduit la priorité d'ordonnancement du processus en cours en incrémentant sa valeur de gentillesse de la valeur `inc`.

La priorité d'un processus varie de –20 (le plus prioritaire) à 19 (le moins prioritaire) et est fixée à 0 par défaut. Seuls les utilisateurs root peuvent augmenter la priorité en fournissant des valeurs négatives (non disponible sous MS-Windows).

popen*(cmd[, mode[, bufsize]])

La série des fonctions `popen()` permet de lancer une commande `cmd` sur le système dans un processus enfant et d'ouvrir un tunnel de communication (un pipe) entre le processus courant et ce processus enfant.

Ce tunnel prend la forme d'un fichier ouvert dans lequel le processus peut lire les éventuelles données renvoyées par le processus enfant et écrire des données si le mode d'ouverture mode le permet. mode est à r par défaut mais peut prendre toute les valeurs de mode d'ouverture de fichier.

Enfin, bufsize détermine la taille du tampon d'entrée-sortie du fichier. Comme pour la primitive open(), bufsize peut prendre la valeur 0 (pas de tampon), 1 (tampon de la taille d'une ligne), n (entier supérieur à 1, déterminant la taille du tampon en caractères).

Lorsque le fichier est fermé par le biais de la méthode close(), le sous-processus renvoie le code de retour sous la forme d'un entier. S'il n'y a eu aucune erreur, close() renvoie None en lieu et place du code de retour 0.

Cette fonctionnalité est disponible sous quatre formes, avec un retour différent pour chacune d'entre elles.

```
popen(cmd[, mode[, bufsize]])
```

Renvoie un fichier ouvert vers le sous-processus.

```
popen2(cmd[, mode[, bufsize]])
```

Renvoie un tuple composé de deux fichiers ouverts vers le sous-processus. Le premier est le flux d'entrée standard du processus, le second le flux de sortie.

```
popen3(cmd[, mode[, bufsize]])
```

Comme popen2 mais ajoute un troisième fichier pour le flux standard d'erreurs.

```
popen4(cmd[, mode[, bufsize]])
```

Comme popen3 mais regroupe les flux de sortie et d'erreur dans le même flux.

L'exemple ci-dessous utilise popen() pour appeler la commande shell ls.

Appel de ls

```
>>> pipe = os.popen('ls -lh /usr/lib/python2.4')
>>> pipe.readline()
'total 9,2M\n'
>>> pipe.readline()
'-rw-r--r--   1 root root 33K f\xe9v 12 2005 aifc.py\n'
>>> pipe.readline()
'-rw-r--r--   1 root root 28K f\xe9v 12 2005 aifc.pyc\n'
>>> pipe.readline()
'-rw-r--r--   1 root root 28K f\xe9v 12 2005 aifc.pyo\n'
```

```
>>> pipe.readline()
'-rw-r--r--  1 root root 2,6K f\xe9v 12 2005 anydbm.py\n'
>>> pipe.close()
```

Voir aussi : le module subprocess.

spawn*(mode, [chemin|fichier], [args], ..., [env])

La série des fonctions spawn() est basée sur le même principe que les exec() à l'exception près que le programme appelé est exécuté dans un nouveau processus. mode permet de déterminer si le processus principal se met en attente de fin d'exécution du processus enfant (P_WAIT) et récupère directement le code de sortie, ou s'il lance le processus en parallèle (P_NOWAIT) et récupère le pid du processus enfant. Les autres paramètres fonctionnent sur le même modèle d'exec(), à savoir :

- spawnl(mode, chemin, arg0, arg1, ..., argn) ;
- spawnle(mode, chemin, arg0, arg1, ..., argn, env) ;
- spawnl**p**(mode, fichier, arg0, arg1, ..., argn) ;
- spawnl**p**e(mode, fichier, arg0, arg1, ..., argn, env) ;
- spawnv(mode, chemin, args) ;
- spawnve(mode, chemin, args, env) ;
- spawnv**p**(mode, fichier, args) ;
- spawnv**p**e(mode, fichier, args, env).

Les fonctions contenant **p** ne sont pas disponibles sous MS-Windows.

Voir aussi : le module subprocess.

system(commande) -> code de retour

Permet de lancer une commande dans un sous-shell et renvoie le code de retour de la commande. La sortie standard de la commande est liée à la sortie standard du processus principal.

Utilisation d'os.system

```
>>> coderet = os.system('ls /')
backups boot    dev home    lib         mnt         opt   root service
src sys usr
bin      command etc initrd lost+found proc sbin srv tmp var
>>> coderet
0
```

Le code de retour est fortement lié au type de système et varie d'une version à l'autre, car cette fonction appelle la fonction system(), cmd.exe ou encore command.com.

Voir aussi : le module subprocess.

wait() -> (PID, statut)

Attend la fin de l'exécution d'un processus enfant et renvoie le PID du processus terminé ainsi que son statut de retour.

Le statut est un entier sur 16 bits. Les 7 bits de poids faible représentent le signal qui a tué le processus. Le 8ème bit est à 1 lorsqu'un fichier core dump a été créé, et les 8 bits de poids fort représentent le code de sortie.

waitpid(PID, options) -> (PID, statut)

Même fonctionnement que wait() mais permet d'attendre un processus enfant particulier, en fournissant son PID.

PID peut aussi prendre des valeurs particulières sous Unix :
* 0 : attente de n'importe lequel des processus du groupe auquel appartient le processus courant ;
* -1 : attente de n'importe quel enfant du processus courant ;
* -n : pour n < -1, attente de n'importe lequel des processus du groupe de processus n.

Les options sont à prendre dans les constantes suivantes, qui peuvent être associées avec des OR :
* 0 : aucune option ;
* WNOHANG : évite un blocage si aucun statut n'est disponible.

Informations sur le système

environ -> dictionnaire

Renvoie un dictionnaire contenant l'ensemble des variables d'environnement. Ce dictionnaire peut être directement modifié. Les fonctions putenv() et getenv() sont alors automatiquement appelées par l'interpréteur.

Modification de la variable TMP

```
>>> import os
>>> os.environ['TMP']
'/home/tziade/tmp'
>>> os.environ['TMP'] = '/home/tziade/tmp2'
>>> os.environ['TMP']
'/home/tziade/tmp2'
```

getloadavg() -> tuple de trois réels

Renvoie une moyenne du nombre de processus gérés par la queue d'exécution du système les 1, 5 et 15 dernières minutes. Correspond à l'information affichée dans l'écran de la commande top sous Linux et Mac OS X.

Appel de getloadavg

```
>>> import os
>>> os.getloadavg()
(0.5380859375, 0.62841796875, 0.6630859375)
```

Si cette information de charge ne peut pas être obtenue, lève une erreur système.

getuid() -> uid, getgid() -> gid et getlogin() -> login

Récupère, pour les plates-formes Unix, le user id, group id et le login correspondant, pour le processus en cours.

Lecture des informations user

```
>>> import os
>>> print('uid: %d, gid: %d, login: %s' %
...        (os.getuid(), os.getgid(), os.getlogin()))
uid: 501, gid: 501, login: tziade
```

name -> type de système

Renvoie le type de système.

Peut prendre les valeurs suivantes :

- posix (Unix et affiliés) ;
- nt (Windows) ;
- mac ;
- riscos ;
- os2 ;
- ce ;
- java.

Voir aussi : sys.platform.

setuid(uid) et setgid(gid)

Permet de spécifier pour le processus en cours, l'utilisateur et le groupe. Uniquement pour Unix.

sysconf(nom) -> entier

Renvoie une valeur de configuration du système. Le dictionnaire os.sysconf_names contient l'ensemble des noms pouvant être utilisés pour le paramètre nom sur le système courant (non disponible sous MS-Windows).

Récupération du nombre de processeurs

```
>>> import os
>>> nbproc = os.sysconf('SC_NPROCESSORS_CONF')
>>> print 'Nombre de processeurs: %d' % nbproc
Nombre de processeurs: 1
```

uname() -> (sysname, nodename, release, version, machine)

Disponible uniquement pour les Unix récents, renvoie les identifiants du système.

Identifiants du système sous Linux

```
>>> os.uname()
('Linux', 'Tarek', '2.6.11-6mdk-i686-up-4GB', '#1 Tue Mar 22 15:51:40
CET 2005', 'i686')
```

subprocess

Ce module, introduit à la version 2.4 de Python, offre des fonctions de très haut niveau, permettant de créer de nouveaux processus. L'objectif de subprocess est de remplacer à terme la série des fonctions popen*() et spawn*(), et autres créateurs de processus enfants, pour fournir une interface unifiée plus simple d'utilisation et plus souple.

call(*args, **kwargs) -> code de retour

Lance sur le système une commande avec des arguments, attend que la commande s'achève, et renvoie le code de retour. Équivalente à os.system().

class Popen

La classe Popen encapsule un processus enfant et fournit des méthodes et des attributs pour manipuler ce processus :

- poll() : vérifie si le processus enfant est toujours vivant.
- wait() : attend que le processus enfant se termine.
- communicate(input=None) : communique avec le processus enfant. Si input est fourni, il est écrit dans l'entrée standard du processus enfant. Renvoie un tuple (stdout, stderr) après avoir attendu la fin du processus enfant.

- `stdin` : attribut pointant sur l'entrée standard du processus enfant.
- `stdout` : comme `stdin`, pour la sortie standard.
- `stderr` : comme `stdin`, pour la sortie d'erreur standard.
- `pid` : `pid` du processus enfant.
- `returncode` : code de retour du processus enfant. Si `returncode` vaut `None`, le processus enfant n'a pas terminé. Renvoie `-n` sous Unix pour le code de retour `n`.

La création d'une instance de `Popen` peut prendre une multitude d'options :

```
Popen(args, bufsize=0, executable=None, stdin=None, stdout=None,
stderr=None, preexec_fn=None, close_fds=False, shell=False, cwd=None,
env=None, universal_newlines=False, startupinfo=None, creationflags=0)
```

`args` contient la commande à lancer et est sous la forme d'un objet string ou une séquence d'objets string en fonction du paramètre `shell`.

Si le paramètre `shell` est à `False`, `args` doit être une séquence dont le premier élément est la commande à lancer et les suivants les paramètres de la commande. Une string sera alors automatiquement traduite en une séquence d'un élément.

Si le paramètre `shell` est à `True`, la commande complète peut être contenue dans un objet string. Si une séquence est passée, le premier élément sera pris comme commande et les suivants comme arguments shell supplémentaires.

MS-Windows fonctionne différemment pour la lecture de la commande : si `args` est une séquence, et ce quelle que soit la valeur de `shell`, le système demandera une conversion vers un objet string avec la méthode `list2cmdline`.

`bufsize` fonctionne de la même manière que la primitive `open()` :

- `0` : pas de tampon ;
- `1` : tampon ligne ;
- `n` : avec `n > 1`, taille du tampon.

`executable` permet de définir le programme à exécuter et se place en amont de `args`. Reste à `None` en général, ou contient le chemin vers un shell particulier. `Popen` utilise en temps normal le shell par défaut, soit `/bin/sh` sous Unix et celui spécifié dans la variable d'environnement `COMSPEC` sous MS-Windows.

`stdin`, `stdout` et `stderr` définissent les trois flux standards du processus, à savoir l'entrée, la sortie et la sortie d'erreur.

Peuvent prendre une des valeurs suivantes pour la redirection :

- `subprocess.PIPE` : création d'un nouveau pipe ;
- un descripteur de fichier ;
- un objet fichier ;

• `None` : aucune redirection.

`stderr` peut aussi prendre la valeur `subprocess.STDOUT`. Elle est alors redirigée vers le flux `stdout`.

Popen en action

```
>>> from subprocess import *
>>> pipe = Popen('ls -l /usr/lib/python2.5',
...              shell=True, stdout=PIPE).stdout
>>> pipe.readline()
'total 9388\n'
>>> pipe.readline()
'-rw-r--r--   1 root root 33330 f\xe9v 12 2005 aifc.py\n'
>>> pipe.readline()
'-rw-r--r--   1 root root 28568 f\xe9v 12 2005 aifc.pyc\n'
>>> pipe.readline()
'-rw-r--r--   1 root root 28568 f\xe9v 12 2005 aifc.pyo\n'
>>> pipe.close()
```

os.path

Ce module réunit des fonctions de manipulation de noms de chemins.

abspath(chemin) -> chemin

Renvoie un chemin absolu en fonction du chemin relatif et du chemin de travail courant renvoyé par `os.getcwd()`.

basename(chemin) -> chemin

Renvoie le dernier élément du chemin.

commonprefix(list) -> chemin

Retourne le préfixe le plus long, commun à tous les chemins fournis dans la liste.

defpath -> liste de chemins

Objet string contenant une liste de répertoires séparés par des « : ». Cette liste est utilisée par les fonctions `exec()` et `spawn()` lorsqu'un exécutable est recherché et qu'aucune variable d'environnement `PATH` n'a été trouvée. Peut être modifié.

dirname(chemin) -> répertoire

Renvoie le répertoire du `chemin`. Correspond au premier élément retourné par un appel à `split()`.

exists(chemin) -> booléen

Renvoie True si le chemin existe. Pour les liens symboliques, vérifie aussi que le chemin pointé par le lien existe toujours et retourne False dans le cas de liens cassés. Une nouvelle version a été introduite dans Python 2.4, qui fonctionne de la même manière mais qui retourne True sur les liens symboliques qui sont cassés : lexists(). Cette version reste bien sûr équivalente à exists() pour les systèmes sans liens symboliques, comme MS-Windows.

getsize(chemin) -> taille

Renvoie la taille en octets du chemin.

isfile(chemin) -> booléen

islink(chemin) -> booléen

isdir(chemin) -> booléen

ismount(chemin) -> booléen

Permet de savoir si le chemin est un fichier (isfile()), un répertoire (isdir()), un point de montage (ismount()) et/ou un lien symbolique (islink()). islink() renvoie toujours False sur les systèmes sans liens.

Utilisation des API sur /tmp

```
>>> from os import path
>>> path.isdir('/tmp')
True
>>> path.isfile('/tmp')
False
>>> path.ismount('/tmp')
False
>>> path.ismount('/')
True
```

join(chemin1 [, chemin2[, ...]]) -> chemin concaténé

Permet de concaténer plusieurs parcelles de chemins en un chemin unique, en utilisant le séparateur du système conservé dans os.sep.

Jointure

```
>>> import os
>>> os.path.join('home', 'tziade', 'Documents')
'home/tziade/Documents'
```

Le code utilisant join() reste ainsi portable.

split(chemin) -> (chemin, dernier élément)

Sépare un chemin en deux composants, le deuxième est le dernier élément du chemin et le premier le reste. Si le chemin n'a aucun séparateur, head est vide.

Extraction du nom de fichier avec split

```
>>> import os
>>> os.path.split('/Users/tarek/.vimrc')
('/Users/tarek', '.vimrc')
```

platform

Le module platform réunit des informations sur le système hôte. Seules les informations communes à toutes les plates-formes sont présentées ici.

architecture(executable=sys.executable, bits=", linkage=") -> (bits, linkage)

Scanne l'exécutable fourni pour récupérer des informations d'architecture. executable est par défaut le binaire de l'interpréteur Python. bits représente le type d'architecture (16, 32 ou 64 bits) et linkage le format de liaison (ELF, etc.) Si le fichier fourni n'est pas un exécutable, renvoie ('32bits', '') ou les valeurs fournies en paramètres.

machine() -> type de machine

Renvoie le type de machine sous forme de string, soit i686, i586...

node() -> nom réseau

Renvoie le nom réseau de la machine. Renvoie une chaîne vide si le nom de la machine n'a pas pu être obtenu.

platform(aliased=False, terse=False) -> informations plate-forme

Récupère et concatène des informations sur le système. Le résultat n'est pas destiné à être parsé par du code car il peut varier d'un système à l'autre. Si aliased est à True, platform() tente d'appliquer la fonction plateform.system_alias() au triplet (system, release, version) s'il est trouvé. system_alias() tente de trouver un nom commun correspondant au triplet.

processor() -> informations sur le processeur

Renvoie le nom du processeur. Ce nom contient en général le nom du fondeur, le modèle, et la fréquence, en fonction de la manière dont Python a été compilé

Appel sous Mac OS X, avec Python 2.6

```
>>> import platform
>>> platform.processor()
'i386'
```

python_build(), python_compiler() et python_version()

Renvoient les informations sur l'interpréteur Python, le numéro et la date de *build*, le compilateur utilisé, la version.

release() -> info de release

Renvoie le numéro de release du système.

system() -> nom du système

Renvoie le nom du système.

version() -> version de release

Renvoie la version de release du système.

uname() -> (system, node, release, version, machine, processor)

Renvoie un tuple composé de résultats d'appels à diverses fonctions présentées dans cette section. Ajoute le nom du processeur, par rapport à os.uname().

Script d'exemple d'utilisation du module platform

```
# -*- coding: utf8
from platform import *

system, node, release, version, machine, processor = uname()
pbuild = python_build()
pversion = python_version()

print('Système: %s %s (%s)' % (system, release, version))
print('Architecture: %s' % machine)
print('Processeur: %s' % processor)
print('Nom réseau: %s' % node)
print('Version Python: %s build %s (%s)' %
      (pversion, pbuild[0], pbuild[1]))

[...]

$ python infos.py
Système: Darwin 9.6.0 (Darwin Kernel Version 9.6.0: Mon Nov 24 17:37:00
PST 2008; root:xnu-1228.9.59~1/RELEASE_I386)
```

```
Architecture: i386
Processeur: i386
Nom réseau: MacZiade
Version Python: 2.6.1 build r261:67515 (Dec 6 2008 16:42:21)
```

Utilitaires fichiers

Ce thème est un complément au thème précédent et contient trois modules :
- shutil : fournit des fonctions de copie et suppression de fichiers.
- dircache : implémente une lecture de répertoires avec cache.
- filcmp : offre des fonctions de comparaison de répertoires et fichiers.

shutil

shutil encapsule des appels au module os pour fournir des fonctionnalités de plus haut niveau, concernant la copie et la suppression de fichiers ou de groupes de fichiers.

copy(src, dst)

Copie le fichier de chemin src vers dst. Si dst est un fichier existant, il est écrasé. Si dst est un répertoire, la fonction copie le fichier dans ce répertoire. copy() recopie les données mais également les droits d'accès.

copy2(src, dst)

Similaire à copy() mais copie également les dates de dernière modification et d'accès.

copytree(src, dst[, symlinks [, ignore]])

Recopie récursivement l'arborescence de racine src vers dst en utilisant copy2(). dst est un chemin qui ne doit pas encore exister.

L'option symlinks permet de spécifier si les liens symboliques sont recopiés comme liens symboliques (symlinks=True) ou si les ressources pointées sont recopiées en lieu et place des liens (symlinks=False ou non défini).

L'option ignore permet de filtrer certains fichiers à ne pas recopier. Cette option est par défaut à None. Lorsqu'elle est spécifiée, ignore doit être un callable qui reçoit pour chaque répertoire traversé le nom du répertoire et la liste de ses éléments.

Dans l'exemple ci-dessous (repris de la documentation officielle de Python), un log est émis à chaque copie.

Logging des copies

```
from shutil import copytree
import logging

def _logpath(path, names):
    logging.info('Working in %s' % path)
    return []    # nothing will be ignored

copytree(source, destination, ignore=_logpath)
```

shutil fourni aussi une fonction d'exemple ignore_patterns, qui prend une liste de motifs de type glob pour représenter les fichiers à filtrer.

Dans l'exemple ci-dessous, les fichiers d'extension « .txt » et « .tmp » sont omis.

Recopie conditionnelle

```
from shutil import copytree, ignore_patterns
copytree(source, destination, ignore=ignore_patterns('*.txt', 'tmp*'))
```

rmtree(chemin, [ignore_errors[, onerror]])

Supprime une arborescence complète. Si ignore_errors est à True, les erreurs de suppression seront silencieuses. Si ignore_errors est à False ou non défini, les erreurs sont passées à la fonction fournie dans onerror. Si onerror n'est pas spécifié, l'erreur est levée normalement. onerror doit pointer sur une fonction qui définit trois paramètres : function, path et excinfo.

• function détermine quelle fonction du module os a provoqué l'erreur (listdir(), remove() ou rmdir()).
• path rappelle le chemin passé à la fonction.
• excinfo est un appel à sys.exc_info().

La fonction implémentée pour onerror peut ensuite décider de provoquer un raise ou de laisser passer l'erreur.

move(src, dst)

Déplace une arborescence complète.

> **AVERTISSEMENT** **Perte d'informations sous plate-forme Mac**
> Pour toutes ces fonctions, certaines métadonnées ne sont pas recopiées sous Mac, et les informations comme le créateur sont perdues.

dircache

Ce module implémente une version spécifique de listdir(), similaire à os.listdir() mais dont le résultat est trié, puis sauvegardé en mémoire, dans le dictionnaire cache, global au module dircache.

Les appels suivants se basent alors sur la date de modification du répertoire pour éviter de relire l'arborescence si rien n'a changé. Cette approche permet d'augmenter très sensiblement les performances des programmes qui accèdent régulièrement au système de fichiers.

Utilisation du cache

```
>>> import dircache
>>> dircache.listdir('/')
['.autofsck', '.rnd', '.thunderbird', 'backups', 'bin', 'boot',
'command', 'dev', 'etc', 'home', 'initrd', 'lib', 'lost+found', 'mnt',
'nohup.out', 'opt','proc', 'root', 'sbin', 'service', 'slapd.log',
'src', 'srv', 'sys', 'tmp', 'usr', 'var']
>>> dircache.cache
{'/': (1124398584, ['.autofsck', '.rnd', '.thunderbird', 'backups',
'bin', 'boot', 'command', 'dev', 'etc', 'home', 'initrd', 'lib',
'lost+found', 'mnt', 'nohup.out', 'opt', 'proc', 'root', 'sbin',
'service', 'slapd.log', 'src', 'srv', 'sys', 'tmp', 'usr', 'var'])}
```

dircache fournit aussi une fonction reset() pour vider le dictionnaire cache.

filecmp

Permet de comparer des fichiers et des répertoires complets.

cmp(f1, f2[, shallow=True[, use_statcache]]) ->booléen

Compare le fichier nommé f1 avec le fichier f2. Si shallow est à True, les fichiers sont considérés égaux si un appel à os.stat() est identique pour les deux. Si shallow est à False, une lecture du fichier est effectuée pour la comparaison. Lorsqu'une comparaison par lecture est effectuée, le résultat est systématiquement mis en cache et n'est recalculé que si les dates des fichiers changent. use_statecache est obsolète depuis la version 2.3.

class dircmp(a, b[, ignore[, hide]]) -> instance

Crée un objet de type dircmp, qui permet de comparer les répertoires a et b. ignore est une liste de noms à ignorer et est par défaut initialisée à ['RCS', 'CVS', 'tags']. hide est une liste de noms à ne pas afficher et est par défaut initialisée à [os.curdir, os.pardir], soit ['.', '..'] sous Unix et MS-Windows.

dircmp fournit ensuite un certain nombre de méthodes :

- report() : affiche sur la sortie courante un comparatif entre a et b.
- report_partial_closure() : affiche sur la sortie courante un comparatif entre a et b et entre les sous-répertoires communs.
- report_full_closure() : affiche sur la sortie courante un comparatif entre a et b et entre les sous-répertoires communs, de manière récursive.

Outre ces rapports, dircmp possède des attributs qui permettent de récupérer des informations sur la comparaison effectuée, soit :

- left_list : fichiers et sous-répertoires de a, filtrés par hide et ignore ;
- right_list : fichiers et sous-répertoires de b, filtrés par hide et ignore ;
- common : fichiers et sous-répertoires communs ;
- left_only : fichiers et sous-répertoires communs uniquement présents dans a ;
- right_only : fichiers et sous-répertoires communs uniquement présents dans b ;
- common_dirs : sous-répertoires communs ;
- common_files : fichiers communs ;
- common_funny : éléments communs mais dont les types diffèrent, ou éléments ayant provoqué une erreur dans os.stat() ;
- same_files : fichiers communs et de contenus identiques ;
- diff_files : fichiers communs mais de contenus différents ;
- funny_files : fichiers communs qui n'ont pas pu être comparés ;
- subdirs : dictionnaires contenant des objets de type dircmp associés aux éléments de la liste common_dirs.

Comparaison des versions 2.3 et 2.4 de Python

```
>>> import filecmp
>>> comp = filecmp.dircmp('/usr/lib/python2.4', '/usr/lib/python2.3')
>>> nouveautes = comp.left_only
>>> disparus = comp.right_only
>>> modifies = comp.diff_files
>>> inchanges = comp.same_files
>>> nouveautes
['_LWPCookieJar.py', 'cookielib.py', 'subprocess.py', 'decimal.py',
'_MozillaCookieJar.py', '_threading_local.py']
>>> disparus
['TERMIOS.py', 'FCNTL.py', 'pre.py']
>>> modifies
['weakref.py', 'ihooks.py', 'pydoc.py',..., 'whichdb.py', 'string.py']
>>> inchanges
['Cookie.py', 'MimeWriter.py', ..., 'user.py', 'uu.py']
```

> À SAVOIR **Combiner dircmp et difflib**
>
> Cet outil peut être combiné à difflib, pour afficher précisément les différences entre les fichiers communs dont le contenu varie.

Outils de compression

Python inclut dans sa bibliothèque standard un module zlib qui encapsule la bibliothèque système zlib. Cette dernière, distribuée par gzip, fournit un algorithme de compression utilisé dans la plupart des formats de fichiers archives.

C'est le cas bien sûr du format gzip mais aussi du format zip, sachant que les fichiers zip peuvent être compressés en suivant plusieurs méthodes, dont zlib.

Enfin, le format tar utilise aussi la compression zlib pour construire et lire des archives de type tar gzipped.

Cette section présente les modules qui permettent de travailler avec des archives gzip et zip, sachant que les modules bz2 et tarfile sont respectivement basés sur le même mode opératoire.

gzip

Le format gzip permet de compresser des données dans un fichier archive. Il est en général utilisé avec les utilitaires GNU gzip et gunzip, qui prennent en paramètre un fichier et le compressent dans une archive d'extension .gz.

Le module gzip fournit une classe similaire à une classe de type file, qui permet d'accéder de façon transparente aux données d'une archive gzip, en lecture et en écriture, comme si le fichier n'était pas compressé.

class GzipFile([filename[, mode[, compresslevel[, fileobj]]]])

La classe GzipFile peut être instanciée avec un objet fileobj représentant les données. fileobj peut être un objet de type file ouvert, un objet StringIO, ou tout autre objet qui puisse simuler les méthodes des objets de type fichier (read(), write(), seek(), etc.). filename est ensuite utilisé pour stipuler le nom de fichier qui est placé dans l'en-tête du fichier gzip dans le cas d'une écriture.

Si filename est à None, le nom renvoyé par filobj.name est utilisé. S'il est non spécifié, mode est récupéré dans fileobj lorsqu'il est disponible. S'il ne l'est pas, il est fixé à rb par défaut. Le mode de travail peut prendre les valeurs r, rb, pour les lectures et a, ab, w ou wb pour les écritures, bien qu'il soit conseillé de toujours utiliser les modes binaires.

Lorsque `fileobj` est passé en paramètre, son ouverture et sa fermeture sont à la charge du développeur, en amont et en aval. Ce fonctionnement autorise la récupération de flux compressés sans pour autant forcer une écriture de fichier sur le système.

Dans le cas ou `filobj` n'est pas spécifié ou à None, la classe utilise le nom de fichier fourni dans `filename` pour ouvrir un nouvel objet `file`, en utilisant le mode fourni ou par défaut, rb.

`compresslevel` permet de spécifier le niveau de compression pour les écritures et est fixé à 9 par défaut, soit le niveau de compression le plus fort et le plus gourmand en temps CPU. Les niveaux varient de 0 (le moins compressé mais le plus rapide) à 9.

open(fichier[, mode[, compresslevel]])

Raccourci direct permettant d'instancier un nouvel objet de type `GzipFile` sur le fichier, à la manière de la primitive open().

open() est utilisée dans l'exemple ci-dessous, pour simuler le fonctionnement de base des outils gzip et gunzip.

Module gzipper.py

```python
#!/usr/bin/python
# -*- coding: ISO-8859-15 -*-
""" Ce module simule le fonctionnement
    de base de gzip et gunzip
"""
import sys
import os
from optparse import OptionParser
from gzip import open as gzopen

option_1 = {'noms': ('-c', '--compress'), 'dest': 'compress',
            'action': 'count', 'help': 'fichier à compresser'}

option_2 = {'noms': ('-d', '--decompress'), 'dest': 'decompress',
            'action': 'count', 'help': 'fichier à décompresser'}

options = [option_1, option_2]

def _compress(filename, compresslevel=9):
    """ compresse un fichier en une archive gzip

    attention, écrase un éventuel fichier filename+".gz"
    et ne crée que des archives par lecture binaire
    """
    original = open(filename, mode='rb')
```

```python
    try:
        compressed = gzopen(filename+'.gz', mode='wb')
        try:
            for line in original.readlines():
                compressed.write(line)
        finally:
            compressed.close()
        os.remove(filename)
    finally:
        original.close()

def _decompress(filename):
    """ décompresse une archive gzip

    attention, écrase un éventuel fichier "resultfile"
    """
    archive = gzopen(filename)
    try:
        if filename.endswith('.gz'):
            resultfile = filename[:-3]
        else:
            resultfile = '%s.uncompressed' % filename

        uncompressed = open(resultfile, mode='w')
        try:
            for line in archive.readlines():
                uncompressed.write(line)
        finally:
            uncompressed.close()
        os.remove(filename)
    finally:
        archive.close()

def main(options, arguments):
    if len(arguments) != 1:
        print 'usage: %s' % parser.usage
        sys.exit(2)

    compress = options.compress isnot None
    decompress = options.decompress isnot None

    if (compress and decompress) or (not compress and not decompress):
        print 'usage: %s' % parser.usage
        sys.exit(2)

    filename = arguments[0]
    if compress:
        _compress(filename)
    else:
        _decompress(filename)
```

```
if __name__ == '__main__':
    parser = OptionParser()
    parser.usage = 'gzipper [-cd] [fichier]'
    for option in options:
        param = option['noms']
        del option['noms']
        parser.add_option(*param, **option)
    options, arguments = parser.parse_args()
    sys.argv[:] = arguments
    main(options, arguments)

[..]

tziade@Tarek:~/Desktop$ python gzipper.py -c started.py
tziade@Tarek:~/Desktop$ ls started.py.gz
started.py.gz
tziade@Tarek:~/Desktop$ python gzipper.py -d started.py.gz
tziade@Tarek:~/Desktop$ ls started.py
started.py
```

BON À SAVOIR **gzip et directive with**

Le module `gzip` a récemment été étendu pour supporter la directive `with`.
Ainsi, un fichier pourra être traité avec :
```
with gzip.open(fichier) as f:
    ...
```

---

zipfile

Le format `zip` est plus complet que `gzip` car il permet de compresser dans une même archive plusieurs fichiers. Le module `zipfile` fournit une classe `ZipFile` de manipulation d'une archive `zip`.

class ZipFile(fichier[, mode[, compression]])

La classe est instanciée avec `fichier`, qui peut être le nom d'un fichier ou un fichier de type `file` ou assimilé, comme pour le cas de `gzip`.

Le mode par défaut est r et peut être fixé à r, w ou a suivant les cas (si b est ajouté, il est automatiquement retiré).

Le mode de compression peut être `ZIP_STORED` (pas de compression, valeur par défaut) ou `ZIP_DEFLATED` (compression zlib, avec un niveau de compression par défaut).

Une fois l'instance créée, une série de méthodes est disponible :

close()

Ferme l'archive. Doit obligatoirement être appelée pour valider des écritures.

getinfo(nom) -> objet Zipinfo

Renvoie des informations concernant l'élément nom de l'archive dans un objet de type ZipInfo.

infolist() -> liste d'objets ZipInfo

Renvoie une liste ordonnée d'objets ZipInfo, pour chaque entrée de l'archive.

namelist() -> liste d'entrées

Renvoie une liste ordonnée des noms des entrées de l'archive.

printdir()

Affiche sur la sortie standard le contenu de l'archive.

read(name) -> data

Renvoie le contenu de l'entrée name, pour une archive ouverte en mode r ou a.

testzip() -> None ou le premier fichier défectueux

Passe en revue toutes les entrées de l'archive, et teste les codes CRC. Renvoie le nom de la première entrée défectueuse ou None si tout est correct.

write(fichier[, arcname[, compress_type]])

Ajoute à l'archive, ouverte en mode w ou a, le fichier. S'il est fourni, le paramètre arcname sera utilisé pour le nom de l'entrée. compress_type permet de spécifier un mode de compression différent de celui général à l'archive si nécessaire.

writestr(zinfo_or_arcname, bytes)

Écrit les données contenues dans l'objet stringbytes dans l'archive ouverte en mode w ou a, en utilisant comme nom d'entrée celui fourni dans zinfo_or_arcname (objet string ou objet ZipInfo).

debug

Attribut spécifiant le niveau de débogage utilisé. À 0 (par défaut), ne donne aucune information. De 1 à 3 : informations de débogage, de plus en plus complètes, sur la sortie standard.

class ZipInfo([fichier[, date_time]])

Classe complémentaire à `ZipFile` contenant des informations sur une entrée d'archive. Peut être utilisée en entrée de la méthode `writestr()` ou retournée par `getinfo()` ou `infolist()`.

Peut être construite avec deux paramètres optionnels. `fichier` est le nom de l'entrée et `date_time` un tuple de six valeurs entières : `Année`, `Mois`, `Jour`, `Heures`, `Minutes`, `Secondes`, représentant la date de dernière modification de l'entrée.

Les autres attributs intéressants de `ZipInfo` sont :
- `compress_type` : type de compression de l'entrée ;
- `comment` : commentaires sur l'entrée ;
- `volume` : numéro de volume de l'entrée ;
- `CRC` : CRC-32 des données décompressées ;
- `compress_size` : taille compressée des données de l'entrée ;
- `file_size` : taille décompressée des données de l'entrée.

is_zipfile(fichier) -> booléen

Renvoie `True` si le `fichier` est une archive de type zip.

ALLER PLUS LOIN **Exemple d'utilisation de ZipFile**

Pour un exemple complet d'utilisation de ZipFile, voir l'exercice 7 du chapitre 10.

Programmation réseau

Toute la programmation réseau sous Python repose sur le module bas niveau `socket`, qui encapsule les primitives système d'accès à la couche réseau.

Le module masque toute la complexité de la programmation réseau dans une approche objet, en fournissant une fonction `socket()` qui génère des objets de type `socket`. Ces objets publient des méthodes simples pour toutes les opérations réseau et prennent en charge, entres autres, la création et la destruction des tampons associés aux ressources réseau.

L'exemple ci-dessous utilise un objet `socket`, pour se connecter sur la machine locale, sur le port 25, pour vérifier qu'un serveur SMTP est actif.

Test SMTP

```
>>> import socket
>>> s = socket.socket(socket.AF_INET, socket.SOCK_STREAM)
>>> s.connect(('', 25))
>>> data = s.recv(1024)
>>> data
'220 localhost ESMTP\r\n'
>>> s.close()
```

Cette simplicité ne supprime pas pour autant les possibilités et toutes les fonctionnalités de la couche réseau restent accessibles en Python. Pour plus d'informations sur le module socket, l'exercice 13 du chapitre 10 implémente un client/serveur TCP.

Quoi qu'il en soit, à moins d'implémenter un protocole réseau exotique ou un serveur particulier, il est très rare de devoir utiliser directement le module socket. La bibliothèque standard fournit des modules pour la plupart des protocoles réseau connus.

Cette section présente deux modules qui implémentent des clients pour les protocoles HTTP(S) et FTP (RFC 959).

Les autres protocoles sont accessibles via les modules imaplib, smtplib, nntplib, et consorts.

urllib2

Le module urllib2, version plus avancée qu'urllib, utilise le module httplib, pour proposer des fonctionnalités d'accès à des *URL (Universal Ressource Locator)*. Les URL sont en général les adresses de pages web.

urllib2 gère tous les aspects du protocole HTTP, comme l'authentification, les cookies, les redirections, ou encore les flux sécurisés.

Pour des appels simples, urllib2 fournit une fonction urlopen() qui permet de récupérer sous la forme d'un flux de type fichier le contenu de la ressource.

Lorsqu'il est nécessaire de mettre en œuvre des options particulières du protocole HTTP, comme l'authentification, la gestion des redirections, ou les GET et POST, urllib2 fournit un système de *handlers*. Chaque option du protocole est alors gérée par une classe spécialisée, appelée handler. (HTTPBasicAuthHandler pour l'authentification, HTTPRedirectHandler pour les redirections, HTTPHandler pour les GET et POST).

Ces handlers sont regroupés dans un objet appelé OpenerDirector, généré par la fonction build_opener(), et mis en place pour être utilisé par urlopen(), par le biais de la fonction install_opener(). OpenDirector invoque alors le bon handler, au bon moment, en fonction des besoins.

urlopen(url [, data]) -> objet de type fichier

Ouvre l'URL pointée par `url` et renvoie un objet de type fichier, qui possède deux méthodes supplémentaires par rapport à un objet `file` classique. `geturl()`, qui renvoie l'URL, et `info()`, qui renvoie un dictionnaire contenant des métadonnées concernant la ressource ouverte.

`url` peut être un objet `string` qui pointe directement sur la ressource, comme la version du module `urllib`, mais aussi un objet `Request`, qui peut contenir des informations de requêtage plus étendues.

Lecture d'une page web CPS

```
>>> import urllib2
>>> result = urllib2.urlopen('http://localhost:8080/cps')
>>> for line in result.readlines():
...     print line[:-1]
...
<!DOCTYPE html PUBLIC "-//W3C//DTD XHTML 1.0 Transitional//EN" "http://
www.w3.org/TR/xhtml1/DTD/xhtml1-transitional.dtd">
  <html xmlns="http://www.w3.org/1999/xhtml" lang="en"
        xml:lang="en">
    <head>
  <meta http-equiv="Content-Type" content="text/html;
charset=ISO-8859-15" />
  <meta name="generator" content="Nuxeo CPS http://www.cps-project.org/
" />
  <title>CPS Portal</title>
  <base href="http://localhost:8080/cps/" />

...

    </body>
  </html>
```

Pour certaines ressources HTTP, data peut contenir des données à envoyer au serveur. Ces données doivent être au format `application/x-www-form-urlencoded` qui est obtenu en appelant `url.urlencode()` avec un mapping. Cette fonction forme une chaîne de requête `cle0=valeur0&cle1=valeur1&...`, similaire à celle que l'on peut retrouver sur certaines URL. `urlopen()` concatène data à `url` au moment de l'appel.

Création d'une chaîne *application/x-www-form-urlencoded*

```
>>> import urllib
>>> data = {'clientno': '12', 'theme': 13}
>>> urllib.urlencode(data)
'theme=13&clientno=12'
```

class OpenDirector()

Classe gérant une collection de handlers. Les instances sont construites par un appel à `build_opener()`. Présente une méthode `open()` similaire à `openurl()`, pouvant être utilisée pour invoquer les handlers contenus dans l'objet. Cette méthode appelle tour à tour chaque handler de sa collection et renvoie le résultat dès qu'un handler a accepté de prendre en charge la demande.

install_opener(opener)

Définit l'objet `opener` de type `OpenDirector` comme l'objet utilisé par défaut par tout appel à `openurl()`. C'est la méthode `open()` de l'objet `opener` qui est appelée dans ce cas.

build_opener([handler, ...]) -> instance OpenDirector

Raccourci pour créer un objet `OpenDirector` garni. Renvoie un objet de type `OpenDirector` qui contient une collection ordonnée de handlers :

- `ProxyHandler` : handler de proxy.
- `UnknownHandler` : gère toutes les URL de protocole inconnu.
- `HTTPHandler` : gère les URL HTTP.
- `HTTPDefaultErrorHandler` : gère les erreurs renvoyées par le serveur.
- `HTTPRedirectHandler` : gère les redirections.
- `FTPHandler` : gère les accès à des URL de type ftp.
- `FileHandler` : gère les accès aux URL fichiers.
- `HTTPSHandler` : gestion du protocole HTTPS si la version de Python le permet.
- `HTTPErrorProcessor` : gère les erreurs.

La fonction peut prendre en paramètre des handlers supplémentaires, qui viennent remplacer les handlers de la liste prédéfinie, en fonction de leurs types. Les handlers sont conservés dans l'ordre fourni, sauf dans le cas où la valeur de l'attribut `handler_order` du handler est modifiée. Cet attribut est fixé à 500 par défaut pour tous les handlers, sauf celui pour `ProxyHandler` qui est à 100.

class HTTPBasicAuthHandler([password_mgr])

Handler de gestion d'authentification. Si `password_mgr` est fourni, doit être un objet de type `HTTPPasswordMgr`. Les objets `HTTPPasswordMgr` sont des objets qui conservent des couples (nom d'utilisateur, mot de passe), associés à des couples (realms, urls).

class HTTPPasswordMgr()

Permet de conserver des couples (nom d'utilisateur, mot de passe), associés à des clés (realms, urls). Cette classe peut être utilisée pour mémoriser les paramètres de connexion à des pages qui nécessite une authentification.

class Request(url[, data][, headers][, origin_req_host][, unverifiable])

Request permet de regrouper des informations pour une requête à effectuer avec urlopen(). url est l'URL à ouvrir, data les éventuelles données annexes à transmettre, headers un dictionnaire contenant les en-têtes de la requête.

origin_req_host et unverifiable permettent de gérer certains aspects de fonctionnement des cookies. origin_req_host définit le *request-host* à l'origine de la requête, qui sera utilisé par le serveur distant dans les cookies. Le request-host est le nom d'hôte racine de l'URL appelée. Il est par défaut obtenu par l'extraction de la racine d'url. unverifiable, par défaut à False, permet de spécifier si la requête n'est pas vérifiable. Une requête non vérifiable est une requête qui est déclenchée sans l'aval manuel de l'utilisateur. Par exemple, la requête qui récupère une image sur une page web est unverifiable.

L'exemple ci-dessous accède à la page de gestion sécurisée d'un serveur web local Zope écoutant sur le port 8080.

Accès avec authentification

```
>>> import urllib2
>>> handler = urllib2.HTTPBasicAuthHandler()
>>> handler.add_password('Zope', 'localhost:8080', 'demo', 'demo')
>>> opener = urllib2.build_opener(handler)
>>> urllib2.install_opener(opener)
>>> result = urllib2.urlopen('http://localhost:8080/manage')
>>> for line in result.readlines():
...     print line[:-1]
...
<!DOCTYPE HTML PUBLIC "-//W3C//DTD HTML 4.0 Transitional//EN" "http://
www.w3.org/TR/REC-html40/loose.dtd">
<html>
<head>
<title>Zope on http://localhost:8080</title>

...

</html>
```

ftplib

Le module ftplib fournit une classe FTP qui implémente un client ftp complet.

Une session FTP est en général composée de ces étapes :

* connexion ;
* authentification ;

- manipulations ;
- déconnexion.

class FTP([host[, user[, passwd[, acct]]]])

Lorsque host est fourni, la méthode connect() est aussi appelée avec. Si le paramètre user est fourni, un appel à la méthode login() est ensuite effectué. passwd et acct sont ajoutés à l'appel si fournis. acct est un paramètre qui permet de choisir un compte ftp particulier, si le serveur implémente cette commande (ACCT).

Les méthodes principales accessibles dans un objet de type FTP, sont :

abort()

Stoppe un transfert en cours (réussite non garantie).

close()

Ferme une connexion sans envoyer de commande QUIT au serveur. L'objet devient alors inutilisable.

connect(host[, port]) -> résultat

Tente une connexion de l'objet au serveur host et renvoie la réponse reçue sous forme de string. Un seul appel est nécessaire au début de la session. port est par défaut à 21. Si l'objet a été préliminairement créé avec le paramètre host, il n'est pas nécessaire d'utiliser connect(). Dans le cas contraire, cette méthode est la première à appeler.

cwd(pathname) -> résultat

Change le répertoire en cours sur le serveur et affiche le résultat de l'opération.

delete(filename) -> résultat

Supprime le fichier filename sur le serveur et renvoie le résultat de l'opération. Une erreur est levée en cas d'échec.

dir(argument[, ...]) -> listing

Récupère un listing du répertoire en cours, par le biais de la commande LIST. Le résultat est envoyé dans la sortie standard. Des arguments supplémentaires peuvent être fournis, et sont concaténés à la commande envoyée au serveur (comme le nom d'un sous-répertoire à lister). Si le dernier argument fourni est une fonction, elle est appelée pour chaque entrée du listing, pour pouvoir être parsée.

login([user[, passwd[, acct]]])

Se connecte au serveur FTP en utilisant les paramètres user et passwd s'ils sont fournis. Si user n'est pas fourni, anonymous est utilisé. Si user est à anonymous et que le passwd n'est pas fourni, anonymous@ est utilisé pour ce deuxième champ. login() ne doit pas être appelée si l'objet a été préliminairement initialisé avec use. Dans le cas inverse, doit toujours être appelée après la connexion. Les opérations sur le serveur ne peuvent être effectuées pour la plupart qu'après un appel à login().

mkd(pathname) -> chemin absolu

Crée un nouveau répertoire sur le serveur, et renvoie son chemin complet.

nlst(argument[, ...]) -> liste de fichiers

Équivalente à dir(), mais renvoie les fichiers sous forme de liste et ne gère pas de fonction callback.

pwd() -> chemin courant

Renvoie le chemin courant sur le serveur.

quit()

Envoie le signal QUIT au serveur, et ferme la connexion. close() doit ensuite être appelée.

rename(ancien_nom, nouveau_nom) -> résultat

Renomme le fichier distant ancien_nom en nouveau_nom.

retrbinary(commande, callback[, maxblocksize[, rest]])

Récupère un fichier en mode binaire, par le biais de la commande, de la forme « RETR nom de fichier ». callback est une fonction appelée à chaque bloc de données reçu, maxblocksize permet de définir la taille maximale des blocs en octets.

rest est une chaîne de caractères optionnelle et qui sera utilisée en paramètre de la commande RESTART par le serveur au cas où le transfert est interrompu. C'est un marqueur qui détermine la position où reprendre le chargement.

retrlines(commande [, callback])

Récupère les données en ligne, par le biais de la commande, de la forme « RETR nom de fichier ». callback est une fonction appelée à chaque bloc de données reçu. Si callback n'est pas fournie, la ligne est imprimée par le biais de ftplib.print_line().

rmd(dirname) -> résultat

Supprime le répertoire di rname.

storbinary(commande, file[, blocksize])

Envoie un fichier pointé par un objet file ouvert en lecture. commande est de la forme « STOR nom fichier », blocksize détermine la taille du tampon de lecture (8192 par défaut). Le fichier est envoyé en mode binaire.

storlines(commande, file)

Équivalente à storbinary, pour les fichiers texte. Envoie le contenu du fichier ligne à ligne.

Session FTP

```
>>> import ftplib
>>> ftp = ftplib.FTP('localhost')
>>> ftp.getwelcome()
'220 ProFTPD 1.2.10 Server (ProFTPD Default Installation) [127.0.0.1]'
>>> ftp.login('tziade', 'xxx')
'230 User tziade logged in.'
>>> ftp.dir()
-rw-r--r--    1 (?)        tziade        4704 Jul 27 19:58 5505.tgz
-rw-rw-r--    1 (?)        tziade         473 Feb 15 2005 backup.sh
-rw-r--r--    1 (?)        tziade      292694 Mar 27 22:09
enigmail-0.91.0-tb-linux.xpi
-rw-rw-r--    1 (?)        tziade       10315 Jan 3 2005 install.py
-rw-r--r--    1 (?)        tziade        9269 May 3 14:05 log.txt
drwxr-xr-x 13 (?)         tziade        4096 Jul 11 23:37 server
drwxr-xr-x  2 (?)         tziade        4096 Jul 11 23:37 www
>>> ftp.quit()
'221 Goodbye.'
```

En un mot...

Cette première série de modules constitue une bonne trousse à outils pour la programmation système. Le prochain chapitre aborde des modules plus orientés sur la programmation.

Principaux modules, partie 2

Ce chapitre présente les modules majeurs de la bibliothèque standard couvrant les thèmes suivants :

- persistance ;
- conversion, transformation de données ;
- calculs numériques ;
- structures de données ;
- utilitaires divers.

Persistance

Python fournit dans sa bibliothèque standard des outils de sérialisation d'objets de très haut niveau, qui peuvent permettre à un programme de sauvegarder des données et de les recharger sans avoir à mettre en place un système de sauvegarde plus poussé, comme une base de données.

Les modules cPickle et shelve offrent des fonctionnalités de sauvegarde totalement transparentes qui mémorisent l'état des attributs d'un objet quelconque. Cette approche générique permet de bénéficier directement de ce mécanisme sans avoir à mettre au point du code spécifique.

cPickle

`cPickle` offre un mécanisme de sérialisation des objets très puissant : tout objet en mémoire peut être sauvegardé sur le système de fichiers puis rechargé par la suite. `cPickle` est le grand frère du module `pickle` : il implémente à peu de choses près les mêmes fonctionnalités mais est codé en C, donc beaucoup plus rapide.

`cPickle` est supérieur au module de fonctionnalités similaires `marshal` car il permet de sérialiser de manière transparente tout type de classe.

Le mécanisme de sérialisation ne sauvegarde pas le code des fonctions ni les paramètres : une simple référence est conservée et il est nécessaire de pouvoir retrouver ces définitions lorsqu'un objet est dé-sérialisé.

Les rares types d'objets ne pouvant être sérialisés par `cPickle` sont dits *unpickable* et sont les instances de socket, les pointeurs de fichiers et les threads. Les objets compatibles sont dit *pickable*.

`cPickle` fournit deux types de fonctions pour sérialiser les objets :

- `dump()` et `load()`, pour une écriture et une lecture directe dans un objet de type fichier ;
- `dumps()` et `loads()`, pour récupérer et fournir les flux sous forme de string.

dump(objet, fichier[, protocol])

Sérialise l'objet. `fichier` est un objet qui doit présenter une méthode `write()`, utilisée par `dump()`. C'est en général un objet de type fichier (ouvert en écriture) ou assimilé, comme `StringIO`.

`protocol` est un paramètre qui permet de déterminer la structure créée pendant la sérialisation. Avec une valeur à 0 par défaut, cette structure reste la même pour toutes les versions de Python passées ou à venir et assure ainsi une compatibilité ascendante. 1 détermine une structure plus efficace et 2 la meilleure structure possible.

Pour Python 2.4 et supérieur, la valeur 2 peut être récupérée par la variable `cPickle.HIGHEST_PROTOCOL`, qui détermine la valeur maximum pour la version courante, sachant que les prochaines versions introduiront certainement des valeurs supplémentaires. Une valeur négative est équivalente à `cPickle.HIGHEST_PROTOCOL`.

load(fichier) -> objet

Utilise l'objet `fichier` pour reconstruire l'objet sérialisé. `fichier` est un objet de type `file` ou assimilé qui doit fournir les méthodes `read()` et `readlines()`.

dumps(objet[, protocole]) -> chaîne

Similaire à dump(), mais renvoie le résultat de la sérialisation dans un objet de type str.

loads(chaîne [, protocole]) -> objet

Similaire à load() mais utilise un objet de type str plutôt qu'un fichier.

Utilisation de loads et dumps

```
>>> from cPickle import loads, dumps
>>> class MyClass(object):
...     def __init__(self):
...         self.data = [1, 2, 3]
...
>>> instance_of = MyClass()
>>> instance_of.data.append(56)
>>> serialisation = dumps(instance_of)
>>> serialisation
"ccopy_reg\n_reconstructor\np1\n(c__main__\nMyClasse\np2\nc__builtin__\
nobject\np3\nNtRp4\n(dp5\nS'data'\np6\n(lp7\nI1\naI2\naI3\naI56\nasb."
>>> more = loads(serialisation)
>>> more.data
[1, 2, 3, 56]
```

Plusieurs objets peuvent être sérialisés dans le même flux, grâce à la classe Pickler, qui permet de gérer un fichier et d'y accumuler des objets, et à la classe Unpickler qui renvoie les objets reconstruits.

class Pickler(fichier [, protocole])

Pickler s'instancie avec un objet de type file comme dump() et offre deux méthodes :

- dump(object) : sérialise l'objet dans le fichier. Peut être appelée plusieurs fois pour stocker plusieurs objets.
- clear_memo() : permet d'initialiser le cache interne, qui contient l'ensemble des objets visités par les sérialisations. Utile lorsque l'objet est réutilisé.

class Unpickler(fichier)

Unpickler fournit une interface de désérialisation :

- load() : lit le flux et retourne un objet. Peut être appelée plusieurs fois pour récupérer les objets stockés dans le flux. Lorsque la fin des données est atteinte, une erreur EOFError est levée.
- Noload() : similaire à load() mais ne charge pas les objets en mémoire (des objets None sont renvoyés). Permet de parcourir la structure.

Utilisation de Pickler et Unpickler

```
>>> from cPickle import Pickler, Unpickler
>>> class MyClass(object):
...     def __init__(self, name):
...         self.data = [1, 2, 3]
...         self.name = name
...
>>> def load(objects):
...     f = Pickler(open('datas', 'w'))
...     for obj in objects:
...         f.dump(obj)
...
>>> def unload():
...     f = Unpickler(open('datas', 'r'))
...     objects = []
...     while 1:
...         try:
...             objects.append(f.load())
...         except EOFError:
...             break
...     return objects
...
>>> load([MyClass('1'), MyClass('2')])
>>> objects = unload()
>>> for obj in objects:
...     print(obj.name)
...
1
2
```

shelve

Le module shelve se base sur cPickle pour fournir un système de dictionnaire persistent. Ce dictionnaire est utilisé comme tout autre dictionnaire dans le programme et peut contenir tout objet pickable. Les données sont sauvegardées dans une base de données sur le système de fichiers.

Le type de base de données utilisé est choisi automatiquement et dépend des bibliothèques installées sur le système, et peut être :

• une base dbm sous Unix ;
• une base GNU/dbm sous Unix ;
• une base Berkeley DB sous Unix et Windows.

shelve fournit une fonction open() qui retourne une instance d'un tel dictionnaire.

open(nom_fichier[, flag[, protocole[, writeback]]])

Ouvre un dictionnaire persistent contenu dans le fichier nom_fichier. flag détermine le type d'ouverture, à savoir :

- r : lecture seule ;
- w : lecture-écriture ;
- c : création si base de donnée inexistante, puis accès en lecture-écriture (valeur par défaut).

protocole, s'il est fourni et différent de None, est passé directement à cPickle, et détermine la structure de sérialisation (voir la section précédente).

Lorsque writeback est fourni et différent de True, shelve conserve en mémoire tous les éléments modifiables du dictionnaire et les réécrit dans le fichier au moment de la fermeture. Cette option permet de mettre à jour automatiquement ces éléments mais peut devenir relativement gourmande en mémoire.

Utilisation de shelve

```
>>> import shelve
>>> import __builtin__
>>> documentation = shelve.open('primitives.db')
>>> for element in dir(__builtin__):
...     if element.startswith('_'):
...         continue
...     doc = getattr(__builtin__, element).__doc__
...     try:
...         documentation[element] = doc
...     except TypeError:
...         print 'impossible de pickler %s' % str(doc)
...
>>> documentation.close()
>>> documentation = shelve.open('primitives.db')
>>> for element in documentation:
...     print('primitive %s:\n%s\n\n' % \
...         (element, documentation[element]))
...
[...]
primitive getattr:
getattr(object, name[, default]) -> value

Get a named attribute from an object; getattr(x, 'y') is equivalent to
x.y.
When a default argument is given, it is returned when the attribute
doesn't
exist; without it, an exception is raised in that case.
```

Conversion, transformation de données

Les algorithmes les plus fréquemment utilisés pour l'encodage de données, que ce soit pour leur transport ou leur hachage, sont fournis dans la bibliothèque standard sous forme de fonctions très simples d'usage.

Cette section présente `base64` et `hashlib`.

base64

`base64` fournit des fonctions d'encodage et de décodage de données binaires au formats définis par la norme RFC3548, à savoir base16, base32 et base64. Cet encodage fait correspondre à chaque valeur un signe de l'alphabet base16, 32 ou 64. Il est utilisé pour transformer des données binaires en données texte qui peuvent être transportées dans certains protocoles d'échanges qui ne supportent que du texte, comme HTTP ou IMAP4.

b64encode(chaîne[, altchars]) -> chaîne

Encode les données contenues dans l'objet string `chaine`. Si `altchars` est spécifié et est différent de `None`, c'est un objet string de longueur 2, qui définit un caractère spécifique pour les caractères + et /. Cette variation permet de définir des flux base64 compatibles avec certains formats, comme les URL.

b64decode(chaîne[, altchars]) -> chaîne

Décode les données contenues dans `chaine`.

Les autres formats sont rarement utilisés, et le module `base64` fournit des fonctions raccourcis pour encoder et décoder en base64, à savoir :

- `encodestring(s)` : équivalente à `b64encode(s)` ;
- `decodestring(s)` : équivalente à `b64decode(s)` ;
- `encode(input, output)` : encode le contenu pointé par l'objet `input` vers l'objet `output`. `input` et `output` sont des objets de type fichier ou assimilés, et doivent être ouverts dans les bons modes ;
- `decode(input, output)` : équivalente à `encode()`, mais pour le décodage.

Encodage d'un fichier binaire

```
>>> from base64 import encode, decode
>>> fichier_pdf = open('CPS.pdf', 'r')
>>> fichier_pdf_b64 = open('CPS.pdf.b64', 'w')
>>> encode(fichier_pdf, fichier_pdf_b64)
```

```
>>> fichier_pdf_b64.close()
>>> fichier_pdf_b64 = open('CPS.pdf.b64', 'r')
>>> for i in range(5):
...     fichier_pdf_b64.readline()

...
```
'JVBERi0xLjQNCiXk9tzfDQoxIDAgb2JqDQo8PCAvTGVuZ3RoIDIgMCBSDQogICAvRmlsdGVyIC9G\n'
'bGF0ZURlY29kZQ0KPj4NCnN0cmVhbQ0KeJyVWtuqZMcNfT9w/mE/G9Ku+wVMII7HkEeDIR+QxAnB\n'
'J8F+ye+nSlpLpd09nhAMnlarSpcllUql0+H6z/vbLle4fhce8epp/7+W/f9f/3b9+avrX+9v8dr/\n'
'/fr397ewWdfH+9taJx9/3juu/S//r9/++4/3tp6/e3/e3e3364frnqCI9+9dGu2PpjXHk88pc9r\n'
'/9FMXeyhUe\n'
'ofRQ179lhjhFWx1xmTFieMyts44Msi4NddT176aiUG0pOVR/NK7cGwekbNZ4lEXFtVyo9TlBoG7K\n'

haslib

haslib fournit, par une série de fonctions, une interface à 6 algorithmes de hashage, à savoir :

- md5
- sha1
- sha224
- sha256
- sha384
- sha512

Tous ces algorithmes peuvent être manipulés par des objets retournés par chacune de ces fonctions, et respectent la même interface.

Prenons l'exemple des deux algorithmes les plus utilisés : md5 et sha1.

haslib.md5

md5 fournit une implémentation de l'algorithme de hachage de la RSA, le *Message Digest 5*. Cet algorithme permet de créer une clé (quasi-)unique de 128 bits, à partir des données fournies. Revenir aux données originelles depuis une clé de hachage est (quasi-)impossible.

Ce genre de signature permet de garantir de manière sécurisée l'intégrité des données dans certaines situations :

- Lorsque l'on télécharge une archive sur Internet, la clé MD5 qui peut l'accompagner permet de garantir que le fichier n'est pas corrompu : une fois le téléchargement terminé, la clé est recalculée sur le système local et comparée avec la clé originelle.
- Les systèmes d'authentification stockent bien souvent des clés de hachage MD5 au lieu des mots de passe en clair : au moment de l'authentification d'un utilisateur, ce n'est pas le mot de passe saisi qui est comparé mais sa clé de hachage.

• Des systèmes de cache mémoire peuvent utiliser MD5 pour identifier une don-née, etc.

haslib.md5() fournit un objet md5, décrit ci-dessous.

class md5([chaîne])

Les objets de type md5 peuvent être initialisés avec un objet de type string. Ils four-nissent quatre méthodes :

• update(s) : concatène l'objet de type string à la chaîne déjà stockée.
• digest() : calcule et renvoie la clé correspondant à la chaîne stockée.
• hexdigest() : calcule et renvoie la clé comme digest(), mais sous la forme d'une représentation hexadécimale. C'est la forme la plus utilisée.
• copy() : renvoie un clone de l'objet md5. Permet d'optimiser les calculs MD5 qui sont relativement coûteux : si la chaîne stockée est une sous-chaîne d'une autre chaîne à calculer, l'objet peut être réutilisé par ce biais.

Calcul de la clé MD5 d'un fichier

```
>>> import hashlib
>>> cle = hashlib.md5()
>>> with open('Plone.pdf') as f:
...     cle.update(f.read())
...
>>> digest = cle.hexdigest()
>>> digest
'5e6ff71b1791f645cfbfd0d6f8d8e522'
```

hashlib.sha

Les clés MD5 peuvent être cassées en quelques jours, moyennant une puissance de calcul importante et des techniques complexes. La *recherche des collisions* est une de ces techniques et tente de trouver deux données différentes qui génèrent la même clé de hachage.

L'algorithme SHA-1 offre une clé de hachage moins sensible aux collisions et plus difficile à casser. Il est implémenté par le module sha, qui fournit exactement la même interface que md5.

Calcul de la clé SHA-1 d'un fichier

```
>>> import hashlib
>>> cle = hashlib.sha()
>>> with open('zasync .pdf') as f:
...     cle.update(f.read())
```

```
...
>>> digest = cle.hexdigest()
>>> digest
'1332e8e7c13c700d132babf392216c7495a1e1a1'
```

Calculs numériques

Python fournit des fonctions mathématiques de base, regroupées dans le module `math`. Le module `cmath` fournit les mêmes fonctionnalités pour les nombres complexes.

math

Le module `math` fournit un certain nombre de fonctions mathématiques courantes. Ces dernières accèdent directement aux fonctions de la bibliothèque C et sont très rapides.

Elle peuvent être regroupées en trois ensembles :

- fonctions de conversion ;
- fonctions trigonométriques ;
- constantes.

fonctions de conversion

ceil(x) -> réel

Renvoie, sous forme de réel, la première valeur entière supérieure au réel x.

exp(x) -> réel

Renvoie e**x. e est la constante mathématique de valeur arrondie 2.72.

fabs(x) -> réel

Renvoie la valeur absolue de x. x peut être un entier ou un réel. Équivalente à `abs()` mais renvoie toujours un réel.

floor(x) -> réel

Renvoie, sous forme de réel, la première valeur entière inférieure au réel x.

fmod(x, y) -> réel

Renvoie x modulo y. Cette fonction peut renvoyer un résultat différent de x % y pour les réels, à cause du fonctionnement des réels dans Python. `fmod(x, y)` est préconisée pour les réels et x % y pour les entiers.

frexp(x) -> (m, e)

Décompose x en (m, e), tel que x est égal à m * (2**e).

ldexp(m, e) -> x

Renvoie m * (2**e), soit l'inverse de frexp().

log(x[, base]) -> réel

Renvoie le logarithme de x. Si base n'est pas spécifié, c'est le logarithme de base e (logarithme naturel) qui est calculé.

log10(x) -> réel

Équivalente à log(x, 10).

pow(x, y) -> réel

Renvoie x**y.

modf(x) -> (fraction, entier)

Décompose le réel en ses parties fractionnaire et entière, sous la forme d'un tuple de deux réels.

fonctions trigonométriques

acos(x) -> réel

Renvoie l'arc cosinus de x en radians.

asin(x) -> réel

Renvoie l'arc sinus de x en radians.

atan(x) -> réel

Renvoie l'arc tangente de x en radians.

atan2(y, x) -> réel

Équivalente à atan(y/x).

cos(x) -> réel

Renvoie le cosinus de x en radians.

cosh(x) -> réel

Renvoie le cosinus hyperbolique de x en radians.

degrees(radians) -> degrés

Convertit en degrés un angle exprimé en radians.

hypot(x, y) -> réel

Renvoie `sqrt(x*x + y*y)`. Soit la norme euclidienne.

radians(degrés) -> radians

Convertit en radians un angle exprimé en degrés.

sin(x) -> réel

Renvoie le sinus de x en radians.

sinh(x) -> réel

Renvoie le sinus hyperbolique de x en radians.

sqrt(x) -> réel

Renvoie la racine carrée de x.

tan(x) -> réel

Renvoie la tangente de x en radians.

tanh(x) -> réel

Renvoie la tangente hyperbolique de x en radians.

constantes

e

Constante mathématique e (constante d'Euler).

pi

Constante mathématique π.

Calcul d'angles

```
>>> degres = 55
>>> degres * math.pi / 360.0
0.47996554429844063
>>> math.sin(degres)
-0.99975517335861985
```

Structures de données

Il est possible d'utiliser dans certains cas précis des types de données spécialisés.

- `array` permet de gérer des listes de valeurs de type homogène ;
- `abc` définit des classes de base abstraites ;
- `collections` offre des conteneurs haute performance ;
- `cStringIO` fournit une chaîne de caractères qui fonctionne comme un type `file` ;
- `decimal` permet de travailler avec des nombres décimaux.

array

Le module `array` définit une structure de données équivalente aux listes mais pour des éléments du même type. Les éléments sont convertis et placés dans un conteneur C, ce qui rend certaines manipulations beaucoup plus rapides qu'avec une liste.

array(typecode[, initializer]) -> tableau

`typecode` détermine le type des éléments stockés, et correspond aux types C. `typecode` peut prendre les valeurs suivantes :

- `c` : `string` de longueur 1 stocké dans un char ;
- `u` : `unicode` de longueur 1 ;
- `b` : entier stocké dans un signed char ;
- `B` : entier stocké dans un unsigned char ;
- `h` : entier stocké dans un short int ;
- `H` : entier stocké dans un unsigned short int ;
- `i` : entier stocké dans un signed int ;
- `I` : entier stocké dans un unsigned int ;
- `l` : entier long stocké dans un signed long ;
- `L` : entier long stocké dans un unsigned long ;
- `f` : réel stocké dans un float ;
- `d` : réel stocké dans un double.

`initializer`, si fourni, est une séquence contenant des éléments à placer dans le conteneur. Les objets de type `array` fournissent des méthodes de manipulation des éléments et des méthodes de conversion.

Méthodes de manipulation

Toutes ces méthodes supposent, lorsqu'un élément est fourni, qu'il est du type correspondant au tableau, sans quoi une erreur de type TypeError est levée :

- count(x) : renvoie le nombre d'occurrences de l'élément x dans le tableau.
- extend(array or iterable) : ajoute les éléments de l'array ou de la séquence passée.
- index(x) : renvoie l'index de la première occurrence de x dans le tableau. Si x n'est pas présent dans le tableau, une erreur ValueError est levée.
- insert(i, x) : ajoute l'élément x avant l'élément de position i. Si i est négatif, il correspond à l'index longueur - i.
- pop([i]) : renvoie l'élément d'index i et l'enlève du tableau. Si i n'est pas fourni, c'est le dernier élément qui est renvoyé.
- remove(x) : retire la première occurrence de x du tableau. Si x n'est pas présent dans le tableau, une erreur ValueError est levée.
- Reverse() : retourne le tableau, tel que le premier élément se retrouve en dernière position, et ainsi de suite.

Méthodes de conversion

Les méthodes de conversion permettent de transformer le contenu du tableau en un autre objet, et inversement d'importer un objet dans le tableau :

- tofile(f) : sérialise le tableau dans l'objet de type fichier ou assimilé f.
- tolist() : convertit le tableau en objet list.
- tostring() : convertit le tableau en objet string. Le contenu de l'objet string correspond au contenu brut en octets du tableau.
- tounicode() : équivalente à tostring() mais renvoie un objet unicode et ne fonctionne qu'avec un array de type u.
- fromfile(f, n) : lit n éléments de l'objet de type fichier (et non assimilés). Si moins de n items sont disponibles, une erreur EOFError est levée.
- fromlist(list) : ajoute les éléments de la liste en fin de tableau. Si un des éléments n'est pas du bon type, l'opération est annulée et une erreur de type TypeError est levée.
- fromstring(s) : ajoute les éléments de la chaîne de caractères en fin de tableau. Les caractères sont interprétés comme contenu brut, comme pour tostring().
- fromunicode(s) : équivalente à fromstring(), mais ajoute des caractères unicode. Le tableau doit être de type u.

Array en action

```
>>> import array
>>> tableau = array.array('c', 'Oh, mon tableau, o, OOoO')
>>> tableau.count('o')
3
>>> tableau.extend(', tu es le plus beau des tableaux')
>>> tableau.insert(0, 'Ô')
ÔOh, mon tableau, o, OOoO, tu es le plus beau des tableaux
>>> entiers = array.array('i', [1, 2, 3, 4, 5])
>>> entiers.tostring()
'\x01\x00\x00\x00\x02\x00\x00\x00\x03\x00\x00\x00\x04\x00\x00\x00\x05\x
00\x00\x00'
```

abc

Le module abc introduit un concept de classe abstraite, décrit dans le PEP 3119 (voir http://www.python.org/dev/peps/pep-3119).

Une classe abstraite est une classe qui permet de définir un certain nombre de méthodes dites abstraites. Une méthode abstraite est une méthode qui n'est pas réellement utilisée dans un programme, mais qui sert de guide à l'ensemble des classes dérivées.

Prenons l'exemple d'une classe Sized, qui définit la méthode abstraite __len__. Définir une méthode abstraite en Python peut se faire en levant une l'exception NotImplementedError dans le code.

Classe abstraite Sized

```
>>> class Sized(object):
...     def __len__(self):
...         raise NotImplementedError
...
```

Ainsi, elle ne peut pas être utilisée directement, et il faut implémenter __len__ dans une classe dérivée appelée classe concrète.

Classe Data

```
>>> class Data(Sized):
...     def __init__(self):
...         self._data = []
...     def add(self, data):
...         self._data.append(data)
```

```
...        def __len__(self):
...            return len(self._data)
...
>>> d = Data()
>>> d.add('data')
```

La classe `Data` peut évidemment se passer de `Sized` pour fonctionner dans cet exemple, mais cette couche d'abstraction permet d'utiliser `Sized` comme un marqueur indiquant qu'un objet implémente `__len__`. Le test d'appartenance ci-dessous, indique qu'il est possible d'utiliser `len()` sur d.

Test de l'appartenance de d à Sized

```
>>> isinstance(d, Sized)
True
>>> len(d)
1
```

On peut traduire `isinstance(d, Sized)` par « Est-ce que je peux utiliser `len` sur d ? ».

`abc` sert à formaliser ce mécanisme. Une métaclasse `ABCMeta` est implémentée dans ce module, ainsi qu'un décorateur `abstractmethod`.

Sized avec abc

```
>>> from abc import ABCMeta, abstractmethod
>>> class Sized(object):
...        __metaclass__ = ABCMeta
...        @abstractmethod
...        def __len__(self):
...            return 0
```

`Sized` utilise dans ce cas `ABCMeta` comme métaclasse et marque `__len__` avec le décorateur `abstractmethod` pour indiquer que c'est une méthode abstraite.

Cette méthode devra obligatoirement être implémentée, et toute tentative d'instanciation d'une classe contenant encore des méthodes abstraites provoquera une erreur. L'utilisation explicite de `NotImplementedError` n'est donc plus requise.

Création de Data au-dessus de Sized

```
>>> class Data(Sized):
...        pass
...
```

```
>>> d = Data()
Traceback (most recent call last):
  File "<stdin>", line 1, in <module>
TypeError: Can't instantiate abstract class Data with abstract methods
__len__
>>> class Data(Sized):
...     def __init__(self):
...         self._data = []
...     def add(self, data):
...         self._data.append(data)
...     def __len__(self):
...         return len(self._data)
...
>>> d = Data()
>>> issubclass(Data, Sized)
True
```

Le problème de cette implémentation est qu'il reste nécessaire de faire dériver Data de Sized pour pouvoir bénéficier du mécanisme. À terme, les arbres de dérivation deviennent très complexes et l'héritage multiple fréquent.

Pour éviter ce problème, ABCMeta ajoute une fonction register à la classe abstraite. Ceci permet de lui associer une classe arbitraire sans que cette dernière ne doive en dériver.

Utilisation de register

```
>>> class Data(object):
...     def __init__(self):
...         self._data = []
...     def add(self, data):
...         self._data.append(data)
...     def __len__(self):
...         return len(self._data)
...
>>> Sized.register(Data)
>>> issubclass(Data, Sized)
True
```

Cette fonctionnalité désolidarise les classes des classes abstraites et rapprochent ces dernières du concept d'interface. Un programme peut alors marquer des classes comme implémentatrices de méthodes définies dans des classes abstraites.

Il est aussi possible d'exprimer cette association explicite de manière implicite en implémentant au niveau de Sized une méthode de classe __subclasshook__, qui sera invoquée à chaque appel de issubclass.

Utilisation de __subclasshook__

```
>>> class Sized(object):
...     __metaclass__ = ABCMeta
...     @abstractmethod
...     def __len__(self):
...         return 0
...     @classmethod
...     def __subclasshook__(cls, C):
...         if cls is Sized:
...             if any("__len__" in B.__dict__ for B in C.__mro__):
...                 return True
...         return NotImplemented
...
```

Pour chaque appel `issubclass(C, Sized)`, cette méthode doit retourner `True` si la classe C implémente `__len__` et `NotImplemented` (ou `False`) si elle ne l'implémente pas.

Il n'est donc plus utile lorsque `__subclasshook__` est implémentée, d'appeler `register` : toute classe testée par le biais de `issubclass` sera validée par cette méthode.

Test du hook sur des classes arbitraires

```
>>> issubclass(list, Sized)
True
>>> issubclass(object, Sized)
False
```

Le module `collections`, présenté ci-dessous, fournit une série d'ABC (*Abstract Base Classes*).

collections

Ajouté dans la version 2.4, le module `collections` introduit des conteneurs de données très performants, à savoir :

- `deque` : une file à double entrée ;
- `defaultdict` : un mapping avec valeur par défaut ;
- `namedtuple` : un tuple avec des accesseurs nommés.

Enfin, `collections` introduit un certain nombre d'ABC.

Le type deque

Le type `deque` est un conteneur qui fonctionne comme une file, mais permet d'ajouter et de récupérer des données des deux cotés de la file, avec les mêmes performances.

deque([iterable])

Renvoie un objet deque, initialisé avec la séquence `iterable` si elle est fournie. Les objets de type deque fournissent un certain nombre de méthodes, à savoir :

- `append(x)` : ajoute l'élément x à droite de la file.
- `appendleft(x)` : ajoute l'élément x à gauche de la file.
- `clear()` : supprime tous les éléments de la liste.
- `extend(iterable)` : ajoute un à un les éléments de la séquence `iterable` à droite de la file.
- `extendleft(iterable)` : ajoute un à un les éléments de la séquence `iterable` à gauche de la file.
- `pop()` : renvoie le dernier élément de la file et le retire. Si la file est vide, une erreur `IndexError` est levée.
- `popleft()` : renvoie le premier élément de la file et le retire. Si la file est vide, une erreur `IndexError` est levée.
- `rotate(n)` : effectue une rotation de n pas vers la droite de la file. Une rotation passe le dernier élément en premier, n fois.

Utilisation d'un deque

```
>>> from collections import deque
>>> d = deque("Le saut à l'élastique")
>>> d.pop()
'e'
>>> d.popleft()
'L'
>>> d.rotate(4)
>>> d.pop()
's'
```

Le type defaultdict

Type hérité de `dict`, `defaultdict` permet d'attribuer automatiquement une valeur lors de la première utilisation d'une clé. Un callable passe en paramètre du constructeur et renvoie la valeur à appliquer par défaut. On appelle cela un factory.

Dans l'exemple suivant, les clés sont initialisées par défaut à 0. En effet, `int` crée un entier qui vaut 0 s'il est appelé sans paramètre.

Utilisation de la factory

```
>>> from collections import defaultdict
>>> d = defaultdict(int)
>>> d['a']
```

```
0
>>> d
defaultdict(<type 'int'>, {'a': 0})
```

Ce comportement permet de s'affranchir du code d'initialisation lorsque les dictionnaires sont utilisés pour des calculs sur des séries.

Occurrences de lettres dans un texte

```
>>> from string import lowercase
>>> from collections import defaultdict
>>> sentence = "Ceci est un texte. Banal, certes. Mais c'est un texte"
>>> counter = defaultdict(int)
>>> for car in sentence:
...     if car not in lowercase:
...         continue
...     counter[car] += 1
...
>>> for car in lowercase:
...     print('%s: %s' % (car, counter[car]))
...
a: 3
b: 0
c: 3
d: 0
e: 9
f: 0
g: 0
h: 0
i: 2
j: 0
k: 0
l: 1
m: 0
n: 3
o: 0
p: 0
q: 0
r: 1
s: 4
t: 7
u: 2
v: 0
w: 0
x: 2
y: 0
z: 0
```

Ainsi, l'initialisation automatique de chaque clé simplifie la conception d'un compteur d'occurrence des lettres dans un texte.

La fonction namedtuple

namedtuple est une fonction qui génère des tuples nommés dont les fonctionnalités sont étendues. namedtuple prend en paramètre un nom de type et une chaîne qui contient des noms d'attributs séparés par des espaces ou des virgules. Ce nouveau type est comparable aux structures nommées du C++.

Création d'un tuple User

```
>>> from collections import namedtuple
>>> User = namedtuple('User', 'first_name last_name login password')
>>> joe = User('joe', 'biden', 'jbiden', 'obama2009')
>>> joe
User(first_name='joe', last_name='biden',
    login='jbiden', password='obama2009')
>>> joe.password
'obama2009'
```

L'intérêt des tuples nommés est de fonctionner exactement comme des tuples classiques tout en étant plus faciles à manipuler grâce aux libellés attribués à chaque position de séquence. Si nous reprenons notre exemple, pour récupérer la valeur du mot de passe, joe.password est beaucoup plus explicite que joe[-1].

La méthode de classe _make(iterable) génère également une instance de tuple nommé et lui assigne les valeurs fournies dans l'itérable.

Utilisation de _make

```
>>> values = ['tarek', 'ziadé', 'tziade', 'poupoum']
>>> User._make(values)
User(first_name='tarek', last_name='ziad\xc3\xa9',
    login='tziade', password='poupoum')
```

Les Abstract Base Classes

collections propose pas moins de seize Abstract Base Classes ou ABC. Elles se basent sur l'implémentation des méthodes spéciales existantes en Python comme __len__ ou __iter__, et permet d'associer un nom de classe abstraite à un certain nombre de concepts déjà existants.

La liste des ABC est accessible à l'adresse suivante :

http://docs.python.org/library/collections.html#abcs-abstract-base-classes.

decimal

Introduit dans la version 2.4, le module `decimal` crée des objets de type `Decimal` afin de représenter des nombres décimaux. Les objets de type `Decimal` s'instancient avec un objet `string`, un entier, ou un tuple, représentant le nombre décimal.

class Decimal([value [, context]])

`value` peut être :

- un objet `string`, qui représente un décimal en respectant la syntaxe numérique ;
- un entier ;
- un tuple de trois éléments :
  - le signe (0 pour positif, 1 pour négatif) ;
  - un tuple contenant tous les chiffres qui composent le décimal ;
  - un entier exposant, qui place la virgule.

Lorsque `value` n'est pas fourni, le décimal est initialisé à 0.

`context` est un objet `Context`, qui spécifie un environnement particulier pour l'objet.

Par rapport aux entiers réels classiques, ce nouveau type présente un avantage intéressant : sa représentation reste exacte.

Représentation décimale

```
>>> 5.75 / 2.5
2.2999999999999998
>>> from decimal import Decimal
>>> Decimal('5.75') / Decimal('2.5')
Decimal("2.3")
```

Il est en outre possible de définir le degré de précision, qui est réglé à 28 chiffres significatifs par défaut , par le biais des objets `Context`.

Un objet `Context` détermine un environnement d'exécution. Il contient :

- `prec` : degré de précision, par défaut à 28 ;
- `rounding` : définit le fonctionnement de l'arrondi et peut prendre entre autres valeurs :
  - `ROUND_CEILING` : arrondi supérieur ;
  - `ROUND_DOWN` : arrondi vers zéro ;
  - `ROUND_FLOOR` : arrondi inférieur.

Chaque thread possède un contexte qui peut être récupéré par `getcontext()` et écrit par `setcontext(contexte)`.

Degré de précision

```
>>> from decimal import Decimal, getcontext
>>> Decimal('5.9')/Decimal('3.4')
Decimal("1.735294117647058823529411765")
>>> getcontext().prec = 2
>>> Decimal('5.9')/Decimal('3.4')
Decimal("1.7")
```

cStringIO

Ce module fournit, comme le module `StringIO`, une classe `StringIO` qui implémente les mêmes interfaces que le type `file` mais travaille avec une chaîne de caractères en mémoire. `cStringIO` est une implémentation rapide de l'objet `StringIO`.

class StringIO([buffer])

`StringIO` s'initialise avec un objet `string` ou `unicode`. Cependant, et contrairement à `StringIO.StringIO`, les méthodes de lecture de données retournent toujours des objets de type `string` et il est donc déconseillé de manipuler de l'unicode avec cet objet.

Toutes les méthodes de l'objet sont équivalentes aux objets de type `file` exceptée la méthode `close()` qui libère le contenu en mémoire.

Manipulation d'un fichier mémoire

```
>>> from cStringIO import StringIO
>>> donnes = StringIO('Répète après moi: Python est le meilleur
langage\n'*100000)
>>> print donnes.readline()
Répète après moi: Python est le meilleur langage

>>> donnes.seek(0)
>>> fichier = open('hypnose.txt', 'w')
>>> fichier.write(donnes.getvalue())
>>> fichier.close()
```

Utilitaires divers

Cette section présente une série de modules utilitaires, à savoir :

- `atexit` : permet de gérer la fin du programme ;
- `pdb` : débogueur interactif ;
- `getpass` : saisie interactive d'identité ;

- copy : recopie d'objets ;
- difflib : module de comparaison de textes ;
- time et datetime : modules de manipulation de temps ;
- random : module de génération aléatoire.

atexit

Le module atexit fournit une fonction unique qui permet d'empiler des fonctions à exécuter lorsque le programme se termine. Une fois le code principal exécuté, atexit dépile les fonctions de la dernière ajoutée à la première.

Ce mécanisme peut être pratique pour nettoyer des éléments ou pour effectuer des sauvegardes en fin d'exécution de programme.

Dans l'exemple ci-dessous, atexit permet de s'assurer que les threads sont bien tous arrêtés en sortie de programme.

Nettoyage de threads

```python
import atexit
from threading import Thread
from time import sleep
from sys import stdout

class Work(Thread):

    def run(self):
        sleep(1)

def cleanup():
    for worker in workers:
        stdout.write('.')
        worker.join()
    print('\nEnd')


workers = []

if __name__ == '__main__':
    atexit.register(cleanup)

    for i in range(100):
        workers.append(Worker())

    for worker in workers:
        worker.start()
```

pdb

Python fournit par le biais du module `pdb` un débogueur interactif qui permet au développeur d'exécuter le code en mode interactif ou en mode pas-à-pas.

Le mode pas-à-pas

Le mode pas-à-pas est disponible nativement dans la plupart des EDI pour les langages compilés, et permet d'observer le déroulement du programme en maîtrisant chaque étape d'exécution. Ce mode s'active en insérant des points d'arrêt, qui sont des lignes de code marquées sur lesquelles l'interpréteur s'arrête, pour attendre une décision du programmeur.

Avec pdb, les points d'arrêt explicites sont définis par un appel à la fonction `set_trace()`. Lorsque l'interpréteur rencontre cette commande, le mode interactif est alors enclenché et l'interpréteur se met en attente d'une instruction.

La commande `h` ou `help` affiche la liste complète des commandes disponibles.

Activation du mode pas-à-pas

```
>>> import pdb
>>> def sub_function():
...     for i in range(3):
...         print('12')
...
>>> def main_function():
...     pdb.set_trace()
...     for i in range(2):
...         sub_function(i)
...
>>> main_function()
> <stdin>(3)main_function()
(Pdb) h

Documented commands (type help <topic>):
========================================
EOF    break    condition  disable  help     list  q       step      w
a      bt       cont       down     ignore   n     quit    tbreak    whatis
alias  c        continue   enable   j        next  r       u         where
args   cl       d          exit     jump     p     return  unalias
b      clear    debug      h        l        pp    s       up

Miscellaneous help topics:
==========================
exec pdb
```

```
Undocumented commands:
======================
retval rv

(Pdb)
```

Le mode interactif de pdb est visualisé par le changement de prompt :
>>> devient (Pdb).

Les commandes disponibles sont :

- a ou args : affiche les arguments de la fonction en cours, lorsqu'il y en a.
- alias[name [command]] : permet d'associer à un nom une séquence de code. Si command est omis, alias affiche le contenu de la commande. Si alias est appelé sans paramètres, tous les alias définis sont affichés. Un alias devient une nouvelle commande du débogueur (présenté en détail à la prochaine section) et il peut également porter le même nom qu'une commande native et dans ce cas la surcharger.
- b ou break([file:]lineno | function) [, condition] : permet d'ajouter un point d'arrêt dans le code. Il y a deux façons de localiser le code pour la mise en place du point d'arrêt : par numéro de ligne avec lineno ou par nom de fonction avec function.
  Si le point d'arrêt est à placer dans un autre fichier, il est possible de préfixer la localisation par le nom du fichier suffixé de « : ».
  Enfin, condition est une éventuelle expression, sous la forme d'une chaîne de caractères qui est évaluée pour savoir si l'arrêt est marqué. Une variante de break est tbreak, qui est automatiquement retirée après un premier passage. Si break est appelée sans paramètre, il liste les points d'arrêt existants, avec pour chacun un numéro unique.
- c ou cont ou continue : relance l'exécution de la suite du programme. Le développeur ne récupère la main qu'au prochain point d'arrêt s'il existe.
- cl ou clear [bpnumber [bpnumber ...]] | [[filename:]lineno [filename:]lineno...]] : permet de supprimer les points d'arrêt, en fournissant leurs numéros ou leurs localisations. Si aucun paramètre n'est fourni, clear supprime tous les points d'arrêt définis par break, après confirmation.
- condition bpnumber str_condition : permet d'associer au point d'arrêt de numéro bpnumber l'expression conditionnelle str_condition. Si cet argument n'est pas fourni, le point d'arrêt n'a plus de condition associée.
- Debug : permet de lancer un nouveau débogueur, qui s'exécute dans l'environnement du débogueur originel.
- disable bpnumber [bpnumber ...] : désactive les points d'arrêt, qui restent cependant toujours associés au code.

- d ou down : déplace le débogueur d'un niveau plus bas dans la pile d'appel.
- enable bpnumber [bpnumber ...] : réactive les points d'arrêt précédemment désactivés.
- exit ou q ou quit : quitte le débogueur, puis le programme.
- h ou help : affiche l'écran d'aide.
- ignore bpnumber count : associe à un point d'arrêt un entier positif count. À chaque passage sur le point d'arrêt, cet entier est décrémenté et l'arrêt n'est pas marqué, tant que count n'a pas atteint 0.
- j ou jumplineno : permet de définir la prochaine ligne à exécuter.
- l ou list [first[, last]] : affiche le code source entre la ligne first et la ligne last du code courant. Si ces paramètres ne sont pas fournis, affiche les 11 lignes suivantes. Si seul first est fourni, affiche les 11 lignes en partant de first. Enfin, si last est inférieur à first, il est utilisé comme le nombre de lignes à afficher.
- n ou next : exécute la ligne courante et s'arrête à la suivante, dans la fonction courante.
- p ou ppexpression : affiche la valeur de l'expression. pp est une variante qui utilise le module pprint pour afficher l'expression en *pretty print*, c'est-à-dire en affichant de manière lisible et indentée les structures complexes comme les listes imbriquées sur plusieurs niveaux.
- r ou return : exécute le code jusqu'à la fin de la fonction courante.
- s ou step : exécute la ligne courante et s'arrête à la suivante. Contrairement à next, si la ligne exécutée appelle une autre fonction, step passe alors à la première ligne de cette fonction.
- u ou up : déplace le débogueur d'un niveau plus haut dans la pile d'appel.
- unalias name : supprime l'alias name.
- w ou where ou bt : affiche la pile d'appel, du plus haut au plus bas niveau.
- whatisarg : affiche le type de l'argument arg.

Exemple de session pas-à-pas

```python
def sub_function(text):
    for i in range(3):
        print(text)

def main_function():
    import pdb
    pdb.set_trace()
    for i in range(2):
        sub_function(str(i))
```

```
main_function()

[...]

tziade@Tarek:~/Desktop$ python scripts/debugging.py
> /home/tziade/Desktop/scripts/debugging.py(9)main_function()
-> for i in range(2):
(Pdb) w
  /home/tziade/Desktop/scripts/debugging.py(12)?()
-> ma_fonction()
> /home/tziade/Desktop/scripts/debugging.py(9)main_function()
-> for i in range(2):
(Pdb) n
> /home/tziade/Desktop/scripts/debugging.py(10)main_function()
-> sub_function(str(i))
(Pdb) n
0
0
0
> /home/tziade/Desktop/scripts/debugging.py(9)main_function()
-> for i in range(2):
(Pdb) n
> /home/tziade/Desktop/scripts/debugging.py(10)main_function()
-> sub_function(str(i))
(Pdb) s
--Call--
> /home/tziade/Desktop/scripts/debugging.py(2)sub_function()
-> def sub_function(text):
(Pdb) n
> /home/tziade/Desktop/scripts/debugging.py(3)sub_function()
-> for i in range(3):
(Pdb) n
> /home/tziade/Desktop/scripts/debugging.py(4)sub_function()
-> print(text)
(Pdb) whatis text
<type 'str'>
(Pdb) c
1
1
1
```

Outre ces commandes, le prompt (Pdb) reste un prompt Python tout à fait fonctionnel et il est possible de l'utiliser pour appeler du code à exécuter, afficher des
valeurs, ou effectuer toute autre manipulation. L'environnement d'exécution est dans
ce cas celui de la fonction dans laquelle le débogueur est arrêté.

Exécution de code dans le prompt Pdb

```
tziade@Tarek:~/Desktop$ python scripts/debugging.py python
> /home/tziade/Desktop/scripts/debugging.py(9)main_function()
-> for i in range(2):
(Pdb) n
> /home/tziade/Desktop/scripts/debugging.py(10)main_function()
-> sub_function(str(i))
(Pdb) i
0
(Pdb) import time
(Pdb) time.asctime()
'Wed Oct 5 13:23:22 2005'
(Pdb) (next) = 12
(Pdb) print next
12
(Pdb) next
0
0
0
> /home/tziade/Desktop/scripts/debugging.py(9)main_function()
-> for i in range(2):
(Pdb) c
1
1
1
```

La seule précaution dans l'exécution de code est de garnir de parenthèses les variables portant le même nom qu'une commande pdb ou un alias, afin d'éviter une collision de noms au moment de l'interprétation, comme dans le cas de next ci-dessus.

Alias et fichier .pdbrc

Au premier chargement de pdb, si un fichier nommé .pdbrc se trouve dans votre répertoire personnel (variable HOME dans les variables d'environnement de votre système) ou dans le répertoire courant, il est interprété par le débogueur et peut contenir des commandes pdb.

Ce fichier permet de créer des macros de commandes, associées à des alias, pour ne pas avoir à les retaper à chaque session de débogage.

Exemple de fichier .pdbrc

```
# fichier d'alias pour pdb
print("alias charges")

# affiche la liste des variables de l'instance objet
alias obvars pp %1.__dict__
```

```
# détermine si l'instance passée est une new-style cass
alias nsc issubclass(%1.__class__, object)
```

Les commandes peuvent récupérer des paramètres en entrée, suivant le modèle des scripts shell : %1 est le premier paramètre, %2 le second, etc. %* renvoie tous les paramètres, à l'image de *args. Les commandes peuvent bien sûr utiliser d'autres alias s'ils ont été définis avant.

Utilisation des alias

```
>>> class T(object):
...     def __init__(self):
...         self.t = 12
...
>>> t = T()
>>> import pdb; pdb.set_trace()
--Return--
alias charges
> <stdin>(1)?()->None
(Pdb) obvars t
{'t': 12}
(Pdb) nsc t
True
```

Le mode post mortem

Le mode post mortem, comme son nom l'indique, permet d'utiliser pdb après la mort du programme. En d'autres termes, lorsque le programme lève une exception, il est possible d'étudier la dernière pile d'appel, et même de remonter les niveaux. Ce mode s'obtient par la fonction pm().

Le retour du code vivant

```
def sub_function(texte):
  for i in range(3):
    raise TypeError('affreux plantage')
    print(text)

def main_function():
  for i in range(2):
    sub_function(str(i))

[...]

>>> from debugging import ma_fonction
>>> main_function()
```

```
Traceback (most recent call last):
  File "<stdin>", line 1, in ?
  File "debugging.py", line 9, in main_function
    sub_function(str(i))
  File "debugging.py", line 4, in sub_function
    raise TypeError('affreux plantage')
TypeError: affreux plantage
>>> import pdb;pdb.pm()
alias charges
> /home/tziade/Desktop/scripts/debugging.py(4)sub_function()
-> raise TypeError('affreux plantage')
(Pdb) i
0
(Pdb) up
> /home/tziade/Desktop/scripts/debugging.py(9)main_function()
-> sub_function(str(i))
(Pdb) l
  4         raise TypeError('affreux plantage')
  5         print(text)
  6
  7   def main_function():
  8     for i in range(2):
  9 ->      sub_function(str(i))
(Pdb)
```

getpass

Le module getpass récupère par le biais de la fonction getpass() un mot de passe de manière interactive. Il se base sur les bibliothèques disponibles du système hôte pour faire cette demande, soit :

- avec msvcrt sous MS-Windows ;
- avec EasyDialogs.AskPassword sous Mac ;
- dans le terminal, avec le mode echo à off, sous Unix.

getpass fournit aussi une fonction getuser(), qui renvoie le nom de l'utilisateur courant, en le recherchant dans les variables d'environnement du système (respectivement LOGNAME, USER, LNAME et USERNAME).

getpass à l'usage

```
>>> import getpass
>>> getpass.getuser()
'tziade'
>>> getpass.getpass('Entrez un mot de passe :')
Entrez un mot de passe :
'unmotdepasse'
```

copy

copy fournit deux fonctions, copy() et deepcopy(), qui permettent de recopier le contenu d'un objet dans un clone. La première effectue une *shallow copy* et la seconde une *deep copy*.

Une shallow copy crée un second objet et y recopie les liens vers les objets qui composent les attributs de l'objet originel. En d'autres termes, ces deux objets partagent les mêmes attributs en mémoire.

Une deep copy, quant à elle, recopie complètement les objets. Le nouvel objet devient donc totalement indépendant.

copy, comme pickle, est basée sur une lecture de __dict__. Elle est donc réservée aux manipulations d'instances de données et ne permet pas de recopier les objets de types fonctionnels comme :

• les modules ;
• les classes ;
• les fonctions ;
• les fichiers ;
• les sockets, ...

copy() et deepcopy() sont dans un bateau

```
>>> class T(object):
...     def __init__(self):
...         self.t = [1, 2]
...
>>> t = T()
>>> from copy import copy, deepcopy
>>> t2 = copy(t)
>>> t2.t
[1, 2]
>>> t2.t.append(3)
>>> t2.t
[1, 2, 3]
>>> t.t
[1, 2, 3]
>>> t3 = deepcopy(t)
>>> t3.t.append(4)
>>> t3.t
[1, 2, 3, 4]
>>> t.t
[1, 2, 3]
```

difflib

Le module `difflib` fournit un certain nombre d'utilitaires pour comparer deux textes. Les fonctionnalités sont équivalentes à ce que des outils de versioning comme CVS ou SVN peuvent fournir.

`difflib` offre des fonctions pour :

* afficher les différences entre deux textes ;
* restaurer un texte avec les différences.

Affichage des différences

Les fonctions `context_diff()` et `unified_diff()` calculent les différences entre les deux textes passés en paramètres sous forme de listes de lignes, et renvoient un `generator` qui contient le texte des différences.

Pour chaque sous-partie de texte qui contient une différence, `context_diff()` renvoie un bloc préfixé des numéros des lignes concernées dans le texte, avec la version 1 suivie de la version 2.

`unified_diff()` quant à elle regroupe les différences dans un même texte.

Comparaison de textes

```
>>> text_1 = """
... Lorsque les mouette volent à basse altitude,
... Il faut se méfier du temps qu'il fera demain.
...
... Car l'adage dit:
...    "Mouette basse, orage haut"
... """
>>> text_2 = """
... Lorsque les mouettes volent à basse altitude,
... Il faut se méfier du temps qu'il fera le lendemain.
...
... Car l'adage dit:
...    "Mouette basse, orage haut"
... (Auteur: ???)
... 5/20
... """
>>> text_1 = text_1.splitlines(1)
>>> text_2 = text_2.splitlines(1)
>>> res = difflib.context_diff(text_1, text_2)
>>> print(''.join(list(res)))
***

---

***************
*** 1,6 ****
```

```
! Lorsque les mouette volent à basse altitude,
! Il faut se méfier du temps qu'il fera demain.

  Car l'adage dit:
    "Mouette basse, orage haut"
--- 1,8 ----

! Lorsque les mouettes volent à basse altitude,
! Il faut se méfier du temps qu'il fera le lendemain.

  Car l'adage dit:
    "Mouette basse, orage haut"
+ (Auteur: ???)
+ 5/20

>>> res = difflib.unified_diff(text_1, text_2)
>>> print(''.join(list(res)))
---
+++
@@ -1,6 +1,8 @@

-Lorsque les mouette volent à basse altitude,
-Il faut se méfier du temps qu'il fera demain.
+Lorsque les mouettes volent à basse altitude,
+Il faut se méfier du temps qu'il fera le lendemain.

Car l'adage dit:
    "Mouette basse, orage haut"
+(Auteur: ???)
+5/20
```

Chaque ajout ou retrait de texte est signifié par les caractères +, – ou ! selon les cas. L'interprétation des résultats reste cependant relativement difficile car les lignes sont signalées différentes mais sans plus de détail, et un post-traitement est nécessaire pour ne pas avoir à rechercher les écarts.

La classe Differ joue ce rôle, en se plaçant au-dessus de ces fonctions. Elle fournit une fonction compare() qui affiche le résultat avec plus de précision : chaque caractère ajouté, supprimé, ou modifié est notifié par un caractère +, – ou ^, placé sur une ligne dédiée. Differ.compare() peut aussi être appelée directement par la fonction ndiff().

Utilisation de Differ

```
>>> from difflib import Differ, ndiff
>>> res = Differ().compare(text_1, text_2)
>>> print ''.join(list(res))
```

```
- Lorsque les mouettes volent à basse altitude,
?                                            -
+ Lorsque les mouettes volent à basse altitude,
?                                               +
- Il faut se méfier du temps qu'il fera demain.
+ Il faut se méfier du temps qu'il fera le lendemain.
?                                             ++++++

  Car l'adage dit:
    "Mouette basse, orage haut"
+ (Auteur: ???)
+ 5/20
>>> res = ndiff(text_1, text_2)
>>> print(''.join(list(res)))

- Lorsque les mouettes volent à basse altitude,
?                                            -
+ Lorsque les mouettes volent à basse altitude,
?                                               +
- Il faut se méfier du temps qu'il fera demain.
+ Il faut se méfier du temps qu'il fera le lendemain.
?                                             ++++++

  Car l'adage dit:
    "Mouette basse, orage haut"
+ (Auteur: ???)
+ 5/20
```

Restauration

Les différences renvoyées par les fonctions précédentes peuvent être utilisées pour offrir des fonctions de restauration. Le texte renvoyé par ndiff() contient toutes les informations nécessaires pour reconstruire les deux textes comparés.

difflib fournit pour cette opération la fonction restore() qui prend en premier paramètre les différences issues d'un appel à ndiff(), Differ() ou compare(), et en deuxième paramètre un entier qui définit quel texte doit être renvoyé. Pour une différence issue d'une comparaison ndiff(a, b), si 1 est fourni en deuxième paramètre de restore(), c'est a qui est renvoyé. Si 2 est fourni, c'est b qui est renvoyé.

Restauration

```
>>> diffs = ndiff(text_1, text_2)
>>> diffs = list(diffs)
>>> from difflib import restore
>>> rtext_1 = restore(diffs, 1)
>>> rtext_1 = list(rtext_1)
```

```
>>> rtext_2 = restore(diffs, 2)
>>> rtext_2 = list(rtext_2)
>>> print(''.join(rtext_1))

Lorsque les mouette volent à basse altitude,
Il faut se méfier du temps qu'il fera demain.

Car l'adage dit:
  "Mouette basse, orage haut"

>>> print(''.join(rtext_2))

Lorsque les mouettes volent à basse altitude,
Il faut se méfier du temps qu'il fera le lendemain.

Car l'adage dit:
  "Mouette basse, orage haut"
(Auteur: ???)
5/20
```

time

Le module `time` fournit des fonctions de manipulation de temps, basé sur deux représentations différentes : le temps écoulé depuis l'*Epoch*, et le temps UTC (*Coordinated Universal Time*).

Epoch

L'Epoch correspond à une date particulière, fixée par le système, qui est la date de référence à partir de laquelle le temps est compté en secondes écoulées. Cette date est fixée au 1er Janvier 1970 sur la plupart des systèmes et est représentée en Python sous la forme d'un réel.

UTC/GMT

L'UTC (*Universal Time Coordinate*), ou *Greenwich Mean Time* représente quant à lui le temps sous la forme d'une date complète et est représenté en Python sous la forme d'un tuple composé d'entiers :
- l'année (entre 1 et 9999) ;
- le mois (1-12) ;
- le jour (1-31) ;
- l'heure (0-23) ;
- les minutes (0-59) ;

• les secondes (0-59) ;
• le jour de la semaine (0-6) ;
• le jour de l'année (1-366) ;
• DST : un drapeau pour l'heure d'été (-1, 0 ou 1).

Le temps UTC courant renvoyé par localtime()

```
>>> import time
>>> time.localtime()
(2009, 3, 8, 1, 56, 11, 5, 281, 1)
```

Lorsque le drapeau DST vaut 1, le temps renvoyé est ajusté en fonction de l'heure d'été ou d'hiver. Pour 0, le temps est conservé sans modification.

Fonctions de manipulation

Les fonctions fournies par time sont :
• asctime([utc]) : convertit le temps UTC en sa représentation string. Si utc n'est pas fourni, asctime() utilise le temps courant. Cette fonction ne contrôle pas la cohérence calendaire des données fournies : si le jour de la semaine fourni ne correspond pas au jour de l'année fournie, aucune erreur n'est levée.
• clock() : renvoie le temps cpu pris par le processus courant depuis son démarrage. Cette méthode est très précise (de l'ordre de la microseconde) .
• ctime([seconds]) : renvoie, sous forme de string, la représentation UTC des secondes depuis Epoch définies par seconds. Si seconds n'est pas fourni, le nombre de secondes courant est utilisé.
• gmtime([seconds]) : convertit le temps seconds, écoulé depuis Epoch, en sa représentation UTC. Si seconds n'est pas fourni, le nombre de secondes courant est utilisé. Ne gère pas le drapeau DST.
• localtime([seconds]) : comme gmttime() mais gère le drapeau DST.
• mktime(utc) : convertit le temps UTC en secondes depuis Epoch.
• sleep(seconds) : place l'interpréteur en attente pendant le nombre de secondes fournies sous forme de float.
• time() : renvoie le temps en secondes écoulées depuis Epoch.

Manipulation de dates

```
>>> import time
>>> time.time()
1128869880.906467
```

```
>>> time.localtime()
(2005, 10, 9, 16, 47, 33, 6, 282, 1)
>>> time.asctime((1976, 12, 24, 12, 10, 0, 4, 360, 0))
'Fri Dec 24 12:10:00 1976'
>>> date_epoch = time.mktime((1976, 12, 24, 12, 10, 0, 4, 360, 0))
>>> date_epoch
220273800.0
>>> time.ctime(date_epoch)
'Fri Dec 24 12:10:00 1976'
>>> time.gmtime()
(2005, 10, 9, 14, 49, 35, 6, 282, 0)
```

Formatage des dates

Pour pouvoir afficher les dates sous un format particulier, time fournit la fonction strftime(format, utc), qui renvoie une date sous la forme d'une chaîne de caractères, en appliquant le formatage fourni.

Le fonctionnement est similaire au formatage des chaînes classiques, et se base sur un ensemble de directives dédiées, à savoir :

Tableau 9–1 Directives de formatage des dates

Directive	Description	Exemple
%a	Renvoie l'abrévation locale du jour.	`>>> strftime('%a', gmtime())` `'Sun'`
%A	Comme %a mais nom complet.	`>>> strftime('%A', gmtime())` `'Sunday'`
%b	Renvoie l'abréviation locale du mois.	`>>> strftime('%b', gmtime())` `'Oct'`
%B	Équivalente à %b, sans abréviation.	`>>> strftime('%B', gmtime())` `'October'`
%c	Renvoie une représentation locale complète.	`>>> strftime('%c', gmtime())` `'Sun Oct 9 15:17:40 2008'`
%d	Renvoie le jour du mois.	`>>> strftime('%d', gmtime())` `'09'`
%H	Renvoie l'heure au format 24h.	`>>> strftime('%H', gmtime())` `'15'`
%I	Renvoie l'heure au format 12h.	`>>> strftime('%I', gmtime())` `'03'`
%j	Renvoie le jour de l'année.	`>>> strftime('%j', gmtime())` `'282'`
%m	Renvoie le mois de l'année, en version numérique.	`>>> strftime('%m', gmtime())` `'10'`

Tableau 9–1 Directives de formatage des dates (suite)

Directive	Description	Exemple
%M	Renvoie les minutes.	```>>> strftime('%M', gmtime())``` ```'24'```
%p	Renvoie AM ou PM, en fonction de l'heure.	```>>> strftime('%p', gmtime())``` ```'PM'```
%S	Renvoie les secondes.	```>>> strftime('%S', gmtime())``` ```'34'```
%U	Renvoie le numéro de semaine, en se basant sur le dimanche comme premier jour de la semaine.	```>>> strftime('%U', gmtime())``` ```'41'```
%w	Renvoie le jour de la semaine sous forme numérique (0 correspond à Dimanche)	```>>> strftime('%w', gmtime())``` ```'0'```
%W	Comme %U mais Lundi est pris en référence comme premier jour de la semaine.	```>>> strftime('%W', gmtime())``` ```'40'```
%x	Comme %c mais version courte sans jour ni heure.	```>>> strftime('%x', gmtime())``` ```'10/09/08'```
%X	Renvoie la représentation locale de l'heure.	```>>> strftime('%X', gmtime())``` ```'15:31:33'```
%y	Renvoie les deux derniers chiffres de l'année.	```>>> strftime('%y', gmtime())``` ```'05'```
%Y	Renvoie l'année.	```>>> strftime('%Y', gmtime())``` ```'2008'```
%Z	Renvoie la *timezone*.	```>>> strftime('%Z', gmtime())``` ```'CET'```

L'opération inverse est possible grâce à la fonction `strptime(string[, format])`, qui transforme la date passée sous la forme d'une chaîne de caractère en date UTC. Si le format n'est pas spécifié, `'%a %b %d %H:%M:%S %Y'` est utilisé par défaut.

Transformation inverse

```
>>> from time import strftime, strptime, gmtime
>>> temps = strftime('%c', gmtime())
>>> temps
'Sun Oct 9 21:21:42 2005'
>>> strptime(temps)
(2005, 10, 9, 21, 21, 42, 6, 282, -1)
```

> À SAVOIR **Changer la localisation**
>
> Dans les exemples précédents, toutes les dates sont en anglais car la machine utilisée est installée dans cette langue. Il est possible d'influer sur ce paramétrage depuis Python, par le biais du module `locale`, en modifiant par code les paramètres locaux.

datetime

datetime complète le module time en fournissant des objets de plus haut niveau, soit :

- une classe date, pour gérer les dates sans heures ;
- une classe datetime, pour gérer les dates avec heures ;
- une classe time, pour gérer les heures simples ;
- une classe timedelta, pour gérer les écarts de temps entres instances des classes précédentes.

class timedelta(weeks, days, minutes, hours, seconds, microsecondes, milliseconds)

La classe timedelta sert à représenter une durée.

Les instances de cette classe supportent entre elles l'addition, la soustraction, le changement de signe et l'opérateur abs(), et peuvent être utilisées dans des opérations avec les classes time, date et datetime.

Opérations ferroviaires

```
>>> from datetime import timedelta, datetime
>>> tgv_dijon_paris = timedelta(hours=1, minutes=40)
>>> tgv_dijon_paris
datetime.timedelta(0, 6000)
>>> # 10 minutes de retard
...
>>> tgv_dijon_paris + timedelta(minutes=10)
datetime.timedelta(0, 6600)
>>> # 5 mn d'avance (!)
...
>>> tgv_dijon_paris - timedelta(minutes=5)
datetime.timedelta(0, 5700)
>>> - tgv_dijon_paris
datetime.timedelta(-1, 80400)
>>> abs(-tgv_dijon_paris)
datetime.timedelta(0, 6000)
>>> # calcul trajet
...
>>> depart = datetime.now()
>>> depart.ctime()
'Mon Oct 10 11:59:11 2005'
>>> arrivee = depart + tgv_dijon_paris
>>> arrivee.ctime()
'Mon Oct 10 13:39:11 2005'
```

class date

La classe date représente une date et est instanciée avec un jour, un mois et une année. Ces informations se retrouvent ensuite comme attributs de l'objet.

Création d'objets date

```
>>> from datetime import date
>>> date(2004, 12, 3)
datetime.date(2004, 12, 3)
>>> my_date = date(2004, 12, 3)
>>> my_date.year
2004
>>> my_date.month
12
>>> my_date.day
3
```

Les valeurs possibles pour les instances de date sont bornées par deux constantes définies dans le module, à savoir MINYEAR et MAXYEAR.

Fourchette des dates possibles

```
>>> import datetime
>>> datetime.MINYEAR
1
>>> datetime.MAXYEAR
9999
>>> # date la plus petite
...
>>> datetime.date(datetime.MINYEAR, 1, 1)
datetime.date(1, 1, 1)
>>> # date la plus grande
...
>>> datetime.date(datetime.MAXYEAR, 12, 31)
datetime.date(9999, 12, 31)
```

date fournit également des méthodes de classe qui permettent d'instancier des objets particuliers, à savoir :

- today() : renvoie un objet date pour la date courante.
- fromtimestamp(seconds) : renvoie un objet date pour la date correspondant au nombre de secondes écoulées depuis Epoch.
- fromordinal(ordinal) : renvoie un objet date pour la date correspondante au nombre de jours écoulés depuis la plus petite date possible.

Méthodes de classe de date

```
>>> datetime.date.today()
datetime.date(2009, 3, 1)
>>> datetime.date.fromtimestamp(270000000)
datetime.date(1978, 7, 23)
>>> datetime.date.fromordinal(7)
datetime.date(1, 1, 7)
```

Les méthodes d'instances permettent de manipuler la date et utilisent en interne les fonctions fournies par le module `time` :

- `__str__()` : renvoie une représentation sous forme de chaîne de caractères, calculée par `isoformat()`.
- `ctime()` : similaire à `date.ctime()` pour la date.
- `isoweekday()` : renvoie le numéro de semaine, avec lundi en référence (*calendrier ISO 8601*).
- `isocalendar()` : renvoie un tuple (année, numéro de semaine, numéro de jour).
- `isoformat()` : renvoie la date au format ISO 8601.
- `replace(year, month, day)` : renvoie une instance de date, en appliquant au préalable une modification sur les valeurs. Chacun des paramètres de remplacement est optionnel.
- `strftime(format)` : appelle la fonction `time.strftime()` pour la date.
- `timetuple()`: renvoie la date au format UTC.
- `toordinal()` : convertit la date en nombre de jours écoulés depuis la date minimale.
- `weekday()` : renvoie le jour de la semaine, avec lundi = 0.

À SAVOIR **La norme ISO 8601**

Le calendrier utilisé pour les méthodes préfixées de « iso » est basé sur la norme ISO 8601, qui définit les règles suivantes :
- lundi est le premier jour de la semaine et vaut 1.
- dimanche est le dernier jour de la semaine et vaut 7.
- La première semaine de l'année est la première semaine contenant un jeudi.

Manipulation de date

```
>>> my_date = datetime.date(1976, 12, 24)
>>> str(my_date)
'1976-12-24'
```

```
>>> my_date.ctime()
'Fri Dec 24 00:00:00 1976'
>>> my_date.isocalendar()
(1976, 52, 5)
>>> my_date.toordinal()
721712
>>> my_date.replace(day=28)
datetime.date(1976, 12, 28)
```

class time

La classe `time` gère une heure, construite avec les éléments suivants :

- heures (de 0 à 23) ;
- minutes (optionnel, de 0 à 59) ;
- secondes (optionnel, de 0 à 59) ;
- microsecondes (optionnel, de 0 à 999 999) ;
- tzinfo (optionnel).

`tzinfo` est une instance de la classe de base `tzinfo` fournie par le module, qui permet de définir des règles particulières sur l'heure, comme le décalage heure d'été/heure d'hiver, ou l'information de zone locale (Europe/Berlin, Europe/Paris, Australia/Sidney, etc.).

La classe `tzinfo` ne peut pas être instanciée directement et ses méthodes nécessitent d'être implémentées dans des classes concrètes.

Un objet `tzinfo` doit fournir trois méthodes :

- `tzname()` : le nom de la zone qui sera utilisé dans les affichages.
- `utcoffset(dt)` : renvoie le décalage de zone à appliquer à `dt`, exprimé en objet de type `timedelta`.
- `dst(dt)` : renvoie le décalage heure d'été/heure d'hiver, à appliquer à `dt`, exprimé en objet de type `timedelta`.

Implémentation de tzinfo pour Paris

```
#!/usr/bin/python
# -*- coding: utf8 -*-
from time import altzone, timezone, mktime, localtime
from datetime import tzinfo, timedelta, datetime

class TZParis(tzinfo):

    def __init__(self):
        self.ofsset_summer = timedelta(seconds=-altzone)
        self.ofsset_zone = timedelta(seconds=-timezone)
        self.ofsset = self.ofsset_summer - self.ofsset_zone
```

```
    def _dt_local(self, dt):
        """Détermine la nature de l'objet datetime fourni."""
        # ne peut utiliser timetuple() ici car
        # provoquerait un appel récursif sans fin
        tuple_ = (dt.year, dt.month, dt.day, dt.hour,
                dt.minute, dt.second, dt.weekday(), 0, -1)
        return localtime(mktime(tuple_)).tm_isdst > 0

    def utcoffset(self, dt):
        if self._dt_local(dt):
            return self.ofsset_summer
        else:
            return self.ofsset_zone

    def tzname(self, dt):
        return "Europe/Paris"

    def dst(self, dt):
        if self._dt_local(dt):
            return self.decalage
        else:
            return timedelta(0)

if __name__ == '__main__':

    # exemple d'utilisation
    my_date = datetime(1976, 12, 24, 12, 00, 00, tzinfo=TZParis())
    print(my_date.isoformat())

[...]

tziade@Tarek:~/Desktop/scripts$ python timezone.py
1976-12-24T12:00:00+01:00
```

Les méthodes de manipulation fournies par la classe `time` sont :

- `__str__()` : renvoie le résultat de la méthode `isoformat()`.
- `dst()` : renvoie `tzinfo.dst(None)` si `tzinfo` a été défini. Renvoie `None` dans le cas inverse.
- `isoformat()`: renvoie une chaîne de caractères représentant l'heure au format ISO 8601.
- `replace(hour, minute, second, microsecond, tzinfo)` : renvoie une instance de `time`, après avoir remplacé les éléments fournis. Chaque élément est optionnel.
- `Utcoffset()` : renvoie `tzinfo.utcoffset(None)` si `tzinfo` a été défini. Renvoie `None` dans le cas inverse.
- `Tzname()` : renvoie `tzinfo.tzname()` si `tzinfo` a été défini. Renvoie `None` dans le cas inverse.

class datetime

datetime est en quelque sorte une combinaison des classes date et time. Cette classe fournit la plupart des méthodes des deux classes précédentes et quelques méthodes supplémentaires, comme la méthode combine(). combine(date, time) fusionne un objet date et un objet time en objet datetime.

Date importante

```
>>> from datetime import date, time, datetime
>>> my_date = datetime(2005, 12, 21)
>>> my_time = time(20, 50)
>>> the_date = datetime(2005, 12, 21)
>>> print('\nRediffusion de Columbo "le Milliardaire psychopathe" '
...        'sur France 1\n %s'
...        % the_date.combine(my_date, my_time).ctime())

Rediffusion de Columbo "le Milliardaire psychopathe" sur France 1
Wed Dec 21 20:50:00 2005'
```

random

Le module random fournit des fonctions de génération de valeurs pseudo-aléatoires, basées sur une implémentation en C de l'algorithme déterministe *Mersenne Twister*.

Les fonctions les plus couramment utilisées sont :

- choice(sequence) : renvoie un élément au hasard de la séquence fournie.
- randint(a, b) : renvoie un nombre entier compris entre a et b.
- random() : renvoie un réel compris entre 0.0 et 1.0.
- sample(sequence, k) : renvoie k éléments uniques de la séquence.
- seed([salt]) : initialise le générateur aléatoire.
- shuffle(sequence[, random]) : mélange l'ordre des éléments de la séquence (dans l'objet lui-même). Si random est fourni, c'est un callable qui renvoie un réel entre 0.0 et 1.0. random() est pris par défaut.
- uniform(a, b) : renvoie un réel compris entre a et b.

Correction copies

```
>>> import random
>>> good_work = ['Excellent travail!',
...              'Très bonne analyse',
...              'Les résultats sont là !']
>>> bad_work = ["J'ai gratté la copie pour mettre des points",
...             'Vous filez un mauvais coton',
...             'Que se passe-t-il ?']
```

```
>>> ok_work = ['Bonne première partie mais soignez la présentation',
...            'Petites erreurs, dommage !',
...            'Des progrès']
>>> class Work(object):
...     def __init__(self, student):
...         self.student = student
...         self.auto_corrector()
...     def auto_corrector(self):
...         self.note = random.randint(1, 20)
...         if self.note < 8:
...             self.appreciation = random.choice(bad_work)
...         elif self.note < 14:
...             self.appreciation = random.choice(ok_work)
...         else:
...             self.appreciation = random.choice(good_work)
...     def __str__(self):
...         return '%s: %s, %s' %(self.student, self.note,
self.appreciation)
...
>>> students = ['Bernard', 'Robert', 'René', 'Gaston',
...             'Églantine', 'Aimé', 'Robertine']
>>> works = [Work(student) for student in students]
>>> for work in works:
...     print work
...
Bernard: 20, Très bonne analyse
Robert: 13, Des progrès
René: 1, Vous filez un mauvais coton
Gaston: 13, Des progrès
Églantine: 20, Très bonne analyse
Aimé: 2, J'ai gratté la copie pour mettre des points
Robertine: 11, Petites erreurs, dommage !
```

En un mot...

Les modules présentés dans ce chapitre fournissent des outils de programmation qui peuvent être utilisés dans des applications variées.

Le chapitre 10 complète cette collection par la présentation de quelques modules additionnels : itertools, re, Tkinter et lib2to3.

10

Principaux modules, partie 3

Ce chapitre termine la présentation des principaux modules par :
* `itertools` : utilitaires pour itérateurs;
* `re` : module sur les expressions régulières ;
* `tkinter` : module de création d'interfaces Tk ;
* `Lib2to3` et `2to3` : scripts de conversion de code Python 2 vers Python 3.

Le module itertools

Ce module fournit des fonctions rapides pour générer des itérateurs, et remplacer directement certaines primitives comme `map()`, `filter()`, `reduce()` et `zip()`.

chain(*itérables) -> itérateur

`chain()` renvoie un itérateur composé de tous les éléments fournis dans les itérables passés en paramètre.

`chain` concatène des itérables par exemple dans une boucle.

Composition par chaîne

```
>>> from itertools import chain
>>> seq1 = [1, 2, 3]
>>> def seq2():
...     return (a for a in [4, 5])
...
>>> for elm in chain(seq1, seq2()):
...     print elm
...
1
2
3
4
5
```

count([premier_entier]) -> itérateur

Retourne un itérateur qui renvoie des entiers incrémentés par pas de 1. Si premier_entier est fourni, il est le premier entier renvoyé. Sinon count() utilise 0.

Un compteur

```
>>> import itertools
>>> iter = itertools.count(10)
>>> [iter.next() for i in range(5)]
[10, 11, 12, 13, 14]
```

Cet itérateur est pseudo-infini : une fois sys.maxint atteint, il continue sur des valeurs de type long sous Python 2.

D'int à long

```
>>> import sys
>>> iter = itertools.count(sys.maxint-1)
>>> iter.next()
2147483646
>>> iter.next()
2147483647
>>> iter.next()
2147483648L
>>> iter.next()
2147483649L
```

cycle(itérable) -> itérateur

Renvoie un itérateur qui parcourt indéfiniment les éléments de l'itérable.

Cycle infini

```
>>> import itertools
>>> iter = itertools.cycle('abc')
>>> [iter.next() for i in range(8)]
['a', 'b', 'c', 'a', 'b', 'c', 'a', 'b']
```

Au premier passage, chaque élément parcouru est sauvegardé en interne, puis l'itérateur boucle indéfiniment sur les éléments sauvegardés.

La mémoire maximum utilisée par cette fonction est donc le double de la taille de l'itérable passé en paramètre.

dropwhile(prédicat, itérable) -> itérateur

Fournit un itérateur qui fonctionne en deux temps :

- il parcourt les éléments de l'itérable et envoie chaque élément au callable prédicat. La boucle s'arrête dès que prédicat renvoie False ou que la séquence se termine. Dans le cas où prédicat renvoie False, l'élément déclencheur est le premier renvoyé par l'itérateur.
- Il fournit ensuite un itérateur classique sur tous les éléments suivants de la boucle.

Déclencheur

```
>>> import itertools
>>> def watcher(element):
...     return element != "c'est lui!"
...
>>> iter = itertools.dropwhile(watcher,
...                            ["c'est moi", "c'est eux",
...                             "c'est lui!", "c'est nous"])
>>> iter.next()
"c'est lui!"
>>> iter.next()
"c'est nous"
>>> iter.next()
Traceback (most recent call last):
  File "<stdin>", line 1, in <module>?
StopIteration
```

Cette forme d'itérateur permet de travailler avec une sous-séquence.

groupby(itérable[, keyfunc]) -> itérateur

Renvoie un itérateur qui récupère des couples (clé, groupe). keyfunc est une fonction qui doit renvoyer la clé pour l'élément courant. groupe est un itérable qui réunit les éléments regroupés par clé.

Regroupement

```
>>> import itertools
>>> def odd_even(element):
...     if element % 2 == 0:
...         return 'pair'
...     return 'impair'
...
>>> for key, group in itertools.groupby([2, 7, 68, 3, 6], odd_even):
...     print('%s: %s' % (key, str(list(group))))
...
pair: [2]
impair: [7]
pair: [68]
impair: [3]
pair: [6]
```

ifilter(prédicat, itérable) -> itérateur

Renvoie un itérateur qui contient les éléments de l'itérable fourni, lorsque le callable prédicat renvoie vrai.

Si prédicat vaut None, les valeurs sont testées avec bool().

Filtre sur iterator

```
>>> import itertools
>>> elements = [1, 2, 3, 4, 5, 6]
>>> def filter(element):
...     return element % 2 == 0
...
>>> filtered = itertools.ifilter(filter, elements)
>>> list(filtered)
[2, 4, 6]
```

ifilterfalse(prédicate, itérable) -> itérateur

Fonction inverse de ifilter().

Filtre sur iterator

```
>>> import itertools
>>> elements = [1, 2, 3, 4, 5, 6]
>>> def filter(element):
...     return element % 2 == 0
...
>>> filtered = itertools.ifilterfalse(filter, elements)
>>> list(filtered)
[1, 3, 5]
```

imap(fonction, *itérables) -> itérateur

Renvoie un itérateur qui appelle `fonction` avec les éléments des itérables fournis, concaténés pour former la liste des paramètres.

Si `fonction` vaut `None`, renvoie les paramètres préparés.

Appels en cascade

```
>>> import itertools
>>> def sum(a, b, c):
...     return a + b + c
...
>>> iter = itertools.imap(sum, [1, 2, 3], [4, 5, 6], [7, 8, 9])
>>> list(iter)
[12, 15, 18]
```

islice(itérable, [start,] stop [, step]) -> itérateur

Renvoie un itérable qui est une sous-séquence de l'itérable fourni. `start`, `stop` et `step` s'utilisent comme les tranches.

Tranche d'itérable

```
>>> import itertools
>>> iter = itertools.islice([1, 2, 3, 4], 2, 4)
>>> list(iter)
[3, 4]
```

izip(*itérables) -> itérateur

Fonctionne comme `zip()`, pour agréger les éléments des itérables fournis.

Combinaisons de séquences

```
>>> import itertools
>>> iter = itertools.izip(['a', 'b', 'c'], [1, 2, 3], ['A', 'B', 'C'])
>>> list(iter)
[('a', 1, 'A'), ('b', 2, 'B'), ('c', 3, 'C')]
```

Lorsque les itérateurs sont de longueurs différentes, `izip` s'arrête dès que l'itérateur le plus petit est consommé.

izip_longest(*itérables, [fillvalue=None]) -> itérateur

izip_longest est une variation d'izip, qui continue tant que tous les itérateurs ne sont pas vidés. Lorsqu'un itérateur ne fournit plus d'éléments, c'est fillvalue qui est utilisé. Par défaut, il est à None.

Combinaisons de séquences avec izip_longest

```
>>> import itertools
>>> iter = itertools.izip_longest('abc', 'def', 'g', 'hijk')
>>> list(iter)
[('a', 'd', 'g', 'h'), ('b', 'e', None, 'i'), ('c', 'f', None, 'j'),
(None, None, None, 'k')]
>>> iter = itertools.izip_longest('abc', 'def', 'g', 'hijk',
                                  fillvalue='z')
>>> list(iter)
[('a', 'd', 'g', 'h'), ('b', 'e', 'z', 'i'),
('c', 'f', 'z', 'j'), ('z', 'z', 'z', 'k')]
```

repeat(élément, nb_occurences) -> itérateur

Génère un itérateur qui répète élément nb_occurences fois. Si nb_occurences n'est pas fourni, devient un itérateur infini qui renvoie toujours element.

3 fois 3

```
>>> import itertools
>>> iter = itertools.repeat('3', 3)
>>> list(iter)
['3', '3', '3']
```

starmap(fonction, séquence) -> itérateur

Comparable à imap() mais le deuxième argument doit être une séquence de tuples. À chaque itération n, l'itérateur renvoie le résultat de fonction(*séquence[n]).

Tuples prêts à l'emploi

```
>>> import itertools
>>> def fonc(*elements):
...     print(str(elements))
...
>>> st = itertools.starmap(fonc, [('a',), (1, 2), (None,)])
>>> st.next()
('a',)
```

```
>>> st.next()
(1, 2)
>>> st.next()
(None,)
```

takewhile(prédicat, itérable) -> itérateur

Renvoie les éléments de itérable tant que prédicate(element) renvoie True.

Un garde

```
>>> import itertools
>>> def guard(element):
...     return element != 'stop'
...
>>> elements = [1, 2, 'a', 'stop', 12]
>>> it = itertools.takewhile(guard, elements)
>>> list(it)
[1, 2, 'a']
```

tee(itérable[, n=2]) -> tuple d'itérateurs

Découpe itérable en n itérables, renvoyés sous la forme d'un tuple. Chaque itérable renvoie ensuite les éléments de itérable.

Duplication

```
>>> [list(el) for el in itertools.tee(['a', 'b', 'c'], 3)]
[['a', 'b', 'c'], ['a', 'b', 'c'], ['a', 'b', 'c']]
```

Le module re

Le module refournit des fonctionnalités d'expressions régulières, similaires à ce qui existe en Perl.

Expressions régulières ?

Les expressions régulières, ou expressions rationnelles, permettent de rechercher dans un texte des éléments correspondants à un motif. L'expression régulière (*regexp*) utilise une grammaire pour décrire ce motif, qui est ensuite interprétée dans un automate de parcours de texte.

Un des tout premiers programmes informatiques qui aient bénéficié de ce système, issu des travaux du mathématicien Kleene, est *grep* sous GNU/Linux : les recherches dans les fichiers peuvent être réalisées avec des regexp.

Recherche dans les sources de Python 2.4

```
$ cd python2.4
$ grep -ri "bicycle.*man.*emacs" .
./site-packages/bikeemacs.py:# Bicycle Repair Man integration with
(X)Emacs
```

Toute la puissance de ce système réside dans la grammaire utilisée dans les expressions, qui est de type 3 dans la *classification de Chomsky*, c'est-à-dire apte à décrire un langage complet.

En d'autres termes, il n'y a aucune limite dans la recherche de texte basée sur ce système, même si les expressions deviennent vite complexes à mettre au point. Il existe dans ce cas un programme de débogage d'expressions régulières pour Python, appelé Kodos (http://kodos.sourceforge.net/), qui permet de travailler en mode essai-erreur sans avoir à concevoir un programme.

Figure 10–1
Kodos en action

> EN SAVOIR PLUS **Les expressions régulières**
>
> Pour plus d'informations sur les expressions régulières, lire *Les expressions régulières par l'exemple* de Vincent Fourmond, aux éditions H&K

Notation pour les expressions régulières

Même si les expressions régulières ne sont pas propres à un langage, chaque implémentation introduit généralement des spécificités pour leur notation.

L'antislash (\) tient un rôle particulier dans la syntaxe des expressions régulières puisqu'il permet d'introduire des caractères spéciaux. Comme il est également interprété dans les chaînes de caractères, il est nécessaire de le doubler pour ne pas le perdre dans l'expression.

Expressions régulières

```
>>> expression = "\btest\b"
>>> print(expression)
test
>>> expression = "\\btest\\b"
>>> print(expression)
\btest\b
```

Cette écriture n'est cependant pas très lisible, et l'utilisation de chaînes brutes (raw strings) qui ne sont pas interprétées par le compilateur évite le doublement des antislashs.

Expression régulière en raw string

```
>>> expression = r"\btest\b"
>>> print(expression)
\btest\b
```

Syntaxe des expressions régulières

La syntaxe des expressions régulières peut se regrouper en trois groupes de symboles :

- les symboles simples ;
- les symboles de répétition ;
- les symboles de regroupement.

Symboles simples

Les symboles simples sont des caractères spéciaux qui permettent de définir des règles de capture pour un caractère du texte et sont réunis dans le tableau ci-dessous.

Tableau 10–1 Symboles expressions régulières

Symbole	Fonction	Exemple

.	Remplace tout caractère sauf le saut de ligne.	```>>> re.findall(r'.', ' test *')```
		```[' ', 't', 'e', 's', 't', ' ', '*']```
		```>>> re.findall(r'.', 'test\n')```
		```['t', 'e', 's', 't']```
		```>>> re.findall(r'.', '\n')```
		```[]```

^	Symbolise le début d'une ligne.	```>>> re.findall(r'^le', "c'est le début")```
		```[]```
		```>>> re.findall(r'^le', "le début")```
		```['le']```

$	Symbolise la fin d'une ligne.	```>>> re.findall(r'mot$', 'mot mot mot')``` ```['mot']```
\A	Symbolise le debut de la chaîne.	```>>> re.findall(r'\Aparoles', 'paroles, paroles, paroles,\nparoles, encore des parooooles')``` ```['paroles']```

\b	Symbolise le caractère d'espacement. Intercepté seulement au début ou à la fin d'un mot. Un mot est ici une séquence de caractères alphanumériques ou espace souligné.	```>>> re.findall(r'\bpar\b', 'parfaitement')```
		```[]```
		```>>> re.findall(r'\bpar\b', 'par monts et par veaux')```
		```['par', 'par']```

\B	Comme \b mais uniquement lorsque ce caractère n'est pas au début ou à la fin d'un mot.	```>>> re.findall(r'\Bpar\B', "imparfait")```
		```['par']```
		```>>> re.findall(r'\Bpar\B', "parfait")```
		```[]```

\d	Intercepte tout chiffre.	```>>> re.findall(r'\d', '1, 2, 3, nous irons au bois (à 12:15h)')``` ```['1', '2', '3', '1', '2', '1', '5']```
\D	Intercepte tout caractère sauf les chiffres.	```>>> print ''.join(re.findall(r'\D', '1, 2, 3, nous irons au bois (à 12:15h)'))``` ```, , , nous irons au bois (à :h)```

\s	Intercepte tout caractère d'espacement :
	- tabulation horizontale(\t) ;
	- tabulation verticale(\v) ;
	- saut de ligne (\n) ;
	- retour à la ligne (\r) ;
	- form feed (\f).
		```>>> len(re.findall(r'\s', "combien d'espaces dans la phrase ?"))```
		```5```
		```>>> len(re.findall(r'\s', "latoucheespaceestbloquée"))```
		```0```
		```>>> phrase = """Lancez```
		```... vous!"""```
		```>>> len(re.findall(r'\s', phrase))```
		```1```

Tableau 10–1 Symboles expressions régulières (suite)

Symbole	Fonction	Exemple
\S	Symbole inverse de \s	```>>> len(re.findall(r'\S', "combien de lettres dans la phrase ?"))``` ```29```
\w	Intercepte tout caractère alphanumérique et espace souligné.	```>>> ''.join(re.findall(r'\w', '*!mot-clé_*'))``` ```'motclé_'```
\W	Symbole inverse de \w.	```>>> ''.join(re.findall(r'\w', '*!mot-clé_*'))``` ```'*!-*'```

\Z	Symbolise la fin de la chaîne.	```>>> re.findall(r'end\Z', 'The end will come')```
		```[]```
		```>>> re.findall(r'end\Z', 'This is the end')```
		```['end']```

Le fonctionnement de chacun de ces symboles est affecté par les options suivantes :

- S ou DOTALL : le saut de ligne est également intercepté par le symbole \b.
- (M)ULTILINE : dans ce mode, les symboles ^ et $ interceptent le début et la fin de chaque ligne.
- (L)OCALE : rend les symboles \w, \W, \b et \B dépendants de la configuration de langue locale. Pour le français, les caractères comme « é » sont alors considérés comme des caractères alphanumériques.
- (U)NICODE : les symboles \w, \W, \b, \B, \d, \D, \s et \S se basent sur de l'unicode.
- (I)GNORECASE : rend les symboles insensibles à la casse du texte.
- X ou VERBOSE : autorise l'insertion d'espaces et de commentaires en fin de ligne, pour une mise en page de l'expression régulière plus lisible.

Symboles de répétition

Les symboles simples peuvent être combinés et répétés par le biais de symboles de répétition :

Tableau 10–2 Symboles de répétition

Symbole	Fonction	Exemple
*	Répète le symbole précédent de 0 à n fois (autant que possible).	```>>> re.findall(r'pois*', 'poisson pois poilant poi')``` ```['poiss', 'pois', 'poi', 'poi']```
+	Répète le symbole précédent de 1 à n fois (autant que possible).	```>>> re.findall(r'pois+', 'poisson pois poilant poi')``` ```['poiss', 'pois']```

Tableau 10–2 Symboles de répétition (suite)

Symbole	Fonction	Exemple
?	Répète le symbole précédent 0 ou 1 fois (autant que possible).	`>>> re.findall(r'pois?', 'poisson pois poilant poi')` `['pois', 'pois', 'poi', 'poi']`
{n}	Répète le symbole précédent n fois.	`>>> re.findall(r'pois{2}', 'poisson pois poilant poi')` `['poiss']`

{n,m}	Répète le symbole précédent entre n et m fois inclus. n ou m peuvent être omis comme pour les tranches de séquences. Dans ce cas ils sont remplacés respectivement par 0 et *.	`>>> re.findall(r'pois{2,4}', 'poisssssssssssssson pois poilant poi')`
		`['poissss']`
		`>>> re.findall(r'pois{,4}', 'poisssssssssssssson pois poilant poi')`
		`['poissss', 'pois', 'poi', 'poi']`
		`>>> re.findall(r'pois{2,}', 'poisssssssssssssson pois poilant poi')`
		`['poisssssssssssss']`

{n,m}?	Équivalent à {n,m} mais intercepte le nombre minimum de caractères.	`>>> re.findall(r'pois{2,4}?', 'poisssssssssssssson pois poilant poi')`
		`['poiss']`
		`>>> re.findall(r'pois{2,}?', 'poisssssssssssssson pois poilant poi')`
		`['poiss']`
		`>>> re.findall(r'pois{,4}?', 'poisssssssssssssson pois poilant poi')`
		`['poi', 'poi', 'poi', 'poi']`

e1|e2	Intercepte l'expression e1 ou e2. (OR)	`>>> re.findall(r'Mr|Mme', 'Mr et Mme')`
		`['Mr', 'Mme']`
		`>>> re.findall(r'Mr|Mme', 'Mr Untel')`
		`['Mr']`
		`>>> re.findall(r'Mr|Mme', 'Mme Unetelle')`
		`['Mme']`
		`>>> re.findall(r'Mr|Mme', 'Mlle Unetelle')`
		`[]`

[]	Regroupe des symboles et caractères en un jeu.	`>>> re.findall(r'[abc]def', 'adef bdef cdef')` `['adef', 'bdef', 'cdef']`

Le regroupement de caractères accepte aussi des caractères d'abréviation, à savoir :

- - : définit une plage de valeurs. [a-z] représente par exemple toutes les lettres de l'alphabet en minuscules.
- ^ : placé en début de jeu, définit la plage inverse. [^a-z] représente par exemple tous les caractères sauf les lettres de l'alphabet en minuscules.

Les symboles de répétition ?, * et + sont dits gloutons ou *greedy* : comme ils répètent autant de fois que possible le symbole précédent, des effets indésirables peuvent survenir. Dans l'exemple suivant, l'expression régulière tente d'extraire les balises `html` du texte sans succès : le texte complet est intercepté car il correspond au plus grand texte possible pour le motif. La solution est d'ajouter un symbole ? après le symbole greedy, pour qu'il n'intercepte que le texte minimum.

Effet greedy

```
>>> import re
>>> re.findall(r'<.*>', '<div><span>le titre</span></div>')
['<div><span>le titre</span></div>']
>>> re.findall(r'<.*?>', '<div><span>le titre</span></div>')
['<div>', '<span>', '</span>', '</div>']
```

Symboles de regroupement

Les symboles de regroupement offrent des fonctionnalités qui permettent de combiner plusieurs expressions régulières, au-delà des jeux de caractères [] et de la fonction OR, et d'associer à chaque groupe un identifiant unique. Certaines d'entre elles permettent aussi de paramétrer localement le fonctionnement des expressions.

Tableau 10–3 Symboles de regroupement

Symbole	Fonction	Exemple
(e)	Forme un groupe avec l'expression e. Si les caractères « (» ou «) » sont utilisés dans e, ils doivent être préfixés de « \ »	`>>> re.findall(r'(\(03\))(80)(.*)', '(03)80666666')` `[('(03)', '80', '666666')]`
(?FLAGS)	Insère directement des flags d'options dans l'expression. S'applique à l'expression complète quel que soit son positionnement.	`>>> re.findall(r'(?i)AAZ*', 'aaZzzRr')` `['aaZzz']`

(?:e)	Similaire à (e) mais le groupe intercepté n'est pas conservé.	`>>>`
		`re.findall(r'(?:\(03\))(?:80)(.*)', '(03)80666666')`
		`['666666']`

(?P<name>e)	Associe l'étiquette name au groupe. Ce groupe peut ensuite être manipulé par ce nom par le biais des API de `re`, ou même dans la suite de l'expression régulière.	`>>> match =`
		`re.search(r'(03)(80)(?P<numero>.*)', '0380666666')`
		`>>> match.group('numero')`
		`'666666'`

(?#comment)	Insère un commentaire, qui sera ignoré. Le mode verbose est plus souple pour l'ajout direct de commentaires en fin de ligne.	`>>> re.findall(r'(?# récupération des balises)<.*?>', '<h2><span>hopla</span></h2>')` `['<h2>', '<span>', '</span>', '</h2>']`

Tableau 10–3 Symboles de regroupement (suite)

Symbole	Fonction	Exemple
`(?=e)`	Similaire à `(e)` mais le groupe n'est pas consommé.	```>>> re.findall(r'John(?= Doe)', 'John Doe') ['John'] >>> re.findall(r'John(?= Doe)', 'John Minor') []```
`(?!e)`	Le groupe n'est pas consommé et est intercepté uniquement si le pattern (le motif) n'est pas e. `(?!e)` est le symbole inverse de `(?=e)`	```>>> re.findall(r'John(?! Doe)', 'John Doe') [] >>> re.findall(r'John(?! Doe)', 'John Minor') ['John']```
`(?<=e1)e2`	Intercepte e2 à condition qu'elle soit préfixée d'e1.	```>>> re.findall(r'(?<=John)Doe', 'John Doe') ['Doe'] >>> re.findall(r'(?<=John)Doe', 'John Minor') []```
`(?<!e1)e2`	Intercepte e2 à condition qu'elle ne soit pas préfixée d'e1.	```>>> re.findall(r'(?<!John)Doe', 'John Doe') [] >>> re.findall(r'(?<!John)Doe', 'Juliette Doe') ['Doe']```
`(?(id/name) e1|e2)`	Rend l'expression conditionnelle : si le groupe d'identifiant id ou name existe, e1 est utilisée, sinon e2. e2 peut être omise, dans ce cas e1 ne s'applique que si le groupe id ou name existe. Dans l'exemple <123> et 123 sont interceptés mais pas 123>.	```>>> re.match(r'(?P<one><)?(\d+)(?(one)>)' , '123>') >>> re.match(r'(?P<one><)?(\d+)(?(one)>)' , '123') <_sre.SRE_Match object at 0xb7dea7b8> >>> re.match(r'(?P<one><)?(\d+)(?(one)>)' , '<123>') <_sre.SRE_Match object at 0xb7dea770>```

Exemples plus complets

Voici une série d'exemples plus complets, mettant en œuvre les différentes mécaniques. L'expression est optionnellement accompagnée de flags.

Tableau 10–4 Exemples

Expression[, flags]	Objectif	Explication
`\w+@\w+\.\w{2,4}`	Intercepte les e-mails	L'e-mail est composé de trois parties séparées par « @ » et « . ». La dernière partie fait entre deux et quatres caractères. (com, fr, biz, etc.)
`(<body.*>)(.*)(</body>)`, `IGNORECASE`	Intercepte le corps d'un fichier HTML.	Les éléments sont regroupés en trois parties, et seul le deuxième groupe sera utilisé.
`(?<=\s"{3}).*?(?="{3}\s)`	Intercepte tous les commentaires triple-quoted d'un texte.	Utilise des assertions sur le texte précédent et suivant (trois guillemets). Le ? suffixant le .* permet d'arrêter dès qu'un deuxième triple-quote est atteint.

Fonctions et objets de re

Le module `re` contient un certain nombre de fonctions qui permettent de manipuler des motifs et les exécuter sur des chaînes :

- `compile(pattern[, flags])` : compile le motif `pattern` et renvoie un objet de type SRE_Pattern.
- `escape(string)` : ajoute un antislash (\\) devant tous les caractères non alphanumériques contenus dans `string`. Permet d'utiliser la chaîne dans les expressions régulières.
- `findall(pattern, string[, flags])` : renvoie une liste des éléments interceptés dans la chaîne `string` par le motif `pattern`. Lorsque le motif est composé de groupes, chaque élément est un tuple composé de chaque groupe.
- `finditer(pattern, string[, flags])` : équivalente à `findall()`, mais un itérateur sur les éléments est renvoyé. `flags` est un entier contenant d'éventuels flags, appliqués au motif complet.
- `match(pattern, string[, flags])` : renvoie un objet de type `MatchObject` si le début de la chaîne `string` correspond au motif. `flags` est un entier contenant d'éventuels flags, appliqués au motif complet.
- `search(pattern, string[, flags])` : équivalente à `match()` mais recherche le motif dans toute la chaîne.
- `split(pattern, string[, maxsplit = 0])` : équivalente au `split()` de l'objet `string`. Renvoie une séquence de chaînes délimitées par le motif `pattern`. Si `maxsplit` est fourni, limite le nombre d'éléments à `maxsplit`, le dernier élément regroupant la fin de la chaîne lorsque `maxsplit` est atteint.
- `sub(pattern, repl, string[, count])` : remplace les occurrences du motif `pattern` de `string` par `repl`. `repl` peut être une chaîne ou un objet callable qui reçoit un objet `MatchObject` et renvoie une chaîne. Si count est fourni, limite le nombre de remplacements.

- subn(pattern, repl, string[, count]) : équivalente à sub() mais renvoie un tuple (nouvelle chaîne, nombre de remplacements) au lieu de la chaîne.

Classe SRE_Pattern

La classe SRE_Pattern, contient une expression régulière compilée, et accélère les traitements lorsqu'elle est utilisée plusieurs fois. Cette classe fournit en méthodes toutes les fonctions ci-dessus, et le paramètre pattern n'est plus à fournir.

Pour les méthodes de recherche, rappelées ci-dessous, deux paramètres optionnels supplémentaires, pos et endpos, servent à délimiter une sous-chaîne de recherche. Il n'est également plus nécessaire de définir les flags, puisqu'ils sont donnés à compile() :

- match(string[, pos[, endpos]]) ;
- search(string[, pos[, endpos]]) ;
- findall(string[, pos[, endpos]]) ;
- finditer(string[, pos[, endpos]]).

Compilation de motif

```
>>> import re
>>> motif = re.compile(r'\d{2}')
>>> motif.findall('voici 32 bananes et 125 carottes, de quoi faire 3
gloubiboulga')
['32', '12']
>>> motif.findall('rajoute quand même 18 navets')
['18']
```

Classe MatchObject

La classe MatchObject, quant à elle, est retournée par les fonctions ou méthodes match() et search(), et est utilisée dans sub() et subn().

Elle offre un certain nombre de méthodes :

- group([group1, ...]) : renvoie un ou plusieurs groupes du résultat de l'expression régulière. group() peut recevoir en paramètre des indices de groupes, ou leurs noms lorsqu'ils ont été définis. Sans aucun paramètre, renvoie toute la chaîne.
- groups([default]) : renvoie un tuple contenant tous les groupes. Si defaut est fourni, c'est le nom ou l'indice d'un groupe qui n'a pas participé au motif.
- groupdict([default]) : équivalente à groups(), mais renvoie uniquement les groupes nommés, sous la forme d'un dictionnaire dont les clés sont les noms des groupes.
- start([group]) : renvoie l'indice du premier caractère intercepté dans la chaîne. Si group est fourni, c'est un entier ou un nom qui identifie le groupe dans lequel chercher. start() recherche dans toute la séquence.

- end([group]) : renvoie l'indice du dernier caractère intercepté dans la chaîne. Si group est fourni, c'est un entier ou un nom qui identifie le groupe dans lequel chercher. end() recherche dans toute la séquence par défaut.
- pos : renvoie le paramètre pos fourni à search() ou match(). 0 par défaut.
- endpos : renvoie le paramètre endpos fourni à search() ou match(). Indice du dernier caractère par défaut.
- expand(template) : équivalente à sub, où template est la chaîne de substitution.
- lastgroup : renvoie le nom du dernier groupe intercepté, ou None si inexistant ou non nommé.
- lastindex : renvoie l'indice du dernier groupe intercepté, ou None si inexistant.
- re : renvoie l'objet SRE_Pattern qui a été utilisé.
- string : renvoie la chaîne qui a été recherchée.
- span([group]) : renvoie le tuple correspondant à (self.start(group), self.end(group)).

Les backreferences

Pour toutes les fonctions ou méthodes de substitution, il est possible d'insérer dans la chaîne de substitution les valeurs interceptées par des groupes. Chaque séquence correspondant à un groupe peut être insérée par le biais de marqueurs appelés backreferences.

Les backreferences ont trois écritures possibles :

- \i : où i est l'indice du groupe, l'indice du premier groupe étant 1.
- \g<i> : où i est l'indice du groupe.
- \g<name> : où name est le nom du groupe.

Backreferences

```
>>> import re
>>> motif = re.compile('(Mr|Mme|Mlle)\s([A-Za-z]+)\s([A-Za-z]+)')
>>> print(motif.sub(r'Nom: \3, Prénom: \2', 'Mr John Doe'))
Nom: Doe, Prénom: John
>>> print(motif.sub(r'Mon nom est \g<3>, \g<2> \g<3>', 'Mr Jean Bon'))
Mon nom est Bon, Jean Bon
>>> motif = re.compile('(Mr|Mme|Mlle)\s(?P<prenom>[A-Za-z]+)\s(?P<nom>[A-Za-z]+)')
>>> print(motif.sub(r'\g<prenom>, de la lignée des \g<nom>',
...        'Mr Pif LeChien'))
Pif, de la lignée des LeChien
```

Le module Tkinter

Le module Tkinter fournit des outils de construction d'interfaces de type Tcl/Tk, indépendantes de la plate-forme. Pour la programmation d'interfaces graphiques en Python, le toolkit Tcl/Tk est aujourd'hui avantageusement remplacé par d'autres systèmes d'interface comme wxPython, qui permet d'utiliser wxWindows, ou encore PyQt/PyKDE, qui seront détaillés dans l'annexe sur les bibliothèques tierces. Ces outils tiers sont aujourd'hui plus largement répandus que Tcl/Tk et offrent une meilleure intégration au système hôte ainsi qu'un panel de composants beaucoup plus riche.

Il reste bien sûr possible de composer une interface graphique complète avec Tcl, mais au prix d'un effort supérieur et d'un rendu final au look un peu « vieillot ». Cependant pour des besoins très limités en interfaces, Tkinter offre l'énorme avantage d'être entièrement intégré à Python et les système hôtes ont généralement une installation standard de Tk. Tkinter reste dans ce cas un excellent choix. Cette section présente une simple introduction à Tkinter, avec le minimum d'informations nécessaires à la conception d'interfaces basiques.

EN SAVOIR PLUS **Python et Tkinter**

Le lecteur intéressé pourra approfondir en lisant *Python and Tkinter Programming* de John Grayson, aux éditions Hanning.

Programmation événementielle

Un programme doté d'une interface graphique base son fonctionnement sur les événements qui lui sont envoyés par le système via cette interface. Les événements regroupent, entre autres, toutes les actions souris ou clavier de l'utilisateur sur l'interface. En d'autres termes, lorsque le programme est lancé, il n'exécute pas une séquence de code comme un script classique, mais se met en attente d'événements dans une boucle sans fin.

Chaque événement reçu par le programme est alors envoyé puis traité par un gestionnaire spécial, qui exécute tout code éventuellement associé à l'événement. Concevoir une interface graphique consiste donc à associer à des événements l'exécution de portions de code.

La classe Tk

La classe Tk est un widget spécial qui, lorsqu'elle est instanciée, génère un nouvel interpréteur Tcl et représente la fenêtre principale de l'application, sur laquelle on peut greffer d'autres widgets.

Instanciée dans l'interpréteur, elle s'affiche directement à l'écran.

Application Tk minimale

```
>>> from Tkinter import *
>>> Tk()
<Tkinter.Tk instance at 0xb7a9ffcc>
```

Les widgets de base de Tkinter

Tkinterfournit un certain nombre de classes appelées *widgets*, qui permettent de composer une interface graphique. Toutes ces classes savent s'afficher et gèrent un certain nombre d'événements et un nombre relativement important de méthodes (en général plus d'une centaine).

Les 15 widgets de base de Tkinter sont :

- Button : un bouton simple, qui permet de lancer une commande ;
- Canvas : un widget générique, qui offre une surface de dessin ;
- Checkbutton : une case à cocher ;
- Entry : un champ texte ;
- Frame : un widget qui peut contenir d'autres widgets (une fiche) ;
- Label : affiche un texte ou une image ;
- Listbox : une liste de choix déroulante ;
- Menu : un menu ;
- Menubutton : un élément de menu, qui permet de lancer une commande ;
- Message : un label évolué ;
- Radiobutton : un sélecteur ;
- Scale : une réglette qui permet de modifier une valeur ;
- Scrollbar : un ascenseur, généralement associé à la bordure d'un autre widget pour se déplacer ;
- Text : peut contenir du texte éditable, et des éléments supplémentaires comme du texte ;
- Toplevel : équivalent au widget Frame, mais permet de gérer une fenêtre modale autonome.

CULTURE **Fenêtre modale**

Une fenêtre modale est une fenêtre qui s'affiche et attend une interaction de l'utilisateur par le biais du clavier ou de la souris. Pendant cette attente, toute autre action avec ces derniers est impossible hors de la fenêtre modale dans la même application.

Chacun de ces widgets présente des options et méthodes communes, qui permettent de spécifier les propriétés de positionnement, de forme ou de fonctionnement, ainsi que des éléments spécifiques.

Positionnement d'un widget

Le positionnement d'un widget dans un widget conteneur se fait par le biais de la méthode pack(), qui rend en outre le widget visible.

Ce système est disponible par défaut et remplit la plupart des besoins de mise en page, même s'il reste possible d'utiliser des systèmes géométriques plus complets, basés sur des grilles. Voici les cas d'utilisation les plus communs.

Remplir entièrement le conteneur

Utilisé avec fill à BOTH et expand à 1, pack() utilise tout l'espace directement disponible du conteneur, en prenant en compte les propriétés d'extensibilité du widget. Si la taille de la fiche est modifiée, le widget suit les modifications.

Une fiche avec une liste

```
>>> from Tkinter import *
>>> racine = Tk()
>>> liste = Listbox(racine)
>>> liste.insert(END, 'coucou')
>>> liste.pack(fill=BOTH, expand=1)
```

Placer les widgets en pile

fill à X permet de signaler que le widget prend toute la largeur disponible. Ajouter séquentiellement des widgets dans un conteneur les place en pile, les uns au-dessus des autres.

Pile de boutons

```
>>> from Tkinter import *
>>> racine = Tk()
>>> for i in range(10):
...     bouton = Button(racine)
...     bouton['text'] = str(i)
...     bouton.pack(fill=X)
...
```

Placer les widgets sur une même ligne

Le paramètre side permet de caler un widget à gauche (LEFT) ou à droite (RIGHT). Pour placer plusieurs widgets sur la même ligne, il suffit de tous les caler du même coté.

Widgets sur la même ligne

```
>>> from Tkinter import *
>>> racine = Tk()
>>> ok = Button(racine)
>>> ok['text'] = 'OK'
>>> cancel = Button(racine)
>>> cancel['text'] = 'Cancel'
>>> ok.pack(side=LEFT)
>>> cancel.pack(side=LEFT)
```

Options et méthodes d'un widget

Chaque widget possède un certain nombre de propriétés, appelées options, qui sont utilisées par le système pour sa manipulation et son affichage.

Les options peuvent être lues et configurées comme des éléments de dictionnaire, ou spécifiées en paramètres du constructeur.

Manipulation des options d'un widget

```
>>> import Tkinter
>>> mon_texte = Tkinter.Text()
>>> mon_texte['font']
'-*-*-medium-r-normal--14-*-*-*-c-*-iso8859-15'
>>> mon_texte['state']
'normal'
>>> mon_texte['height']
'24'
>>> mon_texte['height'] = '50'
```

Les docstrings des constructeurs de chaque classe permettent de s'informer sur ses options disponibles.

Options de Text

```
>>> import Tkinter
>>> Tkinter.Text.__doc__
'Text widget which can display text in various forms.'
>>> print(Tkinter.Text.__init__.__doc__)
Construct a text widget with the parent MASTER.

        STANDARD OPTIONS

                background, borderwidth, cursor,
                exportselection, font, foreground,
                highlightbackground, highlightcolor,
```

```
         highlightthickness, insertbackground,
         insertborderwidth, insertofftime,
         insertontime, insertwidth, padx, pady,
         relief, selectbackground,
         selectborderwidth, selectforeground,
         setgrid, takefocus,
         xscrollcommand, yscrollcommand,

   WIDGET-SPECIFIC OPTIONS

         autoseparators, height, maxundo,
         spacing1, spacing2, spacing3,
         state, tabs, undo, width, wrap,
```

Les fonctionnalités spécifiques des widgets sont ensuite disponibles par le biais d'une poignée de méthodes. La section suivante présente pour chaque widget de base un exemple d'utilisation.

Button

Le widget button est très simple à utiliser, puisqu'il suffit de fournir dans l'option command un objet callable, qui sera appelé lorsque l'utilisateur appuiera sur le bouton.

Dans l'exemple suivant, lorsque l'utilisateur clique sur le bouton, le texte du bouton est modifié par la fonction click().

Exemple de bouton

```
>>> from Tkinter import *
>>> racine = Tk()
>>> bouton = Button(racine, text='Click')
>>> def click():
...    bouton['text'] = 'bien recu'
...
>>> bouton['command'] = click
>>> bouton.pack()
```

Il existe deux méthodes spécifiques à la class Button :
- flash() : fait clignoter le bouton en le redessinant plusieurs fois.
- invoque() : appelle la commande associée au bouton.

Canvas

Le widget canvas est un widget générique qui offre des possibilités génériques de tracé et permet de créer des widgets personnalisés. Le canvas présente une surface de dessin avec son propre système de coordonnées.

Les éléments placés sur le canvas sont appelés *canvas items* et sont nommés :

- arc : une corde ;
- image : une image ;
- line : une ligne ;
- oval : un cercle ou une ellipse ;
- polygon : un polygone ;
- rectangle : un rectangle ou un carré ;
- text : un texte ;
- window : un widget quelconque.

Chacun de ces éléments peut être créé par le biais de la méthode create_xx(), où xx est le nom de l'élément.

Création d'un canvas avec une ligne

```
>>> from Tkinter import *
>>> racine = Tk()
>>> canvas = Canvas(racine)
>>> ligne = canvas.create_line(0, 0, 100, 100)
>>> canvas.pack()
```

Checkbutton

Le widget Checkbutton fonctionne avec une variable définie dans l'option variable, dont il synchronise l'état avec celui affiché à l'écran.

Les classes de variables en Tkinter sont :

- IntVar, pour les entiers et les entiers longs ;
- BooleanVar, pour les booléens ;
- DoubleVar, pour les réels ;
- StringVar pour les chaînes de caractères.

Pour CheckButton, la variable est une classe de type IntVar, et prendra les valeurs 0 ou 1, ou de type BooleanVar, pour les valeurs True ou False.

Exemple de Checkbutton

```
>>> from Tkinter import *
>>> racine = Tk()
>>> variable = IntVar()
>>> check = Checkbutton(racine, variable=variable)
>>> check['text'] = 'check'
>>> check.pack()
```

Il est également possible d'associer des valeurs différentes de 0 et 1 par les options onvalue et offvalue. La classe de variable doit avoir un type compatible avec ces valeurs.

Exemple de Checkbutton avec StringVar

```
>>> from Tkinter import *
>>> racine = Tk()
>>> variable = StringVar()
>>> check = Checkbutton(racine, variable=variable,
...                     onvalue='oui', offvalue='non',
...                     text='voulez-vous recevoir nos promotions ?')
>>> check.pack()
```

Dans cet exemple, la variable a également été placée en attribut de l'objet check.

Entry

Le widget Entry affiche une ligne unique de saisie de texte. La méthode get() récupère le texte saisi. Il est également possible d'associer cette valeur, par le biais de l'option textvariable, à une variable de type StringVar.

Dans l'exemple ci-dessous, le texte saisi est affiché sur la sortie standard, lorsque l'utilisateur appuie sur le bouton.

Exemple de saisie de texte

```
>>> from Tkinter import *
>>> racine = Tk()
>>> valeur = StringVar()
>>> entree = Entry(racine, textvariable=valeur,
...             text='Saisissez votre nom')
>>> def saisie():
...    print(valeur.get())
...
>>> bouton = Button(racine, command=saisie, text='OK')
>>> entree.pack()
>>> bouton.pack()
```

Entry fournit également des méthodes de manipulation du texte, comme :

- delete(first, last=None) : supprime le texte, partant de la position first à last. Si last est omis, un seul caractère est supprimé.
- icursor(index) : positionne le curseur à la position index.
- insert(index, string) : insère string à la position index.
- selection_range(start, end) : sélectionne le texte de la position start à end.
- selection_clear() : annule toute sélection, etc.

Utilisation d'insert

```
from Tkinter import *
racine = Tk()
entree = Entry(racine, text='Saisissez votre nom')
def saisie():
    entree.insert(0, 'Bonjour, ')

bouton = Button(racine, command=saisie, text='OK')
entree.pack()
bouton.pack()
```

Frame

Le widget Frame représente une région rectangulaire utilisée pour contenir d'autres widgets et pour organiser la mise en page.

Un objet Frame peut être construit avec le paramètre master qui définit le widget parent. S'il est omis, c'est le widget racine qui est utilisé.

Des options supplémentaires peuvent être fournies en keywords, comme :

- background ou bg : couleur du fond ;
- borderwidth ou bd : largeur de la bordure ;
- height : hauteur en pixels ;
- width : largeur en pixels.

Deux frames côte à côte

```
>>> from Tkinter import *
>>> racine = Tk()
>>> frame_1 = Frame(width=100, height=100, bg="blue")
>>> frame_1.pack(side=LEFT)
>>> frame_2 = Frame(width=100, height=100, bg="red")
>>> frame_2.pack(side=LEFT)
```

Label

Le widget Label affiche un texte ou une image, et gère en interne un double buffer. Ce mécanisme permet de modifier le contenu de l'objet à l'écran sans aucun clignotement puisque c'est une version en mémoire qui est mise à jour avant affichage.

Affichage d'un texte

```
>>> from Tkinter import *
>>> racine = Tk()
>>> mon_texte = Label(racine, text="C'est le texte")
>>> mon_texte.pack()
```

Lorsque l'objet est utilisé pour afficher une image, un objet de type `PhotoImage` (images au format gif) ou `BitmapImage` (images au format x11 Bitmap) doit être fourni dans l'option image.

Affichage d'une image

```
>>> from Tkinter import *
>>> racine = Tk()
>>> image = PhotoImage(file='/home/tziade/fade.gif')
>>> texte = Label(racine, image=image)
>>> texte.pack()
```

Listbox

Ce widget affiche une liste d'éléments. Chaque élément de la liste est un texte, et peut être ajouté par le biais de la méthode `insert()`, et retiré par la méthode `delete()`.

`insert()` prend deux paramètres : la position d'insertion qui est un indice entier ou les valeurs spéciales `END` (dernière position) ou `ACTIVE` (indice de l'élément sélectionné), et le texte.

`delete()` prend l'indice de l'élément à supprimer, et de façon optionnelle un deuxième indice, pour supprimer une série d'éléments.

Liste de trois éléments

```
>>> from Tkinter import *
>>> racine = Tk()
>>> choix = Listbox(racine)
>>> for element in ('un', 'deux', 'trois'):
...     choix.insert(END, element)
...
>>> choix.pack()
```

Menu

Menu sert à concevoir un menu, contextuel ou général. Le widget fournit une méthode `add_command()`, qui permet d'ajouter une entrée de menu, et une méthode `add_cascade()`, pour greffer un sous-menu, qui est lui-même un widget `Menu`.

Un menu général est associé et affiché à la fenêtre par le biais de la méthode `config()` de la fenêtre.

Menu général « Fichier »

```
>>> racine = Tk()
>>> menu = Menu(racine)
>>> def action1():
...     print('action 1')
```

```
...
>>> menu_fichier = Menu(menu)
>>> menu_fichier.add_command(label="Action 1", command=action1)
>>> menu.add_cascade(label="Fichier", menu=menu_fichier)
>>> racine.config(menu=menu)
```

Pour les menus contextuels, la méthode post() du menu est utilisée pour un affichage direct, et associée à l'événement clic droit.

Menu contexuel

```
>>> racine = Tk()
>>> menu = Menu(racine)
>>> def action1():
...     print('action 1')
...
>>> menu.add_command(label="action 1", command=action1)
>>> def popup(event):
...     menu.post(event.x_root, event.y_root)
...
>>> racine.bind("<Button-3>", popup)
'1210676212popup'
```

Les événements sont couverts dans la prochaine section.

Message

Équivalente à Label mais affiche un texte multiligne, avec un passage à la ligne automatique. L'option width sert à définir la largeur du widget, la hauteur s'adaptant automatiquement.

Texte multiligne

```
>>> from Tkinter import *
>>> racine = Tk()
>>> message = Message(text="Voici un texte qui devrait s'adapter à la
fenêtre")
>>> message.pack()
```

Radiobutton

Le widget RadioButton affiche un sélecteur, associé à une variable et une valeur. Lorsque l'utilisateur sélectionne le sélecteur, la variable se voit attribuer la valeur.

Plusieurs widgets Radiobutton peuvent être associés à une même variable : un seul sélecteur peut être sélectionné à la fois.

Sélecteur

```
>>> from Tkinter import *
>>> racine = Tk()
>>> variable = IntVar()
>>> elements = (('un', 1), ('deux', 2), ('trois', 3))
>>> for texte, valeur in elements:
...     bouton = Radiobutton(text=texte, variable=variable, value=valeur)
...     bouton.pack(anchor=W)
...
```

Scale

Le widget Scale est une glissière qui sert à définir une valeur entière dans un intervalle donné. L'intervalle est fourni par les options from_ et to. La méthode get() permet ensuite de récupérer la valeur.

Glissière

```
>>> from Tkinter import *
>>> racine = Tk()
>>> glissiere = Scale(from_=0, to=100)
>>> glissiere.pack()
```

Scrollbar

Le widget Scrollbar fournit des ascenseurs à des widgets dont la taille est susceptible de dépasser la taille affichée. C'est le cas par exemple des widgets Canvas ou Listbox.

La méthode set() du widget définit la position de la glissière de l'ascenseur, et un callable peut être associé à la modification de la position à l'option command, par le biais de la fonction config().

Pour concevoir par exemple une liste avec un ascenseur vertical, ces deux méthodes peuvent être respectivement liées aux propriétés yscrollcommand et yview du widget Listbox.

Liste avec ascenseur vertical

```
>>> from Tkinter import *
>>> racine = Tk()
>>> ascenseur = Scrollbar(racine)
>>> ascenseur.pack(side=RIGHT, fill=Y)
>>> liste = Listbox(racine, yscrollcommand=ascenseur.set)
>>> for i in range(100):
...     liste.insert(END, str(i))
...
>>> liste.pack(side=LEFT, fill=BOTH)
>>> ascenseur.config(command=liste.yview)
```

Text

Le widget Text affiche du texte formaté, qui peut contenir des images et gérer des marqueurs.

Toplevel

Le widget TopLevel est un widget de type Frame, utilisé pour afficher des fenêtres modales. Typiquement, une application se sert de ce widget pour les dialogues de l'application.

Affichage d'une fenêtre modale

```
>>> from Tkinter import *
>>> racine = Tk()
>>> modale = Toplevel()
>>> fermer = Button(modale, text="Fermer", command=modale.destroy)
>>> fermer.pack()
```

Binding d'événements

Lorsque l'application est en attente d'événements, chaque widget peut associer une fonction Python à un événement qu'elle reçoit, par le biais de la méthode bind().

Les événements majeurs qui peuvent être interceptés, sont des événements clavier ou des événements souris.

Événements clavier :

- <Alt_L> : touches Alt (L pour Left, gauche et R pour Right, droite) ;
- <BackSpace> : retour arrière (backspace) ;
- <Cancel> : combinaison des touches Ctrl+C ;
- <Caps_Lock> : verrouillage majuscules ;
- <Control_L> : touches Ctrl (L pour Left, gauche et R pour Right, droite) ;
- <Up> : flèche haut ;
- <Left> : flèche gauche ;
- <Down> : flèche bas ;
- <Right> : flèche droite ;
- <Delete> : touche Suppression ;
- <End> : touche Fin ;
- <Enter> : touche Entrée ;
- <Escape> : touche Échappement ;
- <FN> : touches de fonctions F1, F2, F3... ;

- `<Home>` : touche Home ;
- `<Insert>` : touche Insertion ;
- `<Key>` : touche quelconque ;
- `<Num_Lock>` : touche verrouillage numérique ;
- `<Next>` : touche Page down ;
- `<Pause>` : touche Pause ;
- `<Prior>` : touche Page up ;
- `<Print>` : touche Impression ;
- `<Return>` : touche Entrée ;
- `<Shift_L>` : touches Shift (L pour Left, gauche et R pour Right, droite) ;
- `<Scroll_Lock>` : touche Verrouillage défilement ;
- `<Tab>` : touche Tabulation.

Intercepte les événements clavier

```
>>> from Tkinter import *
>>> racine = Tk()
>>> def evenement(event):
...     print 'evenement clavier'
...
>>> racine.bind('<Key>', evenement)
'1213559236evenement'
```

Événements souris :

- `<[Button|ButtonPress]-n>` : un des boutons de la souris est appuyé. n vaut 1 (bouton gauche), 2 (bouton du centre) ou 3 (bouton de droite). Les préfixes `Button` ou `ButtonPress` peuvent être utilisés, ou n seul.
- `<Bn-Motion>` : la souris est déplacée au dessus du widget, avec un bouton appuyé (n vaut 1, 2 ou 3).
- `<ButtonRelease-n>` : le bouton n est lâché.
- `<Configure>` : la taille du widget est modifiée.
- `<Double-Button-n>` : équivalent à `Button`, mais pour un double-clic.
- `<Enter>` : la souris entre sur le widget.
- `<Leave>` : la souris sort du widget.
- `<Triple-Button-n>` : équivalent à `Button`, mais pour un triple-clic.

Intercepte le clic gauche

```
>>> from Tkinter import *
>>> racine = Tk()
>>> def evenement(event):
...     print 'click!'
...
>>> racine.bind('<Button-1>', evenement)
'1213558996evenement'
```

Lorsque l'événement est intercepté, un appel à la méthode est effectué avec un objet Event, qui contient un certain nombre d'attributs :

- char : le code du caractère sous forme de chaîne (événement clavier) ;
- height : la nouvelle hauteur (événement configuration) ;
- keysym : le symbole de touche (événement clavier) ;
- keycode : le code de touche (événement clavier) ;
- num : le numéro de bouton (événement souris) ;
- type : le type d'événement ;
- widget : un lien vers l'instance de widget liée à l'événement ;
- width : la nouvelle largeur (événement configuration).
- X : la position horizontale de la souris ;
- x_root : la position horizontale de la souris, relative au coin supérieur gauche ;
- y : la position verticale de la souris ;
- y_root : la position verticale de la souris, relative au coin supérieur gauche.

Interception clavier, exemple 2

```
>>> from Tkinter import *
>>> racine = Tk()
>>> def evenement(event):
...     print('evenement clavier: %s' % event.keycode)
...
>>> racine.bind('<Key>', evenement)
'1213559796evenement'
```

Application type avec Tkinter

Une application type en Tkinter, en dehors du prompt, doit appeler la méthode mainloop() de la fenêtre racine après son instanciation, pour que l'interpréteur se place en attente des événements.

Une classe Application peut servir à regrouper ces éléments.

Classe Application

```python
from Tkinter import *

class Application(object):
    """ classe application """
    def __init__(self):
        self._tk = Tk()

    def mainloop(self):
        self._tk.mainloop()

if __name__ == '__main__':
    Application().mainloop()
```

En général, pour des mises en page élaborées, les widgets sont regroupés dans des classes dérivées de Frame. Chacune des instances de Frame gère ses widgets comme attributs et se positionne sur la fenêtre principale.

Application peut aussi proposer une méthode d'ajout de Frame pour associer l'instance à un nom d'attribut. La manière la plus élégante est de fournir la classe de Frame à la méthode, et la laisser gérer l'instanciation.

Exemple de création de frames

```python
from Tkinter import *

class Application(object):
    """ classe application """
    def __init__(self):
        self._tk = Tk()

    def mainloop(self):
        self._tk.mainloop()

    def add_frame(self, name, class_, **pack_options):
        instance = class_(self._tk)
        setattr(self, name, instance)
        instance.pack(**pack_options)

class ButtonFrame(Frame):
    """ barre de boutons """
    def __init__(self, racine=None):
        Frame.__init__(self, racine)
        self.bouton_quitter = Button(self, text="Quitter",
                                     command=self.quit)
        self.bouton_quitter.pack(side=LEFT)
```

```
class TopFrame(Frame):
    """ barre de boutons """
    def __init__(self, racine=None):
        Frame.__init__(self, racine)
        self['height'] = 200
        self['width'] = 200
        self['bg'] = 'red'

if __name__ == '__main__':
    app = Application()
    app.add_frame('centrale', TopFrame, fill=X)
    app.add_frame('boutons', ButtonFrame)
    app.mainloop()
```

Cette organisation permet de conserver un mapping logique et des dépendances cohérentes, puisque chaque élément peut être atteint en fonction de sa position réelle dans un conteneur :

- `app.boutons.boutton_quitter` ;
- `app.centrale`, etc.

Extensions pour Tkinter

Des modules de la bibliothèque standard viennent compléter `Tkinter`, à savoir :

- `ScrolledText` : widget texte doté d'ascenseurs ;
- `Tix` : widgets supplémentaires pour Tk ;
- `tkColorChooser` : implémente un dialogue de sélection de couleur ;
- `tkCommonDialog` : classe de base utilisée par tous les dialogues ;
- `tkFileDialog` : implémente des dialogues de sélection de fichier ;
- `tkFont` : utilitaires pour travailler avec les polices de caractères ;
- `tkMessageBox` : dialogues standards d'affichage de messages ;
- `tkSimpleDialog` : utilitaires et dialogues de base ;
- `Tkdnd` : implémente le drag'n'drop ;
- `turtle` : fournit des primitives de tracé turtle.

Le module lib2to3 et le script 2to3

Le module `lib2to3` fournit des fonctionnalités de traduction de code Python 2 en code Python 3. Installé par Python, le script `2to3` convertit des modules Python 2.x en modules Python 3.

Invocation de 2to3

```
$ 2to3 --help
Usage: refactor.py [options] file|dir ...

Options:
  -h, --help                 show this help message and exit
  -d, --doctests_only        Fix up doctests only
  -f FIX, --fix=FIX      Each FIX specifies a transformation; default:
all
  -x NOFIX, --nofix=NOFIX
                             Prevent a fixer from being run.
  -l, --list-fixes           List available transformations (fixes/
fix_*.py)
  -p, --print-function   Modify the grammar so that print() is a
function
  -v, --verbose              More verbose logging
  -w, --write                Write back modified files
  -n, --nobackups            Don't write backups for modified files.
```

Le script peut être lancé une première fois à vide dans le répertoire qui contient le code source, puis appliqué avec -w.

Test puis application de 2to3

```
$ 2to3 *
RefactoringTool: Skipping implicit fixer: ws_comma
RefactoringTool: Files that need to be modified:
RefactoringTool: processing/__init__.py
RefactoringTool: processing/connection.py
RefactoringTool: processing/finalize.py
RefactoringTool: processing/forking.py
RefactoringTool: processing/heap.py
RefactoringTool: processing/managers.py
RefactoringTool: processing/pool.py
RefactoringTool: processing/process.py
...
$ 2to3 -w *
RefactoringTool: Skipping implicit fixer: ws_comma
RefactoringTool: Files that need to be modified:
RefactoringTool: processing/__init__.py
RefactoringTool: processing/connection.py
RefactoringTool: processing/finalize.py
RefactoringTool: processing/forking.py
RefactoringTool: processing/heap.py
RefactoringTool: processing/managers.py
RefactoringTool: processing/pool.py
RefactoringTool: processing/process.py
...
```

En un mot...

Ce chapitre clôt la présentation des modules principaux de la bibliothèque standard. L'annexe B présente une liste complémentaire de bibliothèques tierces, qui répondent à des besoins plus spécifiques.

Le chapitre suivant présente des exercices corrigés, basés sur les modules standards et complète également la présentation de la bibliothèque standard en présentant quelques modules secondaires.

11

Exercices corrigés

Please ! I can defeat them ! There's only a hundred-and-fifty of them !
— *The Holy Grail*

« S'il vous plaît ! Je peux les battre ! Ils ne sont que cent cinquante ! »
— Sacré Graal

Ce chapitre met en pratique, à travers des exemples concrets, les modules les plus utilisés de la bibliothèque standard de Python. Le souhait est de présenter la solution la plus concise possible en employant des techniques éprouvées de programmation Python.

Mode d'emploi du chapitre

Chaque exercice de ce chapitre est présenté sous la forme de fiches avec :
- une description du problème ;
- la liste des points techniques abordés dans l'exercice, sous forme de mots-clés ;
- la solution détaillée ;
- une discussion sur la solution présentée ;
- les extensions ou parallèles possibles, ainsi que d'éventuelles références à d'autres exercices.

Les exercices sont présentés regroupés dans des thématiques qui sont :
- programme : création de programmes paramétrables ;
- texte : manipulation et transformation de texte ;
- fichiers : manipulation du système de fichiers ;
- threads et processus : programmation multithreads et multiprocessus ;
- persistance : sauvegarde de données ;
- Web et réseau : communication ;
- divers : inclassables.

Programme

Cette section contient un seul exercice, qui présente une technique qui pourra être réutilisée, pour formaliser la lecture des paramètres fournis au programme lorsqu'il est exécuté en ligne de commande.

Exercice 1 : programme paramétrable

Description

L'objectif de ce premier exercice est de mettre au point un squelette de programme exécutable en ligne de commande. Le squelette doit fournir une gestion automatique de la lecture des éventuels paramètres et faciliter l'ajout de paramètres par le développeur.

Points abordés

`sys.argv`, `optparse`, `__main__`

Solution

Squelette de programme

```python
#!/usr/bin/python
# -*- coding: utf8 -*-
from optparse import OptionParser
import sys

# paramètres du programme
options = {}
options[('-p', '--print')] = {'dest': 'print',
                              'help': 'lance l\'impression',
                              'action': 'count'}
```

```
options[('-n', '--printer')] = {'dest': 'printer',
                                'help': 'nom de l\'imprimante'}

def main(options, arguments):
    print('options %s' % options)
    print('arguments %s' % arguments)

if __name__ == '__main__':
    parser = OptionParser()
    for param, option in options.items():
        parser.add_option(*param, **option)
    options, arguments = parser.parse_args()
    main(options, arguments)
```

Discussion

Lorsqu'un programme Python est exécuté en ligne de commande, c'est-à-dire fourni en argument à l'interpréteur, l'objet module se voit attribuer la valeur __main__ dans sa variable globale __name__. Ce mécanisme permet de différencier ce module des autres modules chargés au gré des importations. if __name__ == '__main__' permet donc de lancer le module comme programme principal.

Le module optparse permet ensuite de lire automatiquement tous les paramètres d'une manière standardisée, conformément au modèle getopt() d'Unix. Un programme qui utilise ce formalisme laisse l'utilisateur fournir des paramètres libres, appelés arguments, et des paramètres nommés, appelés options.

Les options sont déclarées sous la forme -o valeur ou --option valeur. La première notation, préfixée par un tiret, est appelée notation courte, et le nom de l'option ne doit être défini que par un caractère. La deuxième notation, la notation longue, préfixée par deux tirets, est un mot complet. En général, chaque notation courte a son équivalent en notation longue.

Chaque option peut être configurée avec des arguments :

- action : définit l'action exécutée par optparse. La valeur par défaut est store et indique qu'il faut récupérer la ou des valeurs qui suivent l'option dans la variable définie dans dest. Lorsque action prend la valeur count, le module compte le nombre d'occurrences de l'option.

- type : définit le type de la ou des valeurs fournies avec l'option. Par défaut à string. Valeurs possibles :
  - string ;
  - int ;
  - long ;

- float ;
- complex ;
- choice.

- dest : définit le nom de la variable dans laquelle la ou les valeurs vont êtres stockées.
- default : valeur(s) par défaut.
- nargs : nombre d'arguments à fournir avec l'option.
- choices : liste de choix possibles.
- help : phrase d'aide.
- ...

L'option -h, --help est générée automatiquement par défaut et affiche la liste des arguments avec pour chacun d'entre eux la phrase d'aide si elle a été fournie.

Page d'aide

```
$ ./ex1.py -h
usage: ex1.py [options]

options:
  -h, --help              show this help message and exit
  -p, --print             lance l'impression
  -n PRINTER, --printer=PRINTER
                          nom de l'imprimante
```

Sous Mac OS X et Linux, il n'est pas nécessaire d'appeler l'interpréteur Python explicitement si la première ligne du fichier fournit au système son chemin, et si le fichier Python est paramétré comme étant exécutable.

Sous Windows, un double-clic sur le fichier l'exécutera dans l'environnement IDLE dans une installation par défaut. Pour pouvoir l'exécuter dans l'invite de commande, il est nécessaire de préfixer le nom du fichier par l'interpréteur.

Exécution sous Windows

```
$ python.exe ex1.py -h
usage: ex1.py [options]

options:
  -h, --help              show this help message and exit
  -p, --print             lance l'impression
  -n PRINTER, --printer=PRINTER
                          nom de l'imprimante
```

Il existe un module équivalent à optparse, plus ancien, appelé getopt, mais qui ne propose que des fonctions de lecture bas niveau, sans laisser la possibilité au développeur d'automatiser certains contrôles et certaines tâches comme optparse le fait.

Ce squelette de programme laisse le développeur définir ses options dans un dictionnaire qui est ensuite fourni au module de parsing. Il appelle enfin la fonction main(options, arguments), qui est le point d'entrée du programme.

L'intérêt de séparer les options dans un dictionnaire en tête de fichier est de les rendre plus lisibles. Elles sont détachées du reste de code et facilement modifiables.

Extension

Le module optparse n'est malheureusement pas internationalisé et les messages d'erreur sont définis en dur dans le code du module. L'affichage de messages comme « at least one option string must be supplied » au moment de l'exécution du programme peut être perturbant si le reste des messages est en français.

Une extension possible consisterait à mettre en place une internationalisation. La méthode la plus rapide est d'intercepter les erreurs et traduire les messages à la volée. La solution la plus élégante et portable est de créer une version internationalisée du module.

Texte

Cette partie propose trois exercices de manipulations basiques de chaînes de caractères, de la saisie de texte à la recherche de motifs par expressions régulières, en passant par les méthodes de tri.

Exercice 2 : le chiffrement de César

Description

Le chiffrement de César est une manipulation basique qui consiste à décaler tous les caractères alphabétiques d'un texte de 13 rangs (algorithme ROT13). Ainsi le mot « bonjour » devient « obawbhe », ou la phrase « Je programme en Python. » devient « Wr cebtenzzr ra Clguba. ».

L'objectif de l'exercice est de laisser l'utilisateur saisir un texte et d'afficher le résultat du chiffrement à l'écran.

Points abordés

Tableaux alphabétiques, `list comprehension`, `string.maketrans`, `string.translate`, `input()` et `raw_input()`, opérateurs % et `in`, manipulation de l'objet `list`.

Solution

Chiffrement de César

```python
#!/usr/bin/python
# -*- coding: utf8 -*-
from string import ascii_lowercase as letters
from string import ascii_uppercase
from string import maketrans

# préparation du tableau de traduction
def _rot13(car):
    new_pos = (letters.find(car) + 13) % len(letters)
    return letters[new_pos]

CAESAR = ''.join([_rot13(car) for car in letters])

# gestion des minuscules et majuscules
CAESAR = CAESAR + CAESAR.upper()
letters = letters + ascii_uppercase

# génération d'un tableau de traduction
TRANS = maketrans(letters, CAESAR)

if __name__ == '__main__':
    text = raw_input('Saisissez une phrase: ')
    print(text.translate(TRANS))
```

Discussion

Le décalage est basé sur l'utilisation de la fonction `translate` de l'objet de type `str`. Cette fonction prend en paramètre un tableau de traduction de longueur 256 qui correspond aux nouvelles valeurs à utiliser pour chacun des caractères de la table ASCII. Python utilise ici des fonctions rapides écrites en C.

La fonction `maketrans` permet de générer automatiquement ce tableau lorsque le développeur travaille avec un sous-ensemble de la table ASCII. Il prend en paramètres deux séquences et renvoie le tableau correspondant. L'intérêt de ces fonctions est qu'elles sont très rapides.

L'utilisation d'une list comprehension rend plus compact le code nécessaire à la construction de CAESAR : une liste est formée avec les caractères décalés, puis la séquence reformée avec join().

L'écriture explicite aurait été :

Sans list comprehension

```
# préparation du tableau de traduction
def _rot13(car):
    new_pos = (letters.find(car) + 13) % len(letters)
    return letters[new_pos]

CAESAR = []
for car in letters:
    CAESAR.append(_rot13(car))

CAESAR = ''.join(CAESAR)
```

Extension

Les caractères en dehors de la chaîne ascii_lowercase ne sont pas traités et renvoyés directement. Les caractères accentués sont donc laissés tels quels et une extension intéressante serait d'étendre la chaîne ascii_letters avec la plage des caractères ISO-8859-15 ou UTF8, n'en déplaise à César.

Exercice 3 : transformer les adresses e-mails et les URL d'un texte en liens

Description

Le but de ce troisième exercice est de concevoir un algorithme concis de transformation de texte, chargé de remplacer toute occurrence d'e-mails et d'URL par son équivalent HTML.

Par exemple :

- tarek@ziade.org
  devient
  <a href="mailto:tarek@ziade.org">tarek@ziade.org</a>

- http://www.afpy.org
  devient
  <a href="http://www.afpy.org">http://www.afpy.org</a>

Il faut concevoir un programme qui transforme un fichier texte en un deuxième fichier texte, en appliquant cette modification. Le programme affiche aussi sur la sortie standard les modifications effectuées.

Points abordés

Expressions régulières, traitement de fichiers, directive with.

Solution

Remplace e-mails et URL

```python
#!/usr/bin/python
# -*- coding: utf8 -*-
import re
import sys

FIND_LINK = r'(?P<link>https|ftp|http+://+[^ \t\n\r\f\v\<]*)'
FIND_MAIL = r'(?P<mail>[\w\-][\w\-\.]+@[\w\-][\w\-\.]+)'
FIND = re.compile(r'%s|%s' % (FIND_LINK, FIND_MAIL), re.I | re.M)
IS_LINK = re.compile(FIND_LINK, re.I)
REPLACE_LINK= r'<a href="%(link)s" target="_blank">%(link)s</a>'
REPLACE_MAIL = r'<a href="mailto:%(mail)s">%(mail)s</a>'

def _replace(match):
    value = match.group()
    if IS_LINK.search(value) is not None:
        res = REPLACE_LINK % match.groupdict()
    else:
        res = REPLACE_MAIL % match.groupdict()
    print('%s -> %s' % (value, res))
    return res

if __name__ == '__main__':
    filename = sys.argv[1]
    text = open(filename).read()

    with open('res_%s' % filename, 'w') as result:
        result.write(FIND.sub(_replace, text))
```

Discussion

Lorsque la manipulation de texte devient un peu plus complexe que de simples recherches de sous-séquences constantes de caractères, les expressions régulières sont alors incontournables. Elles recherchent des motifs grâce à un langage de description complet qui décrit les motifs de texte à retrouver.

Le module re fournit une fonction de substitution sub qui remplace toutes les occurrences d'un motif par une autre valeur, en fournissant une chaîne de caractères ou une fonction à appeler, comme c'est le cas dans l'exemple.

Toute la difficulté d'un tel exercice réside dans la conception des expressions régulières. Un programme comme Kodos (http://kodos.sourceforge.net) aide à retrouver la bonne expression par une série d'essais et d'erreurs.

Extension

Le programme part du principe que le texte fourni n'a aucune balise HTML. Si c'est le cas, et si certains liens sont déjà garnis de balises <a>, la transformation aura un effet pervers.

Limites du script

```
$ more text.txt
Mon e-mail est tarek@ziade.org et mon site http://programmation-python.org.

$ python ex3.py text.txt
tarek@ziade.org -> <a href="mailto:tarek@ziade.org">tarek@ziade.org</a>
http://programmation-python.org. -> <a href="http://programmation-
python.org." target="_blank">http://programmation-python.org.</a>

$ more res_text.txt
Mon e-mail est <a href="mailto:tarek@ziade.org">tarek@ziade.org</a> et
mon site <a href="http://programmation-pytho
n.org." target="_blank">http://programmation-python.org.</a>

$ python ex3.py res_text.txt
tarek@ziade.org -> <a href="mailto:tarek@ziade.org">tarek@ziade.org</a>
tarek@ziade.org -> <a href="mailto:tarek@ziade.org">tarek@ziade.org</a>
http://programmation-python.org." -> <a href="http://programmation-
python.org."" target="_blank">http://programmation-python.org."</a>
http://programmation-python.org. -> <a href="http://programmation-
python.org." target="_blank">http://programmation-python.org.</a>

$ more res_res_text.txt
Mon e-mail est <a href="mailto:<a
href="mailto:tarek@ziade.org">tarek@ziade.org</a>"><a
href="mailto:tarek@ziade.or
g">tarek@ziade.org</a></a> et mon site <a href="<a href="http://
programmation-python.org."" target="_blank">http://
programmation-python.org."</a> target="_blank"><a href="http://
programmation-python.org." target="_blank">http://pr
ogrammation-python.org.</a></a>
```

Une extension possible serait d'enrichir l'expression régulière pour ajouter des conditions sur le texte situé avant et après le lien.

Exercice 4 : trier des phrases suivant le nombre de mots

Description

L'objectif de l'exercice 4 est de trier des phrases en fonction du nombre de mots qu'elles contiennent, sans compter la ponctuation, ni les mots de taille inférieure ou égale à 2 lettres. Le tri obtenu doit rester constant, c'est-à-dire que deux phrases contenant le même nombre de mots doivent toujours être ordonnées de la même manière.

Points abordés

Tri et le module itertools.

Solution

Tri en fonction du poids des phrases

```python
#!/usr/bin/python
# -*- coding: utf8 -*-
from string import punctuation
from string import maketrans
from itertools import imap

NO_PUNCT = maketrans(punctuation, ' ' * len(punctuation))

def clean_line(line):
    """Nettoie la phrase, et renvoie son 'Poids'"""
    line = line.translate(NO_PUNCT)
    cleaned_line = []
    for word in line.split():
        word = word.strip()
        if len(word) < 2:
            continue
        cleaned_line.append(word)
    numwords = len(cleaned_line)
    return numwords, ' '.join(cleaned_line)

def cmp_lines(line1, line2):
    """Compare les poids des phrases.

    En cas d'égalité, l'ordre alphanumérique.
    """
```

```
        same_size = cmp(line1[0], line2[0])
        if same_size == 0:
            return cmp(line1[1], line2[1])
        return same_size

def print_sorted_text(text):
    """ renvoie un tri en fonction du nombre de mots """
    print('Résultat:')
    for numwords, line in sorted(imap(clean_line, text), cmp=cmp_lines):
        print('%s (%d)' % (line, numwords))

def get_text():
    print('Saisissez des phrases (une ligne vide pour terminer): ')
    text = []
    while True:
        line = raw_input()
        if line == '':
            break
        text.append(line)
    return text

if __name__ == '__main__':
    print_sorted_text(get_text())
```

Discussion

Dès qu'une même opération doit être appliquée à une séquence, imap() est un bon moyen de réduire la complexité du code. Il renvoie un generator sur chaque élément d'une séquence après lui avoir appliqué la fonction clean_line.

Ici, le fait d'utiliser un generator n'apporte rien de plus qu'une liste comprehension, si ce n'est que la taille mémoire utilisée pour le traitement reste basse et stable, quelle que soit la taille du tableau en entrée. Mais utiliser imap dans une directive for améliore considérablement la lisibilité et la longueur du code.

La fonction sorted() réduit également le code nécessaire à un tri efficace, puisque dans notre cas, seule la fonction de comparaison est fournie et le reste est pris en charge par la primitive. Cette dernière utilise la primitive cmp, qui renvoie 0, -1 ou 1 à sorted(), qui se base sur l'algorithme de tri rapide quicksort.

Enfin string.maketrans utilise ici string.punctuation pour nettoyer les phrases efficacement, avant d'en extraire les mots.

Extension

Sans objet

Fichiers

Exercice 5 : recherche et remplacement de texte

Description

L'objectif de cet exercice est de rechercher et remplacer un texte dans un fichier texte donné. Le texte à rechercher peut apparaître plusieurs fois dans le fichier et est fourni sous la forme d'une expression régulière.

Points abordés

Expressions régulières, lecture et écriture de fichiers, with.

Solution

Search and replace

```python
#!/usr/bin/python
# -*- coding: utf8 -*-
import sys
import os
import re

usage = """\
Utilisation :

    %(prog)s <fichier> <expression> <substitut>

Par exemple:

    %(prog)s pim.txt pam poum

Remplacera toutes les occurences de "pam" en "poum"
"""

def sub_text(path, expr, repl):
    """ remplace un texte dans un fichier """
    # remplacement
    with open(path) as source:
        with open('%s.tmp' % path, 'w') as target:
            target.write(re.sub(expr, repl, source.read()))

    # renommage si tout s'est bien passé
    os.rename(path, '%s~' % path)
    os.rename('%s.tmp' % path, path)
```

```
if __name__ == '__main__':
    if len(sys.argv) != 4:
        print(usage % {'prog': sys.argv[0]})
        sys.exit(0)

    sub_text(*sys.argv[1:4])
```

Discussion

Lecture des arguments

Le module `sys` contient un attribut global `argv` de type liste qui est initialisé lorsqu'un script Python est exécuté depuis le shell. `argv` contient tous les arguments passés en paramètres lorsque le script est exécuté. Si l'on sauvegarde un script dans un fichier nommé `argv.py` qui contient :

fichier argv.py

```
import sys
print(sys.argv)
```

Son exécution affichera tous les arguments fournis au script, le premier étant le nom du fichier lui-même :

Exécution de argv.py

```
$ python argv.py
['argv.py']
$ python argv.py un deux trois
['argv.py', 'un', 'deux', 'trois']
```

with pour la manipulation de fichiers

Lorsqu'un objet fichier est généré par le biais de la primitive `open()` ou `file()`, il est nécessaire d'appeler la méthode `close()` à la fin du traitement.

Le pattern qui convient pour manipuler des fichiers est donc :

Manipulation de fichier avec try..finally

```
f = open(path, 'w')
try:
    f.write(content)
finally:
    f.close()
```

Mais with offre un mécanisme équivalent et plus concis. Il se charge de fermer l'objet fichier quoi qu'il advienne.

Manipulation de fichier avec with

```
with open(path) as f:
    f.write(content)
```

Extension

Un mode interactif de remplacement et un mode qui ne donne que la liste des éléments interceptés dans le texte sans le modifier peuvent rendre l'utilisation de ce programme plus souple.

Exercice 6 : recopie conditionnelle et récursive de fichiers

Description

L'objectif de l'exercice 6 est de recopier une arborescence de fichiers et de dossiers, en parcourant récursivement les sous-dossiers. De plus, les fichiers dont l'extension est .pyc ne doivent pas être copiés.

Points abordés

Le module shutil.

Solution

Recopie conditionnelle

```python
#!/usr/bin/python
# -*- coding: utf8 -*-
import shutil
import sys

def copytree(src, dst):
    """Recopie une arborescence, en ignorant les fichiers .pyc"""
    shutil.copytree(src, dst, ignore=shutil.ignore_patterns('*.pyc'))

if __name__ == '__main__':
    copytree(sys.argv[1], sys.argv[2])
```

Discussion

`shutil.copytree` est une fonction très puissante pour recopier une arborescence de fichiers. Le paramètre `ignore` prend une fonction qui reçoit, pour chaque dossier traversé par `copytree`, la liste des éléments. Elle doit retourner les éléments à ne pas recopier.

`ignore_patterns` est une fonction fournie dans `shutil` qui peut être utilisée pour `ignore`. Elle filtre les fichiers qui correspondent aux expressions fournies, les expressions étant de type *glob-style*.

Il vaut mieux préférer cette technique à une boucle basée sur `os.walk`.

Exercice 7 : ajout d'un fichier dans une archive zip

Description

L'objectif de l'exercice 7 est de créer un utilitaire qui liste les fichiers contenus dans une archive `zip` fournie en argument, et ajoute un fichier dans l'archive lorsqu'il est passé en deuxième argument.

Points abordés

Le module `zipfile` et la variable globale `__doc__`.

Solution

Manipulations de fichiers zip

```
#!/usr/bin/python
# -*- coding: ISO-8859-15 -*-
"""\
Deux utilisations possibles:

    o si seule l'archive est fournie en argument,
    la liste des fichiers contenus est affichée

    o si un fichier est aussi fourni, il est inséré dans l'archive
    si l'archive ne possède pas déjà un fichier sous ce nom puis
    affiche la liste des fichiers

Utilisation: %(prog)s <nom de l'archive> [nom du fichier]
"""
import sys
import os
from zipfile import ZipFile, is_zipfile
```

```python
def add_to_zip(zip, path):
    """Ajoute un fichier dans une archive zip."""
    zip = ZipFile(zip, mode="a")
    try:
        if path not in zip.namelist():
            zip.write(path, path)
            return True
        return False
    finally:
        zip.close()

def print_zip(zip):
    """Affiche le contenu d'un fichier zip."""
    zip = ZipFile(zip)
    try:
        print 'Contenu de %s:\n' % zip.filename
        zip.printdir()
        print '%d fichier(s)' % len(zip.filelist)
    finally:
        zip.close()


if __name__ == '__main__':
    if len(sys.argv) < 2:
        print(__doc__ % {'prog': sys.argv[0]})
        sys.exit(0)

    zip = sys.argv[1]
    if not is_zipfile(zip):
        print('"%s" n\'est pas un fichier zip' % zip)
        sys.exit(0)

    if len(sys.argv) > 2:
        if not add_to_zip(zip, sys.argv[2]):
            print('Fichier avec le même nom déjà existant')
        else:
            print('Fichier ajouté')
    else:
        print_zip(zip)
```

Discussion

Lorsqu'aucun fichier à ajouter n'est fourni, le programme se contente de fournir la liste des fichiers de l'archive.

Le module zipfile fournit, outre la classe ZipFile, une petite fonction utilitaire is_zipfile() qui permet de tester un fichier pour savoir si c'est une archive zip. L'information est lue dans les premiers octets du fichier.

Enfin, le docstring du module, accessible dans les variables globales avec __doc__, a ici un double rôle : il documente le module et s'affiche lorsque le nombre d'arguments passés au script est insuffisant.

Extension

La méthode printdir() du module zipfile définit en dur le nom des en-têtes du tableau de fichiers affichés :

Méthode printdir() de la classe ZipFile

```
def printdir(self):
    """Print a table of contents for the zip file."""
    print "%-46s %19s %12s" % ("File Name", "Modified     ", "Size")
    for zinfo in self.filelist:
        date = "%d-%02d-%02d %02d:%02d:%02d" % zinfo.date_time
        print "%-46s %s %12d" % (zinfo.filename, date, zinfo.file_size)
```

La mise en page ne fonctionne pas avec des fichiers dont le chemin complet fait plus de 46 caractères.

Sans entrer dans les détails des mécanismes de l'internationalisation, on peut d'ores et déjà utiliser une version personnalisée de la classe ZipFile pour afficher les en-têtes en français et en profiter pour y intégrer la dernière ligne qui affiche le nombre de fichiers, ainsi qu'une mise en page un peu plus robuste.

Version française de ZipFile

```
FILENAME = 'Nom fichier'
MODIFIED = 'Modifié'
SIZE = 'Taille'
FILES = 'fichier(s)'
HEADER = '%-46s %19s %12s' % (FILENAME, MODIFIED, SIZE)

class ExtendedZipFile(ZipFile):
    def printdir(self):
        """Print a table of contents for the zip file."""
        print(HEADER)
        print(len(HEADER) * '-')
        for zinfo in self.filelist:
            date = '%d-%02d-%02d %02d:%02d:%02d' % zinfo.date_time
            filename = zinfo.filename
            if len(filename) > 40:
                filename = '...%s' % filename[-40:]
            print('%-46s %s %12d' % (filename, date, zinfo.file_size))
        print(len(HEADER) * '-')
        print('%d %s' % (len(self.filelist), FILES))
```

Threads et processus

Exercice 8 : Tkinter, recherche d'un texte dans des fichiers en tâche de fond

Description

Cet exercice propose d'aborder l'utilisation des threads avec un problème récurrent dès lors que l'on aborde la programmation d'interfaces graphiques : certains traitements prennent trop de temps pour que l'on puisse se permettre de laisser l'interface utilisateur inactive et bloquée.

L'objectif de l'exercice est de concevoir une petite interface basée sur Tkinter qui permette à l'utilisateur de saisir un chemin et un texte (expression régulière). Le programme doit parcourir récursivement tous les fichiers du chemin et afficher dans la fenêtre graphique les fichiers qui contiennent le texte saisi.

Ces fichiers doivent apparaître au fur et à mesure que le programme les trouve.

Points abordés

Interface Tkinter, les threads

Solution

Recherche en tâche de fond avec interface Tkinter

```python
#!/usr/bin/python
# -*- coding: utf8 -*-
import os
from os import walk
from re import compile
from threading import Thread

from Tkinter import *
from Tkconstants import *

DEFAULT_BUFSIZE = 8*1024

#
# Thread de recherche
#
class SearchThread(Thread):
    """ Thread de recherche de texte
    """
```

```python
    def __init__(self, path, text, percent, callback):
        Thread.__init__(self)
        self.path = path
        self.text = text
        self.percent = percent
        self.callback = callback
        self.buffer = DEFAULT_BUFSIZE
        self.running = False
        self.exts = ('.txt', '.py')

    def stop(self):
        """Arrête le thread."""
        if self.running:
            self.running = False

    def run(self):
        """Méthode lancée par start()."""
        path = self.path
        text = self.text
        found = 0
        self.running = True
        for root, reps, files in walk(path):
            if not self.running:
                break
            for index, file_ in enumerate(files):
                ext = os.path.splitext(file_)[-1]
                if ext not in self.exts:
                    continue
                if not self.running:
                    break
                self.percent('Recherche %d/%d: %s/%s' \
                                % (index, len(files), root, file_))
                fullname = '%s/%s' %(root, file_)
                if self.text_in_file(fullname, text):
                    self.callback('%s' % fullname)
                    found += 1
        if found == 0:
            self.callback('Aucun fichier')
        self.percent('%d fichiers(s) trouvé(s)' % found)

    def text_in_file(self, file_, text):
        """Renvoie vrai si le file_ contient le text.

        Lis le text par morceaux pour limiter la taille
        mémoire."""
        ctext = compile(text)
        try:
            f = open(file_, 'r', buffering=self.buffer)
        except IOError:      # en cas de pb d'accès (droits, etc.)
            return False
```

```
        with f:
            line = None
            while line != '':
                if not self.running:
                    return False
                line = f.readline(self.buffer)
                if ctext.match(line) is not None:
                    return True
        return False
#
# Frames
#
class FramePath(Frame):
    def __init__(self, root):
        Frame.__init__(self)
        label = Label(self, text="Chemin de recherche")
        label.pack(fill=X, expand=1)
        self.path = Entry(self, name="path")
        self.path.pack(fill=BOTH)
        self.path.insert(0, os.path.expanduser('~'))
        self.path.select_range(0, END)


class FrameText(Frame):
    def __init__(self, root):
        Frame.__init__(self)
        self.label = Label(self, text="Texte à rechercher")
        self.label.pack(fill=X, expand=1)
        self.text = Entry(self, name="text")
        self.text.pack(fill=BOTH)
        self.text.insert(0, '')
        self.text.select_range(0, END)


class FrameButton(Frame):
    def __init__(self, root):
        Frame.__init__(self)

    def create_elements(self, stop_command, search_command,
                              close_command):
        self.button = Button(self,text="Stop",
                                command=stop_command)
        self.button.pack(side=RIGHT, padx=5, pady=5)
        self.button = Button(self,text="Rechercher",
                                command=search_command)
        self.button.pack(side=RIGHT, padx=5, pady=5)
        self.button3 = Button(self,text="Fermer",
                                command=close_command)
        self.button3.pack(side=RIGHT)
```

```python
class FrameResult(Frame):
    def __init__(self, root):
        Frame.__init__(self)
        self.results_window = Listbox(self)
        self.resultats_ascenseur = Scrollbar(self, orient=VERTICAL,
                                  command=self.results_window.yview)
        self.results_window.config(yscrollcommand=\
                                     self.resultats_ascenseur.set)

        self.results_window.pack(side=LEFT, expand=1, fill=BOTH)
        self.resultats_ascenseur.pack(side=RIGHT, fill=Y)

#
# Application
#
class Application(object):
    """ Frame contenant l'interface de recherche
    et d'affichage des résultats
    """
    def __init__(self):
        self._tk = Tk()

        # création des 4 frames
        options = {'expand': 1, 'fill': BOTH}
        self.add_frame('frm_path', FramePath, **options)
        self.add_frame('frm_text', FrameText, **options)

        self.add_frame('frm_bouton', FrameButton, **options)
        self.frm_bouton.create_elements(self.stop_search,
                                        self.search,
                                        self.close)

        self.add_frame('frm_result', FrameResult, **options)
        #, 'relief': RIDGE
        self.searcher = None

        # titre fenêtre application
        self._tk.wm_title('Recherche')

    def mainloop(self):
        self._tk.mainloop()

    def add_frame(self, name, class_, **pack_options):
        instance = class_(self._tk)
        setattr(self, name, instance)
        instance.pack(**pack_options)

    def _callback(self, msg):
        """Appelée par le thread."""
        self.frm_result.results_window.insert(END, msg)
```

```python
    def _percent(self, msg):
        """ appelée par le thread """
        self._tk.wm_title(msg)

    def search(self):
        """Lance une recherche."""
        self.stop_search()

        self.frm_result.results_window.delete(0, END)
        path = self.frm_path.path.get()
        text = self.frm_text.text.get()

        # lance le thread de recherche
        self.searcher = SearchThread(path, text, self._percent,
                                     self._callback)
        self.searcher.start()

    def stop_search(self):
        """Stoppe une éventuelle recherche en cours."""
        if self.searcher is not None:
            self.searcher.stop()

    def close(self):
        """Demande de fermeture, arrêt d'une éventuelle recherche."""
        self.stop_search()
        self._tk.destroy()

if __name__ == '__main__':
    app = Application()
    app.mainloop()
```

Discussion

Le code est séparé en deux parties distinctes, à savoir :

- Une classe de thread appelée SearchThread, en charge de la recherche sur le disque, qui pourrait être utilisée dans un autre contexte.
- La couche supérieure qui gère l'interaction avec l'utilisateur, et pilote une instance du thread de recherche.

Le thread renvoie les résultats pour affichage au fur et à mesure qu'il les trouve. Il n'y a pas de précaution nécessaire dans notre cas, car seul le thread en cours de recherche manipule la méthode d'affichage.

Extension

Lorsqu'une application graphique a un besoin récurrent de traitements asynchrones, il peut être intéressant de mettre en place un pattern producteur-consommateur appelé *producer-consumer*. Le principe de ce design pattern est de fournir à l'application une file d'attente pour les traitements : chaque traitement à exécuter en tâche de fond est ajouté dans la file d'attente et un ou plusieurs threads, nommés *workers*, se chargent de la tâche.

En plus de rendre l'interface à l'utilisateur, cette parallélisation multiple accélère le traitement.

Exercice 9 : Un web spider rapide

Description

L'objectif de cet exercice est de mettre en place le modèle producteur-consommateur, présenté dans l'extension de l'exercice précédent, en utilisant des processus.

Le programme doit lancer en parallèle 4 processus en charge de trouver des pages web qui contiennent un mot. Le système est amorcé avec une dizaine de pages que les processus visitent. À chaque page visitée, le processus suit les liens et visite au maximum 50 pages. Si une page a déjà été visitée par un autre processus, elle ne le sera pas de nouveau. Un système de journal doit aussi afficher les URL scannées au fur et à mesure.

Points abordés

Les modules multiprocessing, urllib2 et module logging.

Solution

Producteur-consommateur

```python
#!/usr/bin/python
# -*- coding: ISO-8859-15 -*-
import os
import urllib2
import sys
import logging
from multiprocessing import Pool
from multiprocessing import TimeoutError
from multiprocessing import Manager

processed_urls = Manager().dict()

# mise en place du logger
logger = logging.getLogger('WebLogger')
logger.setLevel(logging.INFO)
```

```python
# mise en place du handler
handler = logging.StreamHandler()
logger.addHandler(handler)

def get_page(url):
    """Extrait le contenu et les liens"""
    # VOIR EXERCICE 12
    return '', []

def process_url(query, url):
    """Traite une page et ses liens"""
    logger.info('Processing %s' % url)

    if len(processed_urls) >= 100:
        return
    if url in processed_urls:
        return
    try:
        content, links = get_page(url)
        processed_urls[url] = query in content
        for link in links:
            process_url(query, url)
    except TimeoutError:
        pass

def launch_work(query, urls):
    logger.info('Launching process')
    pool = Pool(4)
    try:
        results = [pool.apply_async(process_url, (query, url))
                   for url in urls]
        for res in results:
            res.get()
    finally:
        pool.close()
        pool.join()
    logger.info('Done.')

URLS = ['http://python.org',]

if __name__ == '__main__':
    launch_work(sys.argv[1], URLS)

    for url, found in processed_urls.items():
        if not found:
            continue
        print url
```

Discussion

Ajouté à la version 2.6, le module `multiprocessing` gère les processus aussi souplement que des threads. Les API disponibles sont équivalentes aux API du module `threading`. En outre, `multiprocessing` propose une classe `Pool` qui gère automatiquement les processus et les tâches à réaliser.

Dans la fonction `launch_work`, une instance de `Pool` est créée et chaque URL à traiter est passée à cette classe avec la requête de recherche.

Le travail consiste ensuite à programmer la fonction qui traite l'URL de manière isolée sans se soucier de l'aspect multiprocessus. Une fois l'instance de classe `Pool` remplie, chaque tâche est exécutée par l'appel `get`.

`processed_url` est un dictionnaire partagé entre les différents processus, qui liste les URL déjà traitées, de manière à ne pas repasser par les mêmes pages.

La suite est une programmation classique, où les pages sont lues avec `urllib2.urlopen` et les logs émis avec `logging`. La lecture des pages n'est pas décrite ici, car cette fonctionnalité est détaillée dans l'exercice 12.

Extension

La programmation parallèle est utile lors qu'un programme manipule des ressources distantes, comme des pages web. Mais si ce modèle accélère grandement les traitements, pour un volume conséquent de données, il atteint ses limites car il n'est pas possible de lancer une quantité infinie de processus sur la même machine.

Le fait d'isoler le travail de recherche dans une fonction unique permet assez facilement de passer à des modèles distribués plus robustes. Le programme ci-avant peut par exemple évoluer vers un programme qui s'exécute en parallèle sur plusieurs machines (appelés nœuds). Dans ce modèle, le pool devient le nœud maître, et l'ensemble est appelé *cluster*. Le nœud maître envoie des travaux indépendants à chaque nœud du cluster et récupère les résultats.

L'algorithme le plus célèbre de modèle distribué de ce type est MapReduce (http://fr.wikipedia.org/wiki/MapReduce) de Google. Côté implémentation, la plus célèbre est Hadoop en Java. Notons que quelques implémentations existent en Python, comme Disco (http://discoproject.org/).

Persistance

Exercice 10 : rendre persistants tous les objets d'un programme

Description

L'objectif de cet exercice est de mettre en place un mécanisme qui rende persistantes, de manière transparente, toutes les instances de classes dérivées d'une même classe de base dans un programme.

À chaque fois que le programme se termine, les objets sont sauvegardés sur le système de fichiers. Ils peuvent ensuite être rechargés grâce à un identifiant unique qui leur est attribué.

Points abordés

shelve, atexit

Solution

Programme persistant

```python
#!/usr/bin/python
# -*- coding: utf8 -*-
import shelve
import atexit

data = None
objects = []

def _load_objects():
    print('Loading...')
    global data
    data = shelve.open('objects.bin')

def _save_objects():
    print('Saving...')
    for ob in objects:
        data[ob._id] = ob.__dict__
    data.close()

class Persistent(object):

    def __new__(cls, id_):
        ob = super(Persistent, cls).__new__(cls)
```

```
        if id_ in data:
            ob.__dict__ = data[id_]
        objects.append(ob)
        return ob

    def __init__(self, id_):
        self._id = id_

# chargement des objets
_load_objects()

# _save_objects sera appelée à la fermeture du programme
atexit.register(_save_objects)
```

Discussion

Au chargement du module, shelve charge les données sauvegardées, puis les rend disponibles à chaque instance. La classe de base Persistent charge les données sauvegardées dans son attribut __dict__, puis s'enregistre comme instance.

Lorsque le programme se termine, les données de chaque instance sont sérialisées grâce à un appel provoqué par atexit.

Exemple de programme utilisateur

```
from ex10 import Persistent
import random

class MyClass(Persistent):

    def some_code(self, value):
        self.value = value

test = MyClass('the id')

try:
    print('ancienne valeur %s' % test.value)
except AttributeError:
    print('ancienne valeur : aucune')

test.some_code(random.randint(1, 1000))
print('nouvelle valeur %s' % test.value)
```

Chaque instance de MyClass est associée à un identifiant unique, et sérialisée par shelve.

Exécutions du programme

```
$ python exemple_ex10.py
Loading...
ancienne valeur : aucune
nouvelle valeur 255
Saving...

$ python exemple_ex10.py
Loading...
ancienne valeur 255
nouvelle valeur 402
Saving...
```

Extension

Le mécanisme présenté ne sauvegarde les données qu'à la fermeture du programme. Cependant, dans certaines situations, il peut être intéressant de provoquer cette sauvegarde à chaque modification de données. En outre, aucune protection n'est mise en place pour les objets qui ne peuvent pas être sérialisés, comme les locks ou les threads. Dans ce cas, une exception sera levée par shelve. Enfin, ce système de sauvegarde n'est fonctionnel que si le code de la classe associé aux instances ne change pas. En cas de modification, la sauvegarde sera caduque, et il faudra prévoir une migration.

Une autre extension possible est de conserver l'état précédent de l'objet au moment d'une nouvelle sauvegarde et d'être ainsi en mesure de revenir en arrière dans l'historique des modifications.

Ces principes peuvent être étendus par la mise en place d'un système de transaction, global au programme.

La ZODB (*Zope Object Database*, la base de données objet de Zope) est un bon exemple de cette mécanique.

Web et réseau

Exercice 11 : vérificateur de liens

Description

L'objectif de l'exercice est de fournir un outil qui vérifie qu'une adresse URL donnée est valide, et renvoie la date de dernière modification et le type de contenu.

Points abordés

urllib2.

Solution

Vérificateur de liens

```python
#!/usr/bin/python
# -*- coding: utf8 -*-
import urllib2

def check_url(url):
    req = urllib2.Request(url)
    try:
        url_handle = urllib2.urlopen(req)
    except urllib2.URLError:
        return None, None

    headers = url_handle.info()
    return headers['Content-Type'], headers['Date']
```

Discussion

urllib2 récupère directement les en-têtes d'une URL pour analyse. Il le fait sans récupérer le contenu intégral de l'URL, ce qui permet de rendre la récupération du contenu conditionnelle. Par exemple, si la page est régulièrement récupérée, le programme peut vérifier si la date de modification a changé avant de récupérer le nouveau contenu.

Extension

Ce genre de fonctionnalité peut être couplé avec le prochain exercice, pour fournir un système de mise à jour de page, où le contenu n'est rapatrié que s'il diffère d'un contenu récupéré au préalable.

Exercice 12 : aspirateur de page web

Description

Un aspirateur de page web doit :
- récupérer la page ;
- parcourir son contenu et récupérer toutes les composantes nécessaires à l'affichage de la page (images, feuilles de style, etc.).

Les liens ne sont pas suivis et laissés tels quels.

Points abordés

urllib2, SGMLParser, création de fichiers.

Solution

Aspirateur

```python
#!/usr/bin/python
# -*- coding: utf8 -*-
import sys
import os
import urllib2
import logging
from urlparse import urlsplit
from urlparse import urlunsplit
from os.path import join
from HTMLParser import HTMLParser
from sgmllib import SGMLParser

class PageParser(SGMLParser):
    """Parse une page web et collecte ses liens
    """
    def __init__(self, on_attribute_visited, tags_to_remove=('base',)):
        SGMLParser.__init__(self)
        self.on_attribute_visited = on_attribute_visited
        self.tags_to_remove = tags_to_remove

    def unknown_starttag(self, tag, attrs):
        if tag.lower() in self.tags_to_remove:
            return None
        final_tag = '<%s' % tag
        for nom_attr, val_attr in attrs:
            val_attr = self.on_attribute_visited(tag, nom_attr, val_attr)
            final_tag += ' %s="%s" ' % (nom_attr, val_attr)
        final_tag += '>'
        self._result.append(final_tag)

    def unknown_endtag(self, tag):
        if tag.lower() in self.tags_to_remove:
            return None
        self._result.append('</%s>' % tag)

    def parse(self, data):
        self._result = []
        self.feed(data)
```

```
            return ''.join(self._result)

    def handle_data(self, data):
        self._result.append(data)

    def handle_comment(self, comment):
        self._result.append('<!-- %s -->' % comment)

    def handle_entyref(self, ref):
        x = ';&apos; * ref in self.entitydefs
        self._result.append('&%s%s' % (ref, x))

    def handle_charref(self, ref):
        self._result.append('&#%s' % ref)

class WebPage(object):
    """Pointe une page web et permet sa sérialisation
    """
    def __init__(self, url):
        self.url = url

    def _get_content(self, url):
        req = urllib2.Request(url)
        try:
            return urllib2.urlopen(req).read()
        except urllib2.URLError:
            return ''

    def _clean_url(self, url):
        scheme, netloc, path, query, fragment = urlsplit(url)
        if scheme == '':
            scheme = 'http'
        return urlunsplit((scheme, netloc, path, query, fragment))

    def _replace_source(self, source):
        source = self._clean_url(source)
        if source not in self._media:
            filename = join('_files', 'file_%s' % self._count)
            self._media[source] = filename
            content = self._get_content(source)
            with open(filename, 'w') as f:
                f.write(content)
            self._count += 1
        return self._media[source]

    def _media_needed(self, tag, attribut, valeur):
        """Téléchargement et modification du lien si nécessaire."""
        if (tag.lower() in ('img', 'link', 'script') and
            attribut.lower() in ('href', 'src')):
            return self._replace_source(valeur)
```

```
                return valeur

    def download(self, filename=None):
        """Récupère la page web et les pièces dépendantes"""
        self._count = 0
        self._media = {}
        scheme, netloc, path, query, fragment = urlsplit(self.url)
        self.urlbase = '%s://%s' % (scheme, netloc)

        logging.info('Récupération de %s' % self.url)
        try:
            content = self._get_content(self.url)
        except urllib2.URLError:
            logging.info("Impossible de lire l'url %s" % self.url)
            raise

        # création d'un sous-dossier
        if not os.path.exists('_files'):
            os.mkdir('_files')

        # parcours de la page pour remplacer et télécharger
        # les images
        parser = PageParser(self._media_needed)
        content = parser.parse(content)

        # sauvegarde de la page
        if filename is None:
            filename = path.split('/')[-1]
            if filename == '':
                filename = '%s.htlm' % netloc
        with open(filename, 'w') as f:
            f.write(content)

        logging.info('Fichier "%s" créé' % os.path.basename(filename))

if __name__ == '__main__':
    if len(sys.argv) != 2:
        print('Utilisation: %s <url>' % sys.argv[0])
        sys.exit(0)
    url = sys.argv[1]
    my_page = WebPage(url)
    my_page.download()
```

Discussion

La classe `PageParser` dérive de `sgmlib.SGMLParser` qui est un simple parseur SGML, compatible avec tout texte contenant des balises. Ce parseur a été choisi pour ne pas souffrir des restrictions des parseurs HTML classiques comme

`HTMLParser`, qui ne sont compatibles qu'avec le XHTML strict, c'est-à-dire qui ne supportent pas qu'une balise ne soit pas correctement fermée.

Le principe du parseur est de parcourir le contenu et de provoquer un appel à des méthodes de la classe à chaque fois qu'une balise est rencontrée.

`PageParser` surcharge ces méthodes et alimente en interne une liste qui contient le contenu de la page. Elle fournit en outre un point d'entrée on `attribute_visited`, pour qu'une classe extérieure (un visiteur), puisse modifier à la volée un attribut d'un tag.

La classe `PageWeb` joue ce rôle de visiteur et gère les échanges avec le serveur, en téléchargeant à la volée les différentes composantes qui affichent une page, comme les images et les feuilles de style.

Un petit cache interne évitent de télécharger le même fichier plusieurs fois, et un sous-dossier est créé pour contenir ces éléments.

Extension

La première extension qui vient à l'esprit est de créer un aspirateur récursif, en suivant les liens de la page.

Une autre extension intéressante consiste à utiliser ce genre d'outil pour filtrer le contenu des fichiers, puisque le parseur nous permet de parcourir facilement les tags. Un serveur proxy peut par exemple utiliser cet outil pour remplacer toutes les URL vers des sites non autorisés par un lien vers une page interne d'avertissement.

Exercice 13 : récupération d'un résumé des nouveaux e-mails reçus

Description

L'objectif de l'exercice 13 est de fournir un utilitaire capable de se connecter à un serveur IMAP pour récupérer la liste des nouveaux e-mails reçus et afficher le sujet et l'auteur des 5 derniers e-mails non lus.

Points abordés

`imaplib`.

Solution

Les 5 derniers e-mails

```
#!/usr/bin/python
# -*- coding: ISO-8859-15 -*-
from optparse import OptionParser
```

```python
import sys
import imaplib
import socket
from email import Message
from email.Errors import HeaderParseError
from email.Header import decode_header as decoder
from email.Header import make_header
from encodings import exceptions as exceptions_codage

options = []

def decode_header(header, encoding='utf8'):
    """Renvoie un en-tête encodé avec le même codec."""
    try:
        header_decode = decoder(header)
    except HeaderParseError:
        return header

    unified = [(decoded, encoding) for decoded, charset in
header_decode]
    return unicode(make_header(unified))

class TextMessage(object):
    """Permet de renvoyer le texte à l'envers, en utilisant
    un séparateur de ligne spécifique en lecture et \n en sortie.
    """
    def __init__(self, text):
        self.lines = text.split('\015\012')
        self.lines.reverse()

    def readline(self):
        try:
            return '%s\n' % self.lines.pop()
        except IndexError:
            return ''

def get_mails(server, user, password):
    """Renvoie le sujet et l'auteur des 5 derniers e-mails non lus"""
    imap = imaplib.IMAP4_SSL(server)
    imap.login(user, password)
    try:
        imap.select('INBOX')

        status, uids = imap.uid('search', 'UNSEEN')
        if status != 'OK':
            logging.debug('Impossible de récupérer les informations')
            sys.exit(0)

        uids = uids[0].split(' ')
```

```
            for index, uid in enumerated(reversed(uids)):
                uid = uid.strip()
                if index == 5:
                    break
                if uid == '':
                    continue
                status, res = imap.uid('fetch', uid,
                                '(BODY.PEEK[HEADER.FIELDS (From Subject)])')
                if status != 'OK':
                    logging.debug('Impossible de lire le mail n°%s' % uid)
                    continue
                message = Message(TextMessage(res[0][1]), 0)
                subject = decode_header(message['subject'])
                from_ = decode_header(message['from'])
                yield '%s (%s)' % (subject, from_)
    finally:
        imap.close()

def main(options, arguments, parser):
    if len(arguments) != 3:
        print(parser.usage)
        sys.exit(0)
    server = arguments[0]
    user = arguments[1]
    password = arguments[2]
    for mail_info in get_mails(server, user, password):
        print(mail_info)

if __name__ == '__main__':
    parser = OptionParser()
    parser.usage = 'usage: server user pass'

    for option in options:
        param = option['noms']
        del option['noms']
        parser.add_option(*param, **option)

    options, arguments = parser.parse_args()
    sys.argv[:] = arguments
    main(options, arguments, parser)
```

Discussion

À chaque connexion, le système liste les messages marqués non lus du serveur, dans l'ordre chronologique inverse.

L'affichage du sujet et de l'expéditeur nécessitent un traitement préalable car les en-têtes peuvent être encodés, lorsque les données contiennent par exemple des accents. C'est le rôle de decode_header.

yield est utilisé pour demander un à un les e-mails au serveur IMAP. De cette manière, l'affichage du premier e-mail est instantané et seuls les e-mails affichés sont consommés dans la boucle. Ainsi, si l'argument num_display (par défaut à 5) est augmenté, et si le programme offre à l'utilisateur une option pour afficher les e-mails en mode pas-à-pas et arrêter le processus, le nombre de messages n'aura pas d'impact sur les performances de la fonction get_mails.

Extension

Ce système de prélecture peut être couplé à un système local de filtres, en charge de déplacer sur le serveur les messages dans des sous-dossiers en fonction de règles sur le contenu du message.

Divers

Cette série d'exercices s'achève par la section Divers, qui contient un exercice de création d'un système de documentation en ligne, capable d'introspecter le code des modules pour afficher l'aide d'une classe ou d'une fonction.

Exercice 14 : système de documentation en ligne des modules

Description

L'objectif de l'exercice 14 est de fournir un outil d'affichage des docstrings des fonctions et classes contenus dans un module python, dans l'esprit du module pydoc.

Points abordés

Paquet compiler.

Solution

Doc en ligne

```python
#!/usr/bin/python
# -*- coding: utf8 -*-
import os.path
import sys

from compiler import parse
from compiler import walk
```

```
from compiler.visitor import ASTVisitor
from compiler.ast import Stmt, Class, Function

class DisplayVisitor(ASTVisitor):
    """Visite l'AST"""
    def __init__(self, name):
        self.name = name

    def _visit_node(self, node):
        """Appelle sur les nodes"""
        if (isinstance(node, Stmt) or
            (hasattr(node, 'name') and node.name != self.name)):
            for subnode in node.getChildNodes():
                self._visit_node(subnode)
            return

        if not (isinstance(node, Class) or isinstance(node, Function)):
            return

        print('Trouvé ligne %d' % node.lineno)
        if node.doc is None:
            print('\n\tAucun docstring\n')
        else:
            print('\n\t%s\n' % node.doc)

    visitClass = _visit_node
    visitFunction = _visit_node
    visitStmt = _visit_node

def print_module(path, element, verbose=False):
    """Permet l'affichage d'un doctstring de classe ou de fonction"""
    with open(path) as f:
        ast = parse(f.read())

    walk(ast, DisplayVisitor(element))

if __name__ == '__main__':
    print_module(sys.argv[1], sys.argv[2])
```

Discussion

Grâce à sa fonction parse, le paquet compiler construit un AST (*Abstract Syntax Tree*) à partir de code Python. Très rapide, cette opération lit le contenu d'un module sans avoir à l'importer.

walk offre ensuite la possibilité de traverser l'AST, en fournissant une classe qui dérive de la classe compiler.visitor.ASTVisitor. Chaque nœud de l'AST est passé à la méthode visitTypeNoeud de la classe si elle existe, où TypeNoeud est le type de nœud visité.

Extension

En partant de ce mécanisme d'introspection, il est possible de concevoir un outil de recherche rapide équivalent à grep, mais orienté pour le code Python.

En un mot...

Cette série d'exercices a permis d'appréhender Python dans des exemples plus concrets et complets que les simples extraits de code des chapitres précédents.

L'objectif était de restreindre l'intégralité des exercices à la bibliothèque standard pour montrer son aspect *batteries included*. Évidemment, il existe des bibliothèques tierces qui offrent parfois des fonctionnalités plus poussées ou des solutions plus élégantes pour résoudre certains problèmes. Nous en présentons certaines à la fin de ce livre.

Soulignons enfin que les exercices ont été conçus par le biais de la programmation dirigée par les tests, qui est présentée au chapitre suivant.

## QUATRIÈME PARTIE

Techniques avancées

C'est officiel, à ce stade du livre, les lecteurs assidus sont devenus des développeurs Python chevronnés, capables d'écrire en quelques lignes des fonctionnalités simples et puissantes.

Cependant, dès que les programmes grossissent, un nouvel enjeu apparaît : le besoin d'efficacité dans les méthodes de programmation pour ne pas se faire déborder par le code.

Un développeur efficace sait :

- livrer des programmes fiables, même lorsqu'ils deviennent conséquents ;
- résoudre les problématiques de performance ;
- gérer l'organisation du code et rendre le programme modulaire.

Cette dernière partie regroupe trois chapitres dédiés à des techniques avancées de programmation, qui permettent de gérer ces problématiques, à savoir :

- la programmation dirigée par les tests ;
- les bonne pratiques ;
- la programmation orientée objet.

12

Programmation dirigée par les tests

No tests, no commit

« Code non testé, code invalide »

Python est un langage de programmation agile, propice à la mise en œuvre de méthodes de développement réactives, comme la programmation dirigée par les tests. Cette méthode éprouvée permet d'améliorer de manière drastique la qualité du code et l'agilité avec laquelle les développeurs peuvent le modifier, et est très facile à mettre en œuvre en Python.

Culturellement, Guido van Rossum et toutes les personnes qui ont participé à la création du langage sont tous des convaincus de cette technique et les outils qui sont présentés dans ce chapitre existent depuis toujours dans Python. Ce chapitre présente ces outils, après avoir défini les principes des tests et surtout levé la barrière culturelle que notre cerveau dresse naturellement lorsque l'on découvre pour la première fois cette technique.

À quoi servent les tests ?

Dans le cycle de création d'un logiciel, il arrive inévitablement qu'un programmeur teste le code qu'il a écrit, pour vérifier qu'il se comporte comme prévu. Ces tests sont préférablement effectués avant de livrer le logiciel ou la fonctionnalité, et font partie intégrante du travail de développement.

Tester un logiciel comme le ferait le client, pour valider point par point que tout fonctionne peut devenir relativement fastidieux, car il faut en toute logique recommencer à chaque insertion ou modification de code.

La première idée de la programmation dirigée par les tests est donc d'écrire des scripts de tests pour automatiser cette tâche.

La deuxième idée qui en découle est de se prémunir de toute régression. La régression est le fait d'introduire ou de modifier du code pour ajouter une fonctionnalité A et de provoquer indirectement un dysfonctionnement dans une fonctionnalité B qui se comportait jusqu'alors très bien : si la batterie de tests contient un test qui vérifie la fonctionnalité B et si les tests sont relancés au moment de l'introduction de A, le problème sera alors tout de suite décelé.

Ce principe est d'autant plus important que le logiciel grossit : il est de plus en plus difficile pour un développeur d'avoir une vision globale au moment de l'introduction d'une nouvelle fonctionnalité, pour éviter ces effets de bords.

La programmation dirigée par les tests consiste à écrire des scripts de tests en parallèle et au même moment que le code, pour chaque nouvelle fonctionnalité introduite dans le programme.

Enfin, l'action même d'écrire un test au moment de la conception d'une fonctionnalité augmente de manière considérable la qualité du code : réfléchir à un test valide la pertinence des paramètres d'entrée, de sortie et le fonctionnement logique du code et force à une relecture avec plus de recul. Le nombre de bogues ou de défauts de conception est divisé par cinq par cette action. En outre, ces tests constituent la meilleure documentation possible pour le code.

Barrière culturelle

« Écrire un test à chaque nouvelle fonction ? Je n'ai pas le temps ! »

Le seul frein réel à ce type d'approche est culturel : il est très difficile pour un développeur et/ou son chef de projet d'admettre que 60 % du temps de développement est voué habituellement à déboguer du code écrit. Il est même fréquent, pour ne pas dire systématique, que le temps prévu au débogage soit bien en-dessous de la réalité dans la planification d'un projet.

Les développeurs sceptiques deviennent en général adeptes le jour où ils sont chargés d'introduire ou modifier une fonctionnalité de bas niveau dans un gros logiciel en production : les tests deviennent dans ce cas pour le développeur ce que le filet de sécurité est au trapéziste.

Les chefs de projet qui émettent des réserves le font car il est très difficile de quantifier les gains de temps obtenus par ce genre d'approche : ils dépendent fortement de la personnalité de chaque composante de l'équipe, du type de projet, et des situations.

En savoir plus **La gestion de projet, eXtreme Programming**

La lecture de Gestion de projet – eXtreme Programming, par Bénard, Bossavit, Médina et Williams chez le même éditeur, donnera plus d'informations sur ce sujet au lecteur intéressé.

Principes

Les *eXtrémistes* (adeptes de l'eXtreme Programming) préconisent d'écrire les tests avant le code, pour former une sorte de mini-cahier des charges pour le développement. Le code peut ensuite être bâti pour faire fonctionner chacun des tests. S'ensuit un cycle itératif pour faire grossir tour après tour tests et code.

Cette approche est la plus pure mais dans la réalité les développeurs alternent en général l'ordre de conception (code puis test ou test puis code) en fonction des situations.

L'essentiel reste d'alterner chacun des deux exercices : le plus dur en général pour un développeur est de réussir à s'arrêter de coder pour passer côté tests.

On peut séparer les tests en deux catégories complémentaires :

- les tests unitaires ;
- les tests fonctionnels.

Tests unitaires

Les tests unitaires testent de manière isolée les fonctionnalités d'un module ou package, sans se soucier du reste du logiciel, pour vérifier qu'ils répondent bien aux cas d'utilisation (*use cases*).

Construction d'un test unitaire

Prenons l'exemple d'une fonction en charge de calculer une moyenne.

Cette fonction prend en paramètre un nombre indéfini de valeurs entières et renvoie la moyenne, basée sur une division entière.

Les premiers tests qui peuvent être effectués sur cette fonction sont de valider qu'elle renvoie bien les résultats attendus, en proposant quelques cas basiques qui viennent à l'esprit.

Écrivons ces tests dans un fichier Python, avec la directive assert(), qui lève une exception si l'assertion passée en paramètre est fausse.

Use cases pour la nouvelle fonction

```
#!/usr/bin/python
# -*- coding: utf8 -*-

# cas simples
assert moyenne(5) == 5
assert moyenne(5, 8, 9) == 7
assert moyenne(5, 8, 9, 78, 43) == 28
```

Ces tests échoueront bien sûr dès la première ligne car la fonction n'existe pas encore, mais guident le développeur pour la conception.

Première implémentation

```
#!/usr/bin/python
# -*- coding: utf8 -*-

def moyenne(*nombres):
    taille = len(nombres)
    somme = 0
    for nombre in nombres:
        somme += nombre
    return somme / taille

# cas simples
assert moyenne(5) == 5
assert moyenne(5, 8, 9) == 7
assert moyenne(5, 8, 9, 78, 43) == 28
```

Cette première version remplit plutôt bien ses objectifs puisqu'elle valide les trois cas proposés.

Évolution des use cases

Lorsqu'un nouveau bogue ou un fonctionnement non souhaité est découvert, le cheminement qui l'a provoqué devient un nouveau use case et le test unitaire correspondant doit être modifié pour en tenir compte.

L'ajout de ce nouveau cas doit faire échouer le test sur l'ancien code. Ce n'est qu'après avoir validé que le test provoquait bien le problème à corriger que le code est modifié.

Pour notre fonction de moyenne, un cas spécial a été rapporté par un utilisateur : si aucun paramètre n'est fourni, une erreur de division par zéro est provoquée. L'utilisateur souhaite que la fonction renvoie None dans ce cas.

Un nouveau test correspondant à ce use case est ajouté.

Ajout d'un use case

```python
#!/usr/bin/python
# -*- coding: utf8 -*-

def moyenne(*nombres):
    taille = len(nombres)
    somme = 0
    for nombre in nombres:
        somme += nombre
    return somme / taille

# cas simples
assert moyenne(5) == 5
assert moyenne(5, 8, 9) == 7
assert moyenne(5, 8, 9, 78, 43) == 28

# aucun paramètre en entrée
assert moyenne() == None
```

Le développeur valide dans un premier temps que ce test provoque bien l'erreur indiquée...

Test de la division par zéro

```
[tziade@Tarek Desktop]$ python tests_unitaires.py
Traceback (most recent call last):
  File "tests_unitaires.py", line 15, in ?
    assert(moyenne() == None)
  File "tests_unitaires.py", line 9, in moyenne
    return somme / taille
ZeroDivisionError: integer division or modulo by zero
```

... puis corrige son implémentation pour que le test passe.

Seconde version

```python
#!/usr/bin/python
# -*- coding: utf8 -*-

def moyenne(*nombres):
    taille = len(nombres)
    if taille == 0:
        return None
    somme = 0
    for nombre in nombres:
        somme += nombre
    return somme / taille

# cas simples
assert moyenne(5) == 5
assert moyenne(5, 8, 9) == 7
assert moyenne(5, 8, 9, 78, 43) == 28

# aucun paramètre en entrée
assert moyenne() == None
```

Non-régression

L'accumulation de tests au fur et à mesure de l'évolution du code permet d'assurer la non-régression de ce dernier. Si tous les tests sont bien rejoués à chaque modification, la nouvelle version du code est assurée de continuer à faire fonctionner tous les use cases précédents.

Toujours sur notre exemple de moyenne, notre utilisateur a remarqué que la fonction levait bien une erreur de type TypeError lorsque l'un des paramètres n'était pas un entier, mais sans spécifier lequel. Il souhaiterait que le message d'erreur soit plus explicite, en indiquant le paramètre qui pose problème.

Un test est ajouté pour proposer un message d'erreur plus explicite.

Message TypeError explicite

```python
#!/usr/bin/python
# -*- coding: utf8 -*-

def moyenne(*nombres):
    taille = len(nombres)
    if taille == 0:
        return None
    somme = 0
    for nombre in nombres:
        somme += nombre
    return somme / taille
```

```
# cas simples
assert moyenne(5) == 5
assert moyenne(5, 8, 9) == 7
assert moyenne(5, 8, 9, 78, 43) == 28

# aucun paramètre en entrée
assert moyenne() == None

# message d'erreur de type plus explicite
try:
    moyenne(5, 'u', 8)
except TypeError, e:
    assert str(e) == "'u' n'est pas un entier"
```

Le développeur modifie ensuite la fonction pour gérer ce nouveau cas.

Troisième version

```
#!/usr/bin/python
# -*- coding: utf8 -*-

def moyenne(*nombres):
    taille = len(nombres)
    if taille == 0:
        return None
    somme = 0
    for nombre in nombres:
        if not isinstance(nombre, int):
            raise TypeError("'%s' n'est pas un entier" % str(nombre))
            somme += nombre
    return somme / taille

# cas simples
assert moyenne(5) == 5
assert moyenne(5, 8, 9) == 7
assert moyenne(5, 8, 9, 78, 43) == 28

# aucun paramètre en entrée
assert moyenne() == None

# message d'erreur de type plus explicite
try:
    moyenne(5, 'u', 8)
except TypeError, e:
    assert str(e) == "'u' n'est pas un entier"
```

Si la batterie de tests est à nouveau exécutée pour valider la modification, le premier test ne fonctionne plus.

Régression

```
[tziade@Tarek Desktop]$ python tests_unitaires.py
Traceback (most recent call last):
  File "tests_unitaires.py", line 16, in ?
    assert moyenne(5) == 5
AssertionError
```

La modification, qui est valide pour le nouveau use case, a ajouté un bogue qui a provoqué une régression sur un autre use case, décelée par le test unitaire.

Dans notre cas, il s'agit d'une erreur d'indentation classique : la ligne `somme += nombre` qui suit le `raise` a été indentée par mégarde.

Troisième version corrigée

```python
def moyenne(*nombres):
    taille = len(nombres)
    if taille == 0:
        return None
    somme = 0
    for nombre in nombres:
        if not isinstance(nombre, int):
            raise TypeError("'%s' n'est pas un entier" % str(nombre))
        somme += nombre
    return somme / taille
```

Regroupement des tests

En termes de découpage, on associe généralement un ensemble de tests par module de code Python. Ce procédé permet de valider que les différentes classes, constantes et fonctions regroupées dans un même module représentent une brique logique du programme : si les éléments regroupés ne se testent pas de manière simple et homogène dans l'ensemble de tests, il y a fort à parier que leur regroupement n'est pas bon.

En reprenant l'exemple précédent, si la fonction `moyenne()` fait partie d'un module `utils.py`, on peut regrouper le code de test dans un module `test_utils.py`.

Tests plus complexes : raconter une histoire

Pour des tests plus longs qu'un simple appel à une fonction, la méthode la plus simple consiste à raconter des petites histoires, qui correspondent à des scenarii d'utilisation. Ces histoires sont des mélanges de commentaires, lignes de code et assertions.

L'exemple ci-contre est un test possible pour le module `cPickle`.

Scénario de test de cPickle

```python
#!/usr/bin/python
# -*- coding: ISO-8859-15 -*-
import cPickle

# une classe basique pour nos tests
class T:
    a = 0
    b = 0

# voici un objet à sauvegarder
o = T()
o.a = 1
o.b = 2

# créons un fichier en écriture
fic = open('/home/tziade/pickled.bin', 'w')

# écrivons l'objet o dans le flux avec la méthode dump de cPickle
cPickle.dump(o, fic)

# fermons le fichier
fic.close()

# ouvrons le fichier en lecture
fic = open('/home/tziade/pickled.bin')

# cPickle.load permet de recharger un objet après une sauvegarde par
dump
o2 = cPickle.load(fic)

# vérifions l'objet renvoyé
assert(isinstance(o2, object))
assert(o2.a == 1)
assert(o2.b == 2)
```

Les tests écrits de cette manière constituent aussi une documentation pour le module testé.

Les bouchons

Idéalement, un module de test ne doit concerner que le module testé et doit pouvoir s'exécuter sans dépendre d'une ressource externe qui n'est pas forcément présente sur la machine de tests.

Les dépendances de ce genre, fréquentes dans les applications web ou de gestion, peuvent être évitées grâce à la technique du bouchon.

Cette technique consiste à modifier à la volée, au moment du test, la portion de code qui accède à une ressource externe pour la remplacer par du code qui se contente de renvoyer un résultat convenable pour la suite des tests. L'objectif est de faire croire au code appelant que tout s'est bien déroulé, et de lui renvoyer un résultat correct. La qualité d'imitation du résultat renvoyé dépend de l'utilisation qui en est faite dans le code et peut parfois être grossière.

Python est un langage suffisamment souple pour permettre de modifier les définitions de modules, classes et fonctions à la volée, et cette technique peut être appliquée à tous les étages du code.

Modification de fonctions et méthodes

L'exemple ci-dessous modifie temporairement la fonction urlopen d'urllib2 avant de démarrer les tests, pour qu'elle renvoie un résultat même si la machine de test ne peut pas se connecter à l'URL indiquée.

Bouchon pour urllib

```python
#!/usr/bin/python
# -*- coding: utf8 -*-
import urllib
import StringIO

# fonction de remplacement
def fakeopen(url, data=None):
    res = StringIO.StringIO('<html><body>Dummy Page</body></html>')
    return res

# monkey patching
original_urllib = urllib.urlopen
urllib.urlopen = fakeopen

# test d'exemple
res = urllib.urlopen('http://google.fr')
assert(res.readlines(),
       ['<html><body>Dummy Page</body></html>'])

...

# retrait du patch
urllib.urlopen = original_urllib
```

Le test d'exemple ne sert qu'à valider que le patch a bien été appliqué. Dans cette zone, tout accès à la fonction urlopen, exécutera le patch, sauf si la directive reload est appelée sur le module unittest.

Le code contenu dans le patch peut ensuite être modifié, voire varier en fonction des appels, afin de flouer tout code appelant.

Modification de classes

Il est parfois nécessaire de modifier une classe entière. C'est le cas par exemple de la quasi-totalité des classes qui implémentent des clients réseaux. Si l'on teste une application qui est en charge d'envoyer des e-mails, il est nécessaire de créer une fausse classe `smtplib.SMTP` complète, appelée *fake* pour simuler l'envoi des e-mails.

La construction d'un fake doit se faire de manière itérative, afin de ne coder que ce qui est vraiment nécessaire à la simulation. La première étape consiste à créer une classe totalement vide et un test qui envoie un e-mail. Au moment de la relance des tests, l'interpréteur affichera toutes les erreurs dues à la non-disponibilité de la ressource réseau, à savoir le serveur SMTP.

Le fake pourra alors être complété en fonction des erreurs, au fur et à mesure des essais, jusqu'à ce que la simulation fonctionne.

Version 1

```python
#!/usr/bin/python
# -*- coding: utf8 -*-
import smtplib

class FakeSMTP:
    pass

# mise en place du bouchon
original_SMTP = smtplib.SMTP
smtplib.SMTP = FakeSMTP

# séquence classique d'appel à SMTP
sender = smtplib.SMTP('mon.serveur.smtp')
message = 'mon message bidon'
destinataires = ['alfred@mlksnc.com', 'marie@zertceo.com']
sender.sendmail('bill@hou.com', destinataires, message)
sender.quit()

# retrait du patch
smtplib.SMTP = original_SMTP
```

L'exécution de ce code provoque une erreur de constructeur.

Erreur version 1

```
[tziade@Tarek Desktop]$ python test_imaplib.py
Traceback (most recent call last):
  File "test_imaplib.py", line 13, in ?
    sender = smtplib.SMTP('mon.serveur.smtp')
TypeError: this constructor takes no arguments
```

Il est nécessaire de rajouter un constructeur à notre fake, le plus large possible, pour couvrir tout type d'initialisation. Reprendre comme modèle le constructeur de la classe réelle est le choix le plus précis, mais un modèle générique suffit amplement.

Version 2

```
class FakeSMTP:
    def __init__(*args, **kw):
        pass
```

L'exécution repousse l'erreur un peu plus loin dans la mécanique d'envoi d'e-mails.

Test version 2

```
[tziade@Tarek Desktop]$ python test_imaplib.py
Traceback (most recent call last):
  File "test_imaplib.py", line 17, in ?
    sender.sendmail('bill@hou.com', destinataires, message)
AttributeError: FakeSMTP instance has no attribute 'sendmail'
```

La fonction sendmail() n'a pas besoin de renvoyer de résultat, sa simulation est donc aussi simple que le constructeur. Même observation pour quit().

Version 3

```
class FakeSMTP:
    def __init__(*args, **kw):
        pass

    def sendmail(*args, **kw):
        pass

    def quit(self):
        pass
```

Le test est à présent validé et le fake fonctionnel pour l'envoi d'e-mails.

Dans l'exemple, le protocole d'envoi d'un e-mail est connu et a été mis dans le test du patch, mais le principe de construction par essai-erreur peut s'appliquer en aveugle pour des objets non connus, en appelant directement le code client dans le test.

Simulation d'un module complet

Il est parfois nécessaire de simuler un module complet pour couper toute dépendance à des bibliothèques liées par des directives `import`. L'interpréteur gère un dictionnaire où il conserve tous les modules importés. À chaque nouvelle importation, ce dictionnaire est contrôlé et si le nom (sans chemin) du module apparaît dans la liste des clés, l'objet de type module n'est pas recréé.

Remplacer un module par un autre module réservé aux tests consiste donc à supprimer l'entrée de ce module dans le dictionnaire et à en recréer une avec le module de remplacement.

Il est fortement déconseillé d'utiliser le même nom que le module original : dans certains cas le patch peut s'activer lorsque ce n'est pas souhaité. Cette situation peut se produire lorsque le code appelant rencontre le module de patch avant le module réel, par le jeu des chemins de recherche.

Un nom préfixé par `fake_` par exemple, est plus explicite.

Exemple de patch pour le module `imaplib` :

Bouchon (fakeimaplib.py)

```
""" ** Bouchon IMAP **
"""
class IMAP4:
    def login(sef, user, password):
        return True
```

Unité de test

```
#!/usr/bin/python
# -*- coding: ISO-8859-15 -*-
import sys

# déchargement du vrai module imap si nécessaire
if 'imaplib' in sys.modules.keys():
    original_imap = sys.modules['imaplib']
    del sys.modules['imaplib']
else:
    original_imap = None
```

```
# chargement du fake
import fakeimaplib as imaplib
sys.modules['imaplib'] = sys.modules['fakeimaplib']

# utilisation du fake
print imaplib.__doc__

[...]

# déchargement du fake
del sys.modules['imaplib']

# rechargement du vrai module imap si nécessaire
if original_imap isnot None:
    sys.modules['imaplib'] = original_imap
```

À RETENIR **Primitive reload() et objet module**

- La primitive `reload()` permet de forcer le rechargement d'un module. Si elle est appelée pendant les tests, le patch saute.
- L'objet `module` peut être remplacé par n'importe quel type d'objet, du moment qu'il couvre les appels qui lui sont faits.

Test coverage

Lorsque la batterie de tests est exécutée, le ratio entre le nombre de lignes parcourues et le nombre de lignes totales du programme, appelé `test coverage`, doit être dans l'idéal égal à 1. Si ce ratio est inférieur, cela signifie que certaines lignes de l'application ne sont jamais testées.

Deux actions sont possibles :

- Les tests sont complétés pour couvrir les cas non explorés.
- Les lignes de code en question sont retirées car mortes. Les lignes mortes sont des résidus de code qui ne peuvent jamais être appelés.

Qualité des tests

Le facteur clé de réussite de ce type de programmation tient dans la pertinence des tests écrits. Mal employée, la technique peut s'avérer beaucoup moins efficace.

Voici quelques conseils pratiques :

- N'inventez pas de use cases dans les tests, seuls ceux définis dans les spécifications importent.
- Chaque test doit raconter une petite histoire, du début jusqu'à la fin. Si l'histoire s'interrompt, le découpage des tests est mauvais.

- Rythmez continuellement les séquences de test et de codage, ne reportez jamais l'écriture de certains tests à plus tard si vous êtes côté code.
- Pour un *refactoring*, c'est-à-dire une modification en profondeur d'un code existant, essayez de segmenter au maximum le travail de réécriture pour pouvoir relancer la batterie de tests complète régulièrement et modifier si nécessaire certains tests.

Un développeur qui débute dans cette technique dérape facilement vers des tests trop longs ou incomplets. La pertinence des tests s'acquiert par expérience et goût.

Tests fonctionnels

Les tests fonctionnels ont le même objectif que les tests unitaires, mais imitent un utilisateur qui se sert de l'applicatif.

L'objectif n'est plus dans ce cas de couvrir systématiquement chaque ajout de code, mais plutôt de valider globalement que les fonctionnalités demandées sont bien couvertes par le logiciel.

Ces tests peuvent être utilisés au moment de la recette pour vérifier avec le client que le produit livré correspond bien à ses attentes. Ils deviennent une sorte de checklist, où chaque point du cahier des charges est vérifié.

Dans certains cas, et si les outils le permettent, ces tests peuvent même être conçus par le client lui-même.

Ces tests constituent un excellent outil commercial pour prouver la qualité du code au client. Ils permettent aussi la prévention de régressions qui apparaissent au cours de l'évolution du développement d'une application.

La question à se poser est donc :

« Que m'apportent de plus les tests fonctionnels que les tests unitaires à moi, développeur ? »

Tests de l'interface

Les tests fonctionnels doivent opérer sur le logiciel de la même manière qu'un utilisateur. Ils doivent donc utiliser l'interface du logiciel.

Dans le cas de programmes utilisés en ligne de commande, l'interface entre le programme et l'utilisateur est très étroite, et les tests fonctionnels s'apparentent plus à des tests d'intégration en mode boîte noire : on vérifie que les différents composants de l'application fonctionnent correctement pour un ensemble de paramètres d'entrée qui correspondent aux différents scenarii d'utilisation.

Pour tous les programmes à interface graphique, les tests fonctionnels permettent de valider des portions de code de très haut niveau concernant la mécanique d'affichage, qui ne sont pas toujours couvertes par les tests unitaires, et d'emprunter les mêmes chemins que l'utilisateur, pour couvrir des combinaisons qui ne se retrouvent pas forcément dans les tests unitaires.

Enfin, pour les applications web, les tests fonctionnels qui ne travaillent que par l'intermédiaire des pages web calculées puis envoyées au navigateur, permettent de vérifier, dans les limites des outils disponibles, le bon rendu des pages.

Tests de l'ergonomie

Lorsqu'une application graphique est manipulée par un utilisateur, il est guidé par la logique de présentation des informations. Les tests fonctionnels suivent les mêmes rails.

Pour chaque fonctionnalité complexe du logiciel, qui nécessite des enchaînements d'écrans, des saisies de données, etc., la conception d'un test fonctionnel peut permettre de déceler un certain nombre de problématiques d'ergonomie, comme :

• des enchaînements d'écrans incompréhensibles ;
• un chemin trop long, pouvant être raccourci ;
• un dose d'informations par écran trop pauvre ou trop riche, etc.

Dépendance forte à l'outil utilisé et au type d'interface

Contrairement aux tests unitaires, les tests fonctionnels sont fortement dépendants de l'outil utilisé. Pour les interfaces graphiques, les développeurs utilisent fréquemment des logiciels tiers, qui implémentent leurs propres mécanismes de scripts et parfois ne proposent que d'enregistrer les actions souris pour les rejouer sur l'applicatif.

La suite de ce chapitre ne portera donc que sur les outils et techniques relatives aux tests unitaires, applicables dans tout contexte.

On peut citer, pour le lecteur intéressé, certains outils libres pour les tests fonctionnels, qui s'adaptent bien à un environnement Python :

• Les projets mechanize (http://wwwsearch.sourceforge.net/mechanize/) et WebUnit (http://webunit.sourceforge.net/) fournissent des objets Python sans interface graphique qui simulent le comportement d'un navigateur web avec gestion des formulaires, des cookies, des redirections...
• Le logiciel Selenium (http://selenium.thoughtworks.com/) permet de jouer des scenarii programmés dans un véritable navigateur web tel qu'Internet Explorer ou Mozilla Firefox.
• Le logiciel FunkLoad (http://funkload.nuxeo.org/) offre un système de benchmark et de reporting étendu.

Outils

Python fournit dans la bibliothèque standard un framework de tests pour faciliter l'écriture et l'utilisation des tests unitaires. Comme pour la plupart des langages actuels, ce framework est inspiré des travaux de Kent Beck, qui a conçu un premier outil sous Smalltalk, porté par la suite sous Java, sous le nom de JUnit.

La version Python, PyUnit, offre les fonctionnalités standards d'un outil de test, à savoir :

- préparation d'un contexte d'exécution particulier pour une série de tests, appelé test fixture.
- création de séries de tests, comprenant un test fixture et des tests : les test cases.
- création de collections de test cases, les test suites.
- lancement des test suites et affichage des résultats, par le test runner.

Cette implémentation est faite dans le module `unittest` de Python.

Certains puristes trouvent que cette implémentation n'est pas très *pythonique*, car les API sont calquées sur l'outil Java, mais elle s'avère très souple à l'usage et a le mérite de faciliter l'utilisation des tests unitaires aux développeurs venant d'autres langages.

Un deuxième outil plus original et plus spécifique à Python permet d'insérer des tests directement dans le code source. Ces tests, insérés dans les commentaires, sont collectés par l'outil et exécutés. Ce mode de fonctionnement permet d'illustrer *in situ* le code avec des exemples d'utilisation.

Enfin, un outil supplémentaire, non présent dans la bibliothèque standard, permet de scanner le code pour repérer les lignes qui ne sont pas couvertes par les tests.

unittest

Le module `unittest` fournit toutes les composantes nécessaires à la création des tests, à savoir :

- des classes pour la définition des test cases ;
- une classe pour la collecte des résultats ;
- une classe pour définir des test suites ;
- des utilitaires de lancement des tests.

En utilisation classique, les seules étapes nécessaires à l'utilisation d'`unittest` sont :

- la définition des tests cases ;
- l'organisation et l'utilisation des modules de tests.

Définition des test cases

Le module unittest fournit deux classes pour définir des test cases :

- TestCase : classe de base servant de socle pour toute classe implémentant des tests.
- FunctionTestCase : classe dérivée de TestCase qui permet d'encapsuler une fonction de test existante pour la rendre compatible avec le framework PyUnit.

La classe TestCase

Ces classes de définitions sont utilisées par le framework, par le biais d'un certain nombre de méthodes :

- setUp() : appelée avant l'exécution de chaque méthode de test, elle sert à initialiser le contexte d'exécution du test suivant. Cette méthode peut être surchargée par les classes dérivées pour définir le test fixture. Ne fait rien par défaut.
- run([result]) : lance la batterie de tests de la classe, en collectant toutes les méthodes de la classe dont le suffixe est « test » et en les exécutant dans l'ordre trouvé. Si result est fourni, il doit être un objet de type TestResult et est rempli avec les résultats des tests. Si result est omis ou à None, les résultats sont collectés dans un objet interne à la méthode mais ne seront pas renvoyés.
- Debug() : exécute les méthodes de test de la classe sans collecter les résultats. Ces appels se font directement, ce qui permet de récupérer d'éventuelles erreurs.
- TearDown() : appelée après l'exécution de chaque méthode de test (réussie ou non). Permet d'effectuer d'éventuels nettoyages (fermeture de connexion réseau, de fichier, etc.). Cette méthode est appelée uniquement en cas de succès de setUp(). Cette méthode ne fait rien par défaut et peut être surchargée dans les classes dérivées.

Pour adapter TestCase, il suffit de créer une nouvelle classe dérivée, d'y ajouter des méthodes de test et si besoin d'y implémenter setUp() et tearDown().

Module de test

Chaque classe de test est écrite dans un module Python dédié, portant le nom du module testé, préfixé de test_ ou test.

Si l'on utilise cette structure pour le test précédent du module cPickle, on obtient le module test_cPickle.py ci-contre.

test_cPickle.py

```python
#!/usr/bin/python
# -*- coding: utf8 -*-
import cPickle
import unittest

# une classe basique pour nos tests
class T:
    a = 0
    b = 0

class cPickleTestCase(unittest.TestCase):

    def _genere_instance(self):
        """ renvoi un objet """
        o = T()
        o.a = 1
        o.b = 2
        return o

    def test_dump_et_load(self):
        """ test l'E/S de cPickle """
        # objet de test
        o = self._genere_instance()

        # créons un fichier en écriture
        fichier = open('/home/tziade/pickled.bin', 'w')

        # écrivons l'objet o dans le flux avec la méthode dump de cPickle
        cPickle.dump(o, fichier)

        # fermons le fichier
        fichier.close()

        # ouvrons le fichier en lecture
        fichier = open('/home/tziade/pickled.bin')

        # cPickle.load permet de recharger un objet après une sauvegarde
        # par dump
        o2 = cPickle.load(fic)

        # vérifions l'objet renvoyé
        assert(isinstance(o2, object))
        assert(o2.a == 1)
        assert(o2.b == 2)
```

Tout nouveau scénario de test pour cPickle pourra être implémenté dans une nouvelle méthode de cette classe, en préfixant son nom par « test ».

Méthodes d'assertion de TestCase

Dans le code de test, la directive `assert()` qui permet de valider un résultat, lève en cas de problème une erreur de type `AssertionError`, qui est interceptée par le framework.

Cette erreur n'apporte pas explicitement d'explications sur le problème rencontré et nécessite de toujours fournir une expression qui renvoie une valeur booléenne.

`TestCase` fournit une batterie de méthodes d'assertions qui couvrent tous les types de tests et clarifient le code, par leurs noms explicites. Chacune de ces méthodes fournit un message d'erreur standard pour le test effectué :

- `assert_(expr, msg=None)` : équivalente à la directive `assert()`. Lève une exception si l'expression fournie ne vaut pas `True`. Si `msg` est fourni, il est associé à l'exception. Synonymes : `assertTrue`, `failUnless`.
- `assertFalse(expr, msg=None)` : similaire à `assert_()` mais teste si l'expression renvoie `False`. Synonyme : `failIf`.
- `assertRaises(excClass, callableObj, *args, **kwargs)` : permet de valider que l'objet `callableObj` lève bien une erreur de type `excClass` lorsqu'il est appelé par un appel `excClass(*args, **kwargs)`. `args` et `kwargs` étant optionnels. Synonyme : `failUnlessRaises`.
- `assertAlmostEqual(first, second, places=7, msg=None)` : permet de tester que `round(second-first, places)` renvoie 0. `places` détermine donc la puissance de l'arrondi appliqué au moment de la comparaison. Cette méthode est utile pour les tests manipulant des objets de type `float`. Si `msg` est fourni il est associé à l'exception. Un message par défaut est utilisé dans le cas contraire. Synonymes : `assertAlmostEquals`, `failUnlessAlmostEqual`.
- `assertNotAlmostEqual(first, second, places=7, msg=None)` : équivalente à la méthode précédente mais teste que `round(second-first, places)` ne renvoie pas 0. Si `msg` est fourni il est associé à l'exception. Un message par défaut est utilisé dans le cas contraire. Synonymes : `assertNotAlmostEquals`, `failIfAlmostEqual`.
- `assertEqual(first, second, msg=None)` : teste que `first` est égal à `second`. Si `msg` est fourni il est associé à l'exception. Un message par défaut est utilisé dans le cas contraire. Synonymes : `assertEquals`, `failUnlessEqual`
- `assertNotEqual` : équivalente à la méthode précédente, mais teste l'inégalité. Synonymes : `assertNotEquals`, `failIfEqual`.

On peut donc remplacer les trois assertions par le code suivant.

Utilisation des méthodes d'assertion

```
[...]
# vérifions l'objet renvoyé
self.assert_(isinstance(o2, object),
             "l'objet renvoyé par dump n'est pas du même type")
self.assertEqual(o2.a, 1,
             "l'objet renvoyé par dump n'a pas la même valeur a")
self.assertEqual(o2.b, 2,
             "l'objet renvoyé par dump n'a pas la même valeur b")
[...]
```

Utilisation directe d'une classe TestCase

Il y a plusieurs manières d'utiliser cette classe de test, la plus simple étant d'appeler la fonction main() du module unittest, en ajoutant à la fin du module contenant la classe une section __main__.

Ajout d'un appel au framework

```
if __name__ == '__main__':
    unittest.main()
```

main() se charge de collecter les tests, de les exécuter et d'afficher les résultats dans la sortie standard.

Exécution du module

```
[tziade@Tarek Desktop]$ python test_cPickle.py
.
----------------------------------------------------------------------
Ran 1 test in 0.002s

OK
```

Dans ce mode d'affichage, chaque petit point correspond à un test réussi, un F indiquerait un test raté (F pour FAIL) et un E une erreur différente d'une erreur de type AssertionError.

Cet appel permet de valider rapidement un module de test mais ne constitue pas une campagne de tests en soi, qui intègre généralement plusieurs modules de tests.

Organisation d'une campagne de tests

Pour pouvoir lancer une campagne de tests, qui inclut tous les modules de tests du programme, il est nécessaire de mettre en place un script qui collecte et exécute l'ensemble des modules de tests disponibles dans un répertoire donné.

Ce script se base sur la classe `TextTestRunner` d'unittest, instanciée lors de l'appel de la fonction de lancements de tests `main()`.

Cette classe est une implémentation par défaut d'une campagne de test, qui collecte dans un objet `TestResult` interne tous les résultats des tests et qui les affiche sur la sortie d'erreur standard.

Une instance de classe `TextTestRunner` récupère des `TestSuite` et les exécute dans un `TestSuite` global, par le biais de la méthode `run()`.

`TestSuite` est une classe basique regroupant des objets de type `TestCase`, fournis à la construction, ou ajoutés par le biais des méthodes `addTest()` ou `addTests()`. Cette classe possède aussi une méthode `run()`.

Ces deux classes vont permettre au script d'exécuter les tests contenus dans les différents modules.

Organisation des modules de tests

Pour faciliter la tâche du script de tests, tous les modules de tests de l'application doivent nécessairement :

- avoir un nom avec un préfixe `test` et un suffixe `.py` ;
- se trouver dans un dossier nommé `tests`, réservé à ce type de scripts. Il peut y avoir plusieurs dossiers `tests` dans l'arborescence de l'application ;
- contenir une fonction globale `get_test_class()`, qui renvoie la classe de type `TestCase` à utiliser. Cette fonction peut aussi renvoyer une séquence de plusieurs classes à utiliser.

Script de lancement des tests

Notre script de lancement de tests prend en paramètre un répertoire et effectue une recherche dans tous les répertoires `tests` de l'arborescence. Un `TestSuite` est fabriqué pour chaque module de test rencontré dans ces répertoires. Le script lance ensuite ces tests par le biais d'un `TestRunner`.

Script tester.py

```python
#!/usr/bin/python
# -*- coding: utf8 -*-
import sys
from os import getcwd, walk, chdir
import os.path
from optparse import OptionParser
import unittest
from warnings import warn
```

```python
options = [{'noms': ('-r', '--repertoire'), 'dest': 'rep',
           'help': ('Spécifie le répertoire à utiliser, si non fourni, '
                    'le chemin courant est utilisé ')}]

def _print_line():
    print('-' * 70)

def main(options, arguments, parser):
    if options.rep isnot None:
        chemin = options.rep
    else:
        if len(arguments) > 0:
            print parser.usage
            sys.exit(2)
        chemin = getcwd()

    chemin = os.path.normpath(chemin)
    if chemin.endswith(os.path.sep):
        chemin = chemin[:-1]

    print('Parcours du répertoire')
    test_modules = []
    for racine, reps, fichiers in walk(chemin):
        dossier = os.path.basename(racine)
        if dossier == 'tests':
            for fichier in fichiers:
                if (fichier.startswith('test') and
                    fichier.endswith('.py') and
                    fichier != 'test.py'):
                    nom_complet = os.path.join(racine, fichier)
                    test_modules.append((nom_complet, fichier[:-3]))
                    sys.stdout.write('.')
                    sys.stdout.flush()

    print('\n%d module(s) de test trouvé(s)\n' % len(test_modules))

    suite = unittest.TestSuite()
    dernier_contexte = None
    added_paths = []

    for module in test_modules:
        module_path = os.path.dirname(module[0])

        # chargement d'un script si nécessaire
        contexte = os.path.join(module_path, 'contexte.py')
        if os.path.exists(contexte) and dernier_contexte != contexte:
            execfile(contexte)
            dernier_contexte = contexte
```

```python
            if module_path notin sys.path:
                sys.path.append(module_path)
                added_paths.append(module_path)

            m = __import__(module[1])
            if 'get_test_class' in m.__dict__:
                class_type = m.get_test_class()
                test_suite = unittest.TestSuite((
                            unittest.makeSuite(class_type), ))
                suite.addTest(test_suite)
            else:
                warn("%s n'a pas de fonction get_test_class" % module[0])

    nb_test_case = suite.countTestCases()
    if nb_test_case == 0:
        print('Aucun test.')
        sys.exit(2)

    print('\nLancement de %d test(s)...' % nb_test_case)
    _print_line()
    campagne = unittest.TextTestRunner(verbosity=2)
    campagne.run(suite)

    for added_path in added_paths:
        sys.path.remove(added_path)

if __name__ == '__main__':
    parser = OptionParser()
    parser.usage = 'tester [-r repertoire]'
    for option in options:
        param = option['noms']
        del option['noms']
        parser.add_option(*param, **option)
    options, arguments = parser.parse_args()
    sys.argv[:] = arguments
    main(options, arguments, parser)
```

Quelques fonctionnalités annexes ont été ajoutées :

• Le programme exécute un éventuel script contexte.py s'il est présent dans le répertoire tests en cours. Ce script peut servir à mettre en place un environnement de test global sans avoir à le répéter dans chaque module de test. Il peut contenir entre autres des manipulations du chemin de recherche de l'interpréteur, ou des variables d'environnement.

• Un warning est affiché pour chaque module de test qui n'a pas de fonction get_test_class().

> À SAVOIR **Scripts de tests des frameworks**
>
> Les frameworks de développement Python, comme Twisted ou Zope, proposent généralement leurs propres scripts de tests, plus ou moins similaires à l'implémentation présentée et plus ou moins pratiques.

doctests

Les doctests offrent une approche complémentaire très intéressante pour l'écriture des tests unitaires : il est possible de les insérer directement dans le code à tester. Contenus dans les docstrings de toute fonction, méthode, classe ou module, les tests sont récupérés par un outil spécialisé, défini dans le module doctest.

Pour être reconnus par l'outil, ces tests doivent être écrits sous la forme de petites sessions de code ressemblant à des séquences d'un prompt Python interactif.

Exemple de doctest

```python
def somme(a, b):
    """ renvoie a + b

    >>> somme(2, 2)
    4
    >>> somme(2, 4)
    6
    """
    return a + b
```

L'outil vérifie alors que toutes ces séquences, qui sont indépendantes les unes des autres, fonctionnent en les exécutant.

Exécution des doctests

Le module doctest fournit une fonction similaire à la fonction main() de unittest, qui permet d'exécuter les tests unitaires contenus dans les docstrings d'un module donné.

Module de code avec appel à testmod

```python
import doctest

def somme(a, b):
    """ renvoie a + b

    >>> somme(2, 2)
    4
```

```
    >>> somme(2, 4)
    6
    """
    return a + b

if __name__ == "__main__":
    doctest.testmod()
```

Appelée avec l'argument -v, cette fonction détaille dans la sortie standard le travail effectué.

Session de test

```
[tziade@Tarek tests]$ python test_doctests.py -v
Trying:
    somme(2, 2)
Expecting:
    4
ok
Trying:
    somme(2, 4)
Expecting:
    6
ok
1 items had no tests:
    __main__
1 items passed all tests:
    2 tests in __main__.somme
2 tests in 2 items.
2 passed and 0 failed.
Test passed.
```

Un appel sans paramètre sera totalement silencieux dans cet exemple où le test n'aboutit pas à une erreur. En cas de problème, un message est affiché avec ou sans l'option -v.

Syntaxe des doctests

Nous l'avons vu dans l'exemple précédent, les doctests sont à peu de chose près des copiers-collers de sessions du prompt interactif de Python. Ils doivent donc conserver les même caractéristiques, et respecter quelques règles particulières, à savoir :

- Respect de l'indentation, sachant que toutes les tabulations sont modifiées à la volée par des espaces, en utilisant la même règle que l'analyseur syntaxique de l'interpréteur.
- Séquençage correct des lignes, qui doivent commencer par >>> ou par ... pour le code et aucun caractère particulier pour une sortie attendue.

- Lorsqu'un saut de ligne est renvoyé dans les résultats d'une commande, il ne peut pas être comparé à un véritable saut de ligne, interprété par l'outil comme la fin d'une séquence. Une ligne contenant la chaîne <BLANKLINE> permet d'indiquer à l'outil qu'un saut de ligne est attendu à cet endroit.

- Un docstring étant une chaîne de caractères, il est nécessaire de prendre des précautions lorsque le caractère *antislash* (« \ ») est utilisé. Pour qu'il soit pris en compte sans être interprété au moment de la lecture de la chaîne par l'outil, il est nécessaire de définir la chaîne comme étant de type raw.

Dans l'extrait de code ci-dessous, la première version de docstring provoque une erreur SyntaxError à cause de l'antislash. La deuxième version utilise une chaîne de caractères de type raw pour résoudre ce problème.

Gestion des antislash

```
# docstring de type string
def test():
    """
    >>> ligne = 'f\n\nf'
    >>>
    f
    <BLANKLINE>
    f
    """
    pass

[tziade@Tarek tests]$ python test_doctests.py -v
[...]
File "test_doctests.py", line 22, in __main__.test
Failed example:
    ligne = 'f
Exception raised:
    Traceback (most recent call last):
      File "/usr/lib/python2.4/doctest.py", line 1243, in __run
        compileflags, 1) in test.globs
      File "<doctest __main__.test[0]>", line 1
        ligne = 'f
                  ^
    SyntaxError: EOL while scanning single-quoted string
[...]

# docstring de type raw
def test():
    r"""
    >>> ligne = 'f\n\nf'
    >>> 2
    2
    """
```

```
        pass
[tziade@Tarek tests]$ python test_doctests.py -v
[...]
Trying:
    2
Expecting:
    2
ok
```

Une autre particularité de ce type de test unitaire est liée à son fonctionnement intrinsèque : la réussite du test se basant sur la sortie de l'interpréteur, il est nécessaire de prendre des précautions lorsque le retour est susceptible de varier.

C'est le cas par exemple pour les affichages de dictionnaires : l'ordre de sortie n'est pas garanti, et peut varier d'une exécution à l'autre. Il convient dans ce cas de trier le dictionnaire avant affichage ou de faire des tests sur chaque membre de manière explicite.

Précautions d'usage pour les dictionnaires

```
def mon_dico():
    """
    >>> mon_dico()['b']    # test explicite
    2
    >>> liste = mon_dico().items()
    >>> liste.sort()
    >>> liste    # test nécessitant un ordre constant
    [('a', 1), ('b', 2), ('c', 3)]
    """
    return {'a': 1, 'b': 2, 'c': 3}
```

Les objets de type float sont également à manipuler avec précaution, car les valeurs retournées varient d'un système à l'autre. Le plus simple étant d'arrondir les valeurs comparées par le biais de round() ou de conserver une fraction dont le résultat est à coup sûr identique sur tous les systèmes, à savoir de la forme x/2.0**y.

Les adresses mémoire qui peuvent s'afficher lorsque l'on manipule des objets sont aussi susceptibles de varier. Un appel à la primitive id() par exemple a toutes les chances de retourner un entier différent à chaque fois que le test est lancé puisqu'il est calculé en fonction de l'adresse mémoire. Ces valeurs ne peuvent donc pas être employées telles quelles dans les tests.

Pour pouvoir s'affranchir de ce problème, il est possible dans ce cas de remplacer la valeur hexadécimale par des points de suspension (...) représentant une ellipse et d'activer une option pour le signaler. Cette option est à ajouter en fin de ligne, par un marqueur ELLIPSIS.

Marqueur Ellipsis

```python
def mon_objet():
    """

    >>> mon_objet() #doctest: +ELLIPSIS
    <object object at 0x...>
    """

    return object()
```

Ce marqueur fait partie d'un ensemble de drapeaux présentés ci-dessous.

Environnement et options d'exécution

Pour chaque docstring parcouru, un environnement d'exécution est créé à partir d'une copie des variables globales du module parcouru, renvoyée par globals(). Cette copie est abandonnée à la fin du docstring, afin d'éviter tout impact sur les tests suivants.

Il est aussi possible de faire varier le fonctionnement des doctests par le biais d'options d'exécution, appelées marqueurs. Chaque marqueur peut être ajouté aux lignes des doctests, pour une action locale, ou passé en paramètre lorsque tous les tests sont lancés, pour une action globale.

Ajouter un marqueur localement se fait en insérant un commentaire en fin de ligne, avec le nom du marqueur précédé du signe plus (+).

Les marqueurs globaux quant à eux sont concaténés par des opérateurs OR et forment le paramètre optionflags de la fonction testmod().

Insertion d'un marqueur

```python
# marqueur local
>>> error() # doctest: +IGNORE_EXCEPTION_DETAIL

# marqueur global
import doctest
if __name__ == "__main__":
    flags = doctest.IGNORE_EXCEPTION_DETAIL
    doctest.testmod(optionflags=flags)
```

Les marqueurs disponibles sont :

• DONT_ACCEPT_TRUE_FOR_1 : les versions 2.2 et précédentes de Python affichent 0 et 1 pour le retour d'une fonction booléenne. Le module doctest accepte donc ces valeurs en lieu et place de True et False pour que la transition vers des versions plus récentes de l'interpréteur ne se fasse pas brutalement. Cette option, qui ne peut être utilisée que globalement, permet de forcer un contrôle strict.

• DONT_ACCEPT_BLANKLINE : empêche l'utilisation de <BLANKINE>. S'utilise globalement.

- `NORMALIZE_WHITESPACE` : normalise les espaces dans la comparaison du résultat. Ce drapeau est relativement utile lorsque l'on souhaite tester un retour de fonction composé de beaucoup d'espaces, comme les séquences HTML. doctest compare `' '.join(attendu.split())` et `' '.join(obtenu.split())` en lieu et place de attendu et obtenu.

Normalisation des espaces

```
def html_bloc():
    r"""
    >>> html_bloc() #doctest: +NORMALIZE_WHITESPACE
    '<HTML>\n <BODY>\n test\n </BODY>\n </HTML>'
    """
    html = """<HTML>
<BODY>
                        test
</BODY>
</HTML>"""
    return html
```

ELLIPSIS

Vu dans la section précédente pour les adresses mémoire, ce marqueur permet de remplacer une séquence de caractères, et correspond à une chaîne indéfinie de caractères.

Ellipsis

```
def ellipsis():
    """
    >>> ellipsis() #doctest: +ELLIPSIS
    'a...j'
    >>> ellipsis() #doctest: +ELLIPSIS
    'abc...'
    >>> ellipsis() #doctest: +ELLIPSIS
    '...ij'
    """
    return 'abcdefghij'
```

IGNORE_EXCEPTION_DETAIL

Permet d'ignorer le texte complet renvoyé par une exception et de se contenter de comparer uniquement le type d'erreur. Ce marqueur est conseillé pour ne pas dépendre de la pile d'appel ou du texte de l'erreur, susceptible de changer.

doctest extrait le message d'erreur minimal, à savoir :

- la première ligne : `Traceback (most recent call last):`

- la ligne qui contient le type d'erreur, en ne conservant que ce type.

Exception détail

```
def error():
    """
    >>> error() #doctest: +IGNORE_EXCEPTION_DETAIL
    Traceback (most recent call last):
    ZeroDivisionError: xx
    """
    return 3 / 0
```

REPORT_NDIFF

Si ce flag est fourni au lancement des tests, les différences entre le retour et le résultat attendu sont affichées sous forme de différences, suivant le format renvoyé par le module difflib, qui fournit un algorithme de comparaison intra-ligne.

Hortograffe

```
def test_orthographe():
    """
    >>> test_orthographe()
    L'orthographe de ce texte est valide.
    """
    return "L'horthografe de ce tecste est validde."

if __name__ == "__main__":
    flags = doctest.REPORT_NDIFF
    doctest.testmod(optionflags=flags)

[...]

[tziade@Tarek tests]$ python test_doctests.py
**********************************************************************
File "test_doctests.py", line 7, in __main__.test_orthographe
Failed example:
    test_orthographe()
Differences (ndiff with -expected +actual):
    - L'orthographe de ce texte est valide.
    ?          ^^           ^
    + "L'horthografe de ce tecste est validde."
    ? + +        ^          ^^            + +
**********************************************************************
1 items had failures:
   1 of   1 in __main__.test_orthographe
***Test Failed*** 1 failures.
```

REPORT_CDIFF

Même rôle que le marqueur précédent pour afficher les différences contextuelles. Les différences contextuelles sont présentées sous la forme de deux blocs de lignes de chaque version. Dans une version, chaque ligne peut être préfixée d'un caractère spécial :

- ! : ligne différente dans l'autre version ;
- + : ligne n'existant pas dans l'autre version ;
- - : ligne présente uniquement dans l'autre version.

Ne fonctionne que pour des textes multilignes de plus de deux lignes.

Différences contextuelles

```
def test_multiligne():
    """
    >>> test_multiligne()
    1
    2
    4
    5
    """
    print '\n'.join('1234')

if __name__ == "__main__":
    flags = doctest.REPORT_CDIFF
    doctest.testmod(optionflags=flags)

[...]

[tziade@Tarek tests]$ python test_doctests.py
**********************************************************************
File "test_doctests.py", line 7, in __main__.test_multiligne
Failed example:
    test_multiligne()
Differences (context diff with expected followed by actual):
    ***************
    *** 1,4 ****
      1
      2
      4
    - 5
    --- 1,4 ----
      1
      2
    + 3
      4
**********************************************************************
```

```
1 items had failures:
   1 of   1 in __main__.test_multiligne
***Test Failed*** 1 failures.
```

REPORT_UDIFF

Même rôle que le marqueur précédent pour afficher les différences unifiées. Les différences sont affichées dans ce cas dans un même bloc unifié. Le préfixe ! n'existe donc pas dans ce cas. Ne fonctionne que pour des textes multilignes de plus de deux lignes.

Différences unifiées

```
def test_multiligne():
    """
    >>> test_multiligne()
    1
    2
    4
    5
    """
    print '\n'.join('1234')

if __name__ == "__main__":
    flags = doctest.REPORT_UDIFF
    doctest.testmod(optionflags=flags)

[...]

[tziade@Tarek tests]$ python test_doctests.py
**********************************************************************
File "test_doctests.py", line 7, in __main__.test_multiligne
Failed example:
    test_multiligne()
Differences (unified diff with -expected +actual):
    @@ -1,4 +1,4 @@
     1
     2
    +3
     4
    -5
**********************************************************************
1 items had failures:
   1 of   1 in __main__.test_multiligne
***Test Failed*** 1 failures.
```

REPORT_ONLY_FIRST_FAILURE

Ce marqueur global permet de spécifier que pour chaque séquence, seule la première comparaison qui échoue est reportée. Le reste de la séquence est exécutée mais plus aucune erreur n'est reportée. Utilisé pour minimiser le retour des tests dès lors que des problèmes sont rencontrés.

doctests dans un fichier texte séparé

Des fichiers textes peuvent aussi être dédiés aux doctests : l'outil parcourt dans ce cas les lignes et exécute le contenu comme un seul et même docstring. Cette technique permet de réunir tous les tests dans un seul et même module, pour revenir à un principe similaire aux tests unitaires, mais avec toute la puissance narrative des doctests en plus.

Les exemples de code s'alternent de commentaires, dans un flux continu et directement lisible. Au fur et à mesure de l'évolution du code, des exemples de plus en plus complexes et des cas particuliers s'ajoutent à ce fichier, qui devient une documentation complète à progression logique.

L'exemple ci-dessous reprend l'exemple des tests sur cPickle, pour une écriture équivalente en doctests.

test_cPickle.txt

```
le module cPickle permet de sauvegarder des
objets sur le système de fichiers ou dans tout autre flux.

>>> import cPickle

Prenons l'exemple d'une classe classique
et une instance de cette classe
que nous allons sauvegarder

>>> from UserDict import UserDict
>>> o = UserDict()
>>> o['a'] = 1
>>> o['b'] = 2

Pour sauver l'objet, cPickle prend en paramètre
un objet de type file, ouvert par nos soins

>>> fic = open('/home/tziade/pickled.bin', 'w')

La fonction dump se charge de la sérialisation

>>> cPickle.dump(o, fic)

fermons le fichier
```

```
>>> fic.close()

Pour récupérer l'objet, il suffit d'ouvrir un
flux sur le fichier et d'utiliser la fonction load()

>>> fic = open('/home/tziade/pickled.bin')
>>> o2 = cPickle.load(fic)

Vérifions les valeurs de l'objet renvoyé

>>> isinstance(o2, UserDict)
True
>>> o2['a']
1
>>> o2['b']
2
```

L'exécution d'un fichier de doctests se fait par la fonction testfile() de doctest.

Cette fonction prend, entre autres paramètres, module_relative, qui spécifie si les chemins importés dans les tests sont relatifs au répertoire du module appelant ou dépendants du système, c'est-à-dire de sys.path.

Dans l'exemple ci-dessous, ce paramètre est à False car le test est appelé depuis l'interpréteur interactif.

verbose détermine la quantité d'informations affichée. Il est à False par défaut et n'affiche rien sauf en cas d'erreur.

Exécution du fichier test__cPickle.txt

```
>>> import doctest
>>> doctest.testfile('test_cPickle.txt', module_relative=False,
verbose=True)
Trying:
    import cPickle
Expecting nothing
ok
Trying:
    from UserDict import UserDict
Expecting nothing
ok
Trying:
    o = UserDict()
Expecting nothing
ok
Trying:
    o['a'] = 1
```

```
Expecting nothing
ok
Trying:
    o['b'] = 2
Expecting nothing
ok
Trying:
    fic = open('/home/tziade/pickled.bin', 'w')
Expecting nothing
ok
Trying:
    cPickle.dump(o, fic)
Expecting nothing
ok
Trying:
    fic.close()
Expecting nothing
ok
Trying:
    fic = open('/home/tziade/pickled.bin')
Expecting nothing
ok
Trying:
    o2 = cPickle.load(fic)
Expecting nothing
ok
Trying:
    isinstance(o2, UserDict)
Expecting:
    True
ok
Trying:
    o2['a']
Expecting:
    1
ok
Trying:
    o2['b']
Expecting:
    2
ok
1 items passed all tests:
  13 tests in test_cPickle.txt
13 tests in 1 items.
13 passed and 0 failed.
Test passed.
*** DocTestRunner.merge: 'test_cPickle.txt' in both testers; summing
outcomes.
(0, 13)
```

Script de test

Le script de lancement des tests unitaires vu précédemment peut être modifié pour prendre en compte les doctests des modules de code rencontrés sur le chemin, et les fichiers textes de tests. Dans l'extension proposée, ces derniers doivent être préfixés par test et suffixés par .txt.

doctest fournit des objets permettant de transformer les tests extraits des docstrings en objets de type TestCase, qui peuvent être insérés dans les test suites.

Script tester.py modifié

```python
import doctest
[...]

def main(options, arguments, parser):

    [...]

    print('Parcours du répertoire')
    test_modules = []
    for racine, reps, fichiers in walk(chemin):
        for fichier in fichiers:
            if ((fichier.endswith('.py') or fichier.endswith('.txt')) and
                    fichier notin ('test.py', 'test.txt')):
                nom_complet = os.path.join(racine, fichier)
                tests = os.path.basename(racine) == 'tests'
                test_modules.append((nom_complet, fichier.split('.')[0],
                                        tests))
                sys.stdout.write('.')
                sys.stdout.flush()

    [...]

    for fichier, module, dossier_tests in test_modules:
        module_path = os.path.dirname(fichier)
        if module_path notin sys.path:
            sys.path.append(module_path)
            added_paths.append(module_path)

        # chargement d'un contexte si nécessaire
        if dossier_tests:
            contexte = os.path.join(module_path, 'contexte.py')
        else:
            contexte = os.path.join(module_path, 'tests_contexte.py')

        if os.path.exists(contexte) and dernier_contexte != contexte:
            execfile(contexte)
            dernier_contexte = contexte
```

```
        # fichiers textes de type doctests
        if fichier.endswith('.txt') and dossier_tests:
            doc_file_suite = doctest.DocFileSuite(fichier,
module_relative=False)
            suite.addTest(doc_file_suite)
            continue

        # fichiers de tests unitaires
        if module.startswith('test') and dossier_tests:
            m = __import__(module)

            if 'get_test_class' in m.__dict__:
                class_type = m.get_test_class()
                test_suite = unittest.TestSuite((
                            unittest.makeSuite(class_type), ))
                suite.addTest(test_suite)
            else:
                warn("%s n'a pas de fonction get_test_class" % fichier)

        # parcours de tous les fichiers de code pour les doctests
        ifnot dossier_tests and fichier.endswith('.py'):
            m = __import__(module)
            try:
                doc_test_suite = doctest.DocTestSuite(m)
            except ValueError:
                # pas de doctests
                pass
            else:
                suite.addTest(doc_test_suite)

[...]
```

Ce script introduit en outre une variation sur les fichiers de contexte, qui restent nommés contexte.py dans les répertoires tests et deviennent tests_contexte.py en dehors. Cette modification permet de lancer un script de contexte associé à des répertoires contenant des scripts Python qui sont scannés pour les doctests.

Coverage

Le coverage est un complément utile qui permet de traquer le code non couvert par les tests unitaires. Les implémentations existantes de scripts de coverage se basent sur la fonction sys.settrace() qui permet d'associer une fonction à toute exécution de code. Cette fonction sera appelée à chaque fonction ou méthode visitée, et peut être combinée avec une deuxième fonction qui sera invoquée pour chaque ligne visitée.

Le module trace de la bibliothèque standard est un exemple d'implémentation de settrace(). Il fournit un objet Trace, qui prend en paramètre le code à exécuter et concocte un fichier d'extension .cover, similaire au code exécuté, mais avec des informations ajoutées à chaque début de ligne.

Exemple d'utilisation de trace

```python
#!/usr/bin/python
# -*- coding: utf8 -*-
import trace
import sys

def methode2(x):
    if x % 2:
        return 'o'
    if x == 123:
        return 'O'
    return 'x'

def methode():
    c = ''
    for i in range(100):
        c = c + methode2(i)

if __name__ == '__main__':
    traced = trace.Trace(ignoredirs=[sys.prefix,
                         sys.exec_prefix,], trace=0,
                         count=1)
    traced.run('methode()')

    r = traced.results()
    r.write_results(show_missing=True)

    results = open('tracer.cover', 'r')
    print(''.join(results.readlines()))
    results.close()

[...]

[tziade@Tarek Desktop]$ python tracer.py
        #!/usr/bin/python
        # -*- coding: utf8 -*-
        import trace
>>>>>>  import sys

>>>>>>  def methode2(x):
  100:      if x % 2:
   50:          return 'o'
   50:      if x == 123:
>>>>>>            return 'O'
   50:      return 'x'
```

```
>>>>>> def methode():
    1:      c = ''
  101:      for i in range(100):
  100:          c = c + methode2(i)

>>>>>> if __name__ == '__main__':
>>>>>>     traced = trace.Trace(ignoredirs=[sys.prefix,
sys.exec_prefix,], trace=0,
>>>>>>                                count=1)
>>>>>>     traced.run('methode()')

>>>>>>     r = traced.results()
>>>>>>     r.write_results(show_missing=True)

>>>>>>     results = open('tracer.cover', 'r')
>>>>>>     print ''.join(results.readlines())
>>>>>>     results.close()
```

trace préfixe les lignes non exécutées du code par >>>>>> et par le nombre d'appels pour les autres. Les lignes de la section __main__ ne sont pas à prendre en compte car non tracées. En termes d'interprétation, ce test permet de déceler que le cas x == 123 n'est jamais visité par le code appelant.

D'autres implémentations existent en dehors de la bibliothèque standard, comme le module coverage.py de Gareth Rees, du projet *Perforce Defect Tracking Integration* (http://www.ravenbrook.com/project/p4dti/). Le principe est identique mais cette version est beaucoup plus intéressante dans le cadre des tests unitaires car les informations collectées sont regroupées et affichées dans un tableau où chaque module utilisé dans les tests se voit attribuer un pourcentage de couverture.

Résultats de coverage.py

```
[tziade@Tarek tests]$ coverage.py -x tester.py
Parcours du répertoire
.......
7 module(s) de test trouvé(s)

[..]

Lancement de 4 test(s)...
----------------------------------------------------------------------
test l'E/S de cPickle ... ok
test le monkey patching ... ok
test_patch2 (test_imaplib.SMTPTestCase) ... ok
test_patchR (test_imaplib.SMTPTestCase) ... ok


----------------------------------------------------------------------
Ran 4 tests in 0.003s
```

```
OK
[tziade@Tarek tests]$ coverage -r
Name                Stmts    ExecCover
-----------------------------------------
base64              173       30    17%
unittest            464      226    48%
test_doctests        33       12    36%
dis                 179       16     8%
test_imaplib3         6        3    50%
gettext             368      119    32%
sre_compile         387      265    68%
trace               471       46     9%
sre_parse           605      320    52%
bdb                 416       65    15%
__init__             11        5    45%
warnings            183       58    31%
[...]
traceback           189       22    11%
doctest             950      143    15%
difflib             656       59     8%
__future__           22       17    77%
inspect             474       57    12%
-----------------------------------------
TOTAL             15632     3625    23
```

Des améliorations peuvent être apportées à ce script, notamment en filtrant les modules des bibliothèques pour n'afficher que les modules du programme.

Intégration dans l'environnement d'un projet

Les tests constituent la principale assurance qualité du code d'un programme, et s'intègrent facilement à la vie d'un projet, voire d'une manière plus globale, à la culture d'entreprise ou communautaire.

Les projets Open Source ont été historiquement parmi les premiers à réellement adopter ce modèle de programmation : le nombre d'acteurs impliqués et leur éloignement géographique ont forcé à rendre les projets de plus en plus autonomes des développeurs en termes de contrôle qualité.

Si les nouveaux arrivants proposent des modifications dans le code, les tests unitaires qui accompagnent ces modifications facilitent considérablement le travail de surveillance des développeurs principaux du projet, et font bien souvent partie de la charte de participation au projet : « no test, no commit » (pas de test, pas de soumission de code).

Mais ces échanges doivent être formalisés par des outils supplémentaires pour faciliter la gestion du code du projet, et l'accès à ces outils doit être direct pour toute personne impliquée dans le projet.

Le projet Python est un exemple flagrant de ce besoin : avant la version 2 du langage, toutes les modifications proposées étaient envoyées à Guido van Rossum par e-mail sous forme de fichiers diff ou python. Ce dernier acceptait ou refusait l'ajout. Dans le premier cas, il ajoutait le code dans son CVS personnel pour le diffuser ensuite. La boîte e-mail de Guido van Rossum était donc le goulot d'étranglement de l'avancée du projet Python.

À l'instar de Sourceforge, un projet basé sur la programmation dirigée par les tests peut mettre en place :

- Un gestionnaire de version, comme SVN ou CVS, qui permet aux développeurs de mettre à jour ou récupérer le code centralisé (*code repository*), et au système de conserver toutes les versions du code.

- Un système de scripts, qui permet de lancer des campagnes de tests et de coverage, à l'instar des scripts présentés dans ce chapitre.

- Des scripts de contrôle qualité, comme PyLint (http://www.logilab.org/projects/pylint), qui met entre autres en évidence les directives d'importations non utilisées et PyChecker (http://pychecker.sourceforge.net/), qui effectue un contrôle poussé sur le code et signale par exemple des objets instanciés mais jamais utilisés, ou des portions de code qui ne peuvent pas être appelées.

- Un automate, comme BuildBot (http://buildbot.sourceforge.net/), qui lance à chaque modification du code une campagne de tests sur plusieurs environnements d'exécution, et envoie des e-mails d'avertissement aux développeurs en cas de problème (codé en Python).

- Des outils de gestion de listes de diffusion, comme Mailman (http://www.gnu.org/software/mailman/) (codé en Python).

- Un site permettant de visualiser le code et les modifications, comme le système Trac (http://www.edgewall.com/trac/) (codé en Python), etc.

Le futur de PyUnit

PyUnit hérite de la lourdeur de son modèle Java. Écrire un simple test pour vérifier une valeur nécessite beaucoup de *boiler-plate code*.

Un simple test avec PyUnit

```
>>> import unittest
>>> class MyTestCase(unittest.TestCase):
...     def test_one(self):
...         self.assertEquals(sum((2, 3)), 5)
...
```

Il est nécessaire d'équiper les modules de test de code supplémentaire pour construire des suites de tests. Enfin, pour lancer une campagne de test, un script qui collecte les tests devient vite indispensable.

PyUnit impose des méthodes pour les assertions reprises de Java, qui sont verbeuses. Le seul mérite de cette similitude étant de permettre à un développeur maîtrisant Junit d'être productif directement avec PyUnit et inversement.

Toute cette infrastructure alors que le seul test tient en une ligne !

Test nu

```
>>> assert sum((2, 3)), 5
```

Des projets communautaires proposent des alternatives intéressantes, qui résolvent ces défauts de PyUnit. Nose (http://somethingaboutorange.com/mrl/projects/nose/) est probablement le projet le plus intéressant. Il se base sur de simples conventions de nommage pour l'écriture de tests et fournit un script qui collecte automatiquement les modules dont le nom commence par test. Les tests en eux-mêmes peuvent être de simples fonctions du moment qu'elles utilisent aussi un préfixe test.

Test compatible Nose

```
>>> def test_one():
...     assert sum((2, 3)), 5
...
```

L'intérêt de Nose est de lancer également les tests écrits classiquement avec unittest.

Il est possible qu'à terme unittest soit remplacé par un outil aux fonctionnalités proches de Nose. Des travaux communautaires laisseraient supposer que cette modification aura lieu dans les années à venir.

En un mot...

Adopter les techniques présentées dans ce chapitre est un atout considérable pour augmenter la qualité d'une application et la facilité avec laquelle un développeur peut la modifier, que ce soit en Python ou dans un autre langage.

Si cette technique est combinée à de bonnes pratiques, présentées dans le prochain chapitre, elle fait de Python un langage à l'aise dans la plupart des domaines.

13

Bonnes pratiques et optimisation du code

Oh ! Come and see the violence inherent in the system ! — The Holy Grail
« Oh ! Venez tous voir la violence qui se cache sous ce système ! »
— Sacré Graal

Python est souvent montré du doigt comme un langage lent. Constat évident puisqu'il est basé sur de l'interprétation et non sur de la compilation. Mais un programme Python bien écrit base la plupart du temps son travail sur des appels les plus directs à la couche compilée en C des bibliothèques. La vitesse d'un programme est donc inversement proportionnelle à la couche de code Python à traverser.

Ce chapitre présente les outils et les bons réflexes à prendre pour rendre un programme le plus performant possible. Si les performances atteintes ne sont pas encore suffisantes, ce qui peut arriver dans certains domaines spécifiques comme les calculs matriciels dans les jeux, des bibliothèques ou des techniques spécifiques permettent de pallier ce problème.

Le programme est encore trop lent ? Il reste possible de passer du côté obscur de la force, en codant tout ou partie du code dans une extension au langage en C.

Quand optimiser ?

Il est déconseillé de tenter d'optimiser son code au moment de sa première écriture, car cette approche a pour conséquence de complexifier l'objectif premier : concevoir un code qui fonctionne.

De plus, il est quasiment impossible d'identifier à l'avance, sauf pour les cas isolés ou bien précis, les enchaînements de code qui provoqueront de réelles lenteurs potentiellement éradicables. Calculer la complexité d'un algorithme est une chose, prévoir toutes les combinaisons d'enchaînements et d'imbrications possibles d'un applicatif en est une autre.

L'optimisation ne s'opère donc que lorsque l'on constate que l'une des fonctionnalités de l'applicatif n'est pas conforme aux attentes en termes de rapidité d'exécution, même s'il est possible comme nous le verrons en fin de chapitre de procéder à des tests de performance continus.

Cette optimisation se base sur une recherche du goulot d'étranglement, ou *bottleneck*, et dans le meilleur des cas à son éradication par une modification d'une partie du code. Parfois, tout ou partie de l'architecture du programme est remise en cause et une refonte plus profonde peut être nécessaire. On parle alors de *refactoring*.

La recherche du goulot d'étranglement se fait par le biais du *profiling*, qui consiste à mesurer les performances d'une fonctionnalité en chronométrant la durée d'exécution de chacun des acteurs. Cet exercice permet en outre de déceler d'autres types d'anomalies.

Une fois le coupable identifié, une décision doit être prise pour améliorer les performances.

Enfin, des tests de performance continus peuvent être mis en place, pour garantir, de la même manière que pour les tests unitaires, qu'il n'y a pas de régression au niveau de la rapidité de l'applicatif : chaque introduction ou modification de code pouvant potentiellement créer un nouveau goulot d'étranglement.

Cette dernière démarche a en outre l'avantage de rendre le développeur de plus en plus proactif sur les problèmes de performances, il les décèle dès leur introduction.

Profiling

Le profiling permet de repérer rapidement les portions de code les plus lentes pour les modifier. D'autres anomalies peuvent être décelées par les profilers, à savoir :

- Des erreurs logiques : certaines fonctions s'exécutent un nombre anormal de fois, pas assez ou trop souvent.

- Des bottlenecks restés inaperçus : une fonction a priori anodine apparaît comme une source de ralentissements importants, soit par sa lenteur, soit par un nombre énorme d'appels.

- Des erreurs de conception : les statistiques remontées par le profiler offrent une vision particulière du programme, et peuvent parfois attirer l'attention sur des problèmes de conception.

Méthodes de profiling

Il existe plusieurs méthodes pour profiler le code. L'approche la plus courante consiste à mesurer le temps passé dans chacune des méthodes et fonctions traversées. C'est une méthode déterministe qui se base sur les mêmes techniques que le coverage vu dans le chapitre précédent. On dresse un tableau du code appelé, avec des informations annexes comme :

- le nombre d'appels ;
- la liste des appelants, c'est-à-dire les fonctions qui utilisent le code en cours ;
- la liste des appelés, c'est-à-dire les fonctions appelées par le code en cours.

Une autre méthode beaucoup plus abstraite et moins facile à mettre en œuvre, consiste à récupérer des échantillons aléatoires d'instructions exécutées et à en déduire où l'interpréteur passe le plus de temps.

Nous l'avons vu pour le coverage, Python fournit tous les points d'entrée nécessaires pour mettre en place facilement une solution déterministe. C'est cette approche qui est implémentée par plusieurs modules de la bibliothèque standard. L'utilisation d'un tel outillage allonge les temps d'exécution, mais ne remet généralement pas en cause l'interprétation des résultats, car ce ralentissement est ridicule par rapport à la durée d'exécution de n'importe quelle fonction.

Outils de profiling

Il existe différents outils de profiling dans la bibliothèque standard. Le plus connu est `profile`.

Le module profile

`profile` peut être directement utilisé en ligne de commande pour tester un programme Python.

Utilisation de profile

```
$ python -m "profile" --help
Usage: profile.py [-o output_file_path] [-s sort] scriptfile [arg] ...

Options:
  -h, --help              show this help message and exit
  -o OUTFILE, --outfile=OUTFILE
                          Save stats to <outfile>
  -s SORT, --sort=SORT Sort order when printing to stdout, based on
                          pstats.Stats class

$ python -m "profile" -s time
listbench.py
        155 function calls in 30.830 CPU seconds

  Ordered by: internal time

  ncalls tottime percall cumtime percall filename:lineno(function)
       1   16.760   16.760   17.120    17.120 listbench.py:19(fonc2)
       1   11.160   11.160   13.000    13.000 listbench.py:14(fonc1)
       3    1.250    0.417    1.250     0.417 :0(range)
       2    1.030    0.515    1.030     0.515 :0(join)
       1    0.590    0.590   30.810    30.810 listbench.py:2(?)
       2    0.020    0.010   30.140    15.070 listbench.py:7(duree)
       1    0.020    0.020    0.020     0.020 :0(setprofile)
  [...]
```

Le module hotshot

Un nouveau module plus rapide et complet a été introduit à la version 2.2 : hotshot.

Les fonctionnalités de hotshot sont similaires au module profile, mais réduisent l'impact sur les performances introduites par l'outillage mis en place pour le profiling : le code est majoritairement écrit en C.

hotshot définit une unique classe Profile, permettant de créer des instances de profiler, ainsi qu'une fonction hotshot.stats.load(logfile), qui permet de charger et renvoyer les résultats du profiler dans un objet de type Stats, du module pstats.

class Profile(logfile[, lineevents[, linetimings]])

Créer une instance de profiler se fait en fournissant un nom de fichier logfile, utilisé pour stocker les données récoltées par le profiling.

lineevents détermine la granularité du profiler, à savoir si seuls les appels de méthodes ou fonctions sont enregistrées (0 ou non défini) ou si toutes les lignes de code sont observées (1).

linetimings, à défaut à 1, détermine si les informations de temps sont enregistrées pendant le travail de profiling.

Une fois l'objet créé, il fournit un certain nombre de méthodes décrites ci-dessous :

start()

Lance le profiler.

stop()

Stoppe le profiler.

close()

Ferme le fichier de log et termine le profiler.

run(cmd)

Lance le profiling du code cmd. cmd est une chaîne de caractères qui représente du code Python exécutable. L'environnement d'exécution est défini par les variables globales de __main__.

runcall(func, *args, **keywords)

Appelle la fonction ou méthode func, avec des arguments si nécessaire. Le résultat de l'exécution est renvoyé et les éventuelles erreurs levées remontent comme si le code avait été appelé directement.

runctx(cmd, globals, locals)

Équivalente à run(), avec la possibilité de fournir un environnement d'exécution particulier.

fileno()

Renvoie le numéro de descripteur du fichier de log.

Le module cProfile

cProfile est un module équivalent à profile, mais plus rapide car codé partiellement en C. Il s'utilise de la même manière.

Utilisation de cProfile

```
$ python -m "cProfile" --help
Usage: cProfile.py [-o output_file_path] [-s sort] scriptfile [arg] ...
```

```
Options:
  -h, --help              show this help message and exit
  -o OUTFILE, --outfile=OUTFILE
                          Save stats to <outfile>
  -s SORT, --sort=SORT Sort order when printing to stdout, based on
                          pstats.Stats class
```

Le module pstats

Chaque profiler génère ses résultats et les écrit dans un fichier, dans un format binaire, lisible par les objets `Stats` du module `pstats`. L'affichage des résultats d'un profiling doivent donc se faire par ce biais.

Les méthodes les plus importantes de la classe `Stats` sont :

print_stats([restriction, ...])

Cette méthode permet d'afficher les données de profiling. `restriction` représente un certain nombre de paramètres optionnels qui permettent de filtrer la liste affichée.

Chaque paramètre peut être sous la forme :

- d'un objet string : représente une expression régulière qui permet de filtrer les lignes en fonction de chaque nom de module affiché en début de ligne ;
- d'un entier : définit le nombre de lignes maximum à afficher ;
- d'un nombre réel compris entre 0.0 et 1.0 : définit le pourcentage de la liste à afficher.

La classe filtre la liste en appliquant les filtres un à un.

print_callers([restriction, ...])

Permet de lister l'ensemble des fonctions appelantes du log de profiling. Chaque fonction appelée est placée entre parenthèses. Peut être filtrée comme `print_stats`.

print_callees([restriction, ...])

Permet de lister l'ensemble des fonctions appelées du log de profiling. Chaque fonction à l'origine de l'appel est placée entre parenthèses. Peut être filtrée comme `print_stats`.

sort_stats(key[, ...])

Permet de trier la liste en fonction du paramètre `key`. `key` est une chaîne à prendre dans la liste suivante :

- `calls` : nombre d'appels (tri décroissant) ;
- `cumulative` : temps cumulé (tri décroissant) ;
- `file` : nom du fichier source (tri alphabétique) ;

- `module` : nom du module (tri alphabétique) ;
- `pcalls` : nombre d'appels primitifs (tri décroissant) ;
- `line` : numéro de ligne (tri décroissant) ;
- `name` : nom de la fonction (tri alphabétique) ;
- `nfl` : nom, fichier, ligne (tri alphabétique) ;
- `stdname` : nom standard (tri alphabétique) ;
- `time` : temps interne d'exécution (tri décroissant).

Plusieurs clés peuvent être fournies pour composer un tri multicritère. La méthode `reverse_order()` permet également d'inverser le tri obtenu, sachant que les tris appliqués par `sort_stats()` permettent de placer vers le haut de la liste les appels les plus coûteux.

hotshot et pstats

Les deux modules présentés fournissent un outil complet de profiling. L'exemple ci-dessous affiche la liste des méthodes appelées par le profiler, triées par nombre d'appels.

profiling.py

```python
#!/usr/bin/python
# -*- coding: utf8 -*-
import hotshot
import hotshot.stats

def methode1(chaine):
    return reversed(chaine)

def methode2(chaine):
    if len(chaine) % 2:
        return methode1(chaine)
    else:
        return chaine

def methode3(chaine):
    ch = []
    for i in range(3):
        ch.extend(methode2(chaine))
    return ''.join(ch)

def methode4():
    o = ''
    for i in range(5000):
        o += methode3(str(i))
    return methode1(o)
```

```
profiler = hotshot.Profile("statistiques.prf")
profiler.runcall(methode4)
profiler.close()

stats = hotshot.stats.load("statistiques.prf")

# trie suivant le nombre d'appels
stats.sort_stats('calls')
stats.print_stats()

[...]

$ python profiling.py
        22732 function calls in 0.142 CPU seconds

   Ordered by: call count

   ncalls tottime percall cumtime percall filename:lineno(function)
    15000   0.046   0.000   0.059   0.000 profiling.py:10(methode2)
     5000   0.058   0.000   0.117   0.000 profiling.py:16(methode3)
     2731   0.014   0.000   0.014   0.000 profiling.py:7(methode1)
        1   0.024   0.024   0.142   0.142 profiling.py:22(methode4)
        0   0.000           0.000         profile:0(profiler)
```

timeit

hotshot peut être lourd à mettre en place lorsqu'il s'agit de mesurer rapidement les performances d'une seule fonction indépendante ou d'une séquence de code extraite.

Le module timeit, introduit à la version 2.3, répond à ce besoin en fournissant un outil léger, beaucoup plus simple à mettre en œuvre.

timeit fournit une classe Timer, qui prend en paramètre l'expression à mesurer, et fournit une méthode d'exécution.

class Timer([stmt='pass' [, setup='pass' [, timer=<timer function>]]])

stmt est l'expression à mesurer, setup une éventuelle deuxième expression, qui sera exécutée avant stmt. Comme Timer désactive le garbage collector pour essayer de minimiser les différences introduites par la gestion de la mémoire qui dépend d'éléments contenus en dehors des tests, setup peut être utilisé pour le réactiver ('gc.enable()'), et ceci pour obtenir un test plus réaliste lorsque le code testé parcourt plusieurs niveaux. Le temps pris par le garbage collector n'est pas négligeable dans ces cas là.

Enfin, time est une fonction qui peut être fournie pour mesurer les temps. La fonction interne utilisée par défaut se base sur la fonction système time.clock() pour MS-Windows et time.time() sous Unix, pour obtenir la même précision de 1/100e de seconde sur les deux plates-formes. (time.time() atteint $1/60^e$ de seconde sous MS-Windows).

De plus, les temps renvoyés dans ce cas ne sont pas les temps de consommation CPU mais les temps relatifs. Cela signifie que certaines variations peuvent être observées lorsque d'autres processus sont actifs sur la machine de tests.

Pour obtenir un temps le plus proche de la réalité, il est judicieux d'exécuter trois fois de suite la mesure par repeat() et récupérer le meilleur temps des trois.

timeit([number=1000000])

Exécute l'expression setup puis l'expression stmt fournies à la construction de l'instance. Si number est fourni, il détermine le nombre d'exécutions de stmt. Comme timeit est orienté code patterns, c'est-à-dire qu'il est en général employé pour optimiser de très courtes séquences de code, number est à défaut à un million.

La méthode renvoie le temps d'exécution.

repeat([repeat=3 [, number=1000000]])

Méthode complémentaire, qui permet d'appeler timeit() repeat fois, en lui passant si fourni, le paramètre number.

Dans l'exemple ci-dessous, timeit est utilisée pour comparer deux algorithmes qui ont le même objectif.

Comparaison

```python
#!/usr/bin/python
# -*- coding: utf8 -*-
def algo1():
    chaine = ''
    for i in range(100000):
        chaine += '*'
    return chaine

def algo2():
    chaine = []
    for i in range(100000):
        chaine.append('*')
    return ''.join(chaine)

if __name__=='__main__':
    from timeit import Timer

    t = Timer('algo1()', 'from __main__ import algo1')
    print 'exécution algo 1: %f' % t.timeit(10)
```

```
    t = Timer('algo2()', 'from __main__ import algo2')
    print 'exécution algo 2: %f' % t.timeit(10)
```

Elle permet de constater les différences entre les deux options, et aussi pour ce cas précis, l'évolution interne de la gestion des chaînes entre Python 2.3 et 2.4.

Exemple d'optimisations entre Pyhton 2.3 et Python 2.4

```
$ python2.3 timing.py
exécution algo 1: 14.064436
exécution algo 2: 0.703696

$ python2.4 timing.py
exécution algo 1: 0.314968
exécution algo 2: 0.482306
```

Amélioration des performances

Une fois le problème repéré par le profiler, plusieurs techniques existent pour réduire le temps d'exécution.

La plupart du temps une légère modification du code suffit à régler le problème. Si la solution à appliquer n'est pas flagrante, il peut être nécessaire de rechercher un code de remplacement dans la liste des code patterns fournis ci-dessous.

Ces code patterns, ou portions de codes, sont des techniques éprouvées pour effectuer un travail précis, le plus rapidement possible.

Python est un langage basé sur le langage C : chaque séquence de code résulte en une série d'appels à des primitives de bas niveau codées en C.

Certaines fonctions sont des liens directs vers des primitives C et d'autres doivent traverser des couches plus épaisses d'appels de code Python.

Favoriser l'usage de fonctions proches du C augmente donc de manière très importante les performances.

Si ces modifications ne permettent pas de résoudre le problème, d'autres voies sont possibles :

- Le caching, qui consiste à conserver en mémoire les résultats d'un calcul coûteux, pour pouvoir les resservir en cas de besoin.
- Le multithreading, qui permet d'exécuter du code en tâche de fond.
- La programmation en C d'une extension du langage.
- L'utilisation de bibliothèques de calcul spécialisées.
- L'utilisation d'outils de programmation comme Cython.

Code patterns

La distinction n'étant pas toujours faite dans la littérature informatique, il est important de préciser ici que les code patterns sont à différencier des design patterns : ils s'apparentent plus à des petites séquences de code souvent utilisées pour répondre à des besoins communs comme la concaténation de chaînes, le tri d'éléments, ou les bonnes habitudes à prendre lorsque l'on manipule certains objets.

Les design patterns, présentés au prochain chapitre, concernent des éléments de code de plus haut niveau comme des classes ou des groupes de classes, et répondent à un besoin plus spécifique de conception, comme les générateurs d'objets, les médiateurs, etc.

Voici une liste non exhaustive de code patterns éprouvés, pouvant être réutilisés pour les meilleures performances possibles.

Quel type de conteneur choisir ?

Lorsque des éléments doivent être regroupés dans un conteneur, plusieurs choix sont possibles :

- Le type `list` offre de nombreuses fonctionnalités pour la gestion d'éléments hétérogènes ordonnés.
- Le type `set` offre un conteneur performant à condition que les éléments soient uniques.
- Le type `tuple` permet de créer des séquences non modifiables, et prend moins de place en mémoire.
- Le `dictionnaire` est à préférer aux séquences lorsque l'ordre des éléments regroupés n'a pas d'importance. La clé peut contenir un identifiant unique, susceptible d'être utilisé dans des recherches sur les éléments.
- Le type `array` est plus rapide pour des séquences d'éléments simples homogènes.

À SAVOIR **Remplacer le type Array**

Il existe des bibliothèques tierces spécialisées qui remplacent avantageusement Array (présentées en annexe B).

Trier des valeurs

Le tri en Python s'effectue en utilisant des objets de type `list`, qui disposent d'une méthode `sort()`. Cette méthode trie les valeurs de la liste en les comparant et effectue son travail *inplace*, c'est-à-dire en appliquant les modifications directement à l'objet sans en renvoyer un nouveau. Ce tri est de type *quicksort* et implémenté en C, donc très rapide.

> À RETENIR **Exemples à suivre**
>
> Dans les exemples qui suivent, on considère que la liste est composée uniquement d'éléments du même type.

Tri simple

```
>>> liste = [1, 3, 2]
>>> liste.sort()
>>> liste
[1, 2, 3]
```

Le tri par défaut est croissant, mais une fonction peut être passée en paramètre pour déterminer l'algorithme de comparaison. La fonction reçoit deux éléments de la liste et doit renvoyer un entier pour déterminer l'ordre de ces deux objets : négative, positive ou nulle si les objets sont estimés égaux.

Tri paramétré

```
>>> liste = [1, 3, 2]
>>> def mon_tri(el1, el2):
...     if el1 > el2:
...         return -1
...     if el2 < el2:
...         return 1
...     return 0
...
>>> liste.sort(mon_tri)
>>> liste
[3, 2, 1]
```

Cette technique permet en outre, pour des éléments de types plus complexes, d'affiner la comparaison.

Prenons l'exemple d'une classe A qui contient un attribut titre. Trier les éléments en fonction de cet attribut peut se faire en modifiant la fonction de comparaison.

Fonction de comparaison de classes de type A

```
>>> def mon_tri(el1, el2):
...     if el2.titre < el2.titre:
...         return 1
...     if el2.titre > el2.titre:
...         return -1
...     return 0
...
```

Cette solution n'est cependant pas optimale et peut ralentir le code de manière conséquente. Pour accélérer les tris d'objets complexes, le code pattern le plus efficace consiste à utiliser la transformation de schwartzian : utiliser le tri interne de la classe `list`, en modifiant la liste pour que chaque élément devienne un tuple, composé de l'attribut à trier puis de l'élément d'origine.

Cet attribut extrait devient la clé de tri, et permet d'obtenir le même résultat.

Tri par extraction de clé

```
>>> class A:
...     def __init__(self, title):
...         self.title = title
...     def __str__(self):
...         return 'Film: %s' % self.title
...
>>> A1 = A('Qui veut la peau de mes 64 bits ?')
>>> A2 = A('Ali Baba et les 40 valeurs')
>>> A3 = A('Placer ici un titre de film plus drôle que les précédents')
>>> mes_films = [A1, A2, A3]
>>> tri_mes_films = []
>>> for film in mes_films:
...     tri_mes_films.append((film.title, film))
...
>>> tri_mes_films.sort()
>>> films_tries = []
>>> for cle_de_tri, film in tri_mes_films:
...     films_tries.append(film)
...
>>> for film in films_tries:
...     print str(film)
...
Film: Ali Baba et les 40 valeurs
Film: Placer ici un titre de film plus drôle que les précédents
Film: Qui veut la peau de mes 64 bits ?
```

On peut généraliser le code pattern en proposant une fonction de tri inplace, qui prend en paramètres la séquence et l'attribut à utiliser.

Code pattern de tri inplace d'objets

```
>>> def tri_liste(liste, attribut):
...     liste[:] = [(getattr(elem, attribut), elem) for elem in liste]
...     liste.sort()
...     liste[:] = [elem for cle, elem in liste]
```

La notation `liste[:]` permet d'affecter des éléments à un objet liste sans avoir à recréer d'objet, afin d'obtenir un tri inplace.

Ce code pattern, valable pour toutes les versions de Python, peut être adapté pour trier des séquences entre elles, en fournissant par exemple un entier qui détermine la position de la valeur à utiliser comme clé de tri.

Concaténer des chaînes

Une opération très fréquente en Python consiste à concaténer des chaînes de caractères. La raison en est relativement simple : les objets de type `string` étant des séquences immuables, il est nécessaire de recréer un objet lorsque l'on souhaite modifier des éléments de la chaîne.

La première idée qui vienne à l'esprit lorsque l'on concatène des chaînes est de boucler sur les éléments pour les mettre bout à bout.

Concaténation

```
>>> chaine = ''
>>> for i in range(10):
...     chaine += str(i)
...
>>> chaine
'0123456789'
```

Avant la version 2.4 de Python, ce genre d'écriture était catastrophique, car chaque itération entraînait une création d'un nouvel objet string en mémoire.

Le code pattern le plus communément adopté était d'utiliser un objet liste pour la préparation des éléments à concaténer, puis d'appeler la méthode `join()` d'un objet `string` vide.

Concaténation par join()

```
>>> chaine = [str(i) for i in range(10)]
>>> chaine = ''.join(chaine)
>>> chaine
'0123456789'
```

Cette méthode reste valable pour les versions de Python inférieures à la 2.4 mais est à présent obsolète, voire légèrement plus lente qu'une concaténation classique si une list comprehension n'est pas utilisée : le code interne de Python a été modifié pour ne plus créer d'objets intermédiaires lorsque des chaînes sont concaténées.

La même remarque est valable pour les chaînes formatées : la technique n'apporte plus de gain de vitesse. Il est cependant conseillé de conserver l'écriture formatée, beaucoup plus lisible, voire d'adopter dans certains cas une écriture encore plus explicite, basée sur la substitution des éléments par dictionnaire.

Formatage

```
>>> nom = 'bob'
>>> phrase = 'bonjour ' + nom + ' comment va ?'
>>> phrase
'bonjour bob comment va ?'
>>> phrase = 'bonjour %s comment va ?' % nom# écriture à préférer
>>> phrase
'bonjour bob comment va ?'
>>> elements = {'nom': 'bob'}
>>> phrase = 'bonjour %(nom)s comment va ?' % elements # plus explicite
'bonjour bob comment va ?'
```

Remplacer certains tests par une gestion d'exception

Lorsqu'un test coûteux doit être mis en place dans une boucle pour gérer un cas rarissime, il est intéressant lorsque c'est réalisable, de passer la gestion de ce cas en exception. On évite ainsi un appel systématique au test.

Gestion d'un cas par exception

```
>>> def func1():
...     res = 0
...     elements = [i for i in range(100000)]
...     elements.append(None)
...     elements.append('og')
...     for element in elements:
...         if element isnot None and isinstance(element, int):
...             res += element
...     return res
...
>>> def func2():
...     res = 0
...     elements = [i for i in range(100000)]
...     elements.append(None)
...     elements.append('og')
...     for element in elements:
...         try:
...             res += element
...         except TypeError:
...             pass
...     return res
```

```
...
>>> timeit.Timer('func1()', 'from __main__ import func1').timeit(100)
12.883871078491211
>>> timeit.Timer('func2()', 'from __main__ import func2').timeit(100)
7.4781858921051025
```

Minimiser les appels et rapprocher le code

D'un point de vue interpréteur, tout appel à une fonction ou une méthode nécessite de faire une recherche dans le contexte local et/ou global. Si cette fonction est un attribut d'un objet du contexte, une recherche dans l'attribut __dict__ de l'objet en question est de plus nécessaire, et ainsi de suite.

Pour résumer, plus le code est éloigné et éparpillé, plus son accès est coûteux.

Pour les *hot spots*, c'est-à-dire les portions de code à optimiser d'urgence, minimiser les accès à du code externe est un exercice très rentable. Une des méthodes consiste à regrouper des fonctions dans une seule et même fonction, en agrégeant si nécessaire les données utilisées en un seul ensemble de paramètres.

L'exemple ci-dessous est le plus simple, mais le plus parlant : dans une fonction, une boucle appelle à chaque itération une autre fonction. On repousse cette boucle dans la fonction, qui prend alors en charge la séquence d'éléments au lieu de ne travailler que sur un seul élément. On passe dans ce cas à un seul appel extérieur.

Fédération de code

```python
>>> import timeit
>>> def version1(element):
...     return element.upper()
...
>>> def version2(elements):
...     elements[:] = [element.upper() for element in elements]
...
>>> def code_appelant1():
...     liste = ['azerty', 'qwerty', 'peu importe']
...     for i in range(5):# pour faire une liste + grosse
...         liste = liste + liste
...     return [version1(phrase) for phrase in liste]
...
>>> def code_appelant2():
...     liste = ['azerty', 'qwerty', 'peu importe']
...     for i in range(5): # pour faire une liste + grosse
...         liste = liste + liste
...     version2(liste)
...     return liste
...
```

```
>>> timeit.Timer('code_appelant1()', 'from __main__ import
code_appelant1').timeit(100000)
9.484644889831543
>>> timeit.Timer('code_appelant2()', 'from __main__ import
code_appelant2').timeit(100000)
6.5702319145202637
```

Cette technique a cependant tendance à rendre le code de moins en moins lisible et de plus en plus difficile à maintenir et faire évoluer, car les fonctions agrégées peuvent devenir de gros blocs monolithiques illisibles.

Une autre technique pour minimiser les appels sans modifier les fonctions appelées consiste à définir des variables locales qui pointent sur chacun des éléments extérieurs.

Variables locales de fonctions

```
>>> def func1():
...     titres = ['qui veut la peau de mes 64 bits ?',
...                'ali baba et les 40 valeurs',
...                'placer ici un titre de film']
...     liste = []
...     for titre in titres:
...         liste.append(str.title(titre))
...     return liste
...
>>> def func2():
...     titres = ['qui veut la peau de mes 64 bits ?',
...                'ali baba et les 40 valeurs',
...                'placer ici un titre de film']
...     title = str.title
...     liste = []
...     append = liste.append
...     for titre in titres:
...         append(title(titre))
...     return liste
...
>>> import timeit
>>> o = timeit.Timer('func1()', 'from __main__ import func1')
>>> o.timeit()
7.7832179069519043
>>> o = timeit.Timer('func2()', 'from __main__ import func2')
>>> o.timeit()
6.7249960899353027
```

L'écriture est encore une fois beaucoup moins explicite et ce genre de modification est à utiliser avec parcimonie.

Utiliser les list comprehensions

Depuis la version 2.4 de Python, les list comprehensions sont de loin la forme la plus concise et la plus rapide pour manipuler des séquences.

Comparaison de rapidité

```
# -*- coding: utf8 -*-
import time

def transformee_classique(liste):
    res = []
    for x in liste:
        res.append(x + 1)
    return res

def transformee_map(liste):
    return map(lambda x: x+1, liste)

def transformee_lc(liste):
    return [x+1 for x in liste]

def duree(fonction, n=10000000):
    debut = time.clock()
    fonction(range(n))
    fin = time.clock()
    return fin - debut

print "Transformée classique: %f" % duree(transformee_classique)
print "Transformée par map(): %f" % duree(transformee_map)
print "Transformée par list-comprehension: %f" % duree(transformee_lc)

[...]

$ python2.4 benchlc.py
Transformée classique: 6.010000
Transformée par map(): 5.340000
Transformée par list-comprehension: 2.600000

$ python2.3 benchlc.py
Transformée classique: 8.580000
Transformée par map():      6.770000
Transformée par list-comprehension: 6.430000
```

On remarque également que l'utilisation de map() n'est guère plus rapide que la forme éclatée pour la version 2.4, et devient de plus en plus obsolète.

Utiliser les generators et les genexp

Les generators offrent une manière élégante et performante de récupérer les résultats intermédiaires d'une fonction sans avoir à implémenter un système de callback.

Generator infini, suite de Fibonacci

```
>>> def fibonacci():
...     a, b = 0, 1
...     while 1:
...         yield b
...         a, b = b, a+b
...
>>> fib = fibonacci()
>>> [fib.next() for val in range(10)]
[1, 1, 2, 3, 5, 8, 13, 21, 34, 55]
```

Cette mécanique peut être mise en place dans tous les algorithmes de génération de séquences.

Les generators expressions sont quant à eux l'équivalent des list comprehensions pour les iterators et permettent des gains de mémoire.

Genexp

```
>>> def gen(sequence):
...     for element in sequence:
...         yield element + 1
...
>>> genexp = gen([1, 2, 3, 4])
>>> list(genexp)
[2, 3, 4, 5]
>>> # écriture équivalente en genexp
...
>>> genexp = (element + 1 for element in [1, 2, 3, 4])
>>> list(genexp)
[2, 3, 4, 5]
```

Préférer les fonctions d'itertools

itertools, module présenté au chapitre 10, implémente des fonctions codées en C qui permettent de générer très rapidement des iterators pouvant être utilisés pour remplacer certaines primitives, comme :

- map() ;
- filter() ;
- reduce() ;
- zip().

Caching

Lorsqu'une fonction très coûteuse en temps est appelée plusieurs fois, il peut être intéressant de mettre en place un système de cache, qui conserve les résultats des calculs en mémoire et les ressert en cas de besoin, afin d'éviter de les recalculer.

Cette technique n'est bien sûr applicable qu'aux fonctions dont les résultats restent invariants en fonction des paramètres d'entrée.

Le module `dircache` est un bon exemple de caching : pour fournir une liste des fichiers d'un répertoire donné, le parcours est relativement coûteux, surtout si toute l'arborescence est demandée.

Le contenu de chaque répertoire parcouru est conservé en mémoire dans un dictionnaire, et resservi à condition que la date de modification du répertoire au moment de la demande soit identique à celle conservée en mémoire. Dans le cas inverse, le cache est mis à jour.

Module dircache

```python
cache = {}

def reset():
    """Reset the cache completely."""
    global cache
    cache = {}

def listdir(path):
    """List directory contents, using cache."""
    try:
        cached_mtime, list = cache[path]
        del cache[path]
    except KeyError:
        cached_mtime, list = -1, []
    mtime = os.stat(path).st_mtime
    if mtime != cached_mtime:
        list = os.listdir(path)
        list.sort()
    cache[path] = mtime, list
    return list
```

Si l'on généralise ce mécanisme, appelé aussi *memorizing*, on obtient le code pattern suivant, qui collecte les résultats calculés, en fonction des paramètres, en fabriquant une clé unique pour chaque combinaison.

Fonction avec cache

```python
import md5

cache = {}

def calcul_savant(*args):
    key = str(args)
    try:
        res = cache[key]
    except KeyError:
        res = md5.md5().hexdigest()
        cache[key] = res
    return res
```

Il est possible de rendre ce fonctionnement totalement générique en concevant un decorator, applicable à toute fonction puisqu'il externalise le mécanisme de caching.

decorator memoize

```python
#!/usr/bin/python
# -*- coding: utf8 -*-
import md5

def memoize(func):
    cache = {}
    def call(*args):
        try:
            return cache[args]
        except KeyError:
            res = func(*args)
            cache[args] = res
            return res
        except TypeError:
            # paramètre unashable
            return func(*args)
    call.func_name = func.func_name
    return call

@memoize
def calcul_savant(*args):
    key = str(args)
    return md5.md5(key).hexdigest()
```

Cette mécanique ne reste efficace que si le nombre de combinaisons de paramètres en entrée reste relativement faible et si les résultats de la fonction ne dépendent pas d'autres facteurs externes.

De plus, si les résultats renvoyés sont des éléments prenant une certaine place en mémoire, il faut s'assurer que le mécanisme de caching, qui se charge d'écrire mais aussi de récupérer les valeurs, ne coûte pas plus cher que le calcul lui-même.

Enfin, si la mémoire occupée par le cache devient trop importante, et si les conditions le permettent, il peut être intéressant d'externaliser le stockage du cache vers un serveur spécialisé dans la gestion de cache mémoire distribué.

Le serveur Open Source memcached (http://www.danga.com/memcached/) répond relativement bien à ce besoin.

Multithreading

Le multithreading consiste à détacher l'exécution d'une tâche de l'exécution principale lorsque la suite immédiate du programme n'est pas dépendante des résultats. La tâche est exécutée dans un nouveau thread et le programme devient le thread principal.

Cette situation se rencontre :

- Dans les applications interactives, lorsqu'une commande lance une tâche et renvoie la main immédiatement à l'utilisateur, qui peut continuer à utiliser le programme en attendant les résultats.
- Dans les programmes de type serveur, où chaque demande client est gérée dans un nouveau thread. Par exemple, un serveur FTP détache une session avec un client dans un thread afin de rester disponible pour d'autres demandes.
- Dans les applications où l'on souhaite découpler la production et l'utilisation de données, ces données pouvant être produites par une source externe non maîtrisée. C'est le cas par exemple de programmes de téléchargement comme BitTorrent.
- etc.

CULTURE **Quelques définitions courtes**

Un thread est associé par le système à un unique processus, qui représente le programme en cours d'exécution en mémoire. Il peut exécuter du code comme un processus.
Un processus peut posséder un nombre indéfini de threads. Un thread est différent d'un processus, car il partage, avec tous les threads issus du même processus, le même espace mémoire. On parle de ressources partagées.

Ressources partagées : difficultés de programmation

Les threads partagent le même espace mémoire, il est donc nécessaire de prendre des précautions lorsqu'ils utilisent les mêmes éléments.

En effet, si un thread modifie une ressource, il doit en protéger l'accès par d'autres threads jusqu'à la fin de son travail. Ces points de synchronisation ou sections critiques évitent des effets de bords non maîtrisés en garantissant l'intégrité des ressources.

D'un point de vue développement, le travail consiste à rendre le code *thread-safe*, c'est-à-dire à protéger toutes les parcelles de code qui modifient des données pouvant être lues et utilisées par d'autres parcelles de code, en utilisant des *lockers*, véritables verrous programmatiques.

La séquence protégée est donc :

1 lock : enclenchement du verrou ;

2 travail : code protégé ;

3 unlock : libération du verrou.

Lorsqu'un thread A atteint l'étape 1, il verrouille les ressources auxquelles il va accéder et s'assure ainsi que l'étape 2 ne peut pas être exécutée par un autre thread en même temps.

À la fin du travail, le thread A déverrouille les ressources. Si un deuxième thread B atteint l'étape 1 pendant que le thread A est encore dans l'étape 2, il est bloqué et doit attendre que le verrou soit libéré avant de pouvoir à son tour verrouiller les ressources.

Cette technique paraît relativement simple de prime abord mais entraîne des difficultés de programmation :

- Si le thread A (ou tout autre thread si cette étape est déléguée) ne passe jamais par l'étape 3, par une exception mal gérée par exemple, le thread B reste bloqué à tout jamais. On parle dans ce cas d'un *deadlock*.
- Si le thread A, dans le code protégé, verrouille à nouveau les ressources, il se bloque lui-même par deux appels successifs à lock.

Le deuxième cas peut être géré grâce à des verrous particuliers : les locks réentrants, qui ne bloquent pas un thread qui tente de verrouiller à nouveau les mêmes ressources. Le déverrouillage doit cependant être fait par ce même thread.

Le premier problème reste entier et nécessite de bien contrôler le code protégé.

En termes de performances, il est aussi important de ne protéger que le strict nécessaire pour éviter des latences dues à des verrous sur des portions de code trop larges.

Une dernière technique de coordination consiste à faire communiquer les threads entre eux pour qu'ils puissent travailler de manière concertée.

Typiquement, un thread attend qu'un signal soit émis pour commencer ou continuer son travail, ce signal étant émit par un autre thread.

Le module threading

Python fournit un module de haut niveau nommé threading, qui masque toute la complexité de mise en œuvre des threads pour fournir :

- une classe Thread pour exécuter du code dans un nouveau thread ;
- des utilitaires de protection des ressources partagées ;
- une classe Event qui permet aux threads de communiquer entre eux.

La classe Thread permet d'exécuter du code dans un nouveau thread, en passant une fonction ou une méthode à la construction de l'instance, ou en dérivant la classe pour implémenter le code de la méthode run(). C'est cette méthode qui est exécutée dans un thread séparé.

class Thread(group=None, target=None, name=None, args=(), kwargs={})

Le paramètre group n'a aucune utilité actuellement et a été introduit pour une future implémentation des groupes de threads. target définit une fonction ou méthode qui est appelée par la méthode run(). name détermine le nom du thread, qui peut être ensuite lu par la méthode getname(). Ce nom n'a pas d'utilité fonctionnelle mais peut permettre dans certains cas de différencier simplement plusieurs threads. Enfin, args et kwargs sont les paramètres passés à target si nécessaire.

start()

Appelée une seule fois, start() permet de lancer un nouveau thread et d'y exécuter la méthode run().

run()

Méthode exécutée dans le thread. Si target a été fourni, run() l'exécute. Dans le cas inverse, cette méthode peut être surchargée pour contenir directement le code à exécuter.

Le thread est *alive* dès que cette méthode est appelée. Lorsque run() est terminé, soit par la fin de l'exécution, soit par une levée d'exception, le thread est *dead*.

join([timeout])

Attend que le thread se termine. Cette méthode peut être appelée par un autre thread qui se met alors en attente de la fin d'exécution du thread. Si timeout est fourni, c'est un réel qui détermine en secondes le temps d'attente maximum. Passé ce délai, le thread mis en attente est débloqué.

isAlive()

Informe sur l'état du thread. Renvoie True si la méthode run() est en cours d'exécution.

L'exemple ci-dessous exécute une fonction dans un thread séparé et laisse le thread principal libre. Ce dernier en l'occurrence attend que le thread annexe s'achève, en affichant des caractères sur la sortie standard.

Exemple 1

```python
#!/usr/bin/python
# -*- coding: utf8 -*-
from threading import Thread
from time import sleep
from sys import stdout

def visiteur():
    print("C'est André, je monte !")
    sleep(5)
    print('\ntoc toc toc')

if __name__ == '__main__':
    print("Drrrrrrring")
    sleep(1)
    print('Oui ?')
    sleep(1)
    thread = Thread(target=visiteur)
    thread.start()
    sleep(1)
    print('OK, dépêche toi')

    i = 0
    while thread.isAlive():
        if i == 0:
            stdout.write('z')
            i = 1
        else:
            stdout.write('Z')
            i = 0

        stdout.flush()
        sleep(0.4)

    print("Ah, te voilà ! J'ai bien failli attendre !")

[...]

$ python threaded.py
Drrrrrrring
Oui ?
C'est André, je monte !
```

```
OK, dépêche toi
zZzZzZzZzZz
toc toc toc
Ah, te voilà ! J'ai bien failli attendre !
```

Lorsque le code est plus complexe qu'une simple fonction, il peut être judicieux de le regrouper dans une classe dérivée de `Thread` et de surcharger `run()` et si nécessaire `__init__()`.

Dans le cas d'un nouveau constructeur, le constructeur original doit absolument être appelé afin d'assurer l'initialisation de la mécanique interne.

Exemple 2

```python
#!/usr/bin/python
# -*- coding: utf8 -*-
from threading import Thread
from time import sleep
from sys import stdout

class Ingenieur(Thread):

    def __init__(self, resultats):
        Thread.__init__(self)
        self._resultats = resultats

    def run(self):
        """ calcul relativement complexe """
        sleep(5)
        self._resultats.extend(['je', 'sais', 'pas'])

if __name__ == '__main__':
    resultats = []
    bob = Ingenieur(resultats)
    bob.start()
    print('Bob est en train de faire les calculs')

    for i in reversed(range(5)):
        stdout.write('%s ' % str(i))
        stdout.flush()
        sleep(1)
    bob.join()
    print('\nvoici Bob')
    print('Bob: %s' % ' '.join(resultats))

[...]

$ python threaded.py
```

```
Bob est en train de faire les calculs
4 3 2 1 0
voici Bob
Bob: je sais pas
```

Lorsque plusieurs threads se partagent des ressources, il est nécessaire de protéger le code par des points de synchronisation. Le module `thread` fournit des fonctions de création de verrous, encapsulées par deux objets de `threading` : `Lock` et `Rlock`.

class Lock()

Crée une nouvelle primitive de synchronisation. Deux méthodes sont ensuite accessibles : `acquire()` et `release()`.

acquire([blocking=1])

Acquiert le verrou et renvoie `True` en cas de succès. Si `blocking` est à 1 ou n'est pas spécifié, l'appel de cette méthode bloque le thread si le verrou est déjà locké par un autre thread. Si `blocking` est à 0, `acquire()` se contente de renvoyer `False` pour signaler que le verrou est déjà pris.

release()

Libère le verrou, autorisant d'autres threads à le reprendre. Si plusieurs threads sont en attente de ce verrou, un seul thread est autorisé à l'acquérir. Appeler cette méthode sur un verrou qui n'est pas fermé lève une exception.

La classe `Rlock` est identique mais permet au thread qui a le verrou de rappeler la méthode `acquire()` sans provoquer de deadlock. Cette variation simplifie grandement la conception du code, surtout lorsque des fonctions récursives entrent en jeu. `Rlock` est un lock réentrant.

L'exemple ci-dessous définit une liste globale manipulée par plusieurs instances du thread `Manipe`. La suppression et l'ajout d'éléments dans la liste doivent se faire de manière protégée.

Un verrou est donc associé à la liste et le code du thread l'utilise pour protéger la modification de la liste. Un bloc `try..finally` permet de s'assurer que le verrou est toujours libéré.

Implémentation d'une section critique

```
#!/usr/bin/python
# -*- coding: utf8 -*-
from threading import Thread, Lock
from time import sleep
from sys import stdout
```

```
threads = []
locker = Lock()

liste = ['a', 'b', 'c']

class Manipe(Thread):

    def _manip(self):
        for i in range(5):
            locker.acquire()
            try:
                liste.remove('a')
                sleep(0.1)
                liste.insert(0, 'a')
            finally:
                locker.release()

    def run(self):
        threads.append(id(self))
        try:
            self._manip()
        finally:
            threads.remove(id(self))

if __name__ == '__main__':
    for i in range(10):
        Manipe().start()

    sleep(0.5)

    while len(threads) > 0:
        stdout.write('.')
        stdout.flush()
        sleep(0.1)

    stdout.write('\n')

[...]

$ python threaded.py
..........................................
```

Si la gestion du verrou est mise en commentaire et le code relancé, l'exécution se passe très mal, car chaque thread manipule la liste en partant du postulat qu'elle contient l'élément a. Cet élément pouvant être supprimé par un autre thread, des erreurs apparaissent.

Retrait du verrou

```
[...]
    def _manip(self):
        for i in range(5):
            #locker.acquire()
            try:
                liste.remove('a')
                sleep(0.1)
                liste.insert(0, 'a')
            finally:
            pass
                #locker.release()

[...]

$ python threaded.py
Exception in thread Thread-2:
Traceback (most recent call last):
  File "/usr/lib/python2.4/threading.py", line 442, in __bootstrap
    self.run()
  File "threaded.py", line 28, in run
    self._manip()
  File "threaded.py", line 18, in _manip
    liste.remove('a')
ValueError: list.remove(x): x notin list

Exception in thread Thread-3:
Traceback (most recent call last):
  File "/usr/lib/python2.4/threading.py", line 442, in __bootstrap
    self.run()
  File "threaded.py", line 28, in run
    self._manip()
  File "threaded.py", line 18, in _manip
    liste.remove('a')
[...]
```

Outre les sections critiques, il existe un autre mécanisme qui permet de coordonner le travail de plusieurs threads : les événements définis par des objets de type Event.

class Event()

Renvoie une instance de type Event, qui peut être considérée comme un drapeau. Cette classe fournit des méthodes pour déterminer l'état du drapeau. Les threads peuvent manipuler ces objets pour se coordonner. L'état interne du drapeau est à False lorsque l'objet est instancié.

isSet()

Renvoie l'état du drapeau.

set()

Passe le drapeau à `True`. Tous les threads en attente de l'événement sont débloqués.

clear()

Passe le drapeau à `False`. Tous les threads qui attendent l'évènement seront bloqués.

wait([timeout])

Permet d'attendre l'événement. Si le drapeau est à `True`, renvoie la main immédiatement.

`timeout` permet de spécifier un temps en secondes après lequel le thread en attente est débloqué même si l'événement n'a pas eu lieu. Lorsqu'il n'est pas spécifié, le thread est bloqué indéfiniment.

La classe `Event` permet de mettre en œuvre des schémas complexes d'interactions de threads, où chaque intervenant se réveille sur un événement particulier, exécute du code et provoque à son tour un événement, avant de se terminer, ou d'attendre à nouveau un événement.

L'exemple ci-dessous imite une course de relais 4 × 100 mètres où chaque athlète est représenté par un thread. L'athlète se met à courir lorsque le précédent a terminé sa distance. Cet événement est représenté par trois objets `100_metres`, `200_metres`, `300_metres`.

Tous les threads sont lancés au début du programme, mais les 3 derniers attendent leurs événements respectifs pour déclencher leurs courses.

Course 4 x 100 mètres

```python
#!/usr/bin/python
# -*- coding: utf8 -*-
from threading import Thread, Event
from time import sleep
from sys import stdout


_100_metres = Event()
_200_metres = Event()
_300_metres = Event()

class Coureur1(Thread):
    def run(self):
        for i in range(10):
```

```
                stdout.write('.')
                stdout.flush()
                sleep(0.2)
            stdout.write('100M')
            _100_metres.set()

class Coureur2(Thread):
    def run(self):
        _100_metres.wait()
        for i in range(10):
            stdout.write('.')
            stdout.flush()
            sleep(0.2)
        stdout.write('200M')
        _200_metres.set()

class Coureur3(Thread):
    def run(self):
        _200_metres.wait()
        for i in range(10):
            stdout.write('.')
            stdout.flush()
            sleep(0.2)
        stdout.write('300M')
        _300_metres.set()

class Coureur4(Thread):
    def run(self):
        _300_metres.wait()
        for i in range(10):
            stdout.write('.')
            stdout.flush()
            sleep(0.2)
        print('400M')

if __name__ == '__main__':
    c4 = Coureur4()
    c4.start()
    Coureur3().start()
    Coureur2().start()
    Coureur1().start()
    # attente du dernier coureur
    c4.join()
```

Les événements et les threads permettent de modéliser des problèmes complexes d'interaction.

Un cas récurrent, et beaucoup plus simple, d'échanges entre threads est présenté dans la section suivante, mais avant d'aller la lire, merci de laisser nos coureurs faire leur course, ils attendent depuis quelque temps...

La course, enfin

```
[tziade@Tarek Documents]$ python course.py
..........100M..........200M..........300M..........400M
```

Le module Queue

Ce module implémente une queue FIFO (*first in first out*) dans laquelle des données peuvent êtres ajoutées et récupérées. First in first out signifie que la première donnée ajoutée est la première récupérée, à l'image d'un tuyau, en opposition aux piles LIFO (*last in first out*) où le dernier élément ajouté est le premier à être servi, à l'image d'une pile de dossiers.

Cette classe convient bien à l'échange de données entre threads car elle est thread-safe. Les threads qui remplissent la pile sont nommés Producteurs et ceux qui récupèrent les données Consommateurs.

class Queue(maxsize)

Un objet Queue doit être construit avec le paramètre maxsize qui détermine la taille de la pile. Lorsque la pile est pleine, il n'est plus possible d'y ajouter des éléments. Si maxsize est à 0 ou négatif, la pile est de taille infinie.

put(item[, block[, timeout]])

Ajoute l'élément item dans la pile. L'appel à cette méthode devient bloquant lorsque la pile est pleine : put() rend alors la main dès que l'élément a pu être ajouté. block peut être défini à False. Dans ce cas si la pile est pleine, put() lève une exception de type Full.

put_nowait(item)

Raccourci pour la notation put(item, block=False).

get([block[, timeout]])

Renvoie le premier élément inséré et l'enlève de la pile. block, à défaut à True, met en attente le code si la pile est vide, avec un timeout en secondes optionnel. Si block est forcé à False, et si la pile est vide, une exception Empty est levée.

get_nowait()

Raccourci pour la notation get(block=False).

qsize()

Renvoie la taille actuelle de la pile.

empty()

Renvoie `True` si la pile est vide.

full()

Renvoie `True` si la pile est pleine.

Classiquement, un objet `Queue` est utilisé lorsque le Producteur de données n'est pas maîtrisé et que le programme doit se mettre en attente de ces données pour pouvoir lancer un traitement. Un exemple complet est implémenté dans l'exercice 8 du chapitre 11.

Le Global Interpreter Lock et multiprocessing

Le code même de l'interpréteur Python n'est pas thread-safe et un lock général existe pour empêcher plusieurs threads de modifier des registres en même temps. Il s'agit du *Global Interpreter Lock*, ou GIL.

À cause du GIL, les threads ne sont pas réellement capables de fonctionner totalement en parallèle, sauf lorsqu'ils utilisent du code C ou qu'ils appellent des programmes externes.

Les performances de la programmation par threads en Python sont donc très limitées, et les programmes ne sauront pas tirer parti d'une architecture multi-processus. Cette limitation se ressent par exemple dans les serveurs d'applications codés en Python qui tournent sur un serveur multi-processeur : ils utilisent 100 % d'un processeur à forte charge et ne tirent pas partie du deuxième. Malgré les différents travaux de membres de la communauté pour supprimer le GIL, l'implémentation actuelle de CPython ne changera pas car une récriture importante est à envisager.

La solution la plus simple pour contourner ce problème est d'utiliser des processus au lieu de threads. C'est ce qu'offre le module `multiprocessing`. Ce module, introduit dans Python 2.6, mais également backporté dans Python 2.4 et 2.5, permet de manipuler des processus avec des fonctions et des classes similaires.

La méthode la plus souple consiste à utiliser la classe `Pool` fournie par le module pour y placer des travaux indépendants à réaliser. `multiprocessing` gère alors la création des processus, leur gestion et la récupération des résultats de manière totalement transparente.

Utilisation de multiprocessing.Pool

```
>>> from multiprocessing import Pool
>>> def async(value):
...     return value * 2
...
>>> pool = Pool()
>>> result = pool.apply_async(async, [10])
>>> result.get(timeout=5)
20
```

Dans l'exemple ci-dessus, un appel à `async(10)` est effectué dans un nouveau processus par un appel à `apply_async`. Le résultat qu'il retourne est un objet intermédiaire de type `ApplyAsync`. Cet objet possède une méthode `get` qui se met en attente du résultat et le renvoie. Le paramètre `timeout` permet de rendre la main si le processus n'a pas fini au bout de 5 secondes.

Le côté obscur de la force : extension du langage

Caching, threading, rien n'y fait, aucune de ces méthodes ne permet de rendre le code suffisamment rapide. Les performances ne sont tout simplement pas au rendez-vous. Il reste une (presque) dernière alternative pour optimiser le code : coder une extension à Python dans un autre langage de programmation, en l'occurrence en C puisqu'il est à la base de Python, comme la plupart des langages modernes.

Il existe deux cas de figure pour concevoir un module d'extension :

• Une bibliothèque est déjà disponible en C, et l'exercice consiste à mettre en place un pont entre Python et cette bibliothèque : un *binding*.

• Le module en C doit être conçu, puis lié comme dans le premier cas.

Mais avant d'aborder ces sujets, il est nécessaire de mettre en place un environnement de compilation.

Environnement de compilation

Pour étendre Python, il est nécessaire de pouvoir compiler le code C. Cette opération ne pose aucun problème sur les plates-formes GNU/Linux ou Mac OS X, où il suffit d'installer le compilateur standard `gcc` (http://gcc.gnu.org/), lorsqu'il n'est pas déjà installé.

Sous MS-Windows, deux options s'offrent à vous :

• installer MVC++ (*Microsoft Visual C++ Developer Studio*), sachant qu'il existe une version *Express* gratuite, suffisante pour les besoins de compilation ;

• installer l'alternative libre : MingGW (http://www.mingw.org).

Pour pouvoir utiliser MingGW dans la phase de compilation, il est nécessaire :
*   d'ajouter le répertoire `bin` de l'installation de MinGW au `PATH` ;
*   de copier le fichier `Python2x.dll` dans le répertoire `lib` de MinGW ;
*   d'ajouter un fichier `distutils.cfg` dans `C:\python2x\lib\distutils\` avec ce contenu décrit ci-dessous.

Fichier distutils.cfg

```
[build]
compiler=mingw32
```

On obtient alors un environnement de compilation similaire à celui obtenu avec MVC++.

> À SAVOIR **Vérification sous GNU/Linux**
>
> Si vous avez installé Python sous GNU/Linux avec des binaires, vous devez vous assurer que le paquet `python2.x-dev` est installé.

Binding de bibliothèque

Pour utiliser des bibliothèques d'extensions il existe deux techniques :
*   utiliser l'outil SWIG ;
*   utiliser le module standard `ctypes`.

SWIG

L'outil SWIG (*Simplified Wrapper Interface Generator*) (http://www.swig.org/) permet de connecter un programme C ou C++ à plusieurs autres langages (Perl, Python, Tcl, Guile, Ruby, PHP, Objective Caml, Modula-3, C#, etc.).

Pour qu'un programme C ou C++ soit utilisable par SWIG, il est nécessaire de créer un fichier interface, qui publie les éléments à lier. Ce fichier est utilisé pour générer le module d'extension.

Prenons l'exemple du module `exemple.c` ci-dessous (issu de l'aide en ligne de SWIG).

Module exemple.c

```
#include <time.h>
double My_variable = 3.0;
```

```
int fact(int n)
{
  if (n <= 1)
    return 1;
  else
    return n*fact(n-1);
}

int my_mod(int x, int y)
{
return (x%y);
}

char *get_time()
{
  time_t ltime;
  time(&ltime);
  return ctime(&ltime);
}
```

Le fichier d'interface correspondant publie les éléments du module C, par une syntaxe déclarative particulière.

Module d'interface exemple.i

```
/* example.i */
%module exemple
%{
extern double My_variable;
extern int fact(int n);
extern int my_mod(int x, int y);
extern char *get_time();
%}

extern double My_variable;
extern int fact(int n);
extern int my_mod(int x, int y);
extern char *get_time();
```

La commande swig -python exemple.i lance la lecture du fichier interface, et génère un fichier exemple_wrap.c qui contient les API de SWIG et le code modifié.

L'installation de ce module comme extension se fait par le biais du module distutils.core, qui compile le programme C exemple_wrap.c, et le place dans le répertoire *site-packages* de Python pour le rendre disponible.

On retiendra deux éléments de distutils.core :

- la fonction setup(arguments), qui permet de compiler et installer des modules d'extension ;

- la classe Extension, qui décrit un module d'extension C ou C++.

La fonction setup() prend en paramètres un certain nombre d'options, dont :
- name : un objet string représentant le nom du module ;
- version : un objet string contenant un numéro de version pour le module ;
- ext_modules : une liste d'objets de type Extension, à construire ;
- maintainer : le nom du développeur en charge du module ;
- maintainer_email : son e-mail ;
- description : une description courte, sous la forme d'une ligne de texte ;
- long_description : une description plus détaillée.

La classe Extension est construite quant à elle avec :
- name : le nom du module d'extension ;
- sources : la liste des fichiers sources C, C++ ;
- include_dirs : la liste des répertoires contenant des en-têtes C, C++ à inclure à la compilation. Le répertoire contenant Python.h est automatiquement ajouté et ce paramètre n'est à utiliser que pour ajouter de nouvelles dépendances ;
- library_dirs : la liste des répertoires contenant des bibliothèques à inclure à la liaison, si nécessaire.

Créer un fichier d'installation consiste donc à coder un fichier Python contenant un appel à setup(). Par convention, ce fichier est nommé setup.py.

Dans notre exemple, les fichiers nécessaires à la compilation de l'extension sont exemple.c et exemple_wrap.c.

Fichier setup.py

```python
from distutils.core import setup
from distutils.extension import Extension

extension = Extension(name='_exemple',
                      sources=['exemple.c', 'exemple_wrap.c'])

setup(name="_exemple", ext_modules=[extension])
```

Le code généré par SWIG préfixe le nom du module par le caractère _ et il est nécessaire d'en tenir compte dans la création de setup.py.

Ce module est ensuite invoqué en ligne de commande, avec l'option build pour compiler le module d'extension, et install pour le placer dans l'interpréteur.

Compilation sous Linux

```
$ python setup.py build
running build
running build_ext
building '_exemple' extension
creating build
creating build/temp.linux-i686-2.4
gcc -pthread -fno-strict-aliasing -DNDEBUG -O2 -fomit-frame-pointer
-pipe -march=i586 -mtune=pentiumpro -g -fPIC -I/usr/include/python2.6 -c
exemple.c -o build/temp.linux-i686-2.4/exemple.o
exemple.c:22:2: warning: no newline at end of file
gcc -pthread -fno-strict-aliasing -DNDEBUG -O2 -fomit-frame-pointer
-pipe -march=i586 -mtune=pentiumpro -g -fPIC -I/usr/include/python2.6 -c
exemple_wrap.c -o build/temp.linux-i686-2.4/exemple_wrap.o
creating build/lib.linux-i686-2.4
gcc -pthread -shared build/temp.linux-i686-2.4/exemple.o build/
temp.linux-i686-2.4/exemple_wrap.o -o build/lib.linux-i686-2.4/
_exemple.so
```

Cet appel crée un sous-répertoire build contenant une arborescence de plusieurs répertoires. On retrouve un fichier compilé _exemple.so, prêt à être installé par un appel à install. Sous MS-Windows, un fichier _exemple.dll est créé en lieu et place de exemple.so.

Installation de l'extension

```
$ su
Password:
# python setup.py install
running install
running build
running build_ext
running install_lib
copying build/lib.linux-i686-2.4/_exemple.so -> /usr/lib/python2.6/
site-packages
```

Il est en général nécessaire de passer en super-utilisateur pour cette étape, afin d'avoir accès en écriture au répertoire site-packages de Python.

Le module est à présent installé et utilisable dans Python.

Essais de l'extension exemple

```
>>> import exemple
>>> dir(exemple)
```

```
['__builtins__', '__doc__', '__file__', '__name__', '_exemple',
'_newclass', '_object', '_swig_getattr', '_swig_setattr',
'_swig_setattr_nondynamic', 'cvar', 'fact', 'get_time', 'my_mod']
>>> exemple.get_time()
'Sun Sep 25 10:24:14 2005\n'
>>> exemple.fact(67)
0
```

> À SAVOIR **Construction locale d'une extension**
>
> Il est possible de construire l'extension localement pour procéder à des essais avant une installation dans Python, en utilisant la commande `python setup.py build_ext -inplace` à la place d'`install`. Dans ce cas, le module est accessible lorsque le répertoire de compilation est dans les chemins de recherche de l'interpréteur Python.

Utilisation de ctypes

Pour du code déjà compilé, `ctypes` permet de l'utiliser directement depuis Python en le chargeant dynamiquement. Il n'y a plus besoin dans ce cas d'écrire une extension.

Dans l'exemple ci-dessous, la bibliothèque `libc` est utilisée directement via `ctypes`.

Utilisation de libc via ctypes

```
>>> import ctypes
>>> libc = ctypes.CDLL("libc.dylib")
>>> libc.printf("Ecriture dans la sortie standard via libc\n")
Ecriture dans la sortie standard via libc
```

Création d'un module d'extension

La création d'une extension pour Python se réalise en deux étapes :

- création d'un module en C, en respectant un modèle fourni par les API C de Python ;
- installation du module comme extension de Python, par le biais du module `distutils`.

Pour notre exemple, le module C met en œuvre une fonction banale `max()`, qui prend en paramètres deux entiers et renvoie le plus grand. Cette fonction ne sera pas plus rapide que son équivalent en Python mais est parfaite pour un exemple d'extension simple.

Pour mettre en œuvre `max()` côté C, il est nécessaire :

- de garnir la fonction pour la rendre compréhensible par l'interpréteur ;
- de définir une table de méthodes qui publie la fonction pour la rendre accessible à l'interpréteur ;
- d'initialiser l'interpréteur pour qu'il prenne en charge le module d'extension.

Garniture de la fonction

Le code C d'une telle fonction pourrait être :

Fonction max en C

```
static int max(int a, int b)
{
  int resultat;
  if (a > b)
    resultat = a;
  else
    resultat = b;

  return resultat;
}
```

Intégrer cette fonction comme extension Python nécessite de modifier les paramètres d'entrée et de sortie pour qu'ils deviennent utilisables par l'interpréteur. En effet, l'interpréteur invoque toutes les fonctions C sur le même modèle d'appel générique, en passant les paramètres dans des objets et en récupérant le résultat dans un objet.

Ces objets sont définis dans le fichier d'en-tête Python.h, qui est installé en même temps que Python sur le système, et qui contient également des fonctions et structures annexes.

On retiendra pour transformer notre fonction C trois éléments :

- PyObject : classe de base de tout objet manipulé par l'interpréteur ;
- PyArg_ParseTuple : fonction permettant la lecture des paramètres passés à la fonction par l'interpréteur ;
- Py_BuildValue : fonction permettant de construire un objet résultat en sortie de méthode, qui sera récupéré par l'interpréteur.

Fonction max modifiée

```
static PyObject *max(PyObject *self, PyObject *args)
{
    int a;
    int b;
  int resultat;

    // récupération des paramètres
    if (!PyArg_ParseTuple(args, "ii", &a, &b))
        return NULL;

    // le code C
    if (a > b)
        resultat = a;
```

```
    else
        resultat = b;

    // construction d'un objet de type int renvoyé à Python
    return Py_BuildValue("i", resultat);
}
```

L'objet pointé par args correspond aux paramètres arbitraires passés à la fonction au moment de son appel et contient un tableau de valeurs. Pour récupérer ces valeurs côté C, il est nécessaire d'employer la fonction PyArg_ParseTuple qui alimente des variables en fonction de args et d'un format de lecture. Chaque référence de variable cible est fournie en paramètre supplémentaire au moment de l'appel.

Le formatage est défini par une chaîne de caractères dont chaque élément décrit le type de transformation à opérer, d'un type Python à un type C. Les éléments peuvent prendre les valeurs décrites dans le tableau suivant (liste non exhaustive).

Tableau 13–1 Formatage des paramètres

Format	Type Python en entrée	Type C en sortie	Commentaires
s	string ou unicode	const char*	La chaîne C est terminée par NULL.
s#	string ou unicode	const char*, int	La chaîne C n'est pas terminée par NULL. Le deuxième élément contient la longueur de la chaîne.
z	string ou unicode ou None	const char*	Comme s mais si None est passé renvoie un pointeur sur NULL
z#	string ou unicode ou None	const char*	Comme s# mais si None est passé renvoie un pointeur sur NULL
u	unicode	const char*	Comme s mais exclusivement pour les objets unicode.
u#	unicode	const char*, int	Comme s# mais exclusivement pour les objets unicode.
b	integer	char	L'entier Python est converti en tiny int.
B	integer	unsigned char	L'entier Python est converti en tiny int, sans vérification de dépassement. La valeur passe en négatif dans ce cas.
h	integer	shortint	RAS
H	integer	unsigned short int	Comme h mais sans contrôle de dépassement.
i	integer	int	RAS
I	integer	unsignedint	RAS
l	integer	longint	RAS

Tableau 13–1 Formatage des paramètres (suite)

Format	Type Python en entrée	Type C en sortie	Commentaires
k	integer	Unsignedlong	RAS
L	integer	PY_LONG_LONG	Convertit en entier 64 bits défini par le type PY_LONG_LONG, lorsque la plate-forme le supporte.
K	integer	unsignedPY_LONG_LONG	RAS
c	string	char	Convertit une string de 1 caractère en char.
f	float	float	RAS
d	float	double	RAS
D	complex	Py_complex	Convertit un nombre complexe en une structure C définie par Py_complex.
O	objet	PyObject*	Fournit un pointeur de type PyObject vers l'objet.
S	string	PyObject*	Comme O mais si l'objet n'est pas du type string, une erreur TypeError est levée.
U	unicode	PyObject*	Comme O mais si l'objet n'est pas du type unicode, une erreur TypeError est levée.
(x, x, x, ...)	tuple	éléments	Chaque élément du tuple Python est converti en élément C. Chaque x représente un des formatages vu précédemment.

À ces formatages s'ajoute l'opérateur I, qui permet de spécifier que les paramètres suivants sont optionnels. Dans notre exemple, le format ii spécifie que deux entiers sont attendus.

La fonction Py_BuildValue permet de procéder aux mêmes conversions, dans le sens inverse. Le résultat entier C est donc converti en objet integer par un appel à Py_BuildValue("i", resultat).

Définition de la table des méthodes

La fonction max() est maintenant prête à être utilisée par l'interpréteur, et la prochaine étape consiste à la rendre visible, en définissant la table des méthodes, tableau de type PyMethodDef.

Chaque entrée est de la forme {nom, fonction, convention d'appel, docstring}, avec :

- nom : nom publié par l'interpréteur ;
- fonction : fonction C liée ;

- convention d'appel : prend la valeur METH_VARARGS ;
- docstring : définit la chaîne de caractères utilisée comme docstring.

Pour max(), la table des méthodes est définie comme suit, et doit être obligatoirement renvoyée par la méthode d'initialisation du module, seule fonction non statique du module, qui porte toujours le nom init*nommodule*().

Table des méthodes

```
static PyMethodDef CalculsMethods[] = {
    {"max", max, METH_VARARGS, "Calcul le max de deux nombres"}
};

PyMODINIT_FUNC initcalculs(void)
{
    (void) Py_InitModule("calculs", CalculsMethods);
}
```

Py_InitModule prend en paramètres le nom du module et le tableau, et renvoie un objet de type module qui est inséré dans le dictionnaire sys.modules lorsque le module est importé.

Initialisation du module

Une fois la table des méthodes prête, la fonction main() du module doit appeler tour à tour :

- Py_SetProgramName(), pour passer argv[0] (le nom du programme) à l'interpréteur ;
- Py_Initialize(), pour initialiser l'interpréteur ;
- appeler la méthode d'initialisation du module.

Module calculs.py complet

```
#include "Python.h"

static PyObject *max(PyObject *self, PyObject *args)
{
    int a;
    int b;
    int resultat;

    // récupération des paramètres
    if (!PyArg_ParseTuple(args, "ii", &a, &b))
        return NULL;
```

```c
    // le code C
    if (a > b)
        resultat = a;
    else
        resultat = b;

    // construction d'un objet de type int renvoyé à Python
    return Py_BuildValue("i", resultat);
}

/*
    Table des méthodes du module
*/
static PyMethodDef CalculsMethods[] = {
    {"max", max, METH_VARARGS, "Calcul le max de deux nombres"},
};

PyMODINIT_FUNC initcalculs(void)
{
    (void) Py_InitModule("calculs", CalculsMethods);
}

int main(int argc, char *argv[])
{
    // argv[0] est utilisé pour initialiser le nom du module
    Py_SetProgramName(argv[0]);

    // initialisation de l'interpréteur python
    Py_Initialize();

    // initialisation de la table des méthodes
    initcalculs();
}
```

Installation de l'extension

L'installation de ce module comme extension se fait également par le biais du module distutils.core.

Fichier setup.py

```python
#!/usr/bin/python
# -*- coding: utf8 -*-
from distutils.core import setup, Extension

extension = Extension(name='calculs', sources=['calculs.c'])
```

```
setup (name="calculs", version="0.1 beta", ext_modules=[extension],
       maintainer="Tarek Ziadé", maintainer_email="tarek@ziade.org",
       description="Exemple d'extension en C")
```

Ce module est ensuite invoqué en ligne de commande, avec l'option `build` pour compiler le module d'extension, et `install` pour le placer dans l'interpréteur.

Installation de l'extension sous GNU/Linux

```
$ python setup.py build
running build
running build_ext
building 'calculs' extension
gcc -pthread -fno-strict-aliasing -DNDEBUG -O2 -fomit-frame-pointer
-pipe -march=i586 -mtune=pentiumpro -g -fPIC -I/usr/include/python2.4 -c
calculs.c -o build/temp.linux-i686-2.4/calculs.o
creating build/lib.linux-i686-2.4
gcc -pthread -shared build/temp.linux-i686-2.4/calculs.o -o build/
lib.linux-i686-2.4/calculs.so

$ su
Password:

# python setup.py install
running install
running build
running build_ext
running install_lib
copying build/lib.linux-i686-2.4/calculs.so -> /usr/lib/python2.4/
site-packages
```

Le module est à présent installé et utilisable dans le prompt.

Test de l'extension

```
>>> import calculs
>>> calculs.max(9, 8)
9
>>> calculs.max.__doc__
'Calcul le max de deux nombres'
```

Optimisation de l'utilisation de mémoire vive

Les problématiques de performances liées à une quantité restreinte de mémoire sont de moins en moins fréquentes pour la bonne et simple raison que son prix est devenu ridicule. Dans les années 1970 et 1980, optimiser la taille mémoire d'un programme était la préoccupation majeure des développeurs et la chasse au gaspi un exercice relativement fréquent.

Pour les programmes actuels, ce problème est passé en second plan sauf pour des cas d'utilisation particuliers, où l'on peut légitimement se poser quelques questions :

- Quelle sera la taille occupée par un programme lorsque son nombre d'utilisateurs passera de 10 à 10 000 ?
- Quelle quantité de mémoire une fonction donnée a-t-elle besoin de consommer dans certaines conditions d'exécution ?
- Comment être sûr que le programme ne va pas dépasser dans certains cas le point de rupture mémoire, c'est-à-dire consommer toute la mémoire vive disponible et faire passer le système en *swapping* (utilisation du disque dur comme mémoire) et par ce biais faire chuter les performances ?

Reproduire ces problématiques dans les tests unitaires est un bon exercice, à condition de disposer d'un outil de mesure de charge mémoire.

Économie de mémoire

Économiser la mémoire consiste à diminuer le plus possible le nombre d'objets créés, que ce soit par le biais de fonctionnalités du langage ou par des techniques de programmation. Bien souvent, le travail d'optimisation se fait au cas par cas, pour modifier la consommation mémoire d'un algorithme en modifiant son fonctionnement.

Voici toutefois deux techniques qui peuvent s'appliquer pour réduire la taille mémoire d'une classe d'objets.

__slots__

Les `__slots__` des new-style classes permettent une économie substantielle de mémoire sur les types de classes créés par le développeur, en modifiant le fonctionnement interne des accesseurs : l'attribut `__dict__` habituellement utilisé pour conserver les éléments de chaque instance est retiré au profit d'un fonctionnement différent (voir chapitre 6).

Attributs statiques

Préférer les attributs statiques permet également de minimiser la taille mémoire prise par une classe d'objets, en essayant de partager au maximum les éléments communs entres les instances.

Cette suppression de redondance, lorsqu'elle est possible, peut permettre des gains considérables de mémoire lorsqu'un type d'objet possède un nombre élevé d'instances.

Optimisation du bytecode

Lorsqu'un fichier source est utilisé par Python, l'interpréteur génère un fichier d'extension .pyc, contenant le code source après le travail de l'analyseur syntaxique. Ce code est appelé *bytecode* et c'est ce fichier qui est utilisé pendant l'exécution du programme, afin d'éviter de refaire l'analyse à chaque utilisation.

Il est possible de passer l'option -0 à l'interpréteur. Le bytecode généré est alors légèrement optimisé par le retrait de toutes les directives d'assertions trouvées dans le code. L'interpréteur n'utilise plus les fichiers .pyc et compile le bytecode dans des fichiers .pyo.

L'option -00 quant à elle retire en outre les docstrings du code, pour obtenir des fichiers bytecode plus compacts, mais cette option n'est pas recommandée car certaines fonctionnalités peuvent se baser sur leur lecture.

Psyco et Cython

Psyco et Cython sont deux outils qui permettent d'optimiser les performances, par deux approches différentes :

- Psyco travaille de manière transparente et tente d'accélérer à la volée le programme.
- Cython (anciennement Pyrex) propose un nouveau langage de programmation qui permet d'utiliser directement des types de données C dans du code Python.

Psyco

Psyco (http://psyco.sourceforge.net), d'Armin Rigo, est une extension pour Python qui accélère l'exécution de certaines séquences de code. L'intérêt majeur de cet outil est qu'il opère de manière transparente sur le code existant, sans qu'il soit nécessaire de le modifier.

Une fois l'outil installé, le module psyco est disponible et un simple appel à psyco.full() permet de bénéficier d'une optimisation transparente.

Psyco en action

```python
def normal():
    a = 0
    for i in range(5000):
        a = a + 3
    return a

if __name__ == '__main__':
    import timeit
```

```
        temps = timeit.Timer('normal()',
                             'from __main__ import normal').timeit(10000)
        print('sans psyco: %f s' % temps)

        import psyco
        psyco.full()
        temps = timeit.Timer('normal()',
                             'from __main__ import normal').timeit(10000)
        print('avec psyco: %f s' % temps)

[...]

$ python psycote.py
sans psyco: 13.725044 s
avec psyco: 0.223533 s
```

Les gains de performance sont importants sur toutes les opérations arithmétiques et les boucles répétitives.

Psyco analyse le code à exécuter à la volée et tente, lorsque c'est possible, de remplacer directement ce code en mémoire par son équivalent en langage machine.

Cette mécanique a cependant des restrictions lourdes :

- inopérant lorsque map() et filter() sont utilisées dans le code ;
- impossibilité de surcharger une primitive ;
- impossibilité de modifier dynamiquement les méthodes des new-style classes ;
- incompatible avec le module rexec ;
- impossibilité de changer dynamiquement le type d'un objet (en modifiant son attribut __class__) ;
- l'opérateur is ne fonctionne pas toujours correctement sur les objets globaux de types non modifiables.

Il est donc conseillé de cibler son utilisation à des fonctions d'opérations algorithmiques isolées.

L'usage le plus souple consiste à créer un decorator qui permette d'enclencher Psyco pour des fonctions précises. Le module fournit une fonction proxy() qui permet d'implémenter directement le decorator : elle renvoie une version optimisée de n'importe quel objet callable passé en paramètre.

Decorator psycoed

```
import psyco

# decorator psycoed
def psycoed(function):
```

```
    try:
        return psyco.proxy(function)
    except TypeError:
        # gère le cas où l'objet n'a pas pu être traité
        return function

@psycoed
def speedy():
    a = 0
    for i in range(5000):
        a = a + 3
    return a
```

Cython

Cython (http://www.cython.org/) est un métalangage qui permet de combiner du code Python et des types de données C, pour concevoir des extensions compilables pour Python.

Dans un module Cython, il est possible de définir des variables C directement dans le code Python et de définir des fonctions C qui prennent en paramètre des variables C ou des objets Python.

Cython contrôle ensuite de manière transparente la génération de l'extension C, en transformant le module en code C par le biais des API C de Python.

Toutes les fonctions Python du module sont alors automatiquement publiées.

Le gain de temps dans la conception introduit par Cython est considérable : toute la mécanique habituellement mise en œuvre pour créer un module d'extension est entièrement gérée par Cython.

Ainsi, la fonction max() du module calculs.c précédemment présentée devient :

Fonction max en Pyrex, calculs.pyx

```
cdef max(int a, int b):
    if a > b:
        return a
    else:
        return b

def maximum(a, b):
    return max(a, b)
```

Les fichiers Cython ont par convention l'extension pyx, en référence à l'ancien nom.

Ce code génère un module d'extension par le biais d'un appel à `distutils` particulier :

setup.py pour calculs.pyx

```
from distutils.core import setup
from distutils.extension import Extension
from Cython.Distutils import build_ext

extension = Extension("calculs", ["calculs.pyx"])

setup(name="calculs", ext_modules=[extension],
      cmdclass={'build_ext': build_ext})
```

Cython gère aussi de manière transparente les conversions de types entre C et Python et permet d'attaquer des modules C externes.

Cette dernière fonctionnalité fait de Cython un concurrent direct de SWIG. Cython est bien souvent préféré à ce dernier car là où SWIG impose les API des modules C encapsulés, Cython permet d'obtenir le même résultat tout en laissant le développeur définir directement, et sans ajouter une couche Python lente, ses propres interfaces *pythoniques*.

Cython, comme Psyco, souffre de beaucoup de limitations :

- impossible d'imbriquer des définitions de fonctions ;
- impossible d'utiliser `yield` et les `generators` ;
- impossible d'utiliser les primitives `globals()` et `locals()`.

Il faut limiter son utilisation à des parties bien définies du programme pour éviter d'éventuels problèmes.

Les tests de performance continus

Dans la logique de la programmation dirigée par les tests vue dans le chapitre précédent, il est possible :

- de récupérer régulièrement des statistiques sur les performances de toutes les fonctions et classes d'un programme ;
- d'intégrer des tests de performance ciblés au fur et à mesure de la conception, pour garantir et surveiller que certaines parcelles critiques remplissent toujours les conditions de performance voulues.

Rapport sur les performances

Les tests unitaires exécutent, s'ils sont bien faits, la totalité du code d'un programme. Un module comme `hotshot` peut donc s'appuyer sur ces tests pour générer un rapport complet sur les performances.

Ce profiling global permet de repérer les problèmes de performances ou les temps anormaux.

Tests cPickle profilés

```
$ python auditperfs.py
         2001 function calls in 0.020 CPU seconds

   Ordered by: internal time

   ncalls tottime percall cumtime percall filename:lineno(function)
        1    0.009   0.009    0.020     0.020
auditperfs.py:60(test_boucle)
     1000    0.007   0.000    0.011     0.000
auditperfs.py:35(test_dump_et_load)
     1000    0.004   0.000    0.004     0.000
auditperfs.py:28(_genere_instance)
        0    0.000            0.000              profile:0(profiler)


..
----------------------------------------------------------------------
Ran 2 tests in 1.002s

OK
```

Dans cette version du test de `cPickle` du chapitre précédent, l'exécution des tests est profilée par le biais d'un decorator spécialisé, intégrant un appel au profiler.

Tests de performance ciblés

Pour les portions du code à surveiller étroitement, des tests de performance ciblés peuvent être mis en place.

Le principe est relativement similaire aux tests unitaires mais les assertions portent cette fois-ci sur le temps écoulé pendant le test.

Test de performance d'un algorithme

```python
def calcul(a):
    for i in range(10):
        a = a + 3
    return a

if __name__ == '__main__':
    """ test des performances de calcul() """
    import timeit
    timer = timeit.Timer('calcul(12)', 'from __main__ import calcul')
    temps = timer.repeat()
    temps = min(temps)
    assert(temps < 4)
```

Cette assertion n'est pas très précise, même si dans l'exemple `repeat()` est utilisée pour prendre le meilleur de trois mesures, car les résultats varient énormément en fonction des conditions d'exécution.

De plus, les temps dépendent de la machine utilisée et le temps maximal accordé à un test peut être à revoir sur une machine moins puissante. Il est donc nécessaire de calibrer les tests en fonction des machines cibles du programme et d'insérer des plages de tolérance.

Ceci étant dit, le test remplit bien son rôle de garde-fou : une erreur est déclenchée si le temps d'exécution d'un algorithme critique devient anormal.

decorator timed

Il existe des outils de mesure de performance ciblés comme pyUnitPerf, de Grig Gheorghiu (http://sourceforge.net/projects/pyunitperf) qui est une adaptation de l'outil Java JUnitPerf de Mike Clark, et qui se greffe sur une classe `unittest.TestCase` pour définir un temps maximum d'exécution pour la suite de tests définie dans la classe.

Cette approche oblige cependant à ne définir qu'un nombre limité de tests dans la classe, voire un test unique, et nécessite en outre d'ajouter du code spécifique pour sa mise en place.

Le seul objectif des tests de performance ciblés étant de signaler qu'un test unitaire particulier dépasse un temps maximum autorisé, une autre approche plus légère est de concevoir un decorator.

Le decorator présenté ci-contre fonctionne sur une unité *pystone*. Les pystones, fournis par le module `test.pystone` mesurent les performances de la machine et permettent de rendre tous les tests de performance portables : on ne mesure plus dans ce cas la durée d'exécution du code en secondes mais en pystones (Ps).

Ce decorator prend en paramètre un temps maximum d'exécution en Ps et affiche une erreur de type AssertionError en cas de dépassement de ce temps.

Decorator timedtest

```python
#!/usr/bin/python
# -*- coding: utf8 -*-
from test import pystone
import time

# Unité kPs
kPs = 1000

# TOLÉRANCE en Ps
TOLERANCE = 0.5 * kPs

class DurationError(AssertionError): pass

def mesure_pystone():
    return pystone.pystones(loops=pystone.LOOPS)

def timedtest(max_pystones, local_pystones=mesure_pystone()):
    """ décorateur timedtest """
    ifnot isinstance(max_pystones, float):
        max_pystones = float(max_pystones)

    def _timedtest(function):
        def __timedtest(*args, **kw):
            start_time = time.time()
            try:
                return function(*args, **kw)
            finally:
                total_time = time.time() - start_time
                if total_time == 0:
                    pystone_total_time = 0
                else:
                    ratio = local_pystones[0] / local_pystones[1]
                    temps = total_time / ratio
                if temps > (max_pystones + TOLERANCE):
                    raise DurationError((('Test trop long (%.2f Ps, '
                                          'duree maximum: %.2f Ps)')
                                         % (temps,
                                            max_pystones)))
        return __timedtest

    return _timedtest
```

TOLERANCE permet de gérer un laps de temps supplémentaire, et sert à calibrer les tests en fonction de la puissance de la machine de test.

Le deuxième paramètre optionnel, `local_pystones` permet de conserver d'un test à l'autre le calcul des pystones, qui dure quelques secondes, pour accélérer l'exécution des tests.

L'insertion de ce decorator ajoute, lorsque les tests sont lancés, des contrôles sur les durées d'exécution.

Dans l'exemple ci-dessous, la classe de test effectue trois tests, dont deux sont mesurés.

Exemple d'utilisation

```
import unittest
import md5

mstone = mesure_pystone()

class MesTests(unittest.TestCase):

    def __init__(self, name):
        unittest.TestCase.__init__(self, name)

    @timedtest(6*kPs, mstone)
    def test_critical1(self):
        for i in range(100000):
            md5.new('ok').hexdigest()

    @timedtest(1, mstone)
    def test_critical2(self):
        time.sleep(mstone[0]/mstone[1])

    @timedtest(1*kPs, mstone)
    def test_critical3(self):
        a =''
        for i in range(50000):
            a = a + 'x' * 200

    def test_lesscrtitical(self):
        time.sleep(0.1)

suite = unittest.makeSuite(MesTests)
unittest.TextTestRunner().run(suite)

[...]

$ python perftest.py
..F.
```

```
========================================================================
FAIL: test_critical3 (__main__.MesTests)
------------------------------------------------------------------------
Traceback (most recent call last):
  File "perftest.py", line 35, in wrapper
    raise DurationError((('Test trop long (%.2f Ps, '
DurationError: Test trop long (1951.56 Ps, duree maximum: 1000.00 Ps)


------------------------------------------------------------------------
Ran 4 tests in 0.319s

FAILED (failures=1)
```

Cette approche permet de mettre en place des garde-fous pour se prémunir de toute régression des performances de l'application : l'insertion de nouveau code qui entraînerait une chute des performances pourrait alors déclencher un avertissement.

En un mot...

Les bonnes pratiques et les techniques d'extensions présentées dans ce chapitre, et en particulier les code patterns, se combinent parfaitement avec la programmation orientée objet.

Le prochain chapitre présente des design patterns orientés objet qui complètent l'armada du développeur Python.

14

Programmation orientée objet

If it quacks like a duck then it's a duck – The Holy Grail

« Si ça couac comme un canard, c'est un canard » – Sacré Graal

Lorsque Python est utilisé pour concevoir des programmes de grande taille, son organisation interne devient relativement importante. La programmation orientée objet est la réponse actuelle à cette problématique et rend le développeur agile, c'est-à-dire rapidement réactif à des ajouts ou modifications du programme.

Ce chapitre présente les principes généraux de la programmation orientée objet appliqués à Python, puis une série de recettes de programmation objet, appelés design patterns.

Principes généraux

Les concepts de programmation orientée objet (POO) ont fait leur apparition dans les années soixante, avec le langage Simula-67 de Dahl et Nygaard, extension du langage Algol. Simula ajoute à Algol la quasi-totalité des techniques de POO actuelles, à savoir :

- le typage, la classification et l'encapsulation ;
- l'héritage et le polymorphisme ;
- les relations entre objets.

L'objectif originel de Simula était de fournir aux chercheurs une bibliothèque de classes de simulation discrète, qui pouvait être modifiée dans des classes dérivées pour mettre au point un fonctionnement particulier.

D'autres techniques complémentaires ont été introduites par la suite, dans les années soixante-dix, par des langages comme SmallTalk, qui vont influencer fortement Python, à savoir :

- l'héritage multiple ;
- les classes virtuelles pures ;
- les métaclasses ;
- le garbage collecting.

Typage, classification et encapsulation

La programmation orientée objet détermine que les systèmes sont définis par des entités appelées objets, et que chacun de ces objets possède des caractéristiques définies dans un type d'objet.

Typage de Liskov

Selon la théorie des types de Liskov, un type détermine un ensemble de caractéristiques que partageront les objets appartenant à ce type.

Ces caractéristiques prennent la forme de méthodes et de valeurs pour l'objet et sont définies par une classe. Cette classe contient le code à proprement parler et tout objet de ce type est appelé instance de classe.

Liskov stipule en outre qu'il est possible de créer une sous-classification par le biais de l'héritage, présenté ci-après.

Enfin, cette classification introduit un mécanisme de substitution lorsque deux classes partagent des caractéristiques communes : substituer une classe par une autre sans que le code utilisateur ne soit impacté est appelé principe de substitution de Liskov.

Principe de substitution de Liskov

Prenons l'exemple d'une classe A, qui utilise dans sa méthode `calcul()`, la méthode `sous_calcul()` d'une classe B. Cette dépendance fonctionnelle rend A tributaire de B. B peut implémenter d'autres méthodes sans que cela ne gêne A car la seule chose qui intéresse A est la méthode `sous_calcul()`.

En d'autres termes, remplacer B par une classe C qui fournisse aussi une méthode `sous_calcul()` ne dérangera pas A, qui y trouve son compte.

Cette dépendance peut donc être remontée dans une abstraction commune à B et C.

L'exemple ci-dessous implémente le principe de substitution de Liskov s'assurant que l'objet passé à A est dérivé du type `Base`.

Substitution de Liskov en Python

```python
#!/usr/bin/python
# -*- coding: utf8 -*-

class Base(object):
    """ classe virtuelle pure """
    def sous_calcul(self):
        raise NotImplementedError

class A:
    """ classe utilisatrice """
    def __init__(self, sous_objet):
        ifnot isinstance(sous_objet, Base):
            raise TypeError("A ne travaille qu'avec Base ou dérivés")
        self.sous_objet = sous_objet

    def calcul(self):
        return 1 + self.sous_objet.sous_calcul()

class B(Base):
    """ classe B """
    def sous_calcul(self):
        return 1

class C(Base):
    """ classe C """
    def sous_calcul(self):
        return 2

# Utilisation de A avec B ou C
print(A(B()).calcul())
print(A(C()).calcul())
```

Ce principe peut également être implémenté avec les ABC présentées au chapitre 9.

Implémentation avec ABC

```python
>>> from abc import ABCMeta, abstractmethod
>>> class Base(object):
...     __metaclass__ = ABCMeta
...     @abstractmethod
...     def sous_calcul(self):
...         pass
```

```
...        @classmethod
...        def __subclasshook__(cls, C):
...            if cls is Base:
...                if any("sous_calcul" in sub.__dict__
...                        for sub in C.__mro__):
...                    return True
...            return NotImplemented
...
>>> class A(object):
...        def __init__(self, sous_objet):
...            if not isinstance(sous_objet, Base):
...                raise TypeError("A ne travaille qu'avec Base ou dérivés")
...            self.sous_objet = sous_objet
...        def calcul(self):
...            return 1 + self.sous_objet.sous_calcul()
...
>>> class B(object):
...        def sous_calcul(self):
...            return 1
...
>>> class C(object):
...        def sous_calcul(self):
...            return 2
...
>>> class D(object):
...        pass
...
>>> print(A(B()).calcul())
2
>>> print(A(C()).calcul())
3
>>> print(A(D()).calcul())
Traceback (most recent call last):
  File "<stdin>", line 1, in <module>
  File "<stdin>", line 4, in __init__
TypeError: A ne travaille qu'avec Base ou dérivés
```

Encapsulation

Quel que soit le typage utilisé, l'objectif des classes reste de séparer l'interface de l'implémentation. L'interface est représentée par l'ensemble des méthodes et données que les utilisateurs de la classe connaissent, et l'implémentation est représentée par toute la mécanique interne. Cette encapsulation permet de rendre les utilisateurs de la classe indépendants de la représentation interne.

Les méthodes et données internes sont dites privées et celles faisant partie de l'interface de la classe dites publiques. Dans certains langages, une visibilité intermédiaire permet de définir que des attributs ne sont visibles que des sous-classes. On parle alors d'attributs protégés.

Certains langages objet, comme le C++, définissent de manière stricte cette visibilité en fournissant des mots-clés pour caractériser chaque élément d'une classe.

Python fonctionne quant à lui sur un modèle moins strict, basé sur des conventions de nommage des attributs : un attribut privé est toujours préfixé de deux espaces soulignés et un attribut protégé d'un seul espace souligné.

À RETENIR **Attributs privés et protégés**

En langage Python, les attributs privés sont définis en préfixant leur nom de deux espaces soulignés et les attributs protégés d'un seul espace souligné :

```
__attr1, __attr2 # noms d'attributs privés
_attr3, _attr4 # noms d'attributs protégés
```

L'interpréteur protège les attributs privés en les préfixant en interne du nom de la classe, les rendant inaccessibles par du code extérieur. Cette protection n'est cependant pas inviolable puisqu'il est possible d'accéder à tous les éléments en fouillant l'attribut __dict__. Mais là n'est pas l'objectif.

Enfin, les méthodes protégées sont accessibles tout à fait normalement et le préfixe a pour seul objectif d'informer sur leur nature.

Telephone

```python
#!/usr/bin/python
# -*- coding: utf8 -*-
class Telephone(object):

    def __init__(self):
        # données privées
        self.__numero_serie = '123NouzironAuBois456DesCerises'

        # données protégées
        self._code_pin = '1234'

        # données publiques
        self.modele ='nokai kitu 45'
        self.numero ='06 06 06 06 06'

    # méthodes protégées
    def _chercherReseau(self):
        print('Réseau FSR, bienvenue dans un monde meilleur..')
```

```
    def _recupMessage(self):
        print("Vous n'avez pas de message")
        print("Achetez les corn flakes Snapk")

    # interface
    def allumer(self, code_pin):
        print(self.modele)
        if code_pin == self.__code_pin:
            print('Tu ti Tu Ti')
            self._chercherReseau()
            self._recupMessage()
        else:
            print('mauvais code pin')

if __name__ == '__main__':
    nokai = Telephone()
    nokai.allumer('1524')
    nokai.allumer('1234')
```

Dans l'exemple ci-dessus, la classe `Telephone` encapsule toute une mécanique de fonctionnement interne dont n'a pas idée l'utilisateur qui se contente d'invoquer `allumer()`.

Héritage et polymorphisme

Liskov introduit le principe de l'héritage, qui stipule qu'une sous-classe B hérite de toutes les caractéristiques d'une classe A. La classe B est une classe A, avec des éléments modifiés et/ou supplémentaires. On parle de spécialisation de A, et on dit que B est dérivée de la classe de base A.

Héritage

En reprenant l'exemple précédent, une spécialisation possible de la classe `Telephone` est `TelephonePhoto`.

Spécialisation de Telephone

```
class TelephonePhoto(Telephone):
    def prend_photo(self):
        print('clik-clak')

if __name__ == '__main__':
    nokai = TelephonePhoto()
    nokai.allumer('1234')
    nokai.prend_photo()
```

Cette nouvelle classe hérite des caractéristiques de la classe `Telephone` et y ajoute une méthode supplémentaire. Seul le numéro de série n'est plus accessible dans cette spécialisation.

Cette classe peut être à son tour dérivée dans une autre classe.

Spécialisation de TelephonePhoto

```
class TelephonePhotoHautdeGamme(TelephonePhoto):
    def fait_cafe(self):
        print('plik, plik, plik')

if __name__ == '__main__':
    nokai = TelephonePhotoHautdeGamme()
    nokai.allumer('1234')
    nokai.prend_photo()
    nokai.fait_cafe()
```

Ces suites de dérivations forment un arbre de dérivation.

Polymorphisme

Lorsque la classe spécialisée implémente les mêmes méthodes que la classe dont elle dérive, on dit que les méthodes sont surchargées.

TelephonePhotoHautdeGamme modifiée

```
class TelephonePhotoHautdeGamme(TelephonePhoto):
    def fait_cafe(self):
        print('plik, plik, plik')

    def prend_photo(self):
        print('clik-clak deluxe')
```

Ici, la méthode `prend_photo()` est surchargée et prévaut sur celle de `TelephonePhoto`. La méthode est dite virtuelle (en Python, toutes les méthodes sont virtuelles).

Il reste cependant possible d'atteindre la méthode des classes héritées dans les niveaux précédents dans l'arbre de dérivation, en appelant cette méthode directement depuis la classe concernée, en passant l'objet dérivé en premier paramètre.

Polymorphisme

```
class TelephonePhoto(Telephone):
    def __init__(self):
        Telephone.__init__(self)
        self.modele = 'nokai kitu 45 Photo+'
```

```
    def prend_photo(self):
        print('clik-clak')

    def _recupMessage(self):
        Telephone._recupMessage(self)
        print("Vous n'avez pas non plus de photos")


class TelephonePhotoHautdeGamme(Telephone):

    def prend_photo(self):
        print('clik-clak de luxe')

    def allumer(self, code_pin):
        print self.modele + ' deluxe'
        if code_pin == self._code_pin:
            print('Tu ti Tu TiiiiiIIiiiIII')
            self._chercherReseau()
            self._recupMessage()
        else:
            print('baaaaaaaaaaazzzz')

    def _recupMessage(self):
        Telephone._recupMessage(self)
        print("Vous n'avez pas non plus de photos deluxe")

if __name__ == '__main__':
    nokai = TelephonePhotoHautdeGamme()
    nokai.allumer('1234')
    nokai.prend_photo()

[...]

[tziade@Tarek Desktop]$ python classes.py
nokai kitu 45 deluxe
Tu ti Tu TiiiiiIIiiiIII
Réseau FSR, bienvenue dans un monde meilleur..
Vous n'avez pas de message
Achetez les corn flakes Snapk
Vous n'avez pas non plus de photos deluxe
clik-clak de luxe
```

Les méthodes deviennent polymorphiques et il est possible de composer avec tous les niveaux de l'arbre de dérivation.

Duck typing et interfaces

Python n'utilisant pas de typage statique, le code peut se baser sur une philosophie de programmation polymorphique plus souple, qui tient en une phrase : *If it quacks like a duck, then it's a duck* (littéralement : si ça fait « coin-coin », c'est un canard).

Cette citation, tirée du film *Sacré Graal*, signifie que le type des objets peut être deviné par les attributs qu'ils portent. Ou plus précisément : si un objet porte un certain nombre d'attributs, il fait l'affaire.

C'est ce principe qui est appliqué dans le code qui utilise les objets de type fichier ou assimilés, offrant ainsi la possibilité de substituer un objet de type StringIO dans du code prévu pour un objet de type file.

Le duck typing se base sur l'utilisation de la primitive hasattr() pour analyser les attributs d'un objet et évite les primitives isinstance(), type() ou assimilés.

Duck typing

```
>>> import cStringIO
>>> def litdonnees(objet):
...     ifnot hasattr(objet, 'readline'):
...         raise TypeError("l'objet n'a pas de fonction de lecture")
...     return objet.readline()
...
>>> object1 = cStringIO.StringIO('contenu')
>>> litdonnees(object1)
'contenu'
>>> class Compatible(object):
...     def readline(self):
...         return 'pas de pb'
...
>>> object2 = Compatible()
>>> litdonnees(object2)
'pas de pb'
>>> object3 = object()
>>> litdonnees(object3)
Traceback (most recent call last):
  File "<stdin>", line 1, in ?
  File "<stdin>", line 3, in litdonnees
TypeError: l'objet n'a pas de fonction de lecture
```

Cette philosophie influence fortement l'orientation du programme en termes d'architecture et modifie le rôle de l'héritage : il n'est plus forcément utilisé lorsqu'il s'agit d'offrir le sésame à certaines fonctions pour un nouveau type de classe.

On retrouve le principe strict du duck typing dans les gros frameworks comme Zope ou Twisted : des interfaces peuvent être définies pour découpler la description des caractéristiques que des objets doivent nécessairement avoir pour être utilisés dans certaines fonctions. Les caractéristiques de l'objet sont automatiquement testées par des API spécialisées.

Les interfaces selon Zope 3

```
>>> import zope.interface
>>> class ILInterface(zope.interface.Interface):
...     """ Mon interface """
...     attribut = zope.interface.Attribute("""C'est l'attribut""")
...     def methode(parametre):
...         """la méthode"""
...
>>> class TresClasse(object):
...     zope.interface.implements(ILInterface)
...     def __init__(self, valeur=None):
...         self.attribut = valeur
...     def methode(self, parametre):
...         return parametre, self.attribut
...
>>> def ma_fonction(objet):
...     ifnot ILInterface.providedBy(ILInterface)
...         raise TypeError("cet objet ne couac pas")
...     print objet.attribut
...
>>> la_class = TresClasse('trop classe')
>>> ma_fonction(la_class)
'trop classe'
```

Les interfaces sont comparables aux ABC, puisqu'elles permettent aussi de séparer la signature d'un comportement du code qui l'implémente dans une ou plusieurs classes.

Relations entre objets

Sans rentrer dans les détails sémantiques, on peut considérer qu'une classe peut former deux types de relations avec une autre classe :

- une relation de composition simple, où l'attribut d'une classe A est une instance d'une classe B ;
- une relation multiple où la classe A gère une collection, explicite ou non, d'instances de la classe B.

L'objectif des relations entre classes est identique à celui entre fonctions : décomposer de manière logique le code nécessaire à l'exécution d'une tâche.

Cette décomposition permet à chaque portion de code :

- d'évoluer de manière indépendante et de se spécialiser ;
- d'être réutilisable dans d'autres tâches ;
- de découper en tâches élémentaires des tâches plus complexes.

Relation simple

Dans l'exemple ci-dessous, la classe Afficheur se sert de la classe Calculateur pour fournir une interface à l'utilisateur.

Afficheur-Calculateur

```python
class Calculateur(object):
    """ classe de calculs """
    def somme(self, *args):
        resultat = 0
        for arg in args:
            resultat += arg
        return resultat

class Afficheur(object):
    """ classe de gestion de l'interface """
    def __init__(self):
        self._calculateur = Calculateur()

    def somme(self, *args):
        resultat = self._calculateur.somme(*args)
        print('le résultat est %d' % resultat)
```

Cette relation qui s'instaure entre l'afficheur et le calculateur permet au code d'affichage des résultats d'évoluer indépendamment du code qui effectue le calcul à proprement parler, et inversement.

Relation multiple

Les relations multiples peuvent être implémentées très simplement par le biais d'objets capables de gérer des séquences d'éléments, comme les listes ou les dictionnaires.

Dans l'exemple ci-après, la classe Voiture gère une liste de quatre instances d'objet Roue.

Voiture, toutes options

```python
class Roue(object):
    pass

class Voiture(object):
    def __init__(self):
        self.roues = [Roue() for i in range(4)]
```

La classe Roue ici est totalement indépendante de la classe Voiture : si la voiture cesse de fonctionner, il est possible de démonter les roues pour les vendre.

Les dictionnaires permettent quant à eux de disposer d'une interface de manipulation plus directe : chaque objet de la collection est étiqueté par la clé de dictionnaire.

Les quatre filles du docteur Mars

```python
class FilleMars(object):
    def __init__(self, prenom):
        self.prenom = prenom

    def __str__(self):
        return '%s Mars' % self.prenom

class PapaMars:
    def __init__(self):
        self.filles = {}
        self.filles['Gibouléd'] = FilleMars('Gibouléd')
        self.filles['Josiane'] = FilleMars('Josiane')
        self.filles['Rebecca'] = FilleMars('Rebecca')
        self.filles['Sébonlé'] = FilleMars('Sébonlé')

    def crie_a_table(self):
        import sys
        for nom in self.filles:
            sys.stdout.write('%s, ' % self.filles[nom])
        sys.stdout.write('à table ! Le törglut va refroidir !\n')

docteur = PapaMars()
docteur.crie_a_table()
```

Héritage multiple

L'héritage multiple sert à spécifier qu'une classe peut hériter de plusieurs classes. Lorsque des méthodes entrent en conflit car portant le même nom, la méthode visible est la première rencontrée par l'interpréteur, qui balaye les classes de gauche à droite au moment de l'interprétation.

Héritage multiple

```
>>> class A(object):
...     def a(self):
...         print('A.a')
...
>>> class B(object):
...     def a(self):
...         print('B.a')
...     def b(self):
...         print('B.b')
...
>>> class C(A, B):
...     def c(self):
...         print('C.c')
...     def Aa(self):
...         A.a(self)
...
>>> ob = C()
>>> ob.a()
A.a
>>> ob.b()
B.b
>>> ob.c()
C.c
>>> ob.Aa()
A.a
```

En pratique, l'héritage multiple est à proscrire tant que possible car il peut être assez délicat à gérer : la complexité et les caractéristiques de la classe se démultiplient.

Métaclasses

Les métaclasses en Python ont été introduites par le biais de la variable __metaclass__, présentée au chapitre 5.

Garbage collecting

Comme la plupart des langages modernes, Python offre un mécanisme ramasse-miettes, ou *garbage collecting* : toute référence de classe créée en mémoire est automatiquement libérée par l'interpréteur. Le développeur n'a donc plus besoin de gérer la libération de ses objets.

Design patterns orientés objet

Le concept de design pattern orienté objet a émergé avec les travaux de Gamma, Helm, Johnson et Vlissides (appelés Gang of Four, ou GoF). Leur ouvrage, *Design Patterns : Elements of Reusable Object-Oriented Software* (Addison Wesley, 1995), regroupe des solutions à des problèmes récurrents de programmation.

Un pattern, selon le GoF, doit :

- porter un nom unique ;
- proposer une solution à un problème clairement énoncé ;
- décrire précisément les relations entre chaque acteur ;
- déterminer les conséquences de son utilisation.

En phase d'analyse, ce vocabulaire commun entre tous les développeurs permet de décrire et concevoir la structure d'un programme objet de manière très précise. On parle alors de *Visitor*, *Mediator* ou autre *Factory*.

Conçus à l'origine pour le C++, les design patterns (que nous nommerons parfois DP par commodité dans la suite de chapitre) du GoF s'appliquent avec plus ou moins de facilité et de bonheur dans les autres langages.

L'objectif de cette section est de présenter les DP dans le contexte de Python et de proposer des implémentations avec les new-style classes.

Le GoF a regroupé les design patterns en plusieurs ensembles :

- les patterns de génération d'objets : composants en charge de créer de manière contrôlée des objets ou structures d'objets ;
- les patterns fonctionnels : composants en charge d'implémenter un mode d'exécution ;
- les patterns structurels : composants en charge d'organiser les relations entre plusieurs classes, pour constituer une structure coopérative.

Patterns de génération d'objets

Lorsqu'un programme doit instancier un objet, la manière la plus simple est d'appeler le constructeur d'une classe. Les patterns de génération d'objets fournissent des outils de plus haut niveau pour contrôler ces créations.

Le code utilisateur ne s'adresse plus directement aux classes mais emploie les services de ces patterns, sauf lorsque ces outils sont implémentés de manière transparente.

Les patterns les plus communs de cet ensemble sont :

- Le pattern Singleton qui permet de s'assurer qu'un type de classe ne peut être instancié qu'une seule fois dans un programme. Une variation est le pattern Borg, qui vérifie que toutes les instances d'une même classe ont toujours le même état, sans pour autant interdire la création de plusieurs instances.

- Factory, qui propose une interface de génération d'objets sans que le code appelant n'ait besoin de connaître forcément le type de classe à instancier.

Singleton et Borg

Figure 14–1
Schéma UML de Singleton

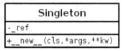

Le Singleton peut être utilisé dans tout contexte où l'on souhaite s'assurer qu'il ne peut pas y avoir pour une classe donnée deux instances actives dans le programme.

Les connecteurs vers des ressources externes peuvent utiliser ce pattern pour s'assurer par exemple qu'il n'existe qu'une seule instance de la classe en charge de la connexion avec un serveur de base de données.

Ce pattern peut être programmé en Python, en se basant sur la méthode de classe __new__(), appelée à chaque demande d'instanciation d'un objet.

Singleton

```
>>> class Singleton(object):
...     """ renvoie tjrs la même instance """
...     _ref = None
...     def __new__(cls, *args, **kw):
...         if cls._ref is None:
...             cls._ref = super(Singleton, cls).__new__(cls, *args, **kw)
...         return cls._ref
...
>>> class S(Singleton):
...     pass
...
>>> a = S()
>>> b = S()
>>> a is b
True
```

Toute classe dérivée de la classe Singleton bénéficie du mécanisme qui consiste à contrôler, au moment de l'instanciation d'un objet, qu'il n'existe pas déjà une instance en vie, par le biais de l'attribut statique _ref. Dans ce cas, l'objet n'est pas recréé et c'est cette instance qui est renvoyée.

La seule faille de Singleton est qu'il n'est effectif que pour les classes dont il est directement dérivé, car un deuxième niveau de dérivation entraîne un problème visualisé dans l'exemple ci-dessous.

Deux niveaux de dérivation

```
>>> class Singleton(object):
...     """ renvoie tjrs la même instance """
...     _ref = None
...     def __new__(cls, *args, **kw):
...         if cls._ref is None:
...             cls._ref = super(Singleton, cls).__new__(cls, *args, **kw)
...         return cls._ref
...
>>> class S(Singleton):
...     pass
...
>>> class S2(S):
...     pass
...
>>> a = S()
>>> b = S2()
>>> type(b)
<class '__main__.S'>
```

L'instanciation de b renvoie à l'objet instancié précédemment par a et b n'est pas, comme le code semblerait l'indiquer, du type S2, mais du type S.

Ce problème est intrinsèque au pattern Singleton mais une variante consiste à lever une exception sur toute nouvelle tentative d'instanciation au lieu de renvoyer le premier objet pour éviter de rendre ce mécanisme transparent et de subir les problèmes énoncés.

Strict Singleton

```
>>> class SingletonError(Exception):
...     pass
...
>>> class Singleton(object):
...     """ provoque une erreur sur la deuxième instance """
...     _ref = None
...     def __new__(cls, *args, **kw):
...         if cls._ref isnot None:
...             raise SingletonError('Une instance existe déjà: %s'
...                                  % str(cls._ref))
...         cls._ref = super(Singleton, cls).__new__(cls, *args, **kw)
...         return cls._ref
...
```

```
>>> class S(Singleton):
...         pass
...
>>> class S2(S):
...         pass
...
>>> a = S()
>>> b = S2()
Traceback (most recent call last):
  File "<stdin>", line 1, in ?
  File "<stdin>", line 6, in __new__
__main__.SingletonError: Une instance existe déjà: <__main__.S object at
0xb7c32a6c>
```

Alex Martelli, dans *Python Cookbook* (O'Reilly, 2001), propose une autre variante de Singleton, nommée Borg ou Monostate, qui règle aussi ce problème et répond au besoin du Singleton de manière plus fine : il part du constat que ce n'est pas l'unicité de l'instance qui compte mais l'unicité de l'état de l'objet.

En d'autres termes, peu importe qu'il y ait plusieurs instances du moment qu'elles partagent toutes le même état.

Pattern Borg

```
>>> class Borg(object):
...         _shared_state = {}
...         def __new__(cls, *args, **kw):
...             instance = super(Borg, cls).__new__(cls, *args, **kw)
...             instance.__dict__ = cls._shared_state
...             return instance
...
>>> class B(Borg):
...         pass
...
>>> a = B()
>>> a.A = 1
>>> b = B()
>>> b.A
1
>>> b.B = 2
>>> a.B
2
>>> a is b
False
```

Borg rend commun à toutes les instances de la classe le dictionnaire interne __dict__, et de par ce fait l'état. Le problème lié à plusieurs niveaux de dérivations disparaît aussi.

Ce pattern est cependant dépendant d'éventuelles implémentations des méthodes __setattr__() et __getattribute__() qui peuvent court-circuiter __dict__.

D'autres variations existent, comme Flyweight, qui proposent un fonctionnement similaire à Singleton, mais gèrent un certain nombre d'instances définies par des combinaisons de paramètres au moment de la construction, afin d'optimiser les créations d'objets en mémoire lorsque c'est important.

Factory

Le DP Factory est une fonction ou méthode qui renvoie une ou plusieurs instances d'objets. Factory est omniprésent en Python, et l'exemple le plus parlant est la primitive type().

Exemple d'utilisation de type()

```
>>> MaClasse = type('MaClasse', (object,), {'a': 1})
>>> A = MaClasse()
>>> A.a
1
>>> class MaClasse(object):
...     a = 1
...
>>> A = MaClasse()
>>> A.a
1
```

La première écriture permet de générer tout type de classe et est équivalente à la deuxième écriture explicite. Un autre exemple de Factory est la méthode __new__() des new-style classes, qui contrôle la génération des instances de la classe.

Le champ d'action du DP Factory est relativement large et on peut se demander si finalement, toute fonction qui renvoie un résultat ne répond pas à ce pattern, puisque tout est objet en Python.

Il y a cependant un exemple d'utilisation plus concret de ce DP : lorsque le type d'objet renvoyé par le Factory varie sans que le code appelant ne soit sensible à cette variation. On parle dans ce cas d'Abstract Factory.

Par exemple, un Abstract Factory en charge de renvoyer une instance de connecteur de base de données peut le faire en partant du postulat que le type d'objet renvoyé importe peu, du moment qu'il dérive de la classe BaseDB. Le code appelant ne se basant que sur les méthodes définies par BaseDB, il reste insensible au type de l'objet, que ce soit OracleDB ou PostGresDB.

Patterns fonctionnels

Les patterns fonctionnels permettent de mettre en place des modèles d'exécution du programme, c'est-à-dire de modéliser les relations qui se mettent en place entre objets lorsqu'ils coopèrent pour exécuter une tâche.

Il existe énormément de patterns fonctionnels et les variantes sont nombreuses. On ne présente ici que quelques DP majeurs :

- Le pattern Visitor, qui permet de manipuler des instances d'objets depuis un algorithme récursif ;
- Observer, qui met en place un système de notification, où des objets sont prévenus d'un événement sur un objet donné ;
- Memento, un système de mémorisation de l'état d'un objet ;
- Chain of responsibility, qui met en place une chaîne d'objets, utilisée pour résoudre un problème : le premier maillon de la chaîne qui sait résoudre le problème prend la main ;
- State, qui permet de changer dynamiquement le type d'un objet.

Visitor

Figure 14–2
Schéma UML de Visitor

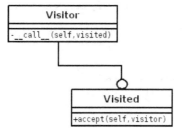

Le pattern Visitor permet d'ajouter une méthode récursive à une classe dans une autre classe spécialisée. Cette deuxième classe, appelée visiteur, implémente une extension qui manipule la première classe.

Visitor

```python
class Visitor(object):
    def __call__(self, visited):
        raise NotImplementedError

class Visited(object):
    def accept(self, visitor):
```

```
    ifnot isinstance(visitor, Visitor):
        raise TypeError("%s n'est pas un Visitor" % visitor)
    visitor(self)
```

Chaque visiteur dispose en entrée de la fonction __call__() l'objet visité, qu'il peut manipuler à sa guise. La classe visitée fournit quant à elle une méthode accept() pouvant être appelée par tout visiteur.

Cette mécanique appelant-appelé permet de mettre en place des algorithmes récursifs basés sur des objets organisés en structure.

L'exemple le plus typique est le parcours d'arbres par le biais d'objets nœuds.

Dans l'exemple ci-dessous, le visiteur Tick parcourt une structure de nœuds pour déclencher les méthodes tick() de chaque nœud.

Visitor sur MaClasse

```python
class Node(Visited):

    def __init__(self):
        self.childs = []

    def tick(self):
        print('tick at %d' % id(self))

class Tick(Visitor):
    def __call__(self, visited):
        visited.tick()
        for child in visited.childs:
            child.accept(self)

root = Node()

for i in range(2):
    node = Node()
    for y in range(4):
        node.childs.append(Node())
    root.childs.append(node)

ticker = Tick()
ticker(root)

[..]

[tziade@Tarek Desktop]$ python visitor.py
tick at -1211997076
tick at -1211995892
tick at -1211995828
```

```
tick at -1211995796
tick at -1211995764
tick at -1211995732
tick at -1211995860
tick at -1211995668
tick at -1211995636
tick at -1211995604
tick at -1211995572
```

L'intérêt de ce DP est de permettre l'extension d'une classe sans avoir à modifier son code, et de gérer chacune des extensions en fonction des situations et des instances : le visiteur greffe à une instance de la classe visitée une nouvelle fonctionnalité, dans le même principe que le DP Adapter.

Chaque visiteur peut en outre gérer plusieurs types de classes visitées pour parcourir des structures hétérogènes.

Observer

Figure 14–3
Schéma UML d'Observer

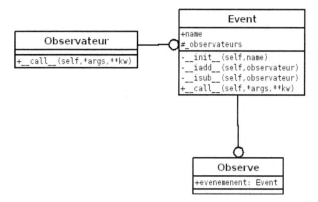

Le DP Observer définit une dépendance de 1 à n entre un objet et une liste d'objets. Si l'objet change d'état, tous les objets associés, en l'occurrence les observateurs, sont notifiés de cet événement.

Ce pattern est très répandu dans les systèmes d'interfaces graphiques, où chaque événement de l'utilisateur est intercepté par un objet qui est en charge de prévenir à son tour un certain nombre d'objets.

Le pattern initialement proposé par GoF stipule que les observateurs sont sensibles à toute modification d'état de l'objet observé. Une variation, très communément adoptée, affine ce mécanisme en laissant chaque observateur s'inscrire à un événement précis et nommé.

Pour implémenter Observer le code doit :

- Fournir une méthode d'enregistrement pour que chaque observateur puisse s'inscrire à un événement donné auprès de l'objet à observer.
- Implémenter un système qui intercepte un changement d'état et prévient les observateurs inscrits.

L'événement est logiquement une classe à laquelle une liste est associée. Cette liste contient l'ensemble des observateurs associés à l'événement.

Pour simplifier l'écriture, __iadd__() et __isub__() sont utilisées afin de permettre à un observateur de :

- s'inscrire en s'ajoutant à l'événement : Evenement += Observateur ;
- se désinscrire en se soustrayant : Evenement -= Observateur.

L'implémentation proposée empêche en outre un même observateur de s'inscrire plusieurs fois à un événement.

Classe Event

```python
class Event(object):
    """ Classe événement """
    def __init__(self, name):
        self.name = name
        self._observateurs = []

    def __iadd__(self, observateur):
        """ ajoute un observateur """
        if not callable(observateur):
            raise TypeError("Doit être un objet appelable")

        observateurs = self._observateurs
        if observateur not in observateurs:
            observateurs.append(observateur)

        return self

    def __isub__(self, observateur):
        """ retire un observateur """
        observateurs = self._observateurs
        if observateur in observateurs:
            observers.remove(observateur)

        return self

    def __call__(self, *args, **kw):
        """ déclenche l'événement auprès de tous les inscrits """
        [observateur(*args, **kw) for observateur in self._observateurs]
```

La classe observée instancie ces événements en attributs pour les rendre accessibles aux observateurs.

Enfin, les événements peuvent ensuite être déclenchés en fonction des besoins dans le code de la classe, par la biais de la méthode __call__(), avec les paramètres souhaités.

Pattern Observer

```python
class Fenetre(object):
    def __init__(self, name):
        self.name = name
        self.titre = 'titre de la fenêtre'
        self.contenu = 'contenu de la fenêtre'
        self.titreEvent = Event('titre')
        self.contenuEvent = Event('contenu')

    globalTitreEvent = Event('titre global')

    def changeTitre(self, titre):
        self.titre = titre
        self.titreEvent(titre)
        Fenetre.globalTitreEvent(self.name, titre)

    def changeContenu(self, contenu):
        self.titre = contenu
        self.contenuEvent(contenu)

class ObservateurTitre(object):
    def __init__(self, fenetre):
        fenetre.titreEvent += self

    def __call__(self, titre):
        print ('le titre a été changé en "%s" !' % titre)

class ObservateurContenu(object):
    def __init__(self, fenetre):
        fenetre.contenuEvent += self.contenuChange

    def contenuChange(self, contenu):
        print('le contenu a été changé en "%s" !' % contenu)


class ObservateurGlobal(object):
    def __init__(self, fenetre):
        fenetre.globalTitreEvent += self

    def __call__(self, name, titre):
        print('le titre de "%s" a été changé en "%s" !' \
            % (name, titre))
```

```
fenetre = Fenetre('fenetre 1')
fenetre2 = Fenetre('fenetre 2')

ob1 = ObservateurTitre(fenetre)
ob2 = ObservateurContenu(fenetre)
ob3 = ObservateurGlobal(fenetre)

fenetre.changeTitre('nouveau titre')
fenetre.changeContenu('nouveau contenu')
fenetre2.changeTitre('nouveau titre2')
```

Les événements peuvent être statiques à la classe, comme `globalTitreEvent`, ou spécifiques à chaque instance.

Exécution du script

```
[tziade@Tarek Desktop]$ python observers.py
le titre a été changé en "nouveau titre" !
le titre de "fenetre 1" a été changé en "nouveau titre" !
le contenu a été changé en "nouveau contenu" !
le titre de "fenetre 2" a été changé en "nouveau titre2" !
```

D'autres variations sont possibles, notamment :

- proposer une implémentation de base de la classe observée, pour gérer des collections d'événements ;
- rendre les observateurs actifs, c'est-à-dire déclencher les événements avant que le code qui modifie l'état ne soit effectué, pour qu'ils puissent influer sur les paramètres d'exécution, ou même empêcher la suite de l'exécution ;
- donner la possibilité à un observateur de connaître les autres observateurs ;
- gérer des priorités dans l'ordre d'appel des observateurs ;
- etc.

Memento

Le DP Memento stipule que l'état d'un objet peut être sauvegardé à tout moment, et rechargé avec cette sauvegarde en cas de besoin. Cette mémoire permet de mettre en place du code transactionnel.

L'exemple le plus commun de code transactionnel est l'exécution de requêtes de mise à jour d'une base de données relationnelle : en cas de problème, un retour en arrière (*rollback*) est possible, pour remettre la base dans l'état précédent le début de la mise à jour. En cas de succès, les modifications sont validées (*commit*).

Une transaction respecte donc le modèle de code suivant :

Code transactionnel

```
begin_transaction()
try:
    ...
except:
    rollback_transaction()
    raise
else:
    commit_transaction()
```

La limite de couverture de `begin_transaction()` est relativement floue et dépend fortement du contexte : quelles sont et où sont les données à sauvegarder pendant la transaction ?

Ce problème dépend entièrement du contexte, et l'implémentation proposée ci-dessous place la granularité des transactions au niveau des classes : chaque méthode peut devenir transactionnelle, et les attributs de l'objet sont les cibles de la sauvegarde.

L'implémentation la plus souple dans ce cas consiste à créer un decorator de classe pour rendre transparente la transaction : chaque méthode transactionnelle peut être annotée avec le decorator, qui se charge alors de sauvegarder l'état de l'objet et d'exécuter la méthode. En cas de levée d'exception, un rollback est automatiquement effectué.

Memento

```
import copy

def get_memento(objet):
    """ récupère l'état d'un objet """
    return copy.deepcopy(objet.__dict__)

def set_memento(objet, etat):
    """ restore un objet """
    objet.__dict__.clear()
    objet.__dict__.update(etat)

def transaction(methode):
    """ decorator de classe "transaction"

    rend les méthodes transactionnelles
    """
    def capsule(objet, *args, **kw):
        etat = get_memento(objet)
        try:
            return methode(objet, *args, **kw)
```

```
        except:
            set_memento(objet, etat)
            raise

    return capsule
```

Le code est basé sur le module copy, qui recopie le contenu de __dict__. Cette technique entraîne donc les mêmes limitations que Borg pour les new-style classes.

Il est possible d'implémenter une méthode __deepcopy__() dans la classe. Elle impactera directement le fonctionnement du decorator, ce qui peut être relativement intéressant pour filtrer les données sauvegardées pendant la transaction.

Utilisation du decorator

```
class M(object):

    def __init__(self):
        def o():
            print('OK')
        self.a = 12
        self.b = ['a', 32]
        self.l = o

    @transaction
    def run(self):
        self.b.append('c')
        self.o = 12
        self.a = '14'
        self.a += 1

objet = M()

try:
    objet.run()
except TypeError:
    pass

print(objet.a)
print(objet.b)
objet.l()

[...]

[tziade@Tarek Desktop]$ python memento.py
12
['a', 32]
OK
```

Dans l'exemple, la méthode run() modifie les attributs de l'objet et provoque une erreur lorsqu'elle tente d'incrémenter a. La transaction assure un retour à l'état précédent.

Une extension intéressante de ce pattern est la mise en place de l'historisation des transactions dans un journal : chaque état de l'objet est sauvegardé et un retour en arrière illimité devient possible. Ce principe devient cependant relativement complexe lorsque plusieurs objets transactionnels sont liés entre eux. La base de données objet de Zope (ZODB) en est un exemple d'implémentation.

Chain of responsibility

Figure 14–4
Schéma UML Chain of responsibility

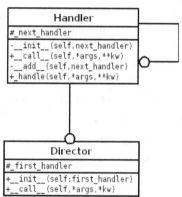

Dans le module urllib2, présenté au chapitre 9, chaque option du protocole HTTP est gérée par une classe spécifique appelée *handler*. Ces handlers sont chaînés et regroupés dans une classe OpenDirector, qui est en charge de l'ouverture de l'URL. Cette classe passe au premier handler de la chaîne la réponse du serveur, qui la traite, ou transmet la demande au handler suivant, jusqu'à ce qu'un handler traite la réponse et renvoie un résultat, ou que la fin de la chaîne soit atteinte.

Cette stratégie est une implémentation du DP Chain of Responsibility, et permet d'adapter automatiquement des situations en fonction des informations à traiter, sans que la classe qui reçoit ces informations (le *director*) n'ait besoin d'avoir d'expertise : elle se contente de déposer les données sur un tapis roulant et d'attendre que les résultats ressortent d'une des trappes du tapis.

L'autre avantage de cette approche est de pouvoir mettre en place un système de plug-ins, où chaque nouvelle classe peut venir se greffer dans la chaîne sans avoir à connaître le contexte.

Enfin l'ordonnancement permet de gérer des priorités entre les handlers lorsque deux d'entre eux sont potentiellement capables de gérer des données.

Une implémentation possible de ce DP est de proposer un objet director qui implémente une interface de publication, et un objet handler, capable de fonctionner comme un nœud d'une liste chaînée : il connaît son voisin de droite, mis en place par le director, et peut lui transmettre le travail.

Chain of responsibility

```python
class Handler(object):
    """ classe de base d'un handler """
    def __init__(self, next_handler=None):
        self._next_handler = next_handler

    def __add__(self, next_handler):
        """ handler1 + handler2, place handler2 en noeud voisin
        et renvoi le handler2 si self._next_handler est pris,
        remonte la chaîne.
        """
        current_handler = self

        while current_handler._next_handler isnot None:
            current_handler = current_handler._next_handler

        current_handler._next_handler = next_handler
        return self

    def __call__(self, *args, **kw):
        """ Si la classe provoque une exception NotImplementedError,
        le prochain noeud est appelé, si il existe, et ainsi de suite
        """
        try:
            return self._handle(*args, **kw)
        except NotImplementedError:
            if self._next_handler isnot None:
                return self._next_handler(*args, **kw)
            else:
                raise NotImplementedError

    def _handle(self, *args, **kw):
        """ méthode à surcharger """
        raise NotImplementedError

class Director(object):
    """ le director est instancié avec le premier noeud de la chaîne """
    def __init__(self, first_handler):
        self._first_handler = first_handler

    def __call__(self, *args, **kw):
        return self._first_handler(*args, **kw)
```

La méthode __add__() du handler est relativement puissante ici, car elle permet de construire très simplement la chaîne : quand un handler B est additionné à un handler A, A parcourt la chaîne en partant de son voisin de droite pour aller placer le handler B en bout de chaîne.

Le chaînage des appels se fait par le biais de l'exception NotImplementedError : chaque handler qui ne sait pas gérer les données qui lui sont envoyées lève l'exception pour appeler le suivant. Si aucun handler ne peut gérer les données, l'exception sort de la chaîne.

Dans l'exemple ci-dessous, chaque handler est spécialisé dans un type de données.

Utilisation de Chain of responsibility

```python
class StringHandler(Handler):
    """handler de string"""
    def _handle(self, data):
        if isinstance(data, str):
            return data.lower()
        else:
            raise NotImplementedError

class IntHandler(Handler):
    """handler de int"""
    def _handle(self, data):
        if isinstance(data, int):
            return data * 2
        else:
            raise NotImplementedError

class UnicodeHandler(Handler):
    """handler de unicode"""
    def _handle(self, data):
        if isinstance(data, unicode):
            return u'%s (unicode)' % data
        else:
            raise NotImplementedError

calculator = Director(StringHandler() + IntHandler() + UnicodeHandler())

print(calculator(1))
print(calculator(u'test'))
print(calculator('test'))
print(calculator(object()))

[...]

[tziade@Tarek Desktop]$ python chain_of_responsibility.py
2
```

```
test (unicode)
test
Traceback (most recent call last):
  File "chain_of_responsibility.py", line 79, in ?
    print(calculator(object()))
  File "chain_of_responsibility.py", line 46, in __call__
    return self._first_handler(*args, **kw)
  File "chain_of_responsibility.py", line 32, in __call__
    return self._next_handler(*args, **kw)
  File "chain_of_responsibility.py", line 32, in __call__
    return self._next_handler(*args, **kw)
  File "chain_of_responsibility.py", line 34, in __call__
    raise NotImplementedError
NotImplementedError
```

Une variante de ce DP consiste à parcourir entièrement la chaîne. Cette nuance est relativement commune dans les logiciels de traitement du signal : les filtres qui transforment les données peuvent être chaînés pour être appliqués les uns après les autres.

State

Le DP State stipule qu'un objet déjà instancié peut changer à tout moment de classe, et donc de comportement. Cette propriété permet l'implémentation d'automates à état fini (*Finite State Machine*).

Cette manipulation est impossible pour la plupart des langages de programmation objet qui définissent une bonne fois pour toutes le type d'une instance. Python est l'un des rares langages à le permettre car il est construit sur le principe de la délégation : un objet donné exécute le code défini dans une classe et peut à tout moment exécuter le code d'une autre classe. Appeler instance.x() pour un objet de classe X est donc équivalent à l'appel de X.x(instance).

Changement de classe d'une instance

```
>>> class A(object):
...     def a(self):
...         print('%s est passé par A' % str(self))
...
>>> class B(object):
...     def b(self):
...         print('%s est passé par B' % str(self))
...
>>> objet = A()
>>> objet.a()
<__main__.A object at 0xb7c268ac> est passé par A
>>> B.b(objet)
Traceback (most recent call last):
```

```
   File "<stdin>", line 1, in ?
TypeError: unbound method b() must be called with B instance as first
argument (got A instance instead)
>>> # qu'à cela ne tienne...
...
>>> objet.__class__ = B
>>> B.b(objet)
<__main__.B object at 0xb7c268ac> est passé par B
>>> objet.b()
<__main__.B object at 0xb7c268ac> est passé par B
```

Le seul contrôle effectué par l'interpréteur est de vérifier que l'attribut __class__ de l'instance corresponde à la classe traversée. Il suffit donc de le changer pour rendre l'objet compatible.

Il est cependant nécessaire de prendre quelques précautions supplémentaires au moment du changement d'état :

- Le constructeur de la classe doit être appelé, pour assurer l'intégrité de l'état de l'objet.
- Les attributs privés de l'objet, stockés dans __dict__ sous la forme _Classe_attribut, doivent être manuellement supprimés, même si ces résidus ne peuvent pas en théorie poser de problèmes.

State

```python
class State(object):

    def change_state(self, class_, *args, **kw):
        """ méthode de changement dynamique de classe """

        # permet d'éviter une réinitialisation
        if self.__class__ is class_:
            return None

        # suppression des attributs privés
        # spécifiques à la classe en cours
        class_name = self.__class__.__name__
        for attribute in tuple(self.__dict__):
            if attribute.startswith('_%s__' % class_name):
                del self.__dict__[attribute]

        # passage au nouveau type
        self.__class__ = class_

        # initialisation
        if hasattr(self, '__init__'):
            self.__init__(*args, **kw)
```

D'autres DP peuvent implémenter ce principe mais le gros intérêt de State est que l'objet s'auto-suffit : il n'est pas nécessaire ici d'implémenter une classe qui orchestre les transitions, et suivre le code devient nettement plus simple.

Patterns structurels

Les patterns structurels permettent d'organiser plusieurs classes en structures, ou composants. Les patterns structurels se ressemblent généralement beaucoup car ils mettent tous en œuvre des agrégations ou des encapsulations, mais ils répondent chacun à des problèmes précis, et leurs différences se creusent à l'usage, sur le code appelant :

- utiliser Adapter permet de recombiner des relations entre classes.
- Facade est utile pour masquer un système et limiter son accès.
- Proxy quant à lui, est un intermédiaire entre le code et un type d'objet, et diffère d'Adapter car il permet d'implémenter une couche logique supplémentaire.

Adapter

Le DP Adapter permet d'adapter une classe pour l'utiliser dans un contexte d'exécution prévu pour d'autres classes. La classe est encapsulée dans une deuxième classe (l'Adapter) qui se charge de fournir au contexte les interfaces attendues et de traduire en interne les appels pour qu'ils soient compréhensibles par la classe adaptée.

Les Adapters sont de véritables liants pour la mise en place d'interactions entre composants qui n'ont pas été prévus pour fonctionner ensemble au départ. Ils peuvent aussi permettre de gérer les problématiques de versions lorsque l'interface d'un composant externe évolue. On parle alors de *découplage*, le code spécifique au contexte étant restreint dans la classe d'adaptation.

Il n'existe pas d'implémentation générique pour ce pattern. Le seul principe commun entre les Adapters est la façon dont ils sont créés : l'objet adapté est un paramètre du constructeur de l'Adapter.

La classe StringIO est un bon exemple d'Adapter : elle simule le fonctionnement d'un objet de type file en fournissant toutes les méthodes de lecture, et travaille en interne avec un objet de type string.

Adapter StringIO

```
>>> import cStringIO
>>> file = cStringIO.StringIO('contenu du fichier')
>>> file.readlines()
['contenu du fichier']
>>> file.seek(0)
```

```
>>> file.read()
'contenu du fichier'
>>> file.close()
```

StringIO peut donc être utilisé en lieu et place de tout type fichier, lorsqu'un flux de lecture est attendu : le code appelant ne fait pas la différence.

Ce pattern est bien sûr sensible à tous les tests effectués sur le type de classe d'un objet lorsque ce dernier traverse le code adapté, comme un test isinstance(objet, classe), mais ce problème est restreint à son utilisation sur du code non maîtrisé et il reste possible de tricher en modifiant l'attribut __class__.

Un autre exemple d'utilisation d'Adapter est l'implémentation du modèle document-vue. En quelques mots, ce modèle stipule qu'une classe qui implémente une certaine fonctionnalité ne doit pas, si elle est utilisée dans une interface de visualisation, être étendue pour fournir les méthodes qui permettent de l'afficher.

En d'autres termes, l'affichage est spécifique à un type d'interface et cette logique doit être découplée de la classe car elle n'évolue pas de la même manière.

Adapter, exemple 2

```python
class MaClasse(object):

    def __init__(self):
        self.a = 2
        self.b = 4
    def calcul(self):
        return self.a + self.b

class InterfaceMaClasse(object):

    def __init__(self, contexte):
        self.contexte = contexte

    def afficheCalcul(self):
        resultat = self.contexte.calcul()
        print resultat

    def saisieValeurs(self):
        a = int(raw_input('saisissez a: '))
        b = int(raw_input('saisissez b: '))

if __name__ == '__main__':

    A = MaClasse()
    interface = InterfaceMaClasse(A)
    interface.saisieValeurs()
```

```
    interface.afficheCalcul()

[...]

[tziade@Tarek Desktop]$ python adapter2.py
saisissez a: 1
saisissez a: 5
6
```

Dans cet exemple, `InterfaceMaClasse` implémente toute la couche d'interaction avec l'utilisateur : `MaClasse` reste indépendante de cette logique d'affichage.

Facade

Le DP Facade peut être considéré comme un Adapter multiple : lorsqu'une opération met en œuvre un certain nombre de classes, il peut être intéressant de masquer cette complexité dans une classe qui ne publie que l'opération.

Facade n'a de sens que si la classe qui publie l'opération est correctement nommée et que les classes sous-jacentes ne sont pas appelées ailleurs dans le programme pour le même type de besoin. Comme pour Adapter, il n'existe pas de modèle générique particulier pour Facade.

Dans l'exemple ci-dessous, une archive `tar` est construite à partir d'un fichier et de son empreinte MD5. Cette opération nécessite l'utilisation d'un objet de type `file`, de la classe `md5` du module éponyme et du module `tarball`.

Facade

```python
class Archiveur(object):

    def archive_fichier(self, nom):
    # importations locales
        import md5
        import tarfile
        import os

        # création de l'archive
        nom_archive = '%s.tgz' % nom
        archive = tarfile.TarFile(nom_archive, 'w')
        archive.add(nom)

        # ajout du fichier à l'archive
        with open(nom, 'rb') as fichier:
            # md5
            calculateur = md5.new()
```

```
            for line in fichier:
                calculateur.update(line)

            empreinte = calculateur.hexdigest()

            # création et ajout du fichier md5
            nom_empreinte = os.tmpname()
            with open(nom_empreinte, 'w') as fichier:
                fichier_empreinte.write(empreinte)

            archive.add(nom_empreinte, '%s.md5' % nom)
            archive.close()

if __name__ == '__main__':
    archiveur = Archiveur()
    archiveur.archive_fichier('memento.py')
```

Cet exemple pousse la logique jusqu'au bout puisque les importations sont aussi locales à l'opération : tout est masqué.

Proxy

Le DP Proxy permet de représenter et de contrôler tous les accès à un objet par le biais d'un deuxième objet. On compte plusieurs types de proxy, dont :

- Le Virtual Proxy, qui ne permet de gérer l'instanciation de l'objet sous-jacent que lorsqu'on y accède réellement.
- Le Remote Proxy, qui permet l'accès à un objet distant. Ce proxy publie les méthodes de l'objet mais ajoute le protocole réseau pour échanger avec l'objet distant.

Construits comme les Adapters, les Proxies n'ont pas à proprement parler de modèle générique : chaque implémentation dépend du contexte.

Dans l'exemple ci-dessous, le Virtual Proxy mis en œuvre permet de manipuler des fichiers vidéos de grande taille sans avoir à les ouvrir : seules les métadonnées sont chargées et permettent l'utilisation du fichier. On n'accède aux données qu'en cas de nécessité (méthode donnees()).

Virtual Proxy

```
import os
import stat

class VideoFile(object):

    def __init__(self, nom):
        self.nom = nom
        self.stats = os.stat(nom)
```

```python
    def derniere_modification(self):
        return self.stats[stat.ST_MTIME]

    def dernier_acces(self):
        return self.stats[stat.ST_ATIME]

    def taille(self):
        return self.stats[stat.ST_SIZE]

    def donnees(self):
        return iter(open(self.nom))

if __name__ == '__main__':

    fichier = VideoFile('/home/tziade/Capture.avi')
    print('taille: %d octets' % fichier.taille())
    print('dernier accès: %s ' % str(fichier.dernier_acces()))

    # lecture des données
    iterateur = fichier.donnees()
    for i in range(10):
        print(str(iterateur.next()))
```

À SAVOIR **Le module weakref**

Le module standard weakref permet de mettre en place des patterns équivalents à l'aide de références faibles vers les objets, c'est-à-dire des références qui n'empêchent pas l'objet d'être détruit.

En un mot...

Le principe des design patterns est de déceler des schémas récurrents de programmation pour les systématiser.

Seuls les designs patterns les plus fréquents ont été présentés ici, et le lecteur intéressé pourra se référer, en complément du livre du GoF, à *Pattern-oriented Software Architecture, a system of patterns* (Buschmann, Meunier, Rohnert, Sommerlad, Stal aux Éditions Wiley) pour y retrouver d'autres exemples et les porter à Python.

L'histoire de Python

Le langage Python a été créé à la fin des années 1980 à l'Institut national de recherches mathématiques et informatiques de Hollande (le CWI) par Guido van Rossum. Par commodité, nous utiliserons le raccourci GvR pour nommer ce dernier dans la suite de cette annexe.

Le langage ABC

GvR a rejoint le CWI en 1983 dans l'équipe en charge du développement du langage ABC, sur lequel il a travaillé pendant 3 ans. Cette période a fortement influencé GvR sur la conception de Python, qui hérite de certains des concepts d'ABC.

Le langage ABC est un langage de programmation interactif fortement typé, qui a été pensé pour remplacer le Basic, largement répandu à l'époque, en fournissant un environnement particulier ainsi que d'autres caractéristiques notables, comme le typage spécifique des données et la syntaxe par indentation.

Environnement de développement

La particularité de l'environnement d'ABC est qu'il n'est pas nécessaire de sauvegarder fonctions et procédures dans des fichiers sources : une fois entrées dans l'environnement interactif, leur saisie dans l'invite de commande (le prompt, symbolisé sous ABC par >>>) les conservent automatiquement d'une exécution à l'autre.

Un système de complétion de code permet en outre de faciliter la saisie des commandes. Enfin, un historique autorise de revenir en arrière sans limite.

Types de données

ABC fournit 5 types, qui permettent d'exprimer toutes formes de structures de données :

- le type nombre, pour les entiers et les réels, sans aucune limite de taille, hormis la mémoire physique disponible de la machine ;
- le type text, pour les chaînes de caractères ;
- le type list, pour manipuler des collections d'éléments ordonnés ;
- le type compound, équivalent au type list mais non modifiable. C'est une sorte de recordset sans étiquette ;
- le type table, qui définit un certain nombre de clés uniques, et associe une valeur à chacune d'entre elles. Ce type est comparable à une combinaison de deux instances de type list : les clés et les valeurs.

Exemple de manipulation de table sous ABC

```
>>> PUT {} IN distance_paris
>>> PUT 300 IN distance_paris["Dijon"]
>>> PUT 220 IN distance_paris["Lille"]
>>> PUT 770 IN distance_paris["Marseille"]
>>> WRITE distance_paris["Dijon"]
300
>>> WRITE distance_paris
{["Dijon"]: 300; ["Lille"]: 220; ["Marseille"]: 770}
```

Il n'est pas nécessaire ici de signaler que la variable distance_paris est de type table, ABC le fait automatiquement lors de la première affectation.

Indentation du code

L'imbrication de code ABC n'est pas faite comme en C ou en Pascal par des accolades ou des délimiteurs begin..end. C'est l'indentation des lignes qui détermine le niveau d'imbrication du code.

Exemple de définition de la fonction message

```
HOW TO DISPLAY message:
    FOR line IN message:
        WRITE line /
```

```
>>> DISPLAY "ABC est l'ancêtre de Python"
ABC est l'ancêtre de Python
```

> EN SAVOIR PLUS **Le langage ABC**
>
> Pour plus d'informations sur le langage ABC, Le lecteur intéressé peut se référer à l'ouvrage *The ABC Programmer's Handbook* (Geurts, Meertens, Pemberton, aux Éditions Prentice-Hall).

Le projet ABC n'a malheureusement pas eu le succès escompté en dehors du cercle du CWI et est resté relativement confidentiel.

Le projet Amoeba

GvR a rejoint en 1986 le projet Amoeba, un système d'exploitation distribué. Il a été chargé dans ce cadre de créer un langage de script pour manipuler le système plus facilement. Les contraintes du projet étaient relativement souples pour laisser GvR, fort de son expérience passée, mettre au point une première version de ce qui allait devenir le langage Python.

GvR implémenta ce langage de script en essayant de supprimer toutes les contraintes et frustrations qu'il avait vécues avec ABC.

Par exemple, ABC ne permettait pas de lire et écrire dans un fichier, et cette fonctionnalité ne pouvait pas être ajoutée facilement au langage, dénué de tout concept de bibliothèque ou de tout système de programmation d'entrée/sortie souple.

L'extensibilité fut le premier chantier de GvR car il voulait que Python, même si son objectif premier était de fonctionner pour Amoeba, puisse être étendu facilement par des programmeurs tiers en se basant sur un socle commun de primitives et des points d'entrée simples.

L'idée de rendre le langage portable, c'est-à-dire fonctionnel sur plusieurs plates-formes comme Amoeba bien sûr, mais aussi sur MS-Windows, Unix ou Macintosh, était aussi un objectif de GvR.

À un moment de l'histoire de l'informatique où les ordinateurs commençaient à envahir les entreprises et les foyers, le manque d'extensibilité et de portabilité condamnait ABC à un rôle mineur, et GvR, en visionnaire, a su ouvrir les portes de son langage de script.

GvR conçut les premières versions du langage qu'il appela Python, à la gloire des Monty Python dont il était fan. Lorsque la liste de diffusion fut créée plus tard, il n'était pas rare de voir régulièrement des messages de fans des Monty Python, ne pensant pas avoir affaire à un langage de programmation.

Dans les premières versions du langage, le système d'extension qui permettait d'ajouter de nouveaux types d'objets à Python à partir d'un fichier de code Python ou un fichier compilé en C, C++ ou encore en Fortran, a tout de suite été adopté et plébiscité par l'entourage de GvR.

Les versions de Python s'enchaînèrent jusqu'à la version 1.2 en 1995, date à laquelle GvR quitta le CIW pour rejoindre le CNRI (Corporation of National Research Initiatives) à Reston en Virginie (USA) pour continuer ses travaux.

Le CNRI

Cet organisme finança le développement de Python pendant cinq ans, par le biais de fonds de recherche. La *Python Software Activity* (PSA), le Python Consortium et des sociétés privées apportèrent également des fonds pour soutenir l'avancée du langage. Le travail au CNRI a permis de sortir plusieurs versions de Python, de la 1.3 à la 1.6.

En 2000, GvR prit la décision de quitter le CNRI, car les fonds alloués à Python étaient de plus en plus maigres et les développeurs dispatchés sur d'autres projets. De plus, l'organisme ne semblait pas très favorable au logiciel libre.

Ce départ fut relativement tendu et le CNRI insista pour modifier le texte de la licence de Python pour garder une mainmise, en provoquant à l'époque une grande inquiétude de la communauté sur la suite des événements.

Accompagné de 3 autres développeurs du CNRI, GvR fonda le PythonLabs, et rejoignit la startup Californienne BeOpen.com.

PythonLabs et BeOpen.com

Avec l'arrivée à BeOpen.com, l'équipe du PythonLabs passa directement de la version 1.6 à la 2.0, en intégrant des améliorations majeures, comme les *list comprehensions*, le support étendu du XML, un nouveau système de ramasse-miettes cyclique, et une nouvelle licence plus orientée Open Source.

Le projet Python 3000 était lancé en parallèle, pour accueillir la nouvelle version de Python, vouée à contenir des modifications incompatibles avec les versions 2.x, pour corriger des erreurs de conception du langage.

Un système d'avertissement a alors été introduit pour permettre de spécifier les compatibilités ascendantes et descendantes du langage.

En d'autres termes, toute introduction de nouvelle fonctionnalité incompatible avec la version en cours, peut être aperçue et utilisée par le biais du module __future__, et toute fonctionnalité qui n'existera plus dans la version suivante affiche un warning lorsqu'elle est utilisée.

Ce système est d'ores et déjà utilisé dans la série des versions 2.x.

Python Software Foundation et Digital Creations

Moins d'un an après l'arrivée à BeOpen.com, l'équipe de PythonLabs déménage une nouvelle fois pour rejoindre Digital Creation, la société qui allait devenir par la suite Zope Corp.

En Mars 2001, la Python Software Foundation voit le jour et remplace la PSA, annoncée par GvR à la neuvième conférence Python, et sponsorisée par les sociétés Digital Creation et ActiveState, contributeurs majeurs de la communauté Python de l'époque.

Le premier comité directeur réunissait des membres de PythonLabs et des responsables des deux sociétés, à savoir : Dick Hardt, David Ascher, Paul Everitt, Fredrik Lundh, Tim Peters, Greg Stein, Guido van Rossum et Thomas Wouters.

Les versions de Python se sont ensuite enchaînées jusqu'à la toute dernière en 2009 au moment de l'écriture de ce livre (3.0).

Python et Zope

Python a joué un rôle fondamental pour le développement du framework Zope, et inversement, Zope a beaucoup contribué au développement du langage.

Le texte ci-dessous est une interview de Paul Everitt, créateur de Digital Creations, l'entreprise qui conçoit Zope, et qui répond à la question suivante :

Quelle a été la place de Python dans l'histoire de Zope et Digital Creations ?

En 1995, la société Digital Creations a été créée pour mettre en ligne des journaux. Nous avons utilisé Python pour concevoir l'architecture de notre plate-forme de journaux en ligne et avons beaucoup participé à la communauté Python.

Jim Fulton (ndlr : directeur technique actuel) a rejoint l'entreprise l'année suivante et a lancé l'idée de publier des objets Python via le Web. Le framework « Bobo » était né et distribué sous licence Open Source.

Une application commerciale nommée Principia et entièrement écrite en Python faisait également partie de nos travaux.

En 1997, nous avons été sortis du consortium des journaux et conservé la propriété intellectuelle. En 1998, Hadar Pedhazur a investi dans l'entreprise, et nous avons concentré nos travaux Python, dans un seul et même produit Open Source : Zope. Une large communauté de développeurs pour la plupart issus de l'Open Source s'est construite autour du projet.

Python était dans notre sang dès le départ. Jim et moi sommes allés à la toute première conférence Python publique (20 personnes). Jim était alors considéré comme un, sinon le principal contributeur du noyau du langage Python.

Grâce à Python, nous étions capables de construire des systèmes web, comme des systèmes de petites annonces électroniques très dynamiques en un temps record, ce qui nous rendait très compétitifs.

Parallèlement, lorsque nous avons conçu Principia, le serveur d'applications propriétaire, nous avions décidé de cacher Python. Cette décision a eu un énorme impact aussi bien positif que négatif, sur le fonctionnement de Zope. Les idées de gérer tout un site à travers des interfaces d'administration en ligne, de stocker des portions de code restreint dans une base de données (ndlr : la ZODB), et d'étendre le serveur par des paquets d'extension, vinrent de cette décision.

Nous avons aussi apporté une nouvelle audience pour le langage Python, puisque beaucoup de gens qui choisissaient Zope, n'avaient jamais fait de Python auparavant (à la première conférence Zope à l'ICP8, la moitié de l'audience n'avait jamais utilisé Python avant Zope).

Malheureusement le choix de cacher Python a également généré une confusion sur ce qu'était Zope. La communauté Python jugeait Zope 2 comme un framework pas très Pythonique. De plus, Zope 2 lui-même vivait une crise d'identité : était-ce un produit destiné aux intégrateurs, ou un produit orienté développeur ?

Zope 3 a résolument pris un tournant en orientant le framework vers un outil pour développeurs.

Des journalistes comme Jon Udell ou Edd Dumbill considèrent que Zope est l'un des frameworks où l'Open Source a réellement vécu des innovations, pour la plupart issues des idées de Jim Fulton. Le langage Python influença beaucoup Jim dans ses idées, et offrit à Zope des fonctionnalités magnifiques : l'idée de publier des objets sur le Web est devenu un sujet informatique d'actualité, 9 ans après que Jim l'ait fait.

Une base de données transactionnelle distribuée d'objets Python, utilisée dans des sites commerciaux énormes, c'est un résultat impressionnant. L'histoire de Zope et Python est maintenant vieille de 10 ans. Place maintenant à un nouveau chapitre :

Zope 3 et son souhait d'être plus pythonique que son prédécesseur et d'intéresser d'avantage la communauté Python.

-- Paul Everitt, fondateur de Digital Creations.

Blog **L'histoire continue...**

Il y a quelque temps, Guido van Rossum a initié un blog dédié à l'histoire de Python. Il contient beaucoup plus de détails que cette annexe. Un blog à surveiller donc, pour être au fait des derniers événements liés au langage.

▸ http://python-history.blogspot.com/

B

Bibliothèques tierces

La philosophie Batteries Included de Python rencontre ses limites lorsque des fonctionnalités très spécifiques sont recherchées. Cette limitation n'est cependant pas bloquante grâce à la facilité d'extension du langage : il est possible de trouver des bibliothèques tierces pour la quasi-totalité des besoins.

D'autre part, certains modules initialement présents dans la bibliothèque standard ont été volontairement délaissés au fur et à mesure des versions du langage, pour préférer des solutions externes.

Cette annexe liste un certain nombre de bibliothèques externes, les plus fréquemment utilisées, organisées par thèmes :

- bases de données ;
- traitement de texte ;
- packaging, distribution ;
- tests fonctionnels et contrôle qualité ;
- MS-Windows ;
- interfaces graphiques ;
- reporting et conversion ;
- jeux et 3D ;
- audio et vidéo ;
- bibliothèques scientifiques ;
- Web.

Chacune des bibliothèques est présentée par un court texte et une URL suit le même schéma d'installation, présenté ci-après.

Installer une bibliothèque externe

L'ensemble des bibliothèques externes présentées dans cette annexe sont très simples à installer car basées sur le module `distutils`, présenté au chapitre 13. Ces bibliothèques externes sont souvent livrées dans un fichier compressé sous la forme `NomDuPaquet-version.zip` ou `NomDuPaquet-version.tar.gz`.

Installer une extension se fait en trois étapes :

1 décompression du paquet, par l'outil `tar` ou équivalent ;

2 construction du paquet dans le répertoire de décompression, par l'option `build` du script `setup.py` ;

3 installation du paquet dans Python, par l'option `install` du script `setup.py`.

Lorsque la première étape est effectuée, on retrouve dans le répertoire décompressé une structure commune à toutes ces bibliothèques, à savoir :

- Un fichier `setup.py`, qui contient la configuration et l'appel au framework `distutils`.
- Un fichier `setup.cfg`, optionnellement présent, qui contient des informations supplémentaires, lorsqu'une compilation est nécessaire.
- Des informations sur l'extension, contenues dans les fichiers INSTALL et README.
- Une certain nombre de fichiers source.

La construction du paquet prépare un sous-répertoire `build` qui contient les éléments à fournir à Python.

Enfin, la dernière étape recopie ces fichiers dans le répertoire `site-packages` de l'installation de Python. Elle peut donc nécessiter les droits d'administrateur.

Installation de lxml

```
$ tar -xzf lxml-0.7.tgz
$ cd lxml
$ python setup.py build
running build
running build_py
creating build
creating build/lib.linux-i686-2.4
creating build/lib.linux-i686-2.4/lxml
creating build/lib.linux-i686-2.4/lxml/tests
[...]
```

```
$ sudo python setup.py install
running install
running build
running build_py
running build_ext
running install_lib
creating /usr/lib/python2.4/site-packages/lxml
creating /usr/lib/python2.4/site-packages/lxml/tests
copying build/lib.linux-i686-2.4/lxml/tests/test_etree.py -> /usr/lib/
python2.4/site-packages/lxml/tests
[...]
```

Une fois l'installation effectuée, le nouveau module doit être disponible dans le prompt.

Vérification de l'installation

```
tziade@Tarek:/home/packages/lxml$ python
Python 2.4.1 (#2, Mar 30 2005, 21:51:10)
[GCC 3.3.5 (Debian 1:3.3.5-8ubuntu2)] on linux2
Type "help", "copyright", "credits" or "license" for more information.
>>> import lxml
>>>
```

> **À SAVOIR Contrôler la bonne installation d'une bibliothèque**
>
> Certaines bibliothèques fournissent des tests (souvent basés sur le framework pyUnit) qui peuvent être lancés pour vérifier que l'installation est correcte et que tout fonctionne comme prévu.

Lorsque le paquet est disponible sur PyPI, il est possible d'utiliser setuptools ou pip pour procéder à une installation automatique.

Utilisation de setuptools

setuptools est une bibliothèque tierce qui fournit des fonctionnalités au-dessus de distutils, dont un script d'installation de paquets disponibles sur PyPI.

> ▸ http://peak.telecommunity.com/DevCenter/setuptools

Son installation est simplifiée par un script appelé ez_setup.py, disponible sur le site du projet setuptools, à l'adresse : http://peak.telecommunity.com/dist/ez_setup.py.

Installation de setuptools

```
$ wget http://peak.telecommunity.com/dist/ez_setup.py
--2009-03-05 23:12:12-- http://peak.telecommunity.com/dist/ez_setup.py
Résolution de peak.telecommunity.com... 209.190.5.234
Connexion vers peak.telecommunity.com|209.190.5.234|:80...connecté.
requête HTTP transmise, en attente de la réponse...200 OK
Longueur: 9716 (9,5K) [text/plain]
Saving to: `ez_setup.py'

100%[===================================>] 9.716      35,0K/s   in 0,3s

2009-03-05 23:12:12 (35,0 KB/s) - « ez_setup.py » sauvegardé [9716/9716]
$ python ez_setup.py -U setuptools
Searching for setuptools
Reading http://pypi.python.org/simple/setuptools/
Best match: setuptools 0.6c9
Processing setuptools-0.6c9-py2.6.egg
setuptools 0.6c9 is already the active version in easy-install.pth
Installing easy_install script to /Library/Frameworks/Python.framework/
Versions/2.6/bin
Installing easy_install-2.6 script to /Library/Frameworks/
Python.framework/Versions/2.6/bin

Using /Library/Frameworks/Python.framework/Versions/2.6/lib/python2.6/
site-packages/setuptools-0.6c9-py2.6.egg
Processing dependencies for setuptools
Finished processing dependencies for setuptools
```

Une fois setuptools installé, une nouvelle commande appelée easy_install est disponible. Elle installe tout paquet disponible sur PyPi, grâce à son nom.

Installation de BeautifulSoup avec easy_install

```
$ easy_install BeautifulSoup
Searching for BeautifulSoup
Reading http://pypi.python.org/simple/BeautifulSoup/
Reading http://www.crummy.com/software/BeautifulSoup/
Reading http://www.crummy.com/software/BeautifulSoup/download/
Best match: BeautifulSoup 3.1.0.1
Downloading http://www.crummy.com/software/BeautifulSoup/download/
BeautifulSoup-3.1.0.1.tar.gz
Processing BeautifulSoup-3.1.0.1.tar.gz
...
```

Bases de données

Python fournit les briques de base (DBAPI) à tout type de connecteur de base de données et propose quelques modules d'accès à des formats ultra standards comme BerkeleyDB. Cependant, aucun connecteur aux SGBD courants n'est intégré dans la bibliothèque standard.

Toutes les bases de données du marché peuvent être bien évidemment attaquées depuis Python, et cette section présente les connecteurs les plus courants. Elle inclut également un connecteur LDAP et un ORM.

Gadfly

Codé en Python, Gadfly est un mini-système SGBD complet. L'installation de cette extension permet de créer des fichiers de stockage qui peuvent être manipulés via le langage SQL, en mode direct ou en mode client-serveur.

Gadfly supporte une charge relativement limitée et est en général utilisé pour le prototypage d'applications client-serveur : la norme DBAPI étant respectée, ce connecteur peut être facilement interchangé sans modification de code.

> ▸ http://gadfly.sourceforge.net/

pysqlite

pysqlite est un connecteur compatible DBAPI vers le système SQLite. Ce système léger de SGBD (non client-serveur) est de plus en plus prisé dans les applications qui ont des besoins de stockage simples et un accès unique aux données, comme les applications web. sqlite est parfois plus rapide que les SGBD client-serveur classiques.

> ▸ http://initd.org/tracker/pysqlite

mysql-python

mysql-python est un connecteur vers le célèbre SGBD MySQL.

> ▸ http://sourceforge.net/projects/mysql-python

psycopg

Connecteur pour PostgreSQL.

> ▸ http://initd.org/projects/psycopg1

ODBC

Certaines bases de données sous MS-Windows peuvent être accédées par le biais de l'ODBC (Open DataBase Connectivity). La bibliothèque Python Win32 Extensions fournit un certain nombre de modules dédiés à MS-Windows, dont le module ODBC.

> ▸ http://www.python.org/windows/win32/

python-ldap

python-ldap expose les API de OpenLDAP 2.x et quelques utilitaires annexes (lectures LDIF). Cette bibliothèque permet d'utiliser tout type de serveur compatible avec le standard LDAP (OpenLDAP, ActiveDirectory, etc.).

> ▸ http://python-ldap.sourceforge.net/

SQLAlchemy

SQLAlchemy est un ORM (*Object-Relational Mapper*) très utilisé dans la communauté. Un ORM permet de manipuler une base de données à travers des objets Python.

> ▸ http://www.sqlalchemy.org

Traitement de texte

Le besoin le plus fréquent en traitement de texte est la gestion du format XML. La bibliothèque standard propose des modules dédiés mais qui sont de plus en plus délaissés par les développeurs, en raison de problèmes de performances et surtout par un manque cruel de simplicité : manipuler un fichier XML avec ces modules nécessite un effort relativement important pour un développeur Python, habitué à plus de concision et de simplicité ou ne fournit pas de performances correctes.

Cette section présente une extension dédiée au traitement du XML, plus performante et naturelle à utiliser car basée sur le principe des curseurs : lxml.

Un autre besoin récurrent est le traitement de fichiers HTML non stricts : ce type de format n'est pas lisible par des bibliothèques XML et doit être traité spécifiquement. L'extension BeautifulSoup propose un outil spécialisé.

lxml

lxml est un bind Python codé en Pyrex de `libxml` et `libxslt` qui fournit les mêmes API qu'ElementTree. Très rapide, pythonique et puissante, probablement la meilleure bibliothèque XML actuelle.

> ▸ http://codespeak.net/lxml/

Beautiful Soup

Lorsqu'il s'agit de lire du contenu HTML non strict, le développeur utilise en général les modules `HTMLParser` ou `SGMLParser` de la bibliothèque standard, ou dans certains cas, scrute le contenu avec une expression régulière.

Beautiful Soup propose une alternative intéressante en scrutant le texte à la recherche de balises, paramètres ou contenu.

> ▸ http://www.crummy.com/software/BeautifulSoup/

Packaging, distribution

Outre l'outil standard `distutils`, il existe une extension de plus en plus utilisée pour la distribution de programmes Python, à savoir `zc.buildout`.

`zc.buildout` est un outil qui installe un environnement de bibliothèques tierces en se basant sur un fichier de configuration et setuptools.

> ▸ http://pypi.python.org/pypi/zc.buildout

Tests fonctionnels et contrôle qualité

En matière de tests, les modules unittest et doctest couvrent tous les besoins basiques mais ne permettent pas de mettre en œuvre facilement des tests fonctionnels, qui restent spécifiques au type d'interface de l'applicatif.

Les extensions qui offrent un environnement de développement de tests fonctionnels, que ce soit pour des applications web ou desktop, fonctionnent toutes sur le même principe : elles mettent en œuvre un pont entre les tests et l'interface utilisateur. Twill et Funkload permettent de tester des applications web et guitest des applications GTK. Enfin, PyLint et PyFlakes offrent de bons garde-fous, complémentaires aux tests, pour s'assurer de la qualité du code écrit.

Twill

Twill fournit un langage de script simple qui teste une application web via des scripts Python. L'outil effectue des requêtes vers le serveur web et analyse les résultats.

> ▸ http://www.idyll.org/%7Et/www-tools/twill.html

Funkload

Funkload est un outil basé sur webunit, qui écrit des tests fonctionnels en Python. Cet outil permet également de tester la montée en charge et génère des rapports complets. Les tests peuvent être conçus facilement via le navigateur grâce à TCPWatch.

> ▸ http://funkload.nuxeo.org/

guitest

Cet outil fournit des classes de base pour effectuer des tests unitaires sur des applications PyGtk.

> ▸ http://gintas.pov.lt/guitest/

PyLint

PyLint est un outil qui teste le code à la recherche d'erreurs ou de signes de mauvaise qualité. Ce programme est facilement configurable et extensible. Il est comparable à PyChecker mais propose plus de tests.

> ▸ http://www.logilab.org/projects/pylint

Pyflakes

Cet outil contrôle le code à la recherche d'erreurs, de code mort (impossible à appeler) ou de directives d'importation inutiles. Contrairement à PyChecker, cet outil n'exécute pas le code testé, ce qui le rend plus rapide et plus sécurisé.

> ▸ http://divmod.org/projects/pyflakes

MS-Windows

Il existe des bibliothèques spécialisées dans la programmation sur plate-forme MS-Windows et la technologie COM/ActiveX, à savoir les bibliothèques `Win32 Extensions` et `win32com`.

Win32 Extensions

La bibliothèque `win32` présentée dans la section base de données pour l'ODBC, contient également des modules pour :
- les API win32 (un fichier d'aide `WinHelp` avec la liste des méthodes est fourni) ;
- les services NT ;
- les Memory Mapped Files ;
- les API `win32pipe` et `win32` ;
- Les timers `win32`, etc.

> ▸ http://www.python.org/windows/win32/

win32com

win32com sert à programmer des clients ou des serveurs COM/ActiveX.

> ▸ http://www.python.org/windows/win32com/

Interfaces graphiques

Il existe plusieurs toolkits graphiques qui peuvent être utilisés par le biais de bibliothèques Python, pour remplacer Tkinter. Les plus répandus sont wxPython, PyQT et PyGTK.

wxPython

wxPython est une bibliothèque d'accès au toolkit wxWidgets, qui est de loin le plus portable des systèmes d'interface. Il existe en outre des outils de conception d'interfaces qui génèrent du code Python compatible avec wxPython, comme wxGlade.

> ▸ http://www.wxpython.org/

PyQT

PyQT est un bind vers le toolkit graphique Qt de Trolltech. Il offre un accès à des widgets très avancés, comme le contrôle texte Qscintilla, utilisé par certains éditeurs comme Eric3. En outre, QT designer est l'un des plus puissants éditeurs pour la conception d'interfaces graphiques. Attention cependant aux licences en fonction des cas d'utilisation, et des plates-formes.

> ▸ http://www.riverbankcomputing.co.uk/pyqt/

PyGTK

PyGTK fournit un lien entre Python et le toolkit GTK+ (Gimp toolkit), utilisé par l'environnement Gnome. L'outil Glade peut être utilisé pour concevoir des interfaces GTK et présente la même interface que wxGlade (qui s'en inspire).

> ▸ http://www.pygtk.org/

Reporting et conversion

En termes de reporting, il existe une bibliothèque Open Source incontournable nommée ReportLab éditée par la société éponyme. Elle génère des documents PDF et possède des fonctionnalités très puissantes.

RML2PDF est un outil de conversion du format RML vers PDF. rest2web est une bibliothèque de création de sites web statiques générés à partir de fichiers écrits au format reStructuredText.

ReportLab

Le toolkit ReportLab sert à concevoir en Python des systèmes de génération de PDF et fournit :

- un moteur de mise en page, Platypus ;
- une librairie étendue de widgets et de formes ;
- des points d'entrée pour toutes sources de données, etc.

> ▸ http://www.reportlab.org/rl_toolkit.html

RML2PDF

Le format Report Markup Language (RML) créé par la société ReportLab définit simplement un document dans un fichier de description XML. Un outil de conversion, nommé RML2PDF se charge ensuite de le convertir en PDF. Cet outil est payant, mais il existe une variante Open Source éditée par Tiny ERP.

> ▸ http://openreport.tiny.be/index.py/static/page/trml2pdf

reStructuredText

reStructuredText est un format texte très utilisé pour la documentation de projets Python et pour l'écriture des docstrings des modules de code. Il introduit une syntaxe très simple qui permet la mise en page de texte.

Ce format est également très utilisé dans les systèmes wikiwikiweb, pour offrir aux utilisateurs un format simple à écrire et aussi riche que le HTML. Il est facilement convertible en rendu HTML par des outils comme rest2html.

> ▸ http://docutils.sourceforge.net/rst.html

rest2web

rest2web permet de générer des pages HTML statiques à partir de documents écrits au format reStructuredText.

> ▸ http://www.voidspace.org.uk/python/rest2web/

Jeux et 3D

En termes de programmation de jeux et plus généralement de scènes 3D, Python est un langage de script de choix. Les toolkits Pygame et Soya 3D permettent de bénéficier de la puissance de Python dans ce domaine.

VPython propose, quant à lui, un environnement de programmation 3D temps réel propice à l'étude de la modélisation.

Il est aussi possible de programmer en plus bas niveau en accédant directement aux bibliothèques 3D par le biais par exemple de PyOpenGL.

Pygame

Pygame fournit des modules d'extension pour la programmation de jeux 3D et de programmes multimédias, basés sur la bibliothèque SDL (Simple DirectMedia Layer).

> ▸ http://www.pygame.org/

Soya 3D

Soya 3D est un moteur 3D pour Python, écrit en Pyrex et doté de toutes les fonctionnalités d'un moteur professionnel.

> ▸ http://home.gna.org/oomadness/fr/soya/

vpython

vpython propose un environnement de programmation 3D complet, en fournissant sa propre version d'IDLE qui permet de programmer et d'animer interactivement des scènes 3D. Très pratique pour l'apprentissage de la mécanique.

> http://vpython.org/

PyOpenGL

Module d'extension offrant l'accès aux API d'OpenGL depuis Python.

> http://pyopengl.sourceforge.net/

Audio et Vidéo

Le domaine multimédia n'est pas en reste grâce à des bibliothèques très complètes comme PyMedia ou des modules spécifiques comme PyAlsa.

PyMedia

PyMedia propose un ensemble de modules pour manipuler tous les types de formats audio et vidéo (`mp3`, `ogg`, `avi`, `mpeg`, etc.), modifier les échantillons par quelques filtres et piloter le matériel.

> http://pymedia.org/

PyAlsa

PyAlsa est un wrapper pour le système ALSA (*Advanced Linux Sound Architecture*)

> http://respyre.org/pyalsa.html

Bibliothèques scientifiques

Cette section regroupe différentes bibliothèques scientifiques spécialisées dans les calculs numériques comme Numerical Python et SciPy, et dans les outils dédiés à des domaines particuliers comme Biopython.

Numerical Python

Numerical Python, qui se nomme maintenant SciPy, est une bibliothèque puissante de fonctions de manipulation de matrices, de transformées de Fourier, et autres utilitaires de calcul.

> ▸ http://sourceforge.net/projects/numpy

SciPy

SciPy complète Numerical Python en fournissant des fonctions de calculs statistiques, des modules de lecture et d'écriture de matrices au format Matrix Market, etc.

> ▸ http://www.scipy.org/

Biopython

Ce projet regroupe un ensemble de modules spécialisés dans la biologie moléculaire.

> ▸ http://biopython.org

Web

Pour terminer, voici une liste de frameworks de programmation web, qui proposent des fonctionnalités plus ou moins évoluées :

- Zope : http://www.zope.org
- Quixote : http://www.mems-exchange.org/software/quixote/
- CherryPy : http://www.cherrypy.org/
- Django : http://www.djangoproject.com/
- Turbogears : http://www.turbogears.org/
- Pylons : http://pylonshq.com/

C

Sites, flux RSS, blogs et autres friandises...

Cette annexe présente une liste de liens de la planète Python, regroupés en trois catégories :

- les sites web ;
- les flux rss ;
- les blogs (flux rss nominatifs).

Chaque lien, qui peut être en anglais ou en français, est commenté.

Flux RSS

EN Daily Python-URL! : le flux RSS du langage Python, géré par Fredrik Lundh et, soutenu par Secret Labs AB (Pythonware).

> ▸ http://effbot.org

Ce flux, mis à jour quotidiennement, est un véritable travail éditorial, mené par un *core developer* du langage et qui contient une sélection des meilleures nouvelles de la planète Python.

> ▸ http://www.pythonware.com/daily/

EN Unofficial Planet Python : l'autre flux RSS majeur. Cette deuxième source d'informations n'est pas une sélection qualitative comme Daily Python-URL mais propose un agrégateur de flux ; il reste nécessaire de faire le tri.

> http://www.planetpython.org/rss20.xml

EN PyPI recent updates : le flux des mises à jour des bibliothèques de PyPI. Garder un œil sur ce flux peut permettre de découvrir de nouveaux outils ou de surveiller certains modules.

> http://www.python.org/pypi?%3Aaction=rss

EN Recipes from the Python Cookbook : le flux des recettes Python saisies dans le CookBook du site ASPN. Une lecture saine et bénéfique.

> http://code.activestate.com/feeds/langs/python/

FR Planète Python Francophone : Le site de l'association francophone Python.

> http://www.afpy.org/planet/

Il existe évidemment beaucoup d'autres flux, mais les liens fournis ci-dessus génèrent les informations les plus intéressantes, et produisent entre 50 et 100 nouvelles par jour, ce qui est plus que suffisant.

Blogs

EN Guido van Rossum's Weblog : GvR bloggue relativement rarement, mais il est important de l'avoir dans ses marqueurs.

> http://neopythonic.blogspot.com/

EN Agile Testing : le blog de Grig Gheorghiu, membre de l'alliance agile, qui parle quasiment exclusivement des outils de tests pour Python.

> ▸ http://agiletesting.blogspot.com/atom.xml

Sites

FR Programmation Python : le site personnel de l'auteur, qui regroupe des éléments relatifs à ce livre et des informations Python.

> ▸ http://programmation-python.org

EN Site officiel de Python : sans commentaires, la référence.

> ▸ http://www.python.org

FR Site de l'Association Francophone Python (AFPY) : site communautaire avec des nouvelles, des tutoriaux Python et Zope, des forums, etc.

> ▸ http://www.afpy.org

Et enfin, pour quelque chose de complètement différent, et afin de reprendre une activité intellectuelle saine après la lecture de ce livre, l'incontournable site des Monty Python :

> ▸ http://www.pythonline.com/

Index